中国历史文化名人传

性灵山月
袁宏道传

叶临之 著

作家出版社

中国历史文化名人传

组委会名单

主任：李　冰
委员：何建明　葛笑政

编委会名单

主任：何建明
委员：郑欣淼　李炳银　何西来　张　陵　张水舟　黄宾堂

文史组专家成员（按姓氏笔划为序）

王春瑜　王家新　王曾瑜　孙　郁　刘彦君　李　浩　何西来
郑欣淼　陶文鹏　党圣元　袁行霈　郭启宏　黄留珠　董乃斌

文学组专家成员（按姓氏笔划为序）

王必胜　白　烨　田珍颖　刘　茵　张　陵　张水舟　李炳银
贺绍俊　黄宾堂　程步涛

出版说明

　　中华民族五千年文明史中，涌现了一大批杰出的文化巨匠，他们如璀璨的群星，闪耀着思想和智慧的光芒。系统和本正地记录他们的人生轨迹与文化成就，无疑是一件十分有必要的事。为此，中国作家协会于2012年初作出决定，用五年左右时间，集中文学界和文化界的精兵强将，创作出版《中国历史文化名人传》大型丛书。这是一项重大的国家文化出版工程，它对形象化地诠释和反映中华民族文化的基本精神，继承发扬传统文化的精髓，对公民的历史文化普及和建设社会主义文化强国都具有重要而深远的意义。

　　这项原创的纪实体文学工程，预计出版120部左右。编委会与各方专家反复会商，遴选出在中国文化发展史上产生过重大影响的120余位历史文化名人。在作者选择上，我们采取专家推荐、主动约请及社会选拔的方式，选择有文史功底、有创作实绩并有较大社会影响，能胜任繁重的实地采访、文献查阅及长篇创作任务，擅长传记文学创作的作家。创作的总体要求是，必须在尊重史实基础上进行文学艺术创作，力求生动传神，追求本质的真实，塑造出饱满的人物形象，具有引人入胜的故事性和可读性；反对戏说、颠覆和凭空捏造，严禁抄袭；作家对传主要有客观的价值判断和对人物精神概括与提升的独到心得，要有新颖的艺术表现形式；新传水平应当高于已有同一人物的传记作品。

为了保证丛书的高品质，我们聘请了学有专长、卓有成就的史学和文学专家，对书稿的文史真伪、价值取向、人物刻画和文学表现等方面总体把关，并建立了严格的论证机制，从传主的选择、作者的认定、写作大纲论证、书稿专项审定直至编辑、出版等，层层论证把关，力图使丛书经得起时间的检验，从而达到传承中华文明和弘扬杰出文化人物精神之目的。丛书的封面设计，以中国历史长河为概念，取层层历史文化积淀与源远流长的宏大意象，采用各个历史时期最具代表性的文化符号与雅致温润的色条进行表达，意蕴深厚，庄重大气。内文的版式设计也尽可能做到精致、别具美感。

中华民族文化博大精深，这百位文化名人就是杰出代表。他们的灿烂人生就是中华文明历史的缩影；他们的思想智慧、精神气脉深深融入我们民族的血液中，成为代代相袭的中华魂魄。在实现"中国梦"的历史进程中，必定成为我们再出发的精神动力。

感谢关心、支持我们工作的中央有关部门和各级领导及专家们，更要感谢作者们呕心沥血的创作。由于该丛书工程浩大，人数众多，时间绵延较长，疏漏在所难免，期待各界有识之士提出宝贵的建设性意见，我们会努力做得更好。

《中国历史文化名人传》丛书编委会

2013 年 11 月

袁宏道

目录

导言

镜里拈花，水中捉月，觑着无由得近伊。

黄庭坚《沁园春》[①]

当中国历史走到袁宏道所在的晚明，步入一个极为特殊的时期：商品经济发达，海内外贸易繁荣，科技水平显著提高，从宗教和传统思想领域衍生的思潮层出不穷，明朝的版图内，文人士大夫展开大规模的结社及文化交游活动。与此同时，文人作为民间和皇帝之间的枢纽，广泛参与到政治、社会、商业等多个领域。在文人内心中，这是一个崇尚宋朝的时代。

以往学界和读者关注晚明时期，对于晚明政治的运转导致明清鼎革的兴趣不大，转而研究参与其中的政治人物。研究明代万历的专著多关注政治与社会形态方面，专门研究万历文人的著作不多，涵盖十七世纪前后文人的日常、文化、出版、思潮、时尚、宗教等综合剖析更是缺乏。从以往袁宏道的传记和研究来看，研究者都习惯搜寻袁宏道一生的故事或梗概，至于他参与的诸多领域则缺乏细致的描叙和分析。

本书是关于袁宏道个人的人物传记，也是一本文人史专著，可供相关学科的读者阅读。本书在吸收相关领域的学术成果的同时，也期待这本袁宏道传的问世，能够为相关学科的读者提供一些参考。本书旨在通过对公安派文学领袖、大名士袁宏道（1568—1610）一生的讲述，以袁宏道的个人经历为主线，关注袁宏道的日常、仕途、思想、写作，记载

---

① 黄词世人皆认为是情诗，亦可以认为是形容虚幻缥缈的事情。

他的诗文、书信、尺牍，以及他对性灵文学理论的阐述，试图对袁宏道作全面的描叙和研究。

袁宏道生前以散文创作（小品文、游记）以及佛学净土宗方面的研究著称。他是晚明极为重要的文学理论阐释家，他倡导性灵文学，对公安派文学理论进行系统阐释，并对文学与时代进行辩证分析且影响深远。同时，袁宏道以推介世俗文学和发现人才著称，对《金瓶梅》的重要著录，功不可没；对徐渭的发掘，体现了他敏锐的观察力。

袁宏道倡导"独抒性灵，不拘格套"的性灵文学，主张讲自己的话，不屑拾人牙慧，其受通俗文化的影响，追求闲适之"奇"和感官的享受。这种取益于世俗的文学，无疑与明朝晚期汹涌澎湃的个性解放对应和共振，实则与当时思想界对于人性的探索成果共通①。公安派文学主张的性灵文学与提倡文学的创新性成为潮流，贯彻于晚明整个思想艺术领域，即使发生明清鼎革，仍然有大量文人追随，乃至在后世的民国时期亦成为一种风尚。

万历时期，袁宏道发起声势浩大的文学结社为公安派成立的标志，公安派甫一出世，迅速改变复古派文人占据文坛的面貌。公安派文学是一个冠以地名的文学流派。这是中国文学史上第一次出现的文学现象。袁宏道发起的公安派文学崛起，重要标志是大型文学结社，结社活动和中国从古至今延续的家族教育有什么关系？文学结社与具有政治倾向的东林运动、复社有什么区别？本书将详叙袁宏道发起的历次文学结社活动的内容和经过。

袁宏道关注刻书业，与刻书业的委和，对他的性灵文学起到非常重要的传播作用。袁宏道之所以能够迅速改变文坛风习就在于新兴的刻书业。十七世纪前后，江南地区刻书业发达，除却隐居民间的山人运作，高贵的士大夫并不热衷，袁宏道却乐此不疲。另外，袁宏道的成功在于文人之间的桴鼓相应，公安派文人相互宣传和鼓吹，为改变文坛面貌做

① 参考刘宗周《刘子全书》卷七《原性》。另刘宗周《人谱》将人之"过"划分为"微过""隐过""显过""大过""丛过"和"恶"，阐发其产生缘由及思想实质，探讨"心"的客观性和常在性，是对人性的理性把握。

出了重大贡献。本书书写了袁宏道与万历的文人们大量的交游记录，力图展示十七世纪文人交游与变迁的图景。

本书囊括万历时代大量的政治文化事件。张居正去世，明朝的政治和社会发生翻天覆地的变化，民间商业行为依然昌盛，社会审美水平仍在提高，新兴时尚继续兴起。此时，除去袁宏道的散文创作和"性灵"说理论，词曲、小说、工匠等领域均出现前所未有的巨子，一方面，晚明有产生袁宏道等文化、科学巨子的必然性；另一方面，朝廷党派斗争造成政治空转、腐败、松懈，大量优秀文人流失民间，明朝因为战争导致国库空虚，政府通过强权手段征收赋税，因为不够完善的税务征收水平，引发了中小商业和手工业者大规模的反抗。

本书以袁宏道为主，牵涉到万历年间大量文人的生活和思想，试图勾勒出万历时期文人、思想家以及佛教学者的群像。对于以往研究忽略明朝晚期文人对于社会和政治的努力，本书做出了相应的回应。世人提及性灵派，总是持有一面的观点，认定晚明文人是一群放浪形骸的游戏人生者。事实上，以袁宏道为代表的文人具有极强的社会责任感，袁宏道的政事处理才能卓越，他人生后期在吏部任上，更显示出雷厉风行、不畏权贵、通权达变的办事风格。

本书对十七世纪前后文人的探讨，涵盖思想、政治、文化、社会等领域，对事件进行深层次剖析，力图厘清当时文人们的精神面貌以及时代形态。十七世纪前后是中国思想与政治的分水岭，文人陷入儒学和禅学的纠纷和漩涡，却始终有一部分知识分子坚持自我的思潮，在艰难与痛苦中前行，其中以袁宏道的精神导师李贽先生为代表。李贽作为十七世纪前后思想界的关键人物，他思想行为叛逆，带领以袁宏道为首的文艺家创作了一批畅销书，试图改变知识分子在社会力量中的权重，后因政治干预和时局变化，文人的力量中途夭折。

全球地理大发现后，明朝卷入全球性海洋贸易。万历时期，西方文明以宗教和贸易叩开东方的大门，东西方文明的交流与碰撞，这是几世纪以来两种文明交流最为和平的时期。商人和文人分别以海洋贸易和文化交游的形式，传统思维与西方文化在两种领域同时交汇，在中国历史上前所未有。袁宏道的文人圈子作为晚明文化的代表，他们对待传教士的态度不一，与传教士的合作在中国后世影响虽然微小，但中国文人和传教士的交往仍然是全球文化交流的见证。

公安派在袁宏道去世后落幕，其中有袁宏道早逝的客观原因，也有其思想上的消极因素。但袁宏道作为万历时期主要的文学家，因其文化及政治活动，以及后代对政治的参与，袁氏家族实则贯通了十七世纪前后的文艺、学术乃至政治等领域，明代以后，作为公安派核心思想的性灵文学主张在后世也并没有消亡。公安派文学作为一种仍然带有优势的汉文化，形成一种对外域国家的冲击力，发展到日本、朝鲜李氏王朝等整个汉文化圈。

需要指明的是，悲情心态贯穿于袁宏道的一生，诸如"人生之苦""及时行乐"，均是性灵文学的情感基础，它们是在特定的历史环境下产生的，如果忽略这点，将无法还原袁宏道等人心中无法排解的苦闷。我们虽然从后世文人中看到类似的一幕，但仍然没有这般复杂：晚明文人在预感社会发生大变化的前夜，如何以各种方式消解心中苦闷，如何试图挽救局面。其中每一步进程，都是不可比拟的复杂心理。这终究是文人自己选择的路途，无力感和矛盾心态体现其中，"镜里拈花，水中捉月"，这部关于袁宏道的著作力图厘清文人的心境。

第一章 《金瓶梅》的发现及苏州仕途

白羽落青松，玄霜化秋草。燕市多冲飙，日暮红沙道。男儿生世间，行乐苦不早。如何囚一官，万里枯怀抱。出门逢故人，共说朱颜老。眼蒿如帚长，闲愁堆不扫。

袁宏道《为官苦》

晚明奇书和袁宏道的重视

袁宏道自从担任吴县县令后，终日备尝做官的辛苦。一日，他从董其昌那里得到一本奇书。一个夜晚，风和日丽，草长莺飞，袁宏道突然想了起来。平常，他实在太忙了，每天都忙于公务和审理案件，到了夜晚，吴县府衙变得空荡寂静，衙人渐渐退去，青灯壁影下，袁宏道才能从繁忙的公务中摆脱出来，也是因为有病在身，才有空余时间。袁宏道一个人在后堂，靠在枕头上稍作休息，随手拿起这册得到不久的书准备翻看。

万历二十四年（1596）的这个夜晚，对于袁宏道来说也许太平常，这年的上半年身处江南，这天像往常一样过得毫无新意。自从担任吴县县令一年来，袁宏道对县令日常事务完全熟稔，平常的县令任上，他总是热衷于交结朋友，游山玩水，和同窗以及来访他的文人游玩，或是去苏州府附近的江南地区拜访朋友。就像科举中进士前一样，袁宏道一路读奇书赏奇景，不亦乐乎。

这是一本号称天下奇书的书，这本书正是袁宏道去距离苏州不远的松江拜访董其昌，在董其昌府上索取得来。那一天，袁宏道到松江找董其昌游玩，在董其昌家里的书架上，看到这册随意摆放的书。当时，它只不过是普通的手抄本而已，纸质昏黄，还只有半部。对于这半部书，袁宏道感觉到好奇，翻了翻后，说借回去看看。

至于天下奇书的名号如何得来？总结一下，该书总共有数奇，书的作者无名无姓，只是署一个叫兰陵笑笑生的化名，这是一奇；二奇是遇到它的所有人都说奇，但偏偏又很少有人正目看它；给予的评价都很低，不是称其淫秽，就是建议烧掉、禁掉，云云，这正是三奇，又恰好与二奇相关，至于其他的"奇"更是不胜枚举。

奇书为何首次出现在董其昌手里？为何又流转到袁宏道身上？

董其昌，华亭松江人，董氏是万历一朝举世闻名的书画家兼收藏家，他和袁宏道的兄长袁宗道是同事。袁宗道比董其昌早三年进士及第，两人科举考试的成绩都很不错，前后两次时隔三年的殿试中，相继被万历皇帝赐为传胪，选为庶吉士，入翰林院深造，供职于翰林院，董其昌和袁宗道同事数年，且相继担任皇长子朱常洛讲官[1]。后来，董其昌观时事不对，以生病为由回老家松江了。平常，董其昌以书画自娱，喜收天下奇书名画，筑"戏鸿堂"等室藏之。同是万历二十四年，一幅举世闻名的奇画——《富春山居图》辗转至董其昌的手里，这是对中国美术史影响深远的事件。

---

① 万历二十二年（1594），皇长子朱常洛出阁讲学，董其昌担任讲官，万历二十五年（1597），袁宗道担任后为太子的皇长子讲官。万历二十六年（1598）末，董其昌辞职回老家。

同年，袁宏道手里的这册奇书转到董其昌的居所，首次出现在历史记载中。之前，袁宏道和董其昌一起参加过万历十七年（1589）己丑科科举，虽然袁宏道不中，但两人也算是同窗，也正是因为董其昌与哥哥袁宗道的关系，袁宏道与董其昌往来繁多，说来，两人也算是一对老友，平常也有书信往来。现在，袁宏道任官江南，和董其昌等其他同道朋友共处江南，来往就更多了。

袁宏道来往的朋友中，董其昌是一个重要的人物。董其昌辞职后在松江二十余年，他虽因病退居乡下不参与政事，却和全国各地文人交游不断，为江南文化圈的核心人物和特殊人物。董其昌政治倾向于东林运动成员一派，实际上，他极其擅长官场平衡术①。

万历二十二年（1594），吏部顾宪成被万历帝削官革职，回籍始创办东林学院，虽然"居水边林下"仍然"志在世道"，开创具有初步政党形态的东林运动②，影响力蔓延全国。东林运动一贯以儒学正统派自居，排斥王阳明"心学"及李贽等人为代表的左派王学，而与东林党争锋相对的是其他省的政界文化人士，分为浙党、楚党、齐党、秦党，这些党派集体向皇权的附庸者——当权宦官为主体的阉党靠拢。有关皇长

---

① 董其昌及其子后世所受异议颇多。明万历四十四年（1616），发生"民抄董宦"事件，董其昌的儿子董祖常，殴辱前往董家的生员范启宋家妇女，后来由于董其昌的仇家煽风点火，松江等地的知识分子和乱民焚毁董其昌房屋，张贴揭纸，并在儿童妇女中造谣传唱"若要柴米强，先杀董其昌"的歌谣。董其昌逃往归安避难数月。
② 本书采纳《剑桥中国明代史》第九章黄仁宇所撰"隆庆和万历时期"写"东林书院与朋党之争"之说，黄仁宇避开"东林党"，采用"开创东林运动的人""东林运动的成员"之类言辞。韩国汉城大学吴金成在《明清时期的江南社会——以城市的发展为中心》也有类似表述："以东林书院为中心的讲学运动即东林运动"，"所谓东林运动是通过讲学所产生的乡村评论和舆论集中为主的活动"。黄宗羲《明儒学案》中说："东林之名，讲学者不过数人耳，倚附者亦不过数人耳，以此数人者，名为党可也。乃言国本者谓之东林，争科场者谓之东林，攻阉人者谓之东林，以至言夺情奸相讨贼，凡一议之正，一人之不随流俗者，无不谓之东林。由此而逆推之，则劾江陵者，亦可曰东林也；劾分宜者，劾刘瑾、王振者，亦可谓之东林也。然则东林岂真有名目哉？亦攻东林者加之名目而已。"因此"东林"比起稍后的"复社"，只能认为初步具备政党形态。

子朱常洛的"国本之争"爆发以后,两方的政党之争开始形同水火,董其昌在相反的两派政治势力中游刃自如,他既是重要东林党人王元翰、叶向高和创党前辈赵南星的座上客,又是一些崇尚标新立异思想的老朋友,诸如李贽、公安三袁、陶望龄、焦竑、陈继儒,他与两派人士都来往密切,平常吃喝玩乐、高谈阔论,不亦乐乎。

明末流行崇奇风气,文人以"奇"为标志,认为"癖、疵"为人之常理也,合而相聚。在明末清初的遗民张岱的回忆看来是:"人无癖不可与交,以其无深情也;人无疵不可与交,以其无真气也。"①至于袁宏道,他比张岱出世更早,浸润万历时期蔓延的怪癖,他一贯不喜欢循规蹈矩,自觉前半生有个特别大的癖好:别人不看的书,他通常都特别注意,别人不喜欢的理论,他偏偏喜欢。其中典型的例子是,他进士及第前就开始追随李贽先生,李贽作为左派王学的代表、明末思想家,袁宏道的青年时期就是在李贽思想的影响下度过的。他从老家三下麻城,去看望出家和借居在麻城的老年李贽,对于见识过奇人的袁宏道来说,难道还有比其更奇的吗?

袁宏道读罢此书,拍案叫绝,不禁大呼:奇书!

何为奇书?依造顾炎武"万历间,人多好改窜古书。人心之邪,风气之变,自此而始"②的说法,《金瓶梅》正是这样一本改窜古书的传奇,其以《水浒传》为外典借武松杀嫂的故事延伸扩展开,塑造了一个官商结合的典型、唯利是图的凶恶劣绅西门庆,对他的家庭和私人生活进行了详尽的描写。作者的笔法含有非常写实的自然主义倾向,以细致的笔法摹写了明中晚期普通人的日常生活场景。古代小说由书写神话、历史、传说、故事、英雄等神圣性题材,第一次向描写社会现实的世俗生活转变,作品在反映社会现实的时候,夹杂着大量细腻、直露的性生活和性癖好描写。

明朝灭亡后,在拘泥传统道学观念的人看来,文学上"万历五十年

---

① 引张岱《陶庵梦忆》卷四,第108页,长江文艺出版社2015年版。
② 引顾炎武著、黄汝成集释《日知录集释》,第423页,上海古籍出版社2014年版。

无诗"①，这是灿烂而且世俗的时代，显然，《金瓶梅》兼具它的所有特点。而《金瓶梅》的诞生和明晚期"好色纵欲、体舒神怡"的风气有关②，虽然《金瓶梅》词话本序言开头就说："《金瓶梅》，秽书也。袁石公亟称之，亦自寄其牢骚耳，非有取于《金瓶梅》也。""然作者亦自有意，盖为世戒，非为世劝也。"③《金瓶梅》序言托袁宏道之名说"亟称之"，是因"自寄牢骚"，另有文学目的。而"淫"作为明朝中后期习以为常的生活因子，依与袁宏道同时期的好友屠隆的看法，文学作品要达到"示劝惩，备观省"的目的，就有必要"善恶并采，淫雅杂存"（屠隆《鸿苞·诗选》），而不必对情欲等现实问题回避。中晚明时期，随着商品经济发展与社会观念演变，在皇帝的带动下，社会交往中奢侈僭越之风日盛，民间的士大夫及文人阶层"时时置酒石舫，召妓佐客觞，流连日夕，皆罄产称贷为之"④，淫风充斥，中国历史上的封建社会后期已经开始一次"性解放"，不要说士大夫纵谈房中之术习

---

① "万历五十年无诗"的说法有两种说法，一、对晚明文学特别是万历中后期文学的否定，与明末清初文人对"破国亡家"的反思有关，这是一个需要极度反思汉族文化为何出现如此惨重现实的事情。二、明文学史上，世俗文学（小说、戏曲）及小品文（游记、尺牍）文学大行其道，上层文化精英层中，这不是属于一个传统诗歌的年代，也不是属于传统诗学的年代。引徐世溥的信札，亦引白谦慎著作《傅山的世界》，第5页，生活·读书·新知2006年版。

② 李贽有说："士人嗜谈情性，以纵情逸乐为风流，所谓'一日受千金不为贪，一夜御十女不为淫'。"嘉靖至万历时期高官张翰认为："世俗以纵欲为尚，人情以放荡为快。""大约在正统至成化年间，经济的恢复和财富的积聚使社会上的逸乐风气开始抬头，兼之以阳明心学的流行，士界思想受到极大震动，长期被压抑的欲望终于从沉闷中挣脱出来，造成晚明社会上人欲横流的局面。士人嗜谈情性，以纵情逸乐为风流，所谓'一日受千金不为贪，一夜御十女不为淫'（李贽语）。社会上狭邪小说泛滥，春宫画、亵玩品及春药公开在市面上流行，青楼妓院一片兴隆，出现了一批领时代风骚的名妓。不少显贵巨贾自置家乐，养一班歌儿舞女，日日沉酣其中。在这个时期，人欲受到极大的肯定，任何性形式都得到宽容甚至纵容。这是中国历史上少有的性开放时期。"转引自高罗佩《中国古代房内考》，第354页，上海人民出版社1990年版。

③ 引万历词话本《新刻金瓶梅词话》"东吴弄珠客题"序言。

④ 姜泣群《虞初广志》卷十三，第45页，上海书店1986年版。

以为常，就是官宦家庭的女子，也认为"春宫尤精绝"（徐树丕《识小录》）。中晚明开始，口语化的文体例如小说还有通俗化的戏剧空前发展，它们来源于民间，贴近百姓生活，受到民众的追捧。这些文学作品其中多少有些性行为的描写，例如稍早的艳情小说《如意君传》《金主亮荒淫》《张于湖误入女贞观记》，以及同时代的《绣榻野史》《弁而钗》《宜春香质》等书，就是需要人员表演的戏曲作品，如屠隆的《修文记》以及徐渭的《四声猿》、汤显祖的《还魂记》、陆采的《南西厢》等，也免不了淫秽的笔墨。而那些市井间的戏谑文字更不在话下，少不了围着"性"打转。身处这样的社会环境，《金瓶梅》的诞生也就不足为怪了。就像社会风气一样，书写已往往不以为秽，只是把它当作人生现实中的一种客观存在，像描写其他现象一样，随笔写来，细加描摹。

好声色为典型明末风尚。如原礼部郎中屠隆遭劾去职，一度迷恋南京艳妓，后得花柳病死，其沉酣状态被人写成戏曲《白练裙》①。从屠隆的自说自话中也能得到他为何放浪形骸的原因：

> 俺也曾劝万民，月色星光；俺也曾提三尺，天青日朗；俺也曾祷神明，驱龙禁鬼；俺也曾走畎亩，沐雨经霜；俺也曾草朝仪，冲寒笔饱三冬雪；俺也曾直紫禁，不寝衣熏五夜香。这也是俺为官的理当。到如今早寻个烧残红烛，梦破黄粱。大英雄，苦没个好结局，盛筵席，那里有不散场。
>
> （《婆罗馆逸稿》卷一）

皆因悟得"那里有不散场"，何况《金瓶梅》不仅仅如此，在同期文人士子看来，《金瓶梅》具有明朝晚期明显的特有的政治隐喻，夹带

---

① 沈德符《顾曲杂言》："顷岁丁酉，冯开之年伯为南祭酒，东南名士云集金陵。时屠长卿年伯久废，新奉恩诏复冠带，亦寓此。公慕狭邪寇四儿文华者，先以缠头往。至日，具袍服、头踏，呵殿而至。踞厅事，南面，呼妪出拜，令寇姬傍侍酒，更作才语相向。次日，六院喧传，以为谈柄。有江右孝廉郑豹先名之文者，素以才自命，遂作一传奇，名曰《白练裙》。"《白练裙》失传。

着很强的猎奇性。

袁宏道的朋友沈德符在《万历野获编》明确说《金瓶梅》："指斥时事，如蔡京父子则指分宜，林灵素则指陶仲文，朱勔则指陆炳，其他亦各有所属云。"陶仲文，即世宗时进"红铅"得幸："嘉靖间，诸佞幸进方最多，其秘者不可知，相传至今者，若邵、陶则用'红铅'……然在世宗中年始饵此及他热剂，以发阳气，名曰长生，不过供秘戏耳。至穆宗以壮龄御宇，亦为内官所蛊，循用此等药物，致损圣体，阳物昼夜不仆，遂不能视朝。"万历帝父亲明穆宗死时方才三十六岁，而在《金瓶梅》出现的万历朝，神宗好淫。据记载，万历十二年（1584），万历皇帝一次就扩充宫女九十七人，幸御嫔妃嫌弃无味，犹试男宠："选垂髫内之慧且丽者十余曹"，与之"同卧起""内廷皆目之为十俊"（沈德符《万历野获编》）。《金瓶梅》提供了大量的政治隐喻和暗示，极易与明朝后期盛行的谣言、传说、绯闻混合在一起，大大增强了传播的可能。

至于《金瓶梅》，作者署名兰陵笑笑生，至今不明其真实姓名，金陵历来分为"北兰陵"和"南兰陵"，"北兰陵"为山东省临沂市，自古，临沂在管道水路运河的附近，像《水浒传》一样，山东历来是小说的重要诞生地，《金瓶梅》一书大量采用了鲁南方言，而"南兰陵"为南直隶的常州武进，地处江南地带，民风活跃，经济贸易活动繁多，"南兰陵"亦有道理，亦可能为南方官宦文人闲居在家所作，为不好直露真名之书，例如王世贞人等。总之，这两种推测都有可能，于是，作者的身份也至今成谜，但不管怎么说，定然出于文人的精到之手，绝对不是说书场中众口相传，然后成书成册的大众小说，相反，《三国演义》的来源倒是与这说书相关联。①

袁宏道读到《金瓶梅》的当夜兴奋不已，他当即以敏锐的感觉预感到

---

① 本人趋向于认为袁宏道、董其昌等人知道《金瓶梅》作者，而与王世贞有关的幕僚即"老儒"为《金瓶梅》最大可疑作者。谢肇淛在《金瓶梅跋》中说"唯弇州家藏者最为完好"，"弇州"即指王世贞。其中，屠隆亦为可疑作者。《金瓶梅》另有一种可能，本为一大儒所作，"金吾戚里门客"，传播过程中又经过万历同期文人的多次集体创作，故版本前后均有所不同。

"奇书"的重大意义。小说，一种新生的文学体裁——世俗文学在万历时代朗然幽生，在袁宏道超前的文学观察力看来，这种意义不亚于汉赋的奠基之作——枚乘的《七发》，甚至，这半册书的意义超过它不知多少！

半夜，袁宏道倦意全去，他披衣下床，走至笔案前，提笔给在松江的董其昌写起信来，疾书道："《金瓶梅》从何得来？伏枕略观，云霞满纸，胜于枚生《七发》多矣。"①

作为一个卓越的文学家，在此，袁宏道起到优秀文学评论家的功用，他正是推崇和评论《金瓶梅》的第一人。

袁宏道数次推介作为"外典"②的《金瓶梅》，不遗余力，后来，在弘扬酒文化的畅销书《觞政》中，袁宏道还特别提及："传奇则《水浒传》《金瓶梅》等为逸典。不熟此典者，保面瓮肠，非饮徒也。"③三百多年后，鲁迅在《中国小说史略》中介绍《金瓶梅》，引用沈德符《万历野获编》的话说："初惟抄本流传，袁宏道见数卷，即以配《水浒传》为'外典'，故声誉顿盛。"

对于《金瓶梅》和《水浒传》两本小说特别是前者来说，袁宏道的发掘，绝对是一个空前的开端。袁宏道的推介，使得同时代文人们不得不重视它，猎奇地争相阅读，也令后人难以忽视《金瓶梅》的文学价值。化名弄珠客的人为崇祯本《金瓶梅》写序，都托袁宏道的名义和口吻为《金瓶梅》辩解："不知者竟目为淫书，不惟不知作者之旨，并亦冤却流行者之心矣。特为白之。廿公书。"④同时，此"外典"也使得袁宏道的朋友和书商方便托袁宏道之名传播此书，更便于宣传《金瓶梅》，当然，这样的传播不免夹杂在噱头和流言蜚语中，成为政治暗喻一样的猎奇传闻。

对"奇书"的看重是和袁宏道一贯重视世俗文学、通俗文学中的小

---

① 钱伯城《袁宏道集笺校》卷六《锦帆集——尺牍》之《董思白》，第 289 页，上海古籍出版社 1981 年版。这封提及《金瓶梅》的著名信件作于万历二十四年（1596）十月，作为《金瓶梅》最早记录出现在众多书籍中。

② 诸如屠隆在《山林经济籍》之《经部》卷八《燕史固书第十二》有云："不审古今名饮者，曾见石公所见逸典否？按《金瓶梅》流传海内甚少，书帙与《水浒传》相埒。"

③ 钱伯城《袁宏道集笺校》第 1419 页。

④ 序中"作者"特指石公袁宏道，石公为万历二十五年（1597）前后，袁宏道所取之号。

说、戏曲等文艺观一脉相承的。袁宏道在《觞政》中充分肯定了小说、戏曲、民歌的地位，在《狂言》里的《读书》诗中，把《离骚》《庄子》《西厢》《水浒》和《焚书》并列。而眼前的《金瓶梅》，这半本奇书自然是不过瘾的，接下来在这封书信中，他又欣然向董其昌问道："后段在何处？抄竟当于何处倒换？幸一示。"

袁宏道对《金瓶梅》起的作用非常重要，正因为万历二十四年（1596）他的著写，使得该年成为中国小说史特别有纪念意义的一年。

文人们对《金瓶梅》的态度和传播

袁宏道每得空余时间，便开始抄录《金瓶梅》，最后竟然亲自将《金瓶梅》完完整整地抄录了一遍。从中可以看出，袁宏道对《金瓶梅》的喜爱发自内心，他对《金瓶梅》的评价之高，可以从沈德符去世后刊印的《万历野获编》中所言得到佐证："袁中郎《觞政》以《金瓶梅》配《水浒传》为外典，予恨未得见。"

《金瓶梅》从袁宏道手里转眼到了其他人手里，说起来这份名单很长，名单上第一个人是袁宏道三弟袁中道。

袁中道来江南交游。他也是第一次来到江南，顺便看望二哥袁宏道。来到江南前，袁中道考中举人，由李贽推荐，他先后两次受大同巡抚梅国桢[①]的邀请，在北方塞上度过了一段比较漫长闲散的时光，终日游览、

---

① 梅国桢一贯支持李贽。梅国桢，麻城人，字客生，号衡湘，万历进士。后任固安县县令、浙江道御史，转为监军。梅国桢与《金瓶梅》有一定渊源："丙午，遇中郎京邸，问曾有全帙否。曰：'第睹数卷，甚奇怪。今惟麻城刘延白承禧家有全本，盖从其妻家徐文贞录得者。'"（沈德符《万历野获编》卷25《词曲·金瓶梅》）刘承禧继室为梅国桢之女澹然，梅澹然中途悔婚，终生未婚，因此刘承禧名为梅国桢之婿。1982年，美籍华裔学者马泰来在《中华文史论丛》发表《麻城刘家和〈金瓶梅〉》一文。文章认为：一是《金瓶梅》作者可能为"梅国桢门客"或"锦衣卫都督刘守有的门客"。梅国桢家藏有一部完整的书稿，书稿后为其婿刘承禧所有，《金瓶梅》亦可能是诋毁梅国桢之作。

打猎。万历二十三年（1595），袁中道离开塞上，走运河水路到齐鲁大地，登泰山观日出后，南下江南，到了这年九月到吴县。自从袁中道到吏部谒选官职，时隔一年半许，他终于又与在江南做官的哥哥袁宏道会面了。袁中道在江南游玩，一面遍访吴中古迹，一面继续攻研科举。

他日，袁中道到达二哥县衙处，听完袁宏道讲述《金瓶梅》，袁宏道继而说起该书的命运，当朝文人学士无不表示出十分严酷的态度，不是查禁封杀，就是大加贬斥，其中必然谈到董其昌。董其昌的个性八面玲珑，在南北朋友圈中如鱼得水。这时，董其昌对于《金瓶梅》的态度发生了改变，他十分冷淡，下了一个结论："决当焚之。"因有二哥袁宏道的大力推崇，袁中道对《金瓶梅》开始产生浓厚的兴趣，他马上阅完全书，表达了在他自己看来比较理性的态度。这事在万历四十二年（1614）袁中道的日记《游居柿录》中有详细记载："近有一小说，名《金瓶梅》，极佳。予私识之。后从中郎真州，见此书之半，大约模写儿女情态具备，乃从《水浒传》潘金莲演出一支。所云金者，即金莲也；瓶者，李瓶儿也；梅者，春梅婢也。旧时京师，有一西门千户，延一绍兴老儒于家。老儒无事，逐日记其家淫荡风月之事，以西门庆影其主人，以余影其诸姬。琐碎中有无限烟波，亦非慧人不能。追忆思白言及此书曰：'决当焚之。'以今思之，不必焚，不必崇，听之而已。焚之亦自有存者，非人之力所能消除。但《水浒》崇之则诲盗；此书诲淫，有名教之思者，何必务为新奇，以惊愚而蠹俗乎？"[1]

袁中道阅毕《金瓶梅》，后来，他还和袁宏道一起推介、鼓吹，由于史料和文人隐晦、模糊的记载，《金瓶梅》的作者彻底成了谜，但袁中道臆断这本奇书的作者为"绍兴老儒"："旧时京师，有一西门千户，延一绍兴老儒于家。老儒无事，逐日记其家淫荡风月之事，以西门庆影其主人，以余影其诸姬。"[2]

---

[1]　袁中道《游居柿录》，第 211~212 页，上海远东出版社 1996 年版。
[2]　袁中道推断"绍兴老儒"，因归于袁宏道和绍兴望族的亲密关系，袁宏道历来和绍兴名士、己丑科殿试探花陶望龄及戏剧家屠隆关系良好，且以屠隆为《金瓶梅》作者可疑性为大。

袁宏道历来重视小说、戏曲、民歌、俚谣等题材的通俗文学作品，大概从嘉靖时候开始，整个明朝社会"小说发达，戏曲勃兴"，而且，民间出版印刷业的发达助长了这股来自民间的风潮，袁宏道虽说不创作这些通俗文学体裁，平常却非常关注它们，对于无名作者的小说《金瓶梅》《水浒传》、王实甫的戏剧《西厢记》、汤显祖的戏曲作品，袁宏道都视为"奇文"，认为是"情真"的典型代表作。

世俗文学在乡下大行其道，袁宏道从小对小说、戏剧、歌谣有一种天生的好感，这是他推崇《金瓶梅》的直接动力，也是他后来提倡散文作品"性灵说"的思想来源。而袁中道对袁宏道的文艺主张亦步亦趋，自然对《金瓶梅》颇为重视，也正是得力于袁宏道等人的首传之功，《金瓶梅》才得以从文人圈传播开来，读者方为众多。

明万历二十四年（1596），一日，《金瓶梅》遇到了得以刊印的关键人物——谢肇淛。

这得益于谢肇淛来吴县和袁宏道开展的一次交游活动。谢肇淛，字在杭，福建长乐人，生于钱塘，号武林、小草斋主人，晚号山水劳人。谢肇淛一样是个大奇人，平常喜藏奇书，袁宏道和他本是壬辰科同科进士，当时，谢肇淛中进士的时候，就前去湖州任职了，比袁宏道早入官场两年。

谢肇淛登门拜访，他正是从湖州而来，脸上愁云密布，谢肇淛仍然在与苏州距离不足一百公里处的湖州司理任上。此时，他的内心和袁宏道一样是苦闷的。谢肇淛在湖州司理职位的这几年里，多次作诗讽刺上司，与上司关系日益不佳，前途渺茫，这正是他备感苦闷的原因。万历年间，文人士大夫的交往风气是"薄骨肉而重交游"（《顺天府志》卷一《地理志·风俗》），谢肇淛作为袁宏道的同窗来拜访自然又多了一条理由。听罢，袁宏道顺势向他推荐了一本奇书——正是传奇《金瓶梅》，并把自己的手抄录本借给了他。

谢肇淛记载道："余于袁中郎得其十三。"①从此，像袁宏道一样，谢肇淛不遗余力地推介《金瓶梅》。等到万历四十五年丁巳（1617），《金瓶梅词话》已经刊印，由印书商化名为东吴弄珠客和欣欣子分别作序，全书十卷百回。谢肇淛在刻印出版《金瓶梅》一事上扮演关键作用，据谢肇淛的诗文集记载，不久，谢肇淛就看到由词话校改的崇祯本了，谢肇淛在《金瓶梅跋》中总结说："书凡数百万言，为卷二十。"据时间推断，崇祯本《金瓶梅》评改者很可能就是出自于谢肇淛的手笔。通过《金瓶梅跋》，我们知道谢肇淛发现《金瓶梅》的美与艺术的独创特点，谢肇淛在《金瓶梅跋》中称此书为"稗官之上乘"，作者为"炉锤之妙手"，特别评述了作者写人物"不徒肖其貌，且并其神传之"的特点。在谢肇淛看来，《金瓶梅》达到了时代的最高水平。

后来，谢肇淛迟迟没有向袁宏道归还《金瓶梅》手抄本，从谢肇淛见到《金瓶梅》初始，整整十年过去，袁宏道仍然记得这事，当即书信讨要归还，在《与谢在杭书》中说："仁兄近况何似？《金瓶梅》料已成诵，何久不见还也？"

万历丙午年（1606），袁宏道已在北京重仕，有一日，同处江南文化圈的奇士、历史学家沈德符来家中拜访。沈德符是董其昌的朋友，也是袁宏道和袁中道的朋友，袁宏道曾和他谈论起《金瓶梅》全版本的事情。万历丙午年（1606），袁宏道秋冬之际来北京重仕，两人在袁宏道的京邸相遇，沈德符问及《金瓶梅》："曾有全轶否？"袁宏道说："第睹数卷，其奇怪。今惟麻城刘延白承禧家有全本，盖从其妻家徐文贞录得者。"三年后，袁中道来京参加会试，他随身携带着《金瓶梅》，沈德符从他那里抄得《金瓶梅》，并带入吴中，其后几年，《金瓶梅》流入社会，民间私坊已经开始刻印。

---

① 谢肇淛于万历四十四年（1616）所作《金瓶梅跋》中说："此书向无镂版，抄写流传，参差散失。唯弇州家藏者最为完好。余于袁中郎得其十三，于丘诸诚得其十五，稍为厘正，而阙所未备，以俟他日。"（见《小草斋文集》卷二十四）。丘诸城即为中郎挚友丘长孺，丘长孺为《金瓶梅》收藏者麻城刘承禧妹夫。同引《袁宏道集笺校》卷五十五未编稿之三——诗尺牍《与谢在杭》，第1596页。

与中郎同科进士的李日华也听到了《金瓶梅》的消息，李日华是沈德符的亲戚，继科举进士及第后开始短暂的官宦生活，现在隐居在家，成为一位居家文人、书画家、收藏者——和同乡陈继儒一样，也是一位著名的"山人"①。李日华从老家嘉兴出发，常常游玩于江南，苏州城是他常来之地，李日华在《味水轩日记》有载："五日②，沈伯远（沈德符之侄）携其伯景倩所藏《金瓶梅》小说来。大抵市诨之极秽者，而锋焰远逊《水浒传》。袁中郎极口赞之，亦好奇之过也。"李日华评价不高，但据说，李日华曾积极参与《金瓶梅》的刊印，李日华也是《金瓶梅》的可疑作者。

至于袁宏道的朋友圈中，继沈德符所说的"嘉靖间大名士"——最为可疑作者王世贞外，其他传播者例如有汤显祖、董其昌、屠隆、薛冈，年龄稍小的冯梦龙也读到了《金瓶梅》。

冯梦龙比袁宏道小六岁，同时，冯梦龙也是沈德符的朋友，曾和沈德符一道游玩。某日，两人一同到松江游玩，到大味坊赏"松江一绝"，吃竹炭烤鸡，冯梦龙从沈德符那里读得《金瓶梅》，对于尚未刊印的《金瓶梅》原本词话，同为小说家的冯梦龙有着一种天生的职业敏感，料定他日，该书必当洛阳纸贵。万历年间正是私刻书籍的全盛年代，冯梦龙当即表示："见之惊喜，怂恿书坊以重价购刻。"只是沈德符认为："此等书必遂有人板行。但一刻则家传户到，坏人心术，他日阎罗究诘始祸，何辞置对？吾岂以刀锥博泥犁哉！"

袁宏道多次向文朋好友推荐《金瓶梅》，让《金瓶梅》这部奇书产生了应有的作用。其中受影响明显的是著名剧作家汤显祖。经过文本研究，汤显祖数年后创作的《牡丹亭》《南柯记》明显受到《金瓶梅》的启发，显然，汤显祖已经看过《金瓶梅》手抄本，至于他从何处得

---

① "山人"群体产生于明代中后期，在嘉靖、万历年间大盛，沈德符《万历野获编》专有列出"山人"一条，介绍"山人"名号、产生及概况，其中陈继儒（即眉公）是"山人"的典型代表。

② 按：指万历四十三年（1615）十一月初五日。

到《金瓶梅》，基本能得到考证①；归根结底，此书必定来源于袁宏道朋友圈的文人们。

这是《金瓶梅》刊印前的趣事。至于《金瓶梅》的母本，另一本"奇书"长篇小说《水浒传》，袁宏道的推动也一样非常重要，对它的出版过程影响巨大。《水浒传》最早由苏州出版家袁叔度②刊印。

袁宏道对通俗文学从来是不遗余力，他对《水浒传》的评价非常高，正如他在《听朱生说水浒传》的打油诗中所评价："少年工谐谑，颇溺《滑稽传》。后来读《水浒》，文字益奇变。六经非至文，马迁失组练。一雨快西风，听君酣舌战。"后来，袁宏道在给通俗历史作品《东西汉通俗演义序》中评价《东西汉通俗演义》，"今天下自衣冠以至村哥里妇，自七十老翁以至三尺童子，谈及刘季起丰沛、项羽不渡乌江、王莽篡位、光武中兴等事，无不能悉数颠末，详其姓氏里居，自朝至暮，自昏彻旦，几忘食忘寝，聚讼言之不倦"。后又笔锋一转，提及恩师李贽对《水浒传》的评定语，把话说得饶有风趣："人言《水浒传》奇，果奇。予每检《十三经》或《廿一史》，一展卷即忽忽欲睡去，未有若《水浒》之明白晓畅，语语家常，使我捧玩不能释手者也。若无卓老揭出一段精神，则作者与读者千古俱成梦境。"③

吴县任上的赋税改革及任职交游

袁宏道评价《金瓶梅》的时候，他正在苏州府的吴县任职。这一切

① 《幽怪诗谭小引》中有"汤临川赏金瓶梅词话"。徐朔方考证汤显祖读《金瓶梅》，从刘守友（刘承禧之父）、梅国桢那里看到。"汤氏既然可以替刘（守有）家校定元代杂剧，当然也可以读到秘藏《金瓶梅》全本。"徐顺便提及汤显祖和袁宏道、董其昌、谢肇淛、袁小修、冯梦龙、屠隆等人都有交往，他们都看过《金瓶梅》手抄本。引徐朔方发表于《群众论丛》1981 年 6 期。
② 袁叔度，字无涯，苏州吴县人。书种堂堂主。与宏道、中道、李贽、冯梦龙为友，曾刻印宏道诗文集 7 种，并与杨定见共同修订刻印李贽手批《水浒全传》。据钱伯城《袁宏道集笺校》第 1251 页。
③ 钱伯城《袁宏道集笺校》第 1635 页。

都应该从他任吴县县令一职开始说起。吴县县令正是袁宏道官宦道路上的起点，自从他科举进士请假三年，文学结社，游山玩水后，吴县标志着他正式从书生时期转入仕途时期，这时的袁宏道面临着机会，也开启了新的挑战。

万历二十二年（1594）的初秋，袁宏道和哥哥袁宗道、三弟袁中道一起离开公安县老家，他以新科进士身份赴京谒选。三袁兄弟到达武昌的时候，袁中道留下以备参与省试，袁宏道和袁宗道继续北行，袁宗道回京叙官，袁宏道在请假三年后正式接受政府委派官职。

按照惯例，新科进士派官，依殿试名次而定，一甲当即进入翰林院，二甲三甲候选，二甲或许有机会留京任职，三甲一般而言，只有选派外发的事儿。袁宏道的考试成绩是壬辰科三甲第九十二名，毫无疑问只能外发，一般当个知县或者府学教谕之类。

候选期一般是每年的八九月，袁宏道已经请假了三年，朝廷并没有立即给他派官。袁宏道对做官的兴趣原本就不大，对于选派地，他自然不是特别重视，来京后，他平常都忙于和朋友文士们交游，一直顺其自然地等待。

袁宏道在候选期间，大哥袁宗道回京复职，始任皇长子讲官。万历二十二年（1594），皇长子朱常洛已经十二岁，残酷的宫廷斗争起始于郑贵妃受万历皇帝宠幸，朱常洛的地位岌岌可危，随时有被郑贵妃之子朱常洵取代的可能。但是，皇长子毕竟到了读经明道的年龄，经朝廷内阁参议，朱常洛终于出阁讲学。董其昌、焦竑等人充东宫讲官，万历二十五年（1597）后，袁宗道、黄辉等人以翰林院修撰职充当东宫讲官。袁宗道在充东宫讲官前，比在翰林院的"清贵"其实已经忙碌起来，袁宗道平常都是终日上朝，正所谓"鸡鸣而入，寒暑不辍"，回到家时，每天都疲惫不堪。袁宏道熟悉的其他朋友亦都如此，每日忙碌，面对青灯壁影，有处理不完的公务公文。

明后期官员的压力空前，造成大量科举文人隐居不仕，成为"山人"，此时期袁宏道的诗歌明显地反映其人生初期对待仕途的态度。在北京的这一段时间，袁宏道醉心于诗文。刚到京城，感慨所观官场的不易，以及身处异地对亲人的怀念，他写了一系列怀旧的诗文，诸如诗文《忆弟》三首、《北行道中示弟》《京师夜坐》《忆弟》二首，其中在一首《忆弟》中，他对远在武昌的袁中道表达了深切怀念之情："万里南征路，扁舟去不来"，"东来书一纸，读罢泪如丝"。

自从张居正去世后，明朝开始处于万历皇帝统治下的混乱时期，袁宏道在候选官员时期，见兄长和朋友们如此忙碌，他深感为官之累，为之，便写下《为官苦》：

白羽落青松，玄霜化秋草。燕市多冲飙，日暮红沙道。男儿生世间，行乐苦不早。如何囚一官，万里枯怀抱。出门逢故人，共说朱颜老。眼蒿如帚长，闲愁堆不扫。

此时已值秋天，北方的秋天相比南方来说，有一股更深的萧瑟和寂寞。袁宏道写下《登高有怀》，在寄给八舅龚惟静的诗歌《寄散木》中，他更是写道："只觉悲秋苦，那堪别赋工。予瞻南去雁，尔望北来风。寒日疏篱菊，清霜落井桐。江湖夕照里，登眺许谁同？"

袁宏道深切怀念起南方的日子，因为，他在北京的候选日子里并不总是过得那么顺心。兄长袁宗道在翰林院任上，地位清高，但仍是"省交游，简应酬"，对比之下，他已经知道外派之官级别，充其量只不过七品县令而已，面对前途未卜的命运，当夜晚独自一人时，袁宏道想罢，心里不禁多少有些郁闷，他在《京师夜坐》中写道：

兀坐醒醒闷，读书字字难。竹枯知凤馁，瓶涩验天寒。事往心方省，穷来交渐宽。微官犹窘我，赢马日长安。

在北京谒选尚未出结果的日子，万历二十三年（1595）二月，由兄长袁宗道牵线，袁宏道开展了文人间广泛的交游，他与汤显祖、曹学佺、王一鸣、董其昌、王图等众多朋友遍游京郊，欢聚游宴，过古寺，宿僧房，登高山。随后，袁中道终于从武昌来到北方，他省试未中，北上燕行后，复来北京。这年秋天，袁氏三兄弟又得以短暂相聚。十二月的一天，袁宏道到吏部接受谒选通知，他被授予吴县知县。

赴任吴县知县，也许有袁宗道和其他贵人的作用，总之，这并不是一个十分坏的结果。吴县自古属苏州府管辖，历来为膏腴之地，正所谓"上有天堂，下有苏杭"，自古吴县为天下富县，有机会到苏州去做一名知县，总比塞外、关东或是闽越之地强出不知多少，对于袁宏道的人生来说，这算是一个不错的仕途起点。

这年新年，三袁是在京城一起度过的。袁宗道恪守职位，还是像往常一样上朝，对于袁宏道来说，春节假期刚过，万历二十三年二月初六清晨，按惯例，他就要离开北京南下赴任。这天，如袁宏道的离别诗里所言："长安二月时，阳缓北风厉。霜刀割地皮，古木凛寒气。纷纷骤马尘，晓起如云沸。"大哥袁宗道和三弟袁中道一同送别袁宏道，一直送到城外南岗，三人在该地设宴告别。

举杯话别之际，袁宗道不免要规劝二弟中郎几句，他作为东宫讲官，深知官场险恶，况且出门在外，"长兄为父"，二弟初次为官，去江南赴任，袁宗道认为务必把道理讲明。袁宗道说，希望他就职后，做一名勤勉的父母官，谨言慎行，钱谷收支要倍加慎重，更不可结党营私，"上下忌同异"，正是明朝日渐之顽疾。

袁宗道为人稳重，性情温和，一向话不多。险恶的宫廷斗争中，让他养成了从来不谈论政治的习惯，这正是东宫的规矩，而且，现在又是特殊时期，皇长子朱常洛地位不稳，时常有被朱常洵取代的危险，时下，因是兄弟话别，袁宗道破例不免开始长谈。

听罢，袁中道倒是有话说，他几杯酒下肚，便开始朗朗大语："哈，大哥可能是依了在朝廷的习惯，可是，人生在世，就要活得潇洒自如，按自己的意志行事，胸臆自可行，不可过分压抑扭曲自己，也不必受官场的一些约束左右。"

袁宏道只好微笑道，说："兄长、小弟，均有道理，人生在世，谨慎也罢，潇洒也罢，切不可消沉颓废，自废武功，而要精进求远，砥砺前行。"

与袁宏道一起南下的还有汤显祖、江盈科、王一鸣、汤沐、沈凤翔、黄兰芳等人。这些外放的同行进士朋友中，袁宏道与著名剧作家汤显祖和小品文名家江盈科关系最佳，后来，汤显祖南下遂昌任职，寄来一册《玉茗堂集》，书中专门有言及。

江盈科，字进之，湖南桃源人，明万历二十年（1592）进士，谒选为长洲县令。长洲县与吴县接壤，治所同在苏州城内，这也是袁宏道愿意看到的结果。江氏文学修养深厚，文笔甚健，为文主张"元神活泼"，后来，袁宏道、袁宗道、江盈科、黄辉等人的葡萄寺结社，一起发展壮大了公安派，江氏始终为袁宏道重要的文学盟友和公安派的重要成员。袁宏道早期著作，例如《敝箧集》《锦帆集》《解脱集四卷》，江盈科都为他作过序。

袁宏道也为江氏的诗文集《雪涛阁集》写序，序中称赞道："进之才高识远，信腕信口，皆成律度，其言今人之所不能言，与其所不敢言者。"他说江进之的文章："超逸爽朗，言切而旨远，其为一代才人无疑。"

汤显祖，字义仍，号海若、若士、清远道人，江西临川人。汤显祖出身书香门第，为我国明晚期伟大的戏曲家，他不仅于古文诗词、戏曲皆精，神奇的是，还通晓天文地理、医药卜筮诸书，代表作有"临川四梦"之《还魂记》(《牡丹亭》)、《南柯记》《邯郸记》《紫钗记》。汤氏为万历十一年（1583）进士，曾任南京礼部祠祭司主事，因目睹官僚腐败愤而上书《论辅臣科臣疏》，触怒天威，贬为徐闻典史，万历二十一年（1593）改任浙江遂昌县令，《牡丹亭》正是在遂昌所写。

早在嘉靖时代，文坛上盛行以李梦阳、何景明为首的前七子，倡导"文必秦汉、诗必盛唐"的复古文风。万历期间，以王世贞、李攀龙为首的后七子也步其后尘，为复古派末流。汤显祖等人一反权威，标新立异地提出文章应以"立意"为主，将思想内容放在首位，强调文章的"自然灵气"。汤氏是反对明朝中期复古派的重要文学代表人物，他少时受学于左派王学的代表人物——罗氏，罗汝芳为泰州学派王艮的再传弟子，汤显祖在老家临川的时候，与袁宏道的导师——龙湖李贽先生也曾深谈过。

　　和李贽先生一样，汤显祖是袁宏道一样敬重的文人和官场前辈。袁宏道曾赞扬汤显祖的诗歌是"凌历有佳句"，汤显祖也评论袁宏道的文章说："极服楚才，以为不可当。"

　　汤显祖是来京叙职的，在北京的时候，经袁宗道引荐与袁宏道相识。一经见面，彼此觉得志同道合，两人准备一起南下，汤显祖重新回遂昌任职。众人出城过了卢沟桥，日夜兼程，一路南下，经涿州、河间、沧州、高唐、东阿，经滕县的时候，弃马登舟，顺着京杭大运河，穿越黄淮流域到达了长江北岸的镇江，到达镇江的时候，袁宏道距离上任地苏州府已不远了。

　　袁宏道初来江南任职的途中，有趣味相投的文朋结伴而行，心情非常不错，一路可以说是游山玩水，然后诗以记之。当他们的船到达镇江的时候，趁船在岸停留的机会，袁宏道和江进之因为同在苏州府任职，他俩一起游览了当地的名山——金山和焦山，汤显祖继续南下，先到钱塘，然后溯流富春江到达遂昌，两人约定后续通信不断。袁宏道和江进之游完二山，回船的晚上，他即作诗《同江进之登金山》二首、《登焦山》《登焦山逢道人》，从诗歌中可以看到袁宏道为官逍遥无所谓的心态。

　　当袁宏道到达吴县任所的时候，春节早已过去，已经是暖春三月，桃花盛开，姹紫嫣红，面对眼前江南美景，袁宏道按捺不住心头的喜悦，写了一首趣味性很强的诗歌《渐渐诗·戏题壁上》：

　　　　明月渐渐高，青山渐渐卑。花枝渐渐红，春色渐渐亏。禄食渐渐多，牙齿渐渐稀。姬妾渐渐广，颜色渐渐衰。贱当壮盛日，欢非少年时。功德黑暗女，一步不相离。天地犹缺陷，人世总参差。何方寻至乐，稽首问仙师。

　　从中晚明开始，商品经济空前发展，随之思想文化出现显著变化，民间的通俗文学得到空前发展，袁宏道深受影响，而这些谐语的运用，也可以佐证袁宏道为什么会发自内心产生对世俗文学和《金瓶梅》的喜爱了。

他的这次南下江南任职，前后行程三千余里，从春节出发历时一个多月，游览名山古迹，途中写下了很多诗文。袁宏道到苏州府后，他将它们结为一部集子——《锦帆集》，"锦帆"一是沿途景色优美，二是暗喻了袁宏道舒畅的心情。

袁宏道来到吴县就职，可是，等待他的是一个名副其实的烂摊子，吴县的现状逼得他必须忙碌起来。

吴县自古繁华，物产丰富，关系网错综复杂，吴县、长洲、苏州府治所同在吴县，城里官吏众多，绅豪也多，至于普通百姓阶层，上面派发下来的赋税特别繁重，加之地方上不法官吏盛行贪污腐败，巧取豪夺，使得当地百姓怨声载道，诉讼案非常繁重。袁宏道的前任知县叫任僎，任僎已经去京，升任为刑部主事，因为县令成绩成为一名京官。不过，任僎能升官，大抵只是因为苏州官员升迁的特殊性，袁宏道发现任僎无任何政绩，政务上秉持的只不过是"拖"字诀。

吴县的情况相当复杂，袁宏道要施以合理的行政管制，必须得有非常之手段。而袁宏道恰好是性情洒脱之人，在他来吴县之前，不少人就有所担忧顾虑，一说吴县是个繁华之地，而中郎名士气十足，他会被困在那里。另一种担忧是袁宏道受得了官场的规矩和约束吗？治理得了当地的那些贪官污吏吗？会不会深陷其中不能自拔而同流合污呢？而经过多次失望的吴县当地百姓也在怀疑，这位年轻的新任父母官，能否革除弊政，带来一番新气象呢？

这些疑虑都是因为对新任县令的不了解而起，也正给了袁宏道进行深入调查的机会。万历二十三年（1595）早些时候，当汤显祖来信，询问他在吴县治理情况："出关数日作恶。念与君家兄弟五六人，相视而笑，恍若云天。一路待君不至，知君已治吴。吴如何而治？瞿洞观相过，应与深谭。"袁宏道先说："作吴令，备诸苦趣，不知遂昌仙令趣复云何？"紧接着在后一封信中，他又颇为自负地说："作令无甚难事，但损得一分，便是一分才。彼多事者，非生事即是不及事耳。"但接下来他又说："吴地宿称难治，弟以一简持之，颇觉就绪，但无奈奔走何！

兄老吏也，有可以请益者，不妨教我。"

袁宏道走马上任，首先认识到地方财政和赋税为地方县政的中心要务，于是便重点着手清理和改革财政问题。

事实上，明朝赋税征收长期不合理，它是明朝灭亡的重要原因。明朝和前朝元朝一样，王朝的破灭都来源于财政破产——说到底，这关系到封建制的根本缺陷问题，政治和经济集权下，财富流通方向，越来越向少数人集中。一方面，因为贸易顺差，白银流向中国，手握权力的士绅阶层及其附属大商业及海外贸易人员富庶无比①。另一方面，明朝的农民和小手工业者没有得到丝毫利益输给，依然贫苦。而且在万历中后期常年发生战争后，政府的财政压力转嫁给农民阶层及广大小手工业者等从事小商品经营的阶层，太仓储银逐年空虚，事情经历大抵是这样：十六世纪八十年代，地方每年向国家金库（太仓）纳银，太仓白银储备通常保持在六百万两。十六世纪末期，明朝先后发起征讨鞑靼、平定西南土著叛乱和帮助朝鲜抗击倭寇的战争，花去一千二百万两②，而且明缅战争在相当长的时间内持续。因为万历一朝持续发生战争，太仓储银很快耗尽，为了缓解财政危机，万历皇帝不得不另谋它计，最终于万历二十四年（1596）开征矿税，同时，这项时策让地方征税事务变得异常繁重。

另外，明朝后期，由于士绅们推动小商品经济发展，明朝商业经济得到很大发展，但是，大多数官僚都出自于商人和士绅，由于各层官僚的阻拦，商业税收一直提不上内阁议题，所以商业税收远远不够。对于

① 明朝税务管理粗放而且低下，严重忽略已经非常兴盛的海外贸易征收赋税。万明在《明代白银货币化：中国与世界连接的新视角》中说："据索萨的研究，美洲白银通过太平洋运到菲律宾的数额，在1590—1602年约为2010吨，1602—1636年约2400吨。……自1571年马尼拉大帆船航线开通，以平均每年150吨来计算，这20年共运输了3000吨白银。考虑到运至马尼拉的白银基本上都流入了中国，因此，综合起来，通过马尼拉一线输入中国的白银约7620吨。"引 Deorge B. Souza: the Survival of Empire: Portugese Trade and Society in China and the China Sea, 1630—1754, Cambridge University Press, 1986.
② 黄仁宇《十六世纪明代中国之财政与税收》，第285—290页，生活·读书·新知三联书店2001年版。

整个明王朝来说，由于商业人口增多，农业人口减少，势必加重广大农民的赋税比重。而且，皇帝逐渐失去话语权，征税变得日益困难，同时，朝廷派发的苛捐杂税非常繁多，这是造成县域不好治理的根本原因。

现在，吴县就陷入这种多重困境，而且，吴县与其他县相比，它的赋税更加繁重，老百姓更加苦不堪言。袁宏道经过调查，很快查明了吴县难以治理的三个原因：一、衙役人员过多，官民比过大，人浮于事。二、乡师里胥巧立名目，这些狡猾的乡师里胥之类的下级官吏从中作弊，他们制造假名册，制造假理由，对上隐瞒户口，对下强征暴敛，任意增加额外税收。三、苛捐杂税多如牛毛。

袁宏道分析清楚实情，马上雷厉风行地行动起来。首先，袁宏道对县衙部门来了一次彻底整顿和改革，以前，县衙里不少小官吏和衙役，不干县衙里的公事，庸官懒政，专门下乡鱼肉百姓，袁宏道针对这一状况实行新法。这一时期的袁宏道简直是学起了老乡张居正的一套，对县衙里的所有官员一一进行甄别考核，视官员情况分别处理。对待克己奉公、才华出众的官员，根据能力和经历，安排在合理岗位；而对一些不学无术的庸官、冗官、闲官、懒官，袁宏道深知仅靠他一个人，一时无法解决根本问题，改革只能在可控制的范围内步步为营，向前推进，不可能一下子将这些小官们扫地出门。那么可以预见改革不可能成功，而且袁宏道本人也将招致诬陷和打击，但他却是一个有政治智慧的人，倒讲究起一些"斗争"艺术来了。

大改革家张居正的主政或许启发了袁宏道，袁宏道只不过依样画瓢而已。袁宏道首先处理县衙内政，他先将这批官吏晾在一边，不再给他们派发任务。这些人再无理由下乡，只能整日在县衙干坐，终日无所事事，得到的基本收入又不能糊口，日子慢慢不好过起来，但是这些人又不好无理取闹，干活儿拿薪饷，此乃天经地义，他们只好请求袁宏道，求派发事情干干。袁宏道却说，大家看看现在县衙哪里有空余位置？

原来，袁宏道已经避开硬钉子，布置了众多软钉子，他早已提前有所安排，整个县衙内，都把岗位布置妥当，一些能干的官吏派发到合适的岗位上，现在，一人干数人的事情，县衙事务也并没有耽误，还是办得有条不紊，办事效力也明显提高，根本不需要这么多官吏。这些人自知理亏，心虚气短，渐渐都主动离开了县衙，袁宏道初步达到了"精兵简政"的目的。

其次，对于衙役横行欺压、巧立名目征收赋税，袁宏道这样处理：采用实地调查，将一个乡镇排查清楚，然后以点带面，扩展到全县。

吴县位处江南腹地，太湖之滨，在袁宏道任职的年代，全县面积大约一千五百平方公里。吴县气候适宜、物产丰富、交通便利，这些自然条件决定了吴县自古以来经济繁荣，人口众多，高税收成了官府财政的依赖，久而久之，乡师里胥长期盘踞乡里敲诈勒索，由此形成了一种欺上瞒下的"惯性"。对于这些劣吏制造的假名册，袁宏道一目了然。有一天，袁宏道带领一路人马开到乡镇，叫来这些乡间税务官，当即查看他们的税收薄册，马上就抓住其中的一个漏洞，就假名册问题厉声质问道：这是怎么回事？面对新任县官十多次的诘问，这些贪官污吏支支吾吾地辩解。袁宏道有备而来，命令好几位百姓赶来当场对质，税务官员招架不住，见事实隐瞒不住，都赶忙俯首招认。

袁宏道以此为开端，从一个乡镇查到下一个乡镇，全县范围内展开清理赋税、彻查奸吏的严厉措施。由于税收公开透明，贪官污吏无处可逃，袁宏道命人将作奸犯科者押送到县衙，一一彻查。

最后，对于这些多出来的征收项目，袁宏道将银两暂时充入官库，这次吴县清理税务的行动，一共查获额外税收银两好几万。然后，县衙贴出告示，明告百姓，凡是被强征的项目，老百姓可以自报数目，情况属实者，县衙如数退还多征额数。

袁宏道在吴县赋税的改革措施，有利于广大吴县老百姓，受到百姓的热烈支持。得知这是新任年轻知县所为，大家额手称庆。

正当袁宏道大胆施行改革的时候，县衙发生了一件趣事。插曲得从袁宏道收到匿名信开始。一天，袁宏道突然收到匿名信，信中不免对他的利民政策攻击谩骂诽谤。有一段时间，这些匿名信一封接一封投来，袁宏道刚开始并没有特别在意。第一封丢掉后，匿名信越来越多了，他开始重视起来，这些匿名信的字迹都为一个人所写，当然，每封信的内容都大同小异，不是攻击新政策，就是对新任知县的谩骂，语言污秽恶毒。

袁宏道仔细琢磨一番后，冷冷一笑，这种写匿名信的雕虫小技，还能难倒一个进士？

一天，袁宏道乔装外出，当他回到县衙，看见衙门口有一个占星相算命的人，那人身穿道袍，一副道士模样打扮，行为鬼鬼祟祟，袁宏道马上想到，投匿名信的人莫非就是他？想到自己以前因身体不好而关注的星相命理学，同时也为了验证心中疑问，便将计就计，将此人叫上前来，假装要占个星相。那人支支吾吾，闪烁其词，知道面前占星相的人正是新来县令袁宏道，但又不好当即逃跑，只好推诿说，天色不早，正要收摊，以后定当为老爷效力。袁宏道心里的疑问落实了八九分。算命人只好硬着头皮完成差事。占卜完，袁宏道拿起星相纸一看，字迹与匿名信上的果然一模一样，该人被袁宏道逮了个正着，回去一加审问，确信无疑。

原来匿名信事件事出有因。卦师的儿子正是吴县的一名税务官，平常，该税务官贪赃枉法，中饱私囊，在袁宏道改革税务的时候被查获，写匿名信乃出于报复。匿名信一事解决后，吴县的人都知道了真相，连同其他案子，城里违法乱纪的行为少了不少，县衙前面由此也清净了很多，衙门前的酒家的生意都变得萧条，因此搬了家。这事一完后，人们开始传扬袁宏道，说他明察秋毫，速断速决。吴县百姓歌颂袁宏道本人"升米公事"。

经过一年多的有效整治，袁宏道治理吴县的成绩开始得到上面的认可，其中之一是苏州知府孙成泰。孙成泰知道袁宏道在吴县的改革尤为圆满，短短不到一年的时间里，袁宏道整肃官场、清理税务的成效明显，冗官清退，也没有引起大的动乱，朝廷税收分文没有减少，老百姓的负担大大减轻。这些经验手段不是现成可以学习的吗？

孙成泰对袁宏道的改革大力支持，以其在吴县的赋税改革为模板，以吴县的改革为榜样。孙成泰传示所辖各县，集中清理了一批税务，使得苏州府各县老百姓的负担都有所减轻。

袁宏道的治理，甚至开始得到更高层人物的认可，有一个位高权重的人在称赞他，这人就是万历前期的首辅申时行。

张居正去世后，嘉靖四十一年（1562）的殿试状元申时行继任首辅。当时爆发的长达十多年的"国本之争"①，皆因万历皇帝不喜欢出生于"都人子"的皇长子朱常洛为一大原因。万历十九年（1591），申时行在国本问题上受到朝廷言官弹劾，经过万历皇帝的批准，他辞职退休回家，此后长住苏州府长达二十余年。申时行虽然被罢了首辅，却仍关注时政。以前，申时行曾经一度是张居正的心腹，或许因为这层关系，他格外地关注张先生的这位小老乡。申时行听到袁宏道的政绩，不禁称赞："二百年来，无此令矣。"

袁宏道的政绩也传到了家人和朋友那里，大家都感到欣慰。远在京城的大哥袁宗道，后来在写给三弟袁中道的一封家书里就提及袁宏道在吴县的清廉和政绩："前讯之吴中人云：'此令近年来未有，惟饮吴中一口水耳。'又闻其发摘如神，衙门宿蠹为之一清。其人非习为谀者，且众口一词。"

袁宏道南下吴县任职一年后，随着任期延续，其内心的痛苦却开始发酵，越发证明这是一段繁忙而苦闷的官宦经历，袁宏道的内心苦不堪言起来。

从万历二十三年（1595）春天算起，在吴县的这一年多的岁月里，平常他只要有闲余，捧起来的书多是《金瓶梅》和一些传奇小说。当然，袁宏道忙于政务，还不忘了享奇景，说到底，这都来源于袁宏道内心真正的寂寞。在琐事的包围中，袁宏道发现自己过得实在太孤单寂寞了，同时从他的内心来说，虽然在江南众多的文化人士圈中，不断和朋友们交游，但袁宏道的内心始终是封闭的、孤单的，他只能在和朋友交往、看奇书中填补自己内心的空虚。

---

① 万历二十九年（1601），万历皇帝让步，始册封朱常洛为太子。

江南虽好，物产丰实，可是，作为一个力求本真的文人步入官场，现在为官的日子，其感觉与同窗谢肇淛一样，官宦事务实在令袁宏道苦闷无奈。

万历二十四年（1596）的六月，苏州一带发生少有的旱灾，"五日不雨，则其田如龟腹"，袁宏道工作不分白天黑夜，他前往阳山、穹隆、天平等灾区实地考察。在这样的旱情中，任何人都束手无策，袁宏道也只好按照吴县乡俗，祈求上天降雨。

一天，他和江进之一起跟随苏州知府孙成泰，来到阳山脚下的白龙祠，向上天祈雨。说来这天非常幸运，一番庄严的求雨仪式举行后，天气本来毫无异常，袁宏道和江进之都非常郁闷，当他俩爬上阳山释放情绪，天气却陡变，乌云滚滚，竟然下起倾盆大雨。

袁宏道当然知道一时的暴雨根本不能解决问题，他立即从行政工作上着手，大幅度豁免灾区的赋税，对于灾情最为严重的穹隆，每年的课税减少至一半。

此时，袁宏道心中仍旧不愿意做官，只是对能来到江南富庶之地吴县任县令，有些许满意。他在给兄长袁宗道的信里说，"弟已令吴中矣！吴中得若令也，五湖有长，洞庭有君，酒有主人，茶有知己。"现在看来，官场束缚何其沉重，终日行政忙碌，又加之身体实在不好，只能以苦为乐。

这时候，袁宏道想起晚唐司空图的《休休亭记》，其中有"六宜休语"的典故，故袁宏道开始以"六休"为号，从此自号"六休"。

在给蒙师王以明的信中，他解释说，"世上未有一人不居苦境者，其境年变而月不同，苦亦因之。……始知人有真苦，虽至乐不能使之不苦；人有真乐，虽至苦不能使之不乐。故人有苦必有乐，有极苦必有极乐。知苦之必有乐，故不求乐；知乐之生于苦，故不畏苦。故知苦乐之说者，可以常贫，可以常贱，可以长不死矣。"因知人有真苦，他在呼唤亲朋排解心中之苦，需要朋友和他一起来不断喝酒。万历二十三年（1595），他在写给舅舅龚惟长的信中，就直言不讳，列出世间最值得留恋的五件快活事：

然真乐有五，不可不知：目极世间之色，耳极世间之声，身极世间之鲜，口极世间之谭，一快活也。堂前列鼎，堂后度曲，宾客满席，男女交舄，烛气熏天，珠翠委地，皓魄入帷，花影流衣，二快活也。箧中藏万卷书，书皆珍异。宅畔置一馆，馆中约真正同心友十余人，人中立一识见极高，如司马迁、罗贯中、关汉卿者为主，分曹部署，各成一书，远文唐宋酸儒之陋，近完一代未竟之篇，三快活也。千金买一舟，舟中置鼓吹一部，妓妾数人，游闲数人，泛家浮宅，不知老之将至，四快活也。然人生受用至此，不及十年，家资田地荡尽矣。然后一身狼狈，朝不谋夕，托钵歌妓之院，分餐孤老之盘，往来乡亲，恬不知耻，五快活也。士有此一者，生可无愧，死可不朽矣。

至于袁宏道的同窗谢肇淛，这样描绘当时文人士大夫们的世俗和放荡生活，其向往也是如此："宫室之美，妻妾之奉，口厌粱肉，身薄纨绮，通宵歌舞之场，半昼床第之上。"（《五杂俎》卷十三）明朝灭亡，张岱在"年至五十，国破家亡，避迹山居"后，回忆昔日，更是直言不讳地声称早年奢华生活："极爱繁华，好精舍，好美婢，好娈童，好鲜衣，好美食，好骏马，好华灯，好烟火，好梨园，好鼓吹，好古董，好花鸟，兼以茶淫谲虐……"（《自为墓志铭》）

这时候，摆在知识分子们案头的，除了《金瓶梅》，还有诸如《金主亮荒淫》《如意君传》《绣榻野史》等世俗香艳书籍，那些一时技痒的文人——主要是"山人"——这一群体大都为罢官或者隐退的文人，他们已无政治前途可言，隐居期间除读书讲学、游历，且"乃皆留意艺文之事"，对于文艺事情，更是亲自操刀上阵，如陆采的《南西厢记》、屠隆的《修文记》、沈璟的《博笑记》、徐渭的《四声猿》，纷至沓来。

平常闲余的日子不多，但只要处理完政事，闲暇之余，袁宏道都会写作，和文人朋友们游历各地，他交游的文人圈子依然在扩大。同时，他也需要《金瓶梅》之类的猎奇书籍解闷。这一方面，袁宏道与其他正统文人并不太一样，他表里如一，这也正是他支持《金瓶梅》《水浒传》的原因。

此前刚任职的万历二十四年（1596），袁宏道的县衙来了他的幕僚：方子公。方子公是袁宏道一生中最重要的助手，此公刚好由三弟袁中道介绍过来。此人原本是袁中道的武昌朋友潘景升[①]的客人，原从潘氏学习写诗，万历二十二年（1594），袁中道在武昌会试，遂与方子公认识。

方子公家境甚差，袁中道有意帮其谋得一份差事，恰好兄长袁宏道在吴县当县令，袁中道趁来江南交游的时候，就让方子公一起跟随过来，让他充当二哥的门客，对于三弟介绍的客人，袁宏道分了一些俸禄给他，作为自己的助手。方子公为人爽朗，平常除了置办新衣服外，其他钱款都用来招待客人喝酒用了。有段时间，袁宏道喜欢和方子公喝酒，夜夜大醉。此人作为袁宏道的门客，平常和袁宏道一起写诗作赋、下棋对弈，在县衙共度枯燥时光。

袁宏道还有好朋友江盈科同在苏州城。作为重要的文学盟友，此次两人一起南下江南任职。江盈科就在毗邻的长洲县任县令，趁这大好时光，能和江盈科一起游玩，也算人生美事。平常，袁宏道与江盈科就像亲兄弟，从繁忙公务中挤出时间游玩，两人出行并车而行，吃饭一起用餐，周边的名胜，诸如虎丘、上方、天池、灵岩、光福、阳山、横山、天平、西洞庭、东洞庭、姑苏台、馆娃宫、百花洲等景点都留下他俩的足迹。

游历山水，喝酒作文，倾情写作，这才更像是袁宏道的正业，成为他和好朋友江进之一起的事业。只有写作，才是他安身立命的正业。比起行政官员来说，袁宏道更多的是文人墨客之气。就像从京师来到江南的路途上一样，袁中郎和江进之每到一个景点，一旦灵光闪现，必定注

---

① 即潘之恒，字景升，一字庚生，歙县人。须髯如戟，好结客，以偶傥奇伟自负。少而称诗，才敏词赡，入同乡汪道昆白榆社，又师事王世贞。识宏道后，倾心公安，为公安派后劲，有诗数千篇。钱谦益《列朝诗集小传》丁集下有传。

入文字，互相唱和。就这样，袁宏道早期的一部重要文集《锦帆集》就此诞生。

集子得名来源于他们游玩的一处景点名字。江盈科和袁宏道相投，欣然为其《锦帆集》作序："君诗词暨杂著载在兹编者，大端机自己出，思从底抽，撷景眼前，运精象外，取而读之，言言字字无不欲飞，真令人手舞足蹈而不觉者。"每篇诗文，袁宏道都强调别具一格，规避模仿前人的风格。

"独抒性灵，不拘格套"的性灵文学思想正是从这里开始萌发。

此时，袁宏道对晚明复古派已经开始发起攻势，在《诸大家时文序》中，袁宏道提倡诗文的独创精神，称赞"手眼各出，机轴亦异"，贬斥学唐学汉的复古诗文：

> 今代以文取士，谓之举业，士虽借以取世资，弗贵也，厌其时也。夫以后视今，今犹古也，以文取士，文犹诗也。后千百年，安知不瞿、唐而卢、骆之，顾奚必古文词而后不朽哉？且所谓古文者，至今日而敝极矣。何也？优于汉谓之文，不文矣；奴于唐谓之诗，不诗矣。取宋元诸公之余沫而润色之，谓之词曲诸家，不词曲诸家矣，大约愈古愈近，愈似愈赝，天地间真文渐灭殆尽，独博士家言，犹有可取。其体无沿袭，其词必极才之所至，其调年变而月不同，手眼各出，机轴亦异，二百年来，上之所以取士，与士子之伸其独往者，仅有此文。

如今，袁宏道外放为县令，事务繁忙，疲惫不堪，而作为补偿他身心的诗文变得更为成熟，更加空灵，有精神气，正如江进之所说"言言字字无不欲飞"，这算是不幸中的大幸。但任职吴县县令一年多来，袁宏道越发厌恶当官，同时，他渐渐感觉到身体有些乏力，免疫力下降，好像有大病将至的预兆，但他的游山玩水却没有因之减少。

八月，辞职归乡的屠隆来到苏州拜访袁宏道，此前屠隆废官后十三年，朝廷却忽令屠隆"诏复冠带"，屠隆作出消极抵抗后开始出游外地。屠隆来苏州的时候，袁宏道和他，还有挚友江盈科，三人一起在苏州阖闾城下泛舟。后来另一名士、戏曲家顾靖甫到来，袁宏道和顾靖甫又一起游玩了苏州附近的阳澄湖。这些游玩的事情在袁宏道给董其昌的信里均有提及。

此年，袁宏道还结识了终生好友、绍兴名士陶望龄。

陶望龄，字周望，号石篑，会稽人，明万历十七年（1589），他以会试第一、廷试第三的成绩任翰林院编修，万历二十三年（1595），陶望龄考功满申请假回乡。陶氏与袁宏道原各自与董其昌相熟，而且其与袁宏道兄长袁宗道为翰林院同事，见袁宏道正任吴县知县，他正好经过苏州府，便慕名来拜访。这是两人首次相识。第二次相聚是万历二十四年（1596），陶望龄接到袁宏道的邀请书信，便再一次来到苏州，这次，两人长谈三日，相谈甚欢，引为知己，随后，两人一起游石湖。从这时候开始，陶望龄加入了公安派作家行列。

游玩回来，袁宏道把游玩经历都写成游记、诗词，作品都记入《锦帆集》，每到夜晚的时候，他还给各地朋友写信。如他在给董其昌所写的提及《金瓶梅》的那封著名的朋友述情信中，便记载了对好朋友董其昌的思念，对董氏不能前来游玩表示遗憾，同时透露了自己身体已经患重病（疟疾）的情况："一月前，石篑见过，剧谭五日。已乃放舟五湖，观七十二峰绝胜处。游竟，复返衙斋。摩霄极地，无所不谈，病魔为之少却。独恨坐无思白兄耳。"

奇怪的离职信

万历二十四年（1596），袁宏道的顶头上司苏州知府孙成泰突然调离。苏州历来是朝廷重任之地，上任官员多属于重点培养的储备人才，因此官员调动也十分频繁。苏州官场的一毫一厘都牵涉到朝中政治①。同时，频繁的调动让府县官场变得非常复杂，做出一定的政绩，需要府县两级长官联动配合②，调动频繁让建立稳定的工作关系非常不易。孙成泰非常支持袁宏道在吴县开展改革工作，现在孙成泰离去，作为府辖县的吴县，后续事务未卜，袁宏道第一次遇到工作上的麻烦。

而且，此时政事大变：万历二十四年（1596），万历皇帝决定开征矿税和商业税，这是一件影响黎民百姓的大事，可以预见，苏州百姓的赋税将大幅度增加，县令工作的难度将更甚。

袁宏道任职一年多以后，在吴县的官宦生活越来越不顺心，于是便冒出了辞职的念头。万历二十四年的前后几个月，有关庶祖母詹氏病重的家信一封接一封地从公安寄来，甚至詹氏亲自差遣仆人袁东从老家公安千里迢迢地赶来吴县，告诉袁宏道说，她的性命危在旦夕。

听到詹氏的消息，袁宏道心如刀绞。他小时候，多亏詹氏带大，如今，詹氏身患重病，远隔千里，却不能报答养育之恩，袁宏道只能不断地询问袁东有关詹氏染病的详情。

同时，吴县的老百姓从小道消息知道新县令袁宏道祖母病重一事，便开始隐隐有了预感，新县令这一年多来卓有成效，很可能为这一事离职。于是，百姓纷纷奔走相告，家家户户悬幡点灯打醮，都祈求詹氏能够延寿安好，以求能安定袁宏道的心思。

袁宏道在《乞归稿一》中表明："以甲午之十二月谒选，授吴县知县。待罪一年有余，职之罪状殆不可枚举。然职一念自守之心，未尝不尽日

---

① 袁宏道本人的事例即已证明，兄长袁宗道在翰林院，此为政治上重要的支持。
② 可以从袁可立的事迹得到印证。明万历十九年（1591），应天巡抚李涞迫害苏州知府石昆玉（孙成泰前任）造成冤案，后李涞被石昆玉同事、苏州府推官袁可立弹劾，案件震动朝野。在"同列为缩项"的情况下，袁可立表示"吾自任之！吾奈何以上台故诬贤太守"，他亲自担任主审官，按状依法为石昆玉洗雪冤狱。案件调查完毕，当着李涞和众官的面，袁可立大声宣读判词，"中丞（李涞）愧甚，举屏自障"，袁可立"读法声益厉"（黄道周语）。经此一击，李涞在苏州官场丢尽颜面，尽管有王锡爵为保，李涞自觉理亏，自劾去职。引《明史·袁可立传》，亦引沈德符《万历野获编·江南讹传》。

自矢，而士民亦幸相安无事。天高地厚，职何敢一日忘朝廷养士之恩。然职之私衷，有万分不得已者。职未离襁褓，母龚氏有疾，即托命于庶寡祖母詹氏。……祖母詹忧危甚，每一病作，呼天号地，殆不欲生……"

先前苏州知府孙成泰还在任上，袁宏道已经一连写过两次《乞归稿》——他用辞职信试探过。其中，《乞归稿一》说祖母病中需要自己作为理由："独祖母詹所倚靠者惟职，职一日不回，则一日不乐。一日不乐，则病一日不痊。职何难去此官，以救此垂危之性命哉！"

然而，病重的詹氏并非袁宏道的父母，只是他的祖母，而且还是袁宏道的庶祖母，故不能引用大明援引养亲条例，袁宏道的请辞，上司并没有批准。一计不行，袁宏道又生一计，他说自己身患重病，实在无法承担工作，请上面批准辞职。据现成资料看，孙成泰和相关部门并没有准核。

真因为"祖母詹忧危甚"需要回去探望而辞职吗？恐怕原因并非如此简单。袁宏道作为一个得到公认的官场奇才，孙成泰舍不得袁宏道。现在，孙成泰离任，袁宏道身处的苏州府官场情况又与以前不同了，和复杂的朝廷一样，苏州官场的政治形态一定会发生许多微妙的改变。

吴县本年度的诉讼案中，袁宏道要负责审理一桩叫"花山公案"的离奇案子。

其实，"花山公案"本是一件很普通的土地官司审判案。花山，又名天池山，公案中的一方为当时名冠吴中的士绅赵宧光，赵宧光虽说没有做官，但活动能力非常巨大："虽号隐居，而声气交通，实奔走天下。"另一方与他抗争的人虽不见记录，但在当地势力非常强大，背景深厚，也是一位权贵，双方旗鼓相当，决意争个鱼死网破。

袁宏道接手案子，经多方调查后，他了解了"花山公案"的来龙去脉。其实，案子并不复杂，复杂的是其中盘根错节、纠缠不清的人际关系。后来，袁宏道也很快处理完了案子，他并没有偏袒同为读书人的赵宧光，而是将花山判给了那位神秘的权贵人士。

袁宏道的时代，文人如果没有一定的物质做后盾，是无法从科举中拼杀出来的，自小的教育费用就是一大笔开销，而且必须有家族精神力量的传承，所以，这些从科举中胜出的读书人都相当有势力，大多出身于商人或缙绅家庭。明朝中晚期的情况就是这样，他们进入仕途和社会后，也往往依附于原先的阶层，无论从利益上还是情感上，都会做出有利于本阶层的决策。

对于袁宏道来说，他本来是秉公持法，没想到却捅了娄子。恰好敏感时期，一贯支持他的上司孙成泰突然离职而去，没有孙氏的支持，袁宏道顿时觉得没了依靠。对于"花山公案"的审判，袁宏道的意见一经出台，就遭到上司和同事们的集体反对，而与他意见不同的上司和同事手握实权，势力强大，袁宏道无可奈何，只能叹息嗟气。袁宏道本来心情郁闷，这下眼不见心不烦，一段时间内，他干脆闭门谢客，不再理睬政事。

这件普通的诉讼案大大败坏了袁宏道的心情，"花山公案"让他体会到政治的高深莫测，令其生出离职之意。乃至十年后，他还念念不忘，一封信里，他还问起江南出版家袁无涯该案后来的处理情况："花山公案何如？往日凡夫愿力过于吴令，故成毁顿异，但宝地既复，则当平气处之。"

这年八月十三日开始，袁宏道自己也染上了疾病，而且，袁宏道发现自己得的是厉害的疟疾！疟疾是一种可怕的传染疾病，曾经的世界强国罗马就亡于疟疾，明朝的时候，也多次暴发疟疾和鼠疫。半个多世纪前，年轻的明武宗在一次落水后，或许不是死于肺炎感染，而是死于更严重的传染病疟疾。传染病中，疟疾的发病率、复发率和死亡率都非常高，即使在当代的非洲地区，疟疾仍然是人类的最大杀手之一。

在重病面前，袁宏道没有还手之力，公务繁重，又因为受"花山公案"的影响，他的病情更为加重。自从八月十四日起，疟疾大发，袁宏道不得不请医吃药，病情还是没有好转，反而更加厉害，"旬日之内，呕血数升，头眩骨痛，表里俱伤"。就是这样严重的病情，让袁宏道不得不停止理政了。

自万历二十四年（1596）以来接连的不顺，让袁宏道坚定了辞官的决定。此时，袁宏道鄙弃官场，一方面因为严重的疟疾在身，另一方面也与他的秉性密切相关。他重新思考仕途的价值。吴县县令是一个肥差，虽然，前首辅申时行说了赞扬他的好话，他的官运自吴县一职后，或许将升腾发达，但是他以文人的秉性，实在管不了这么多了。

他原本就不想为官，进士及第三年来，他才迟迟去北京吏部接受谒选，还是被父亲袁士瑜所逼迫。以前，出山是迫不得已。为官之初，袁宏道还在给汤显祖信中说"长卿隽人，东上括苍，不知唾落几许珠玑，有便幸赐我一二颗"。袁宏道生性喜欢追求自由，热衷于游山玩水，这和其在文学上的性灵思想一脉相承。他在文学上要求"直抒性灵、不落格套"，写文章要真实自然，无所依傍，反对复古风气；做人方面，主张保持自由精神和独立人格。当然，他万万不能容忍恶浊官场的熏染，忍受"铁网""铜枷"的羁绊。

如今的官场还不如为官之初，官场和自己的重病越发让袁宏道看清现实，他必须重新做出决定，是该回归到本真的时候了。

恰好江盈科也听到袁宏道病重的消息，便赶来探视。见袁宏道重病如此，江盈科同情不已，不时叹息，当场流起泪来。袁宏道终于在朋友面前说起好几次做的决定：或者辞职，或者改官。他又写起乞改稿，《乞改稿一》说："职今年三月内，闻祖母詹病，屡牍乞休，未蒙赐允。职惟人臣事君，义不得以私废公，又事势无可奈何，强出视事，一意供职，前念顿息，无复他望矣。不料郁火焚心，渐至伤脾，药石强投，饮食顿减。至前月十四日，病遂大作。旬日之内，呕血数升，头眩骨痛，表里俱伤，当即请假调理。"

朝廷正面临加重地方赋税的特殊时期，连北京部司都大面积缺员，一般疏牍尚且无人理会，富庶之地的"会计漕务"（按："会计"指征收田赋数目，"漕务"指解送粮兑军运）特别繁重，袁宏道在《乞改稿二》中说："开征之始，昼夜焦蒿，吞风饮雨，仅得免于参罚。"面对如此重大的事务，朝廷怎么可能会轻易同意为此负责的县令辞职呢。

袁宏道所得疟疾也为"会计漕务"引发。江盈科来探望，听罢，无奈上面无视袁宏道的病重，他也义愤填膺。

就这样，袁宏道躺在床上前前后后两个多月，等到十月初十的那天，又考虑到县务的事情要荒废了，便强撑病体，再次来到后堂，准备料理下积压下来的案牍，"披褐龙钟，坐不移晷，寒渐即作"。没想到，勉强少时，袁宏道"便觉火起脐上，腾腾如缕，痰嗽转盛"，他已经发起烧来，县衙属官见之凄惶，"未出一语，未佥一案，又已左扶右拥，推入衙室矣"。

还有一次，袁宏道强撑病体，与徐县丞和詹主簿在后堂里盘查库粮，刚过一阵，他身体就坚持不住，刚一扶进后堂，寒热大作，还流了许多鼻血。袁宏道只好继续请假调理。一共请了三名郎中治疗疟疾，却并没有显著的疗效，袁宏道记述道："精血耗损，瘦骨如戟，愈补愈虚，转攻转盛。"

袁宏道认真梳理自己为何落此难堪地步，他认为：一是疟疾太过于凶猛，二是他天生体弱，三是县务繁忙。疟疾的发生，都是这一年多来太过操心县里烦琐事情引起，延请的郎中也提出建议，说他的病非药饵针石所能医好，也并非几日调养所能痊愈，还是不管俗务，静心休养。

万历二十四年（1596）年中，更大的坏消息在等着袁宏道，他在准备辞官的途中，突然又接到一封讣告。讣告并不是老家的庶祖母詹氏，而是与袁宏道有关的另一个亲人，袁宏道的外祖父、八十三岁的龚大器去世！

龚大器，嘉靖三十五年（1556）丙辰科进士，字容卿，号春所，明代公安谷升里人，先授刑部主事，后来分别在广西、江西、浙江、直隶任职，最后升任河南布政使。外祖父龚大器是袁宏道的启蒙老师，想起外祖父以前对自己的影响，袁宏道不禁悲痛异常，想起外祖母去世时，他不在老家公安县，而是远在龙湖李贽先生那里修学问道，不能及时回家，这次外祖父去世，他又远在千里之外做官，对自己没有能够尽孝道，没有能够为外公外婆送终吊唁，袁宏道感到深深的遗憾。对袁宏道来说，外祖父龚大器去世是一个天崩地裂的消息，他不由得放声大哭，但是又只能恪守公职，在悲伤中不断地给舅舅写信寄哀思。

外祖父龚大器的病逝加重了他的病情，袁宏道火病大发，郁火焚身，病情一连发作，最后落了个"心如战马，睡不贴席，坐不支床，痰嗽带血，脾气久虚"。

继外祖父龚大器病重的消息传来，又传来好朋友的噩耗。

这次是有关朋友王一鸣的。

王一鸣，字子声，黄冈人，万历丙戌科进士，自幼有才名。本来，王一鸣是太湖县令，万历二十三年（1595）的春天，王一鸣同他一起从京师南下，后来因故又调到河北临漳。王一鸣其官虽微，但文才知名，而且做官不喜欢受官场约束，因仕途过程中才华得不到发挥，短短一年有余，王一鸣就走上了纵酒狂饮的道路。曾经，袁宏道在回汤显祖的信中说："此君（王一鸣）神强骨劲，双眸清炯，有寿者相。"王一鸣疯狂地喝酒，后来竟因饮酒而死！袁宏道听到后"亦未忍信"，遂为之大悲，作《哭临漳令王子声》两首悼念："穷冬夜冷兰烟黑，死字传来听不得。白日谁防鬼射人，昏荒颇怪天如墨。忆昨与君发长安，白齿青眉吐肺肝。"诗末尾云："即如王子声，高第十二秋。穷年只淹蹇，低眉拜督邮。谗言复间之，刺心如戈矛。"谗言离间、官场打压，正是使朋友王一鸣发生变故的原因。现在，外公龚大器和朋友王一鸣之死，都让袁宏道心生辞职之意。短暂时间经历这么多的变故，袁宏道再也不堪忍受，辞官不行，至少改官吧！袁宏道遂写《乞改稿三》。

现在经过两年的官场折腾，万历年间最知名的才子累了，袁宏道对吴县县令一职感到由衷的厌倦和鄙弃，他再也受不了官场的羁绊。外祖父龚大器和好朋友王一鸣的病逝，加大他辞掉吴县县令一职的决心，无论从身体层面，还是文学、佛学上，他都在寻求解脱。

现在，他有了辞职的理由，祖母病危，自己身体又不好，他不断地给上面提交辞职信。写了两封《乞归稿》后，袁宏道考虑不如换一种策略，自己毕竟三十不到就要辞官归隐，有点说不过去，他只好请求上司，改为委派给他相对清闲一点的官职，"容职病瘁之日，改授教职，别委廉能官，先期署掌县务"，他打算今后忙于教育，最好当个府学教授。

明代教职分三级，国子监和府学教官都为教授，州学为学正，县学为教谕，按袁宏道的进士资历，可以出任府学教授，相对繁忙的县令一职，教官的工作十分闲散，可以免去过多的繁杂事务应酬，借此摆脱压抑扭曲的官场。他就自己的辞职让苏州官场的朋友帮忙斡旋。他请苏州府推官朱一龙转达辞职信，后来竟然一连向上面写了五次《乞改稿》，连同前面的两次《乞归稿》，这就是历史上有名的七次辞职信：

> 夫京官病三月即请告，此例也。今职病五月，又外官也。……倘谓再容调理，则世未有县官可以大半年寝疾者。职宁抱头逃遁，为褫职之废民。
>
> （《乞改稿二》）
>
> 人可无官，官不可无人，吴可无知县，知县决不可无命。职筹之已熟，不再计矣。
>
> （《乞改稿三》）
>
> 职此时如釜中之鱼，欲活不能，欲死不可，展转以思，惟有逃遁而走，可以保身全躯耳。
>
> 《乞改稿五》
>
> 职自八月中一病至今，时逾六月矣。奄奄待尽，惟候一改。……除将印篆内外封识赴府交投外，职掉臂行矣。
>
> （《乞改稿五》）

就这样，袁宏道足足写了七次辞职信！

除让朋友朱一龙替他转递辞职信，同时，他还不断给全国各地的朋友写信，信中不断地诉苦，陈述病情。这时候，袁宏道简直成了辞官道路上的祥林嫂。给朋友朱一龙写信的时候，他比喻自己为笼中鸟，倍加诉苦："一入吴县，如鸟之在笼，羽翼皆胶，动转不得，以致郁极伤心，致此恶病。大抵病因于抑，抑因于官，官不去，病必不愈。"

他给湘潭知县何起升写信，说做县官道理及经验，而他与别的县官又如此不一般，他说："作令如啖瓜，渐入苦境。此犹语令之常，若夫吴令，直如吞熊胆，通身是苦矣。"

他给安福知县杨适筠写信，干脆写道，"吴令甚苦我，苦瘦，苦忙，苦膝欲穿，腰欲断，项欲落。人苦令邪？抑令苦人邪？"

他在给至交丘长孺的信中更是说得极为夸张、直露，读来令人捧腹。信中，袁宏道竟然把身在苏州官场的自己比喻成妓女，他说："弟作令备极丑态，不可名状。大约遇上官则奴，候过客则妓，治钱谷则仓老人，谕百姓则保山婆，一日之间，百暖百寒，乍阴乍阳，人间恶趣，令一身尝尽矣。苦哉毒哉！"

辞职之际，袁宏道给老家的同是读书人的朋友传递音信。他既不能给父亲袁士瑜写信，也不能给同是官员的兄长袁宗道写信。为了向老家公安县透露一点辞职信号，他联想到出生于嘉定的老朋友沈存肃。此时，沈存肃在荆州府做府学教授，为人老成，行事稳重。他给沈存肃写信道：

> 作吴令，无复人理，几不知有昏朝寒暑矣。何也？钱谷多如牛毛，人情茫如风影，过客积如蚊虫，官长尊如阎老。故七尺之躯，疲于奔命，十围之腰，绵如弱柳，每照须眉，辄而自嫌。故园松菊，若复隔世。夫伯鸾佣工人耳，尚尔逃世，彭泽乞丐子耳，羞见督邮；而况乡党自好之士乎？但以作吏此中，尚有一二件欲了未了事，故尔迟迟，亦是名根未除。若复桃花水发，鱼苗风生，请看渔郎归棹，别是一番行径矣。嗟乎！袁生岂复人间人耶？写至此，不觉神魂俱动，尊丈幸勿笑其迂也。

袁宏道的辞职信前后写了将近半年，给朋友的信件尺牍中倒尽苦水后，万历二十五年（1597）的正月，袁宏道果断行动，决定先行溜之大吉。

写完《乞改稿三》后，袁宏道孤注一掷。他决定把县令大印往府衙一丢，擅自离岗，拍屁股走人了事。现在，袁宏道眼里尽得"解脱"，心中毫无障碍，除了接下来养病恢复，完全抛弃了官场羁绊，去呼吸自由的空气。这年的正月十一日以后，他把妻子儿女寄居在无锡的朋友家里后，提前做好准备，准备跟文朋诗友一路游山玩水去了。

袁宏道的辞职信前后写到第七次，朝廷终于开了恩。万历二十五年

（1597）正月刚过，春天马上就要来临，袁宏道一个人在府衙等待罢官令。当收到罢官令，袁宏道大喜过望，似乎连身患的疟疾都要痊愈，他立即赋诗："拟将心事寄乌藤，料得前身是老僧。病里望归如望赦，客中闻去似闻升。尊前浊酒惩惩醉，饱后青山慢慢登。南北宗乘参取尽，庞宗别有一枝灯。"

第二章 『月亮时代』和袁宏道早年生活

经历了明清鼎革的清初学者，对晚明总是抱着十分复杂和矛盾的心情。一方面，他们钦羡和怀念晚明时代文化领域的种种成就。那时的文化气氛是如此的自由而充满创意，上层精英的物质文化生活又是如此的丰富精致。

白谦慎《傅山的世界》

"月亮时代"的诗赋

为了最大化还原文学家袁宏道，有必要讲述他的早年生活，讲述他身处的特殊时代：万历——特殊的"月亮时代"。如果把"整个人"看作是多面体的话，袁宏道身处的时代背景是他极其重要的一面。个人加上特定时期的潮流、环境等方面综合起来，才会构成一个真实完整的人物。作为晚明时期最具有代表性的文坛人物，袁宏道没有摆脱时代和环境的影响。

袁宏道身处的万历年间，对于整个中国历史，都是一个非常特殊的时期。万历历经四十八年，如果加上短暂的隆庆（1567－1572）六年，共计五十四年，这是一个比袁宏道的生命还要长达十余年的时代。洪武元年（1368），大明王朝由朱元璋在京师南京建立，永乐十九年（1421），朱棣正式迁都至北京，到袁宏道出生的隆庆二年（1568）十二月初六，已经运转足足两百年整，大明王朝正在经历最后的一段辉煌时期。一般一个王朝到达两百年的时候，总会出现一些"于无声处听惊雷"的情况（以整个中国封建社会纵线观察），社会的各方面都变得复杂而微妙。不过，对于地大物博的大明来说，危机并没有真正显露出来，只不过是一个未响的惊雷。商贾、士人、官僚依旧可以醉生梦死，穷奢极欲。

晚明时代，无论从经济流通还是从文艺兴盛来说，都是一个货真价实的"黄金时代"。明初朱元璋设立的黄纸"路引制度"俨然成为空文，自从嘉靖时期提出"一条鞭法"再到张居正强制全国推广，如今有了很大松懈，出门人比往常多了起来，士人的相互交游也相当密切。袁宏道出生的时候，伴随着经济成长的是社会流动性增强，这是社会生活逐渐开化和活跃的结果，民间经济增长，赋税水平极为低下，造成一大批富裕的士绅。后来，袁宗道、袁宏道正是像这些士子一样，由水路赴京赶考的。当袁宏道功成名就，回到老家公安，或许会给蛰居在家、屡试屡败的袁中道描绘这样一幅场景：有赶考的学生，有贩运商品的贩子，有外放的官员，有出门游历的旅行家。这些人加快了信息的扩散，天下大事，山野奇闻，被好事者记之以笔墨，付之以雕版，刻印成书，这是《金瓶梅》等畅销书出现的原因。

朝廷仍然在管理社会的各个阶层，农耕社会的城市与农村没有发生多大改变，在京师、金陵以及江南等地，从十六世纪末期开始，各种迹象表明：社会形态、结构乃至科学技术都在发生改变。隆庆开关后，明朝的海外贸易陡增，商业社会的崛起，使得千年传承的"士农工商"阶层排序有可能打破，向来被鄙视的"逐利之徒"成为社会生活的掌控者，他们消费最奢侈的物品，赚取最丰厚的财富，同时还不停冲击着人们的道德观念。向来清高的士人也参与到看似繁茂的商业盛景之中。商业贸易促成城市化，美国汉学家高彦颐在《关于晚明迅速发展的印刷出版业的讨论》中指出：这种城市文化的特制在于：士绅和工商、男性和女性、道德和娱乐、公众和私人、哲学和行动、虚幻和真实，这种传统的二元性区分变得模糊不清，二者之间的界限不断游移。

这样丰富多彩的时代，无论哪一方面，依明后的隐士徐世溥看来，都是一个"文治响盛"的时代：

> 当神宗（1573—1620）时，天下文治响盛。若赵高邑（赵南星，1550—1627）、顾无锡（顾宪成，1550—1612）、邹吉水（邹元标，1551—1624）、海琼州（海瑞，1514—1587）之道德丰节，袁嘉兴（袁黄，1533—1606）之穷理，焦秣陵（焦竑，1541—1620）之博物，董华亭（董元昌，1555—1636）之书画，徐上海（徐光启，1562—1620）、利西士（利玛窦，1552—1610）之历法、汤临川（汤显祖，1550—1617）之词曲，李奉祠（李时珍，1518—1593）之本草，赵隐君（赵宧光，1559—1625）之字学。下而时氏（时大彬）之陶，顾氏（名不详）之冶，方氏（方于鲁，1541—1608）、程氏（程君房，1541—1610后）之墨，陆氏（陆子冈）攻玉、何氏（何震，1535—1604）刻印，皆可与古作者同敝天壤。而万历五十年无诗，滥于王（王世贞，1526—1590）、李（李攀龙，1514—1570），佻于袁（袁宏道1568—1610）、徐（徐渭，1521—1593），纤于钟（钟惺，1574—1624）、谭（谭元春，1586—1637）。[1]

从徐世溥回忆万历的信札看来，袁宏道身处的时期，汇集了一个伟大时代基本所有美好以及遗憾的一面，这恰是大明王朝真正的辉煌。

这份长名单里，徐世溥给袁宏道在时代中的定位，未免有轻佻不庄

---

[1]　周亮工《尺牍新钞》第59页，上海书店出版社1988年版。

重、不登大雅之堂的意味。然而，这未免又充满暗喻——万历时期恰恰是一个世俗社会，这是中国历史上第一次发生的雅趣、精致从高层向中下层士绅、城市平民倾斜的情况，它具有产生生活化和世俗化的文学土壤——在传统士大夫看来，这样的诗未免是变味和充满危机的诗，难以登上大雅之堂。例如袁宏道写给朋友的戏弄之作《徽谣戏束陈正甫》：

> 掺履若云青，肝肠如日杲。打脸坐黄堂，要把奸顽扫。披霜夜书金，戴星朝画卯。移文四五张，禁约三两道。拊心谈民穷，攒眉视金宝。夏衣半疋葛，冬穿一领袄。门子赤脚多，皂隶白牌少。世人眼如豆，便道大爷好。谁知大夫心，厌之如粪草。本是俊男儿，扮作酸寒老。慈悲心愈毒，粗豪胆乍小。闭门录高士，留客杯愁抱。所事皆明畅，无法不精晓。只在一寸心，愈参愈不了。人品高难拼，佛法近难讨。处脂不能润，徒劳伤枯稿。

朋友间的戏作并不占据袁宏道的创作主流，如此出人意料的写法、对诗歌不庄重的态度，甚至有些"打情骂俏"的游戏精神，袁宏道身后，遭到众多文士的非议。但是，这样的游戏精神恰恰能提供一个开放的世俗时代的多种信息。徐世溥认为"万历五十年无诗"，对于万历文人的诗文评价，或许包含有失望之意，明清交替，与所有对明朝为何灭亡而反思的文人思维一样，这样的评价充满矛盾，也是必然的评价结果。然而从某种意义来说，或许能说明袁宏道的文学具备的创新性，袁宏道的文学作为一种资产阶级萌芽期的新型文学，也更为接近文学的本质。①

徐氏的概括，是一个矛盾重重和欣欣向荣的时代写照，也是袁宏道一生的生涯写照，身处复杂、根本不是明媚阳光的"月亮时代"，他的

---

① 章培恒、骆玉明主编《中国文学史》中言："（公安派的文学理论）实际是资本主义萌芽时期新的社会思潮在文学领域中的直接反映。"

诗风、文风更多的是具有瑰丽的阴柔的美学风格。在那份皇皇名单中，所提的文人不少是袁宏道的朋友。在晚明这份丰富的文人集团名单中，这些时代精英的交游、走访，一起构成了一场盛大的夜筵。从现代意义上说，万历时代的文化活动，承前启后，与同时期的欧洲相比，可以看作是十七世纪中国式的"文艺复兴"。其中，文化交游的传播起到相当重要的作用，它为迁徙自由提供了保证。

我们比照袁宏道的故事，可以提出一个接近历史层面的质问：为什么晚明会出现袁宏道？为什么会出现一个声势浩大、以风格相似三兄弟"三袁"为核心以及众多文人跟进的公安派？从现在的结论是，与晚明的美学特征、人员趋好、社会浮华现实两相辉映，这是时势造就新文学派别的时候。

知识分子的活跃，带来文化的繁盛，也带来思想的碰撞。消费主义引领下的纵欲狂潮，从思想和身体两方面都解放了社会，同时，延伸到政治、意识形态等领域。另一方面，袁宏道身处的年代只能是"白银时代"或者"月亮时代"，从任何一个层面来说，"这不是一个诗的时代"。统治阶层出现怠政，政府管理混乱渐为不可控，与之前的单一社会比较，社会全然庸俗、复杂了起来。如果要论及局面最初开始的话，大概要从明朝中叶嘉靖时期算起，明朝由一个自给自足的乡村社会，"堕落"到城镇商品社会，史学家们认为是资本主义经济的萌芽。这一场看似欢愉的盛宴之下，中央政府如何维持有效统治，士人们的心中也开始面临着再实际不过的困局：如何保持着道德水准和满足己欲的两难困惑。几种能量的合力，一个市民社会雏形第一次以相对清晰的面目出现在中国的历史舞台上。当然，在上层统治阶层和文人士大夫阶层，偌大的明王朝总是有耳朵敏感的人，总能听到根基崩圮的声音，面对新型社会的社会结构，有人对这样的时局产生过危机感，面对新型社会，觉得有必要作出符合时代的改革。袁宏道的老乡、出生于公安对面江陵的张居正就是这样的人。

对于袁宏道来说，他从荆州府的乡村走出来，他说过作文要与时代保持密切关系："世道既变，文亦因之。今之不必摹古者，亦势也。"不过，对于历史的反叛，袁宏道虽然充满思考，然而，思考的结果仍然是传统形式——或者隐居成为"山人"，直到生命的后期，他才将政治理想付诸吏部职位上。而且，他也做不到他的思想宗师李贽那样的振聋发聩，对于出生内地传统家庭、深受传统浸淫的他来说，似乎都是没有办法改变的事。无形之中，袁宏道受到一个前所未有的"白银时代"和"月亮时代"的裹挟。

袁宏道身处的年代，相比经济、社会初放的宋元，社会各方面都发生着前所未有的剧变，而且，在各领域并不崇高的逐利风气和欲望的引领下，是整个社会盛极一时的消费狂潮，但这并不是经济转型的开始，也不是政治、社会各方面走向开明的开始，相反，在公共和私人领域缺少对人性的管控，都为最终糜烂埋下了伏笔。张居正挽救的是明王朝最后几十年，张居正死后，改革方案被万历皇帝推翻。袁宏道一生短暂的四十三年中，也看到了极为复杂的党争和民众抗议的一幕。

万历一朝之后，时代脱离文艺和灿烂的审美至盛，三分之一个世纪后，成为开创"洪业"的时代，明末清初的知识分子经历明清鼎革，对这样的"月亮时代"总是抱有十分复杂和矛盾的心情。但是，袁宏道作为万历时期个性鲜明的作家，在特殊的时代横空出世，印证着这一特殊而又辉煌的"月亮时代"。由于身世、环境、教育等多方面的因素，袁宏道本人成为时代应运而生的产物。

袁宏道的身世及"性灵"生涯

明隆庆二年（1568）十二月六日，袁宏道出生在故首辅、大改革家张居正故乡江陵的长江对面——公安县，具体是湖广布政司荆州府公安县长安里荷叶塘，即今天的湖北省公安县孟溪镇三袁村。

公安县远离中国政治、经济中心。它位处长江中上游的荆州地段（简称荆江），春秋战国时期，是南方诸侯大国——楚国的中心地带，公安风俗与三楚大地好敬鬼神的风气一样，也是"邑俗好鬼神"，"信鬼巫，重淫祀"，后来楚国灭亡，浓厚的文化底蕴仍在积淀，只待时机成熟而喷发。

公安县古名孱陵县，刘备领荆州牧时期，立营油江口，取左公刘备安营扎寨之意，改名公安县。其地处荆州河畔，汉江平原左翼，地势平坦，湖泊棋布，河流纵横，杜甫有诗云："寒天催日短，风浪与云平。"荆江自古险要，从险峻的三峡喷薄而出一泻千里，公安县因紧靠其边，历来就是水患之地，《公安县志》曾有记载，仅县城就经过七次搬迁。但是，在落后而封闭的封建乡村社会，除了不可防范的水患、疾病，"小国寡民"社会最为美好，大泽茫茫，棹声绰绰，同是公安人的宋代名士张景曾向宋仁宗描绘公安是"新粟米炊鱼子饭，嫩冬瓜煮鳖裙羹"，物产丰饶，很好地总结了公安的水乡特色，今日的公安亦可看到当初的缩影。袁宏道也有描写家乡小镇黄金口民风民情的诗："乡落也陶然，篱花古岸边。田翁扪虱坐，溪女带竿眠。小港芦租户，低仓米税船。河刀与生酒，兴剧不论钱。"(《舟行黄金口同散木、王回饮》)呈现出一种清闲、恬静的自然主义乡村趣味。

公安县不仅物产丰富，而且历史上人杰地灵，在袁宏道之前，历代人才绵绵不绝。中国历史上有名的"囊萤夜读"——鼓励勤学苦读的故事，就发生在今天的公安县。典故讲述的是晋代名士车胤。车胤出生在官宦家庭，在祖上廉洁守正的遗风下，家境贫穷。车胤走的是一条以惊人毅力为支撑的苦读经历："宵烛出腐草，微质含晶荧。收拾练囊中，资我照遗经。熠耀既不灭，吾咿宁暂停？毕竟齐显地，声名炳丹青。"

与袁宏道更有渊源的智者大师出生在梁朝时期的公安县茅穗里（即今天的毛家港镇）[1]。智者大师即智颛，为天台宗四祖，实际为天台宗创立祖师，智颛俗姓陈，十五岁代替父亲益阳公（益阳县开国侯）去梁朝旧都面见梁武帝，一时目睹"家国殄丧，亲属流徙"，梁灭后，双亲也已死去，十八岁那年出家为僧，开始在金陵传法，给陈朝皇帝讲经，

---

[1] 据日本爱媛大学教授邢东风考证，引其论文《当阳玉泉寺史迹传说杂考——以关公显圣玉泉的传说为中心，兼谈智颛的出身地》观点。袁宏道明确肯定智者大师为"邑产""里人""公安人"，以袁宏道后来之佛学修为，定当无误。

屡经辗转，后至浙江台州的天台山，讲《法华文句》《法华玄义》《摩诃止观》。隋朝开皇十一年（591），晋王杨广为扬州总管，遣使到庐山请智颛，他前往为杨广授菩萨戒，得到"智者大师"的称号，开皇十五年（595），再到扬州，撰《净名经疏》。

宋代公安人张景是全国知名的名士，现存有《洪范》《王霸论》及《张晦之集》二十卷。而距离袁宏道年代稍近的明朝成化年间，公安人王轼先后任右副都御史、大理寺卿，时称"椎头"，后王轼升任兵部尚书兼左副都御史，亲自率兵剿灭贵州苗族起义，死后赠太傅，著有《平录》二卷；嘉靖六年（1527），邹文盛任户部尚书，为官两袖清风，著有《黄山遗稿》《琐围奏议》，死后，皇帝诏令祭葬于公安县牛浪湖畔。

明代时期，袁宏道的家族在长安里是一个大家族，公安的袁家先祖本从江西迁徙过来，不属于公安本地人士。查袁家后人修的《袁氏族谱》（咸丰本）①，有如下记录：公安的袁氏出于江西丰城的元氏。湖广提刑按察使司按察使丁炜曾为《袁氏族谱》写有序言："公安之有袁氏也，出于江西丰城之元氏。元之于袁远矣。……迹袁之姓，改自前朝，其先居然元也。明时以元为胜国，故讳称之。"其中具体的迁移过程是从明朝初年开始，袁氏远祖元本初以廪贡名号任黄州府蕲水县的教谕，由丰城元坊村移居黄州府蕲水县，洪武（1368—1398）末年，又由黄州蕲水县移籍荆州府公安县。袁氏来公安后定居长安里垦荒耕织，渐渐发家致富，先祖为教谕，但是，袁宏道却说"余先世自黄移南郡，盖武胄也"。袁宏道自己的记载应不为错。

袁家先祖谱系如下：本初来公安后生子希古，希古生子顺，顺生子有伦，有伦即为袁宏道高祖。有伦生子哺、暎、曦。因为顺以上无史籍可考，后人就以有伦作为籍隶公安后的开基始祖。袁暎生子大化、大器，大化为袁宏道祖父，大化生子士瑜、士玉，士瑜即为袁宏道父亲。士瑜娶妻龚氏生三袁，又娶侧室刘氏生三袁的同父异母弟安道（字方

---

① 据考，《袁氏族谱》由迁居公安的袁氏六世孙，袁宏道、袁宗道、袁中道的同父异母弟袁安道之子袁嵩年，在清康熙年间始修。

平）、宁道（字澹浦），袁宏道分称四弟、五弟。

袁宏道故里长安里，距离县城斗湖堤镇约三十余公里，位处公安县的最南端，下承洞庭湖平原，上衔江汉平原，属于江汉平原的边缘地带。长安里全村地势平坦，丘陵连绵，袁宏道祖父于村中选择一个岗地，筑了一个高台作为屋场，台边栽种桂花树，故名为"桂花台"。台右有一口修坝筑成的堰塘，按公安县当地方言，名叫"摆脚堰"，为洗脚之意。袁家场屋就建在桂花台上面，袁宏道三兄弟都出生在桂花台。据说袁宏道母亲龚氏在生病前，非常勤奋，经常像男人一样在田间务农，手持镰刀收割稻谷，傍晚回家，就在屋旁边的堰塘洗脚，手中的镰刀顺手搁在一旁的小土台上，土台后来被人叫作"放镰台"。而在桂花台东南方向约一百米处，有一座不高的山丘，名叫"荷叶山"，山上乔木深深，明代的时候，袁家在此建造荷叶山房，三兄弟在此读书。

袁家在长安里以屯田为主，历经一百多年的屯田垦荒，已经有殷实的经济基础，到袁宏道一代的时候，包括家人、仆人，据说有三千人之多。袁家在当时的长安里甚至整个公安县，都是首屈一指的乡绅家族。袁家的发迹是明代平稳时期一个乡绅世族成长壮大的缩影，后来，袁中道在《寿孟溪叔五十序》中回忆道："予家世农夫，产业膏腴，先王父、叔王父享田间之乐，春初即了公事，终岁县役不至门，惟相与饮酒宴笑而已，后稍知读书。"

袁家富裕之后，一直很体恤穷人，在当地名声很好。自从袁氏祖先迁徙公安后，乡间偶有盗贼光临，相传，袁宏道的曾祖袁暎天生侠肝义胆，"出入必带剑，驰怒马，着鞔鞳衣"。袁暎所在的明正德（1506—1521）中期，社会管理失效，一时盗贼遍野，在长江流域长久出入，袁暎作为一名乡间武弁，组织长安里子弟自卫，擒获过贼寇。最有名的是一次反击战，当时数百名盗贼纠集一起，气势汹汹地出现在长安里，为的是报仇雪恨，袁暎临危不惧，率众奋起抵抗，击溃了群贼，又乘胜追击，令盗贼不敢再犯。袁暎儿子袁大化性情温和有礼，最爱周济他人之难，在公安本地，享有退让君子的美誉，明嘉靖年间（1522—1566），公安里外一度发生过饥荒，袁大化一次拿出两千石稻谷、两千两银子周济给灾民，之后，却烧掉了这些借据。这次倾家没有补偿的周济，使得袁家相比鼎盛时期的袁暎，已经稍有些衰落。三袁父亲袁士瑜刚出生的时候，袁家一名老家丁回想起当年袁大化大举散财的情况，还不禁暗自感慨："袁家又多出来一个活宝。"①

袁宏道出生的时候，公安县整体来说风平浪静，环境宜人，乡间充满"性灵"的诗意。而以袁宏道为首的三兄弟引领文坛之先，创立独树一帜的"公安派"。这股敢为天下人之先的"英特"气概，如果要追溯的话，我们完全可以追溯到袁宏道的祖父乃至曾祖父这里。不过，公安袁氏宗族，袁宏道之父袁士瑜以前，从来没有出过文人。三袁的祖父袁大化只是稍知诗书，直到袁士瑜出生的时候，袁家才开始苦读诗书，始求功名。仅仅经过两代人，袁氏家族完成了重大的过渡，从驰骋乡野却无法青史留名的武弁、戍卒之辈，转变为文职官宦人家。

三袁祖父袁大化的好友龚大器，是袁宏道的外祖父，他对袁家两代人的成长有重大影响。

龚大器，字容卿，号春所，嘉靖三十五年（1556）进士，曾任刑部主事、河南布政使。龚大器没有功名之时，也是"善诙谐，虽至绝粮断炊，犹晏然笑语。其发奇中，令人绝倒"。即使后来到各处做官，龚大器也是为人平易近人，人称"笑佛"。

龚家世代耕作于公安谷升里，从龚大器开始才读书称儒。龚大器参加科举考试，人到中年才考中秀才，忝列于诸生后，后来的乡试一再落榜，屡考不中。他与袁大化交情很深，袁大化生平不与权贵交结，唯独与龚大器结下不解之缘。见龚大器家境赤贫，袁大化将他接到长安里来继续攻读诗书。在袁大化的资助下，龚大器最终考中进士，从此进入仕途。等龚大器告老还乡的时候，他在公安县已经是德高望重的人物，当时，县府政令有不利于老百姓者，他就到县衙去责问县令，公安县令因尊重他的声望，往往听命于他。龚大器的成功反过来又影响了好友袁大

① "活宝"：三楚大地（包括湖南、湖北）方言，也是公安方言，指愣头愣脑、滑稽之人，常被人们视为逗乐打趣。

化，龚大器考中进士后，袁大化开始效法，在子弟中开始强调读书，龚袁两家，一起推动了子辈乃至整个公安县的读书风气。

三袁的父亲袁士瑜也是受影响人之一。袁士瑜，字七泽，号思溪，生于嘉靖二十二年（1543）。从小，袁士瑜远离刀枪棍棒，爱读诗书，十五岁应童子试的时候，名冠榜首，成为袁家有史以来第一个去府县领廪米的"廪膳生员"，给家族带来了莫大的荣誉。袁士瑜没有兴趣像其先祖一样，重振乡间产业，尝到甜头的他在家庭的鼓励下，像所有学子一样，将全部的精力都放在科举之路上。他想走出一条岳父龚大器曾走过并且成功了的科举之路。

当时，袁大化的正妻邱氏早早去世，没有留下子嗣，家业均由袁士瑜生母、袁宏道的庶祖母余氏主持。余氏在科举一事上历来开明，她非常支持袁士瑜读书，总希望他像亲家公龚大器一样，能出人头地，从来不让他过问大家庭所有的农事，以便他专心攻读，一心科举。

袁士瑜刻苦异常，可是，数十年间，他连举人都没有考上，直到七十多岁的时候，还是一位老秀才。袁士瑜历经长期的科举考试，长期的失败滚滚而来，但他却没有麻木，少年时期就已得来的功名，让他铆上何等的冲劲。随着成为人之父，他慢慢将希望转移到子辈身上。同时，他开始诗歌创作，热心参与文学活动，潜心进行佛学研究，他对佛学用功至深，凝成了一部融汇儒、释的《海蠡编》二卷刊行于世，这可视为袁宏道涉足佛学的先导。

袁士瑜对袁宏道人生的每一步道路的抉择，包括求学、科举、入仕、重仕的影响都非常巨大。三袁正是通过科举考试，考中举人、进士，走出家门，步入仕途，"三袁"圆的只不过是袁士瑜一生的梦罢了。后来，当三袁走至全国，迈入仕途，即使名声显赫，在以孝文化为基石的年代，袁士瑜作为父亲的形象仍然起着至关重要的作用，只是那时袁士瑜的作用转化为对后辈的叮嘱、督促不已。这大概是中国一千多年来，科举制度流传于庶民间心酸而真实的写照，也是一种儒家孝文化下局限的思维惯性。

至于袁家由本姓"元"改为袁姓，那是袁宏道出生以后的事情。他的大哥袁宗道参加童子试是在明隆庆五年（1571）二月，当时刚十一岁。袁宗道坐船到县城油江口去参加童子试，其外公龚大器当时由河南学政退休在家，鼎鼎大名。当时的县督学金公一见到袁宗道，大为惊奇，当即说："子当大魁天下，但姓同胜国号，恐不利首榜，吾为子更之。遂易'元'为'袁'。"（《公安县志·袁宗道传》）于是，元姓自此改为谐音袁姓。迁居公安一百余年的元氏家族，从此也改姓袁了。

袁宏道，字中郎，又字无学，号石公，吴县任知县后，又号六休。袁宏道在字、号之外，其实他小时候还有一个不常见的小名"月"，这是袁宏道降临人世时最早的称谓。按湖广当地的风俗，小儿诞生之初，都会取一个小名，到稍长，再取一正式名字，称为学名，这一习俗至今在两湖地区仍存。随着年龄的增长，小名又会渐渐被人遗忘，只剩下学名，而被忘却的小名，只有亲人、身边亲近人士才会有所记得。也许是认为年幼的乳名难登大雅之堂，三袁兄弟的著作，都很少提及袁宏道的小名。

袁宏道的乳名仅在后来三弟袁中道的《吏部验封司郎中中郎先生行状》中有所提及："先生之生也，太母于梦月入怀，故小字曰月。"这寥寥数字叙说了袁宏道如何得小名的出生经历，这与袁宏道的亲生祖母的一个浪漫的梦有关。

在男尊女卑的古代社会，男人一妻多室的现象非常常见，袁宏道祖父袁大化就有一妻三妾，正妻邱氏，妾按迎娶先后顺序排下去，依次是余氏、詹氏、舒氏。名义上来说，袁宏道有一个祖母和三个庶祖母。父亲袁士瑜由袁大化大妾余氏所生，故此，余氏才是他真正的祖母，因袁大化的正妻邱氏早逝，因此后续袁氏家族就都由大妾余氏主持。

《春秋公羊传》中说："圣人皆无父，感天而生。"中国的古代社会，每有巨人、伟人诞生或者逝世，总会伴随怪异天象、神仙仙灵，或者干脆是异物演化等特殊现象、行为的发生，神秘主义与皇权天授搅合在一起，历代都在加强、演绎，并且深入到人的日常思维中。相传，伏羲氏人首蛇身，刘邦出生是"其先刘媪尝息大泽之陂，梦与神遇。是时雷电晦冥，太公往视，则见蛟龙于其上。已而有身，遂产高祖"（《史记·高祖本纪》）。至于大明的创立者朱元璋的出生，因距离袁宏道出生的年代比较近，记录的荒诞事情也是多种多样，在明朝晚年成书的《天潢玉牒》《龙兴慈记》中都有相关的奇异介绍，只是相比远古的荒谬，关于朱元璋出生时的故事要更贴近时代，这种风气在全国蔓延，公安县长安里也不可避免。

隆庆二年（1568）十二月初六的晚上，袁宏道诞生。依照"月"的象征含义，可以展开充满诗意的"性灵"色彩的多重联想，在此，我们可以结合明代晚年乡间袁家的情景，还原当晚袁宏道祖母余氏的情况：在高出平地大约两米的桂花台，一间平常的木板屋里，放着十字形雕花的脸盆架，一张普通的柴木架子床，一位乡村老妇人准备休息了，她身着冬日常穿的短衣长裙，都是普通老妇人常穿的藏青色粗衣。这是一位性情爽快、热心肠，富有家庭组织能力的老妇人，她善于调节家庭关系，同时内心想象力非常丰富。现在，她是这个大家族的女主人，睡前，她独自在屋子里，望了望偌大的桂花台前面一排一排的房子，袁家发展到他们这一代，连同下人、家丁大概有三千余口，看完后，她拎着木桶走至袁家的后门。袁家的后门是一排修竹，再走就到了廊檐的青石板上，石板上长满青衣、苔藓，青石板是袁家的堡坎，坎下是一条大可划船入江的溪河，平常袁家人外出都走这条水路。

余氏从溪里打上来了一桶清水，在灶台上用铁壶烧开，以备洗漱之用。余氏洗完脸后，朝身后那张普通的柴木架子床上躺去，一个人独睡。她还要为明日一天的家庭操劳而做准备。

夜已深，外面月光如皎，老妇人已然入睡，她睡得正好的时候，突然一个梦降临至她的脑海里，天上的月亮竟然从天上掉了下来，奇怪的是月亮正落入她的怀中。这是冬夜的一个宁静的晚上，听不到任何窗外的声音，余氏的梦在悄悄进行，从任何一个层面来说，她的梦都称不上喜或忧，只能带给人惊奇之感。

没想的是，她的梦竟然变为惊喜了。当天晚上，与她的梦同时进行的是，她的儿媳妇龚氏已怀胎十月，龚氏突然于这天晚上分娩了，一时袁家慌忙打乱，当一声尖锐的婴儿啼哭打破夜晚的寂静，袁家发生了一件连余氏也没想到的大事：她的第二个孙子已经降生。当睡着了的余氏被人急急忙忙地叫醒，告知有喜事来临的时候，她顿感她的梦与孙儿的降生必有什么因缘，然后，她一一告诉了袁家上下老小。

余氏以前就非常支持儿子袁士瑜参加科举，现在，她一如既往地盼望孙儿能出人头地。远在袁宏道降生的八年前，嘉靖三十九年（1560）二月十六的夜晚，善于做梦的她已经为之做过一个类似的奇怪的梦了：一个美人从天上飞了下来，头上发饰交垂，样子就像画上的天人菩萨。当时，她慌忙扯起衣襟，连忙接住空中落下的美人。袁家第一个孙子便降生了，那是袁宏道的大哥袁宗道，公安派的先驱者。等到袁宏道出生两年后，后来的小修袁中道降生的时候，余氏倒也没必要再做什么梦，她似乎看到袁家即将到来的鼎盛的曙光。

余氏的梦，虽然并不排除含有后人杜撰的成分，但是仔细分析，还是可以抽离出以下几层含义：第一，袁宏道与袁宗道，天资聪慧，少年时即已经大有异象显露，袁宏道尚在世时，公安关于袁宏道三兄弟的传说已经非常之多；第二，余氏梦到美人菩萨，说明袁宏道今后注定会与佛学有不解之缘，暗示他今后的佛学因缘；第三，袁家所处的荆州府礼佛风气浓厚，荆州自古就有"七省孔道"之称，地处楚国腹地，然而文化交流频繁，佛教深入当地普通百姓的心灵深处，创立天台宗的智者大师出生于公安，出家后能自立一派，也不是一时巧合；第四，与袁宏道的文学家形象相符，虽说从后来袁宏道的散文随笔、诗词创作看来，毫不相关，却与袁宏道的性情暗合。

当然，关于余氏所梦到的"月亮"形象，后来确实与袁宏道的文学创作有关，和他性灵文学主张也是相符的。袁中道在《解脱集序》中言袁宏道："每至月明之夜，相对清言，间及生死，泫然欲涕，慷慨唏嘘，生而达旦。终不欲无所就，乃刻意艺文，计如俗所云不朽者。"①月是阴柔的，自古是文艺美学的图腾，战国时期浪漫主义诗人屈原在《天问》

---

① 钱伯城《袁宏道集笺校》第 1692 页。

中如此诘问:"夜光何德,死则又育?厥利维何,而顾兔在腹?"意思是:"月亮有着怎样的德行,它死后又能重生?月亮中的黑点是为何物,是否如兔子腹中藏身?"在伟大诗人屈原看来,月亮永远会重生,周而复始,需要的只是时间交替罢了。又如宋代苏轼所作名词《水调歌头》:"明月几时有,把酒问青天。不知天上宫阙,今夕是何年?我欲乘风归去,又恐琼楼玉宇,高处不胜寒。起舞弄清影,何似在人间!转朱阁,低绮户,照无眠。不应有恨,何事长向别时圆?人有悲欢离合,月有阴晴圆缺,此事古难全。但愿人长久,千里共婵娟。"苏轼借月寄哀思,明月皎皎照彻天上人间,天上是孤寒一片,人间是相思无眠,种种感情交融于月光之下,已成千古绝唱。

在中国古典文学中,"月亮"形象经过长期的神秘化处理,成为中国诗词文艺的代言词。袁宏道一生所作诗文中,"月"成为他诗文集里经常创作的题材。"月"字在题目中出现最多,意象出现也最多,他经常借月抒发独特的审美情趣。如袁宏道写于万历二十五年(1597)的《晚游六桥待月记》,如隐居柳浪馆时于万历二十九年(1601)春天所作《柳浪馆月中泛舟》。

袁宏道一生写月之多,在"海内皆诋訾王、李,以乐天、子瞻为宗"(钱谦益语)的万历时期,足以让人联想到宋代同以写月而流传千古的大文士苏东坡。袁宏道尚在世的时候,海内外已经有一种流行的传闻,传说袁宏道是宋代文豪苏东坡转世,当时,公安派的主将,后来官至翰林院检讨的好友雷思霈在《公安县志序》中欣然说:"传闻中郎为子瞻后身。"从雷思霈的评价中,可以看到袁宏道的文学成就已获得同行朋友们的高度评价,至于他到底是不是苏子瞻后身?无需追问。当时人目以"子瞻"者除袁宏道外,另有他的精神导师——龙湖李贽先生。后人的评论和说法也是纷繁复杂,但是都极为肯定袁宏道惊人的才华[1]。以

---

① 以黄宗羲的评论为代表。黄宗羲在《明文授读》选录袁宏道《抱瓮亭记》时评说:"天才俊发,一洗陈腐之气。其自拟苏子瞻,亦几相近,但无其学问耳。"黄宗羲对袁宏道持的评论态度,大概站在更高的历史角度反思,即与"文治响盛"的晚明为何崩塌的态度有关。

袁宏道为代表的"三袁"所创立的"公安派"文学作品和文学理论，与苏词一样，有与其文学创作同等的创造力，同等的标新立异、同比光辉，并且鼎立大地，不断地复兴，春风吹又生。

袁宏道的祖父袁大化与同乡进士龚大器结下很深的友谊，龚大器的女儿下嫁袁士瑜，从此，龚家和袁家交往更加密切，龚袁两家的交往，构成了一个家族内部的文化交游圈子，其中对袁宏道影响最大的是龚大器的两个儿子：龚惟学、龚惟长。

龚大器的次子仲敏，字惟学，袁宏道三兄弟都称他为"惟学舅"，万历元年（1573）举人。龚惟学少有俊才，博览群书，性情温良，写得一手好文章，他对"三袁"的影响，和"三袁"的外祖父龚大器一样巨大，在公安一带，他也备受读书人推崇。龚惟学以举人出仕，曾任山东嘉祥、山西太原等县县令，很受当地老百姓爱戴，他病逝于太原任上的时候，数千百姓聚集到县衙公堂痛哭，一时呼声震地。龚惟学生前著有《嘉祥县志》，后来，袁宗道在《送夹山舅母之任太原序》回忆说："戏谓南平一片黄茅白苇，何以出尔兄弟三人？……而不知点化熔铸，皆舅氏惟学先生力也。"

龚大器的三子仲庆，字惟长，袁宏道称他为"惟长舅"，龚惟长是万历八年（1580）进士，为龚、袁两家第二个进士，曾任福建道御史。龚惟长与张居正的儿子张懋修为同窗学子①，张居正于万历十年（1582）去世后，朝中爆发张居正案。万历一手主导张居正的案件，龚惟长不惧怕牵连，极力为张居正辩护，当即惹恼了万历皇帝，从这一年开始，龚惟长被贬回老家很长一段时间。从这事可见龚惟长为人刚正不阿，仗义执言。龚惟长生平也是博览群书，家中藏书多达数万卷，著有《遯庵集》。

外公和两位舅舅对"三袁"影响巨大，家族里良好的教育和文化环境，也给予了袁宏道喜欢文人结社创造了环境。

至于袁宏道的母亲龚氏，她和袁士瑜结婚后，一共生育三男一女，

---

① 张懋修为该年状元，张居正去世，张懋修名列状元一事亦引起风波。

除了袁宗道、袁宏道、袁中道三兄弟外，袁宏道还有一位年长四岁的姐姐，按排行的话，袁宏道是第三个小孩，当时他们年纪很轻，母亲即已经去世，很是让人痛惜怜爱。当时"三袁"兄弟都在长安里，唯独袁宏道的姐姐被舅舅带到公安县城斗湖堤抚养，后嫁与毛太初。

袁宏道母亲龚氏自从嫁入袁家后，便体弱多病，是有名的药罐子，龚氏的死大概是受当时长江流域常有的寄生虫病影响。历代以来，长江地区是血吸虫病的重疫区，特别是公安县一带，因为湖泊众多，血吸虫病是常年不断。龚氏在世的时候，尚在袁宏道出生时，她已是残病之躯，在没有办法的情况下，龚氏将袁宏道托付给袁大化的二妾詹氏抚育。

等到袁宏道年满八岁的时候，病重的龚氏再也扛不住命运的召唤离世。[①]袁宏道强忍泪水，没有哭泣，起初家人以为袁宏道不懂事，或者，是小时候就离开了多病的龚氏，让他对母亲的感情淡漠。不曾想到，龚氏灵柩下葬的时候，袁宏道放声大哭，送葬的家人和亲朋好友纷纷劝告，袁宏道都没有听进去，一个劲地号啕，直哭得天昏地暗，亲友见状纷纷感慨，这在袁中道的记录中为"人以是知其有隐慧焉"（《中郎先生行状》）。

袁宏道童年时丧失母亲，可以说是不幸的。后来，袁宏道和兄长袁宗道、三弟袁中道一样，身体素质都称不上很好，以至于若干年后，"三袁"都走上了母亲龚氏的老路，英年早逝，这或许是受母亲的遗传影响吧。

袁宏道虽然失去了母亲，但庶祖母詹氏对他百般疼爱，也算是弥补了袁宏道年幼时缺失的母爱。当时，詹氏不仅要像袁宏道的亲祖母余氏一样，为家务操劳，还要带好孙子，每天都很忙，但她对袁宏道关爱至极，甚至有时到了溺爱的地步。正是詹氏对袁宏道无微不至的呵护，让袁宏道后来对庶祖母詹氏的感情格外深沉，因此在吴县县令任上，听闻詹氏病重，他才格外悲伤。

---

① 袁宏道丧母之年，散见"三袁"各集，说法不一，综合各类说法，袁宏道八周岁丧母比较吻合。袁宏道《余大家衬葬墓石记》说："岁乙亥余母卒。"以干支纪年，恐不至有误。又袁中道《中郎先生行状》说："八岁，龚太孺人即世。"

詹氏虽然不识字，没有文化，但她像广大的乡间妇女一样，有着丰富的社会知识和经验，而且有传统妇女勤奋节俭、自然纯朴、智慧勇敢等美德。詹氏对袁宏道的性格塑造、人生发展乃至未来走向，都产生了积极的影响作用。比如，袁宏道小时候，詹氏对民谚俗语脱口而出，对于那些娓娓道来的民间故事、神话传说，袁宏道听得饶有兴趣，时间一长，背得滚瓜烂熟。后来，袁宏道对民间文学、通俗文学情有独钟，开辟出一条雅俗共赏的文学新路，可以说和詹氏的教育是密切相关的。

好在长安里的袁家当时在乡间是一个大家庭，袁宏道并不会为丧母而感到孤独。德高望重的外祖父龚大器尚在，且龚家与袁家联系密切，龚大器在公安县巨大的声望，不只影响了袁士瑜的一生，而且对袁宏道、袁宗道、袁中道三个外孙，无论是他们的学业，还是后续的诗文创作、文学社团活动、文化交游影响都尤为重大。而且袁宏道上有兄长袁宗道，下有三弟袁中道，此外，袁宏道还有两个同父异母的弟弟，袁士瑜的庶妻刘氏生有二子，名袁安道、袁宁道。

中国文学史上，袁宏道和袁宗道、袁中道合称公安派"三袁"，在这里，我们先要介绍一下袁宏道的兄长袁宗道和三弟袁中道，他们也是公安派的另外两位重要人物。

袁宗道，字伯修，号玉蟠，又号石浦。袁宗道少年早慧，过目成诵，十岁时，袁宗道已会作诗，十二岁的时候，袁宗道转入当时的乡校，成绩非常优秀，"益喜读先秦两汉之书，是时济南琅琊之集盛行，先生一阅悉能熟诵，甫一操觚，即肖其语"，督学当即断言，"当大魁于天下"。当时，乡间祠堂非常多见，袁宏道每次经过当地里中的祠堂，见到先贤们的牌位，他都信心十足，豪迈地说，"吾终当俎豆其间"。其意是受乡贤的激励，他也要像这些人一样被供奉其中，受世人景仰。

袁宗道到二十岁弱冠之年的时候，已经写作有集子，他曾自信地说，自己这一生要靠文章闻名天下。依照卓越的记忆力，袁宗道的科举非常顺利，成绩一直相当不错，等到万历七年（1579）八月，袁宗道和三舅龚惟长一起，前去武昌参加湖广乡试，两人双双中举，龚惟长名列第三，袁宗道取得湖广省第八名的成绩，大大超过父亲袁士瑜的科举成绩，二十岁就成了举人！

袁中道，字小修（一作少修）。受外祖父龚大器和父亲袁士瑜的家庭影响，袁中道与两位兄长一样，从小就会作诗。比起二兄特别之处是，袁中道是"少有奇气"（《重修义堂寺檀文》），从小就热爱旅游和玩乐，爱好山水风光。

有一次，袁中道跟随家中大人到义堂寺附近去狩猎，望着那破裂的义堂古刹出神，心想自己不久后当富贵，或在国家边陲之地建功立业，拿着朝廷所赐的银两还有每年的俸禄，来修葺它，然后准备辞掉官职归乡，在寺前的银杏树底下，做一个老头陀。

袁中道少年早慧，如袁宏道在给他的那封著名的信《叙小修诗》开头所提，袁中道十多岁的时候就作有《黄山》《雪》，两首赋长达五千余字，在长安里流传得很广。公安县南部边界地区，有一座和安徽黄山同名的小山，山离长安里只有三四十里，天气晴朗的时候，和长安里遥遥相望。当年对公安县的景色概括有"江湖数片白，黄山一点青"的说法。有关这座山的"黄山晓黛"，更是公安八景的头景，后来，袁宏道在诗文中多次提及家乡这座名为"黄山"的小山。

在母亲龚氏去世的当年，袁宏道与小他两岁的袁中道一同入蒙读书，其中关于少时的事情，"三袁"里的最小者袁中道在《珂雪斋集》中记忆最多。

少时，袁宏道念过家乡的几所私塾，其中有万二酉私塾、输家庄、杜园。这几处读书之地，最令袁宏道怀念的是当时长安里一座秀丽的庄园——名叫杜家庄杜园，这是"三袁"儿时读书的蒙学所在地。

杜家庄也是袁宏道和袁中道读书最长的私塾。杜园风景非常优美，是乡村佳地，后来，袁中道在《杜园记》中这样描绘这里的环境："园周围可二里许。有竹万竿，松百株，屋六楹，门外有塘，塘下有田二百亩，畜大鱼，可待宾客。杂果可食。"杜家庄是他们儿时的乐园，平常，除了在私塾刻苦用功，还可观园游赏。后来，杜氏家道中落，不得不将杜园出卖，袁中道在外地得知，当即将它买了下来，直到袁宏道逝世的那年，公安县洪水泛滥，袁家在县城斗堤湖镇的房屋被损，袁中道带领全家回到乡下，将杜园稍作一番修葺，全家又搬进杜园。此时袁宏道刚逝去不久，睹物思人，袁中道时常想起小时候和袁宏道当年在杜园的情景："杜家庄上，讲诵之暇，私相商榷，至今思之，颇多异语。"

当时，教过袁宏道、袁中道两兄弟的塾师很多，留下姓名的有万莹、李钟衡、王辂等人，其中万先生在杜园教袁宏道读书，这位先生让袁宏道和袁中道记忆非常深刻，是三袁都很尊敬的结业蒙师。后来，袁宏道曾多次写诗称赞和怀念他，如其中一首诗说他："士老不曾官，女老不曾媒。无媒知真性，不官见隐才。守道七十载，寂寞类寒灰。"袁中道还为贫穷的启蒙老师专门写过人物传记《万莹传》。

万莹，字史彻，号二酉，公安县人。万莹无书不读，不仅精通儒家经典，还精通地理、农圃、医术、易学、数学，而且擅长作文作诗。万莹先生记忆力惊人，"历代史自首至尾，皆能成诵"，能把很多史书从头到尾背诵下来，儒家经典更不用说。像学生读的《易》《书》《诗》《礼》《春秋》这些课文，如果撕掉三两页，他能凭记忆力补写出来，而且一字不差。万莹是当时长安里的一位大知识分子，这位先生如袁宏道诗里所说，非常清苦。他活到七十多岁，除当私塾先生谋得少量钱财外，没有其他经济来源，家中赤贫如洗，妻子蓬头垢面，子女非常多，都打赤脚，衣不遮体，所住屋舍，歪歪斜斜，破烂不堪。天亮时，若有人从岭外往屋内张望，家里一览全无，若遇大雨，屋漏不已，全家只好暂时迁到它处。万莹死后，好不容易才弄到一口薄棺草草安葬。

蒙学时代，袁宏道读书认真，课余生活也是欢乐多彩的。平常游赏杜园，他和袁中道还跑到两三里之外的古刹义堂寺游玩。

传说南宋初年，岳飞受命镇压洞庭湖杨幺的农民起义，获胜归返途中，曾在长安里短暂停留，在义堂寺悼念阵亡将士，寺庙因此而得名。寺庙前，巍然耸立一棵高大茂盛的银杏树，村里老者说，当年，岳飞曾在这棵树上拴过战马。说得有鼻子有眼，绘声绘色。至今无从可考。在义堂寺，袁宏道并不像那些严肃的香客，而是好奇地盯着寺内供奉的佛像，以及善男信女打躬作揖、跪地朝拜的样子，认真地思索着佛教的奥秘和神秘。可以说，在长安里义堂寺一带游玩是袁宏道最早的佛教经历。

袁宏道的蒙学时代非常快乐。在同窗之间，有一位他们称为"八舅"的龚散木。龚散木名仲安，字惟静，是龚惟学、龚惟长最小的弟弟，年小袁宏道一岁，长袁中道一岁，龚散木少时性情活泼，常常与"二袁"一起嬉戏玩耍。

袁宏道和八舅龚惟静关系非常好，在担任吴县县令期间，和龚散木有多次通信记载，而在袁中郎中年溘然逝世，龚散木备感袁家后代可怜，给袁宏道的次子袁岳年做媒结亲。袁宏道在诗文中多次涉及这位"八舅"，如诗歌《初冬夜同郝公琰龚散木闲谈》所云：

> 云树萧然丈石居，清罍遥夜荐霜蔬。佳言屡似飞香屑，往事真如绎故书。窗外影闲双睡鹤，灯前手冷一编鱼。寒花瘦竹差相得，白首承明梦亦疏。

龚散木大概是中国历史上发明斗蛛的第一人。袁宏道在北京任顺天府教授期间作有杂艺《斗蛛》篇，文章记载了龚散木如何选择蜘蛛相斗：

> 斗蛛之法，古未闻有，余友龚散木创为此戏。散木少与余同馆，每春和时，见小蛛脚稍长者，人各数枚，养之窗间，较胜负为乐。蛛多在壁阴及案板下，网止数经无纬。捕之勿急，急则怯，一怯即终身不能斗。宜雌不宜雄，雄遇敌则走，足短而腹薄，辨之极易。养之之法：先取别蛛子未出者，粘窗间纸上，雌蛛见之，认为己子，爱护甚至。见他蛛来，以为夺己子，极力御之。惟腹中有子及已出子者，不宜用。登场之时，初以足相搏；数交之后，猛气愈厉，怒爪狞狞，不复见身。胜者以丝缚敌，至死方止。亦有怯弱中道败走者，有势均力敌数交即罢者。

对于龚散木从少年时期就爱好玩，袁宏道说："人生何可一艺无成也。""凡艺到极精处，皆可成名，强如世间浮泛诗文百倍。"(《与龚散木》)。袁宏道此句之意为，比起浮泛诗文，不可轻视技术活儿，不能一样技术活儿都不懂。一定要下苦功夫，练习到极致，精通它，这样就可以借之以成名，不一定要靠"空头文学家"，写写泛泛诗文而成名。而袁宏道自始至终和龚散木一样好"奇"，心里始终保持好玩心态，乃至后来他研究插花写出《瓶史》，大概也是受龚散木影响吧。

明代，所谓的"奇淫技巧"层出不穷，一些玩类、艺术类的专门类文章、书籍因此诞生，袁宏道后来写作《瓶史》《觞政》，大概也是受少年时候的影响。

很多年后，袁宏道和中道两兄弟还记得在杜园与龚散木的趣事。当时，长江流域存在大量的老虎，而当时的公安县，简直是虎患为重。长安里杜园外的松林就藏着一头华南虎，袁宏道和袁中道在杜园求学，他们每日都能听见巨大的虎吼声传来，而杜园的围墙并不高，大家都提心吊胆，担心老虎有一天跑进园子里来。一天晚上，袁宏道和袁中道等人在杜园灯下伏案作功课，龚散木偷偷把一床花被单披在身上，突然像老虎一样大吼一声，连蹦带跳出现在他们面前，大家被吼声一惊，以为真是老虎蹿了进来，个个受了一场大惊吓。

袁宏道像哥哥袁宗道一样，平常除了读书非常用功，他还特别爱动脑筋，喜欢和同学在一起相互讨论和磋商，常提及一些不一般的问题。他们不只光听塾师传授，还常找来一些课外读物相互传阅。有一次，兄长袁宗道找来一本华山游记，三兄弟共同阅读，读后，都被书中描写的华山奇异山色鼓动，特别是对那高耸入云的三峰大赞为惊奇。

袁宏道从小对"奇"兴趣甚大，在袁宏道的心里，华山之奇，为他埋下了一颗走出书斋、游历山水的种子。老家公安县长安里陆路不通，水路发达，荷叶山后，有一条名叫孟家溪的小河，当年，"三袁"正是从这里上船，南经湖南的沅江、澧水，或是北经公安县的大河——虎渡河，进入长江。多年后，袁宏道仍然记得当年阅读这篇华山游记留下的印象，他欣然写道："三人起舞松影下，念何日当作三峰客？"也正是华山之"奇"，吸引袁宏道若干年之后终于登上华山的主峰南峰之巅。

蒙学的日子过得很快，袁宏道和袁中道一直在杜园读书，袁宏道转眼到了十二岁，兄长袁宗道二十岁。就是这一年，万历七年（1579），好消息从武昌传来，年仅二十岁的袁宗道考中举人，这是"三袁"走入中国历史的起点。

早年文社及张居正案的波及

晚明流行文学和政治结社，结社非常繁多，万历八年（1580），袁宏道人生道路上的第一次结社活动开始，这便是龚惟学在公安县城举行的家族内部的阳春社。

父亲袁士瑜是"三袁"兄弟生命中非常重要的人物，长子袁宗道已中举，袁士瑜经过深思熟虑，做出决定，这年秋天迁居县城斗湖堤，在石浦河西岸筑建新居①，全家从长安里搬到县城。父亲袁士瑜，袁宗道及其夫人曹氏，袁宏道、袁中道，还有照顾袁宏道两兄弟的庶祖母詹氏，一同迁入县城新居。

袁宗道中举后，万历八年（1580）参加第一次会试落第回来，自从阳春社开创，常赴朋友们的文酒之会。到了第二年，袁宗道中途得了一场大病，几乎要死去，也因为这场大病，袁宗道爱上了养生之道。为了更好地调养，袁宗道带着妻子又搬回了故乡长安里，直到后来受父亲督促进京参加会试。

这时，袁家一家搬至县城，袁士瑜的丈人龚大器闻讯，也全家搬入县城斗湖堤镇。现在，龚、袁两家在石浦河边比邻而居，来往比在乡下公安里更为密切。

公安县历代水灾患难，县城经过多次改迁，明朝的时候，治所从别处搬到斗湖堤镇，至今不变，而在万历时代，当时公安县城已经非

---

① 原石浦河通长江，穿县城而过，明朝时淤积成为内河，河岸杨柳依依，夏天涨水时，河中尚可以行船，后石浦河消失全无，仅在"三袁"诗文及《公安县志》中可见。

常繁荣，据考据，公安县全县人口十余万，县城人口大约有五万人之多。与偏远安静的长安里相比较，县城变得更为热闹熙攘了，父亲袁士瑜的决定，无疑开阔了袁宏道的眼界，让他长了见识。

从万历八年（1580）开始，龚大器次子龚惟学在公安县城创办文社——阳春社。①

龚惟学是一位"规秦藻汉"的复古派作家，"三袁"兄弟成名前，他是公安县最有名的文学蒙师和先驱，也是当地有名的藏书家和校雠家，利用自己及其父在外任地方官的机会，广泛搜集各类书籍，蓄书"至数万卷"，同时龚惟学还是一位"好仙家，喜为黄白术""旁通天文地理医卜百家之学"的杂家。现在，家庭和历史都给了袁宏道兄弟以机会，阳春社结社这件事，龚惟学"发起端"。后来，"三袁"都念念不忘，袁宗道在《送夹山母舅之任太原序》中说："宗道兄弟三人，游于都门，得与海内士大夫往还，二三名流俱不以趥趄庸陋见弃，推而附之大雅之林，其友之相习者戏谓'南平一片黄茅白苇，何得出尔三人'！盖谬疑开辟蓁芜自我兄弟，而不知点化熔铸，皆舅氏惟学先生力也。先生少从方伯公宦四方，独取异书秘文以归，归偕驾部弟闭门读诵。驾部公得隽后，先生诛茅城南，号曰阳春社。一时后进入社讲业者如林，不肖兄弟亦其人也。自有此社，人始知程墨之外，大有书帙；科名之外，大有学问。"

文学结社，和文学流派、文学思潮的兴起密切相关。袁宗道的序文说明，公安县是当时远离文化中心的穷乡僻壤，袁氏三兄弟却在文坛和官场迅速崛起，这让朝廷的士大夫们深感奇怪，甚至难以相信一片黄茅白苇的公安县能出"三袁"这等奇才。那么是什么原因促成公安县能出这样的奇才呢？这正是阳春社的功劳，特别是当袁宗道在会试中高中会元，大魁于天下，"三袁"后来都在科举中进士及第，阳春社的成绩变得有目共睹，士人皆拜。

---

① 有关城南阳春社结社的时间，先后有袁宏道时年"方十五六"或"十六岁"的说法，依"驾部公得隽后，先生诛茅城南"的说法，应为万历八年，时年袁宏道十二周岁。

在中国封建社会的科举时代，大多文人通过科举之路，走入更大范围和更高层次的社会圈子，文人的科举之路往往决定他的文学之路。阳春社作为一个文人集团也是如此，科举对于文学地位的提携作用在明代仍然十分突出，文学集团常常是一个官僚文人群体取代另一个官僚文人群体，或者，一个新科进士群体取代另一个旧的进士群体。在向上流通有限的古代社会，这是中国知识分子必须经历的一个非常残酷的历史事实——文人和科举结合，文人团体和政治团体的立场吻合，袁宏道本人创立公安派，以及袁宏道去世，钟惺高中进士的同时等于宣告竟陵派诞生，都证明文人社团通过科举而放大，最终开宗立派。当然，袁宏道在家族里结文社也是与晚明热衷结各种团体风气紧密相连的。

有文史学家认为，如果袁宏道三兄弟没有通过科举考试之路，文学史上的公安派将不复存在，即使出现，恐怕地位、性质和影响力都不及今天所说的公安派。袁宏道和袁宗道、袁中道、龚惟学等人，正是通过科举出身和为官的地位，带动了公安派作家的文学思想、文学创作。"三袁"在文学史上的"公安派"确立，正是出自袁宏道家族的官僚集团开创的阳春社，后来的竟陵派也是如此。

阳春社的日常，正如钱伯城所说："主要揣摩时艺，习八股文，以备应举考试之用，而非一般诗酒文学之会。"[①]袁宏道自己在《社中》也说："宿昔城南约，苍茫十载情。交游悲喜尽，文字揣摩成。古屋繁阴入，空阶冻鸟行。终年惟搦管，辛苦是书生。"

因此，阳春社属于文社，平常除了归为根本的科举考试之"子"的习举子业外，也带有属于诗社的性质，即使是这样也不影响它在文学史上的特殊地位。阳春社聚集了袁宏道人生中的第一个文人群体，初步形成了有一定影响力和势力的文人集团。阳春社虽然是一个家族内部结社，但因为龚氏家族和袁宏道三兄弟的作用，还是吸收了公安县当时颇有名气的举人、秀才，成为一个公开文学结社。这时，结社不只限于年轻人，还有三十余岁的读书人，至于阳春社的具体人员数目，袁宏道在

---

① 钱伯城《袁宏道集笺校》第 34 页。

《示社友》中说："所至成三笑，居然似七贤。社开正始后，诗数中兴年。"参与人除了龚、袁家族，其他多为与袁宏道同龄者或龚家的朋友，有李学元、王辂、侯一定、李开美、陕嗣宗、阎邦永、李存垒、崔晦之、邹伯学等人。

让我来记录下袁宏道在阳春社的这些朋友：

李学元，字素心，一字元善、存斋，号子髯，公安县人，袁宏道妻弟，万历二十八年（1600）举人，后授晋州知州。李学元和袁宏道关系非常密切，是阳春社的主要成员。

王辂，字以明，公安县人，年四十由监生除凤翔通判，半载弃官归，隐居公安平乐村小竹林中，为袁宏道的举业师。所作诗文"怪得新诗奇僻甚，苦吟骨削类枯禅"[1]，风格与公安派相近。王辂与李贽、陶望龄、袁宗道等人先后为性命交，袁宏道最初是从王辂那里听说龙湖李贽的。

侯一定，字豫亭，少有文藻，师事同城另外一个进士刘珠。

李开美，字秋实，年二十即以文闻于乡，诗文熏染于袁宏道兄弟，好游历，交贤士大夫以为名。

陕嗣宗，字元之，与袁宏道同为表兄弟，家贫而才气傲睨一世。

阎邦永，号又谷，为袁宗道老师，经史淹贯，诗文阂肆，以明经授吴川县令，以刚直不屈著称。

李存垒、崔晦之、邹伯学，三人生平待考。

除上述阳春社的常来人士，后来，万历十九年（1591）的时候，来公安县参加阳春社唱和活动的人员里还有龙襄、龙膺等人[2]。

因为三弟袁中道科举进士时间比较晚，在家时间久，因此，阳春社在公安县存在时间非常漫长，前前后后达二十四年之久，是袁宏道在公

---

① 袁宗道《白苏斋类集》第 64 页，上海古籍出版社 1989 年版。

② 龙襄，字君超，武陵人。万历十年（1582）举人，著有《檀园草》，万历十九年（1591），与弟龙膺同赴公安，袁宗道、袁宏道宴于郊外，有诗唱和。龙膺，字君善，一字君御，万历八年（1580）进士，官至副都御使，著有《九芝集选》《太玄洞稿》《沦澴集》，与袁氏兄弟结好，袁中道称其为"纯白忘机之友"（《珂雪斋集》卷二十五《寄君御》）。

安县影响巨大的一次早期结社。现在看来，阳春社一共分为三个时期：第一时期，从万历八年（1580）到万历十四年（1586）袁宗道中进士，此时以袁宗道和龚惟长为主；第二时期，从万历十四年（1586）到万历二十年（1592），袁宏道中进士，此时的阳春社以袁宏道和袁中道为活动中心；第三时期，为万历二十年（1592）以后，袁中道、李学元等仍在阳春社修业，袁中道尚未考中进士，而李学元从小为袁宏道同学，后来成为袁宏道的妻弟，他也是久困场屋，直到万历二十八年（1600）才中举。

袁宏道除了在阳春社习举业，研究时文，揣摩时艺，他在阳春社还接触到了大量的"异书秘文"，自从杜园的蒙学时代后，这些书籍让袁宏道如饥似渴，大大开阔了他的眼界，启迪了他的思想。当然，作诗写文、切磋艺文、培养艺术情趣的同时，还常常伴有饮游唱酬、携妓宴游的活动。

因此，有关袁宏道和他自己的年代，不管是举业文人还是入仕文人、隐居文人，都是一个疯狂的时代，袁宏道等人参与阳春社，社友们每次的参与聚会，都是有关于文学和夜月：

"每乘月泛石浦中，步长桥，醉啸南楼，听鸡声则狂舞相诫。"

"每至月明之夜，相对清言，间及生死，泫然欲涕，慷慨唏嘘，坐而达旦。"

这些乘月泛舟、登楼长啸很有文人的浪漫，其中，文人们有哭有笑，有酒中作乐，也有慨叹生死、慷慨唏嘘的感慨，这一切都算在世行乐中的一种吧。

群聚游宴感染着每一个参与的年轻文人，熏染着袁宏道，月和酒这些文学最基本的意象，在袁宏道的心灵里形成一种基本的情感格调，让袁宏道彻底脱离了传统文人的轨迹。

后来，龚惟学去太原后，少年袁宏道开始继任社长。

马的形象在中国古代文艺中有着非常丰富的意象，袁宏道作为文学家的第一次诗文创作的主体也是马，万历十二年（1584），他在新乐府《青骢马》写道：

青骢马，九尺强，百金买，千金装。四蹄不着地，影灭如飞翔，借问冶游郎，何为在他乡？下马立青梧，手提碧珊瑚。千唤不知人，尽眼眄当垆。当垆岂不冶，褰衣愁晓露。五步一停骢，十步一回顾。客从远道来，赠我青鸾带。交颈复同心，白石青松在。东家好女秦罗敷，西家荡儿冯子都。鸳鸯只爱毛翎好，那知水底有鹈鹕。

《青骢马》是袁宏道现存最早的作品。其中保留了新乐府的诗歌特色，通俗易懂，还间杂儿歌色彩，从这首袁宏道现存最早的诗作，也可以看出他从小对民间以及通俗文学的关注。

阳春社极大地促进了袁宏道的文学创作。阳春社正是袁宏道文学结社的第一站，在这里，袁宏道开始挣脱传统道学的约束，走上求"奇"和求个性的性灵生涯，这对于他来说是一条宽广的自由发展道理。

因为有阳春社的结社，袁宏道与同县城的文人竞技发展到全县闻名，从公安县的文人中，他脱颖而出，于万历十一年（1583）开始主持阳春社，成为公安县城文人圈子中的领袖人物。与文友们的历次交游后，袁宏道的创作欲望更为强烈，在文学各方面崭露头角。早在这个时期，《公安县志》记载袁宏道"于举子业外为诗歌古文词，已有集成帙矣"，但可惜的是，现存除《青骢马》外，袁宏道早年的诗歌已全部散失。

自从阳春结社后，袁宏道兄弟的科举之路加快，万历十年（1582），袁士瑜带领袁宏道到沙市考校报到。第二年，万历十一年（1583），袁宏道兄长袁宗道第二次参加会试考试。前些年，袁宗道本来在长安里栽花种药，身体渐渐康复，父亲袁士瑜却念念不忘儿子的科举考试。虽然袁宗道二十岁中举，仍远远不能满足父亲的期望，因此父亲催促袁宗道入京应试，希望他能早日考中进士。

此时，袁宗道对养生的兴趣越来越浓厚，对科举仕途的兴趣越来越淡薄，甚至连家族内部间阳春社的活动也不参加了，但父命难违，袁宗道只好打点行装北上应试。当时，从公安县入京，有两条路可走：一是陆路，从公安渡江（或从临县沙市渡江）后出荆门北上；二是水路，由公安顺长江东下至扬州后入运河北上。这次，袁宗道走的是陆路，由于他并不想入京参加考试，走到黄河沿岸的时候，因为洪灾，袁宗道半路而返，返回途中，到达荆门，他投宿旅店的时候，还发生了一次变故。半夜时分，旅店房屋突然倒塌，袁宗道险些被砸死在所投旅店里，回乡后，袁宗道结发妻子不幸病逝。

此时，袁宏道渐渐成年，自从去过沙市考校，袁宏道也开始一步一步踏入科举考试的征途，万历十二年（1584）四月，袁宏道与袁中道、龚惟静等人从公安县城斗湖堤镇出发，赴荆州府江陵参加小试（童子试）。公安县与荆州只有一江之隔，县城斗湖堤镇与江陵城只有不到四十公里，袁宏道却还是第一次来到江陵。谢考的时候，荆州知府郝汝松特地交代过他们，对袁宏道、袁中道的诗文，大为赞赏，称为奇才。这次秀才考试，袁宏道和袁中道两人同时考中。府试的成功，让袁宏道对未来的前途充满了自信和喜悦。

上一年曾来到靠近江陵的沙市考校，不过，这毕竟是袁宏道第一次来到府衙治地，这是过去诗文里经常看到的楚国古都郢，现在，章化寺、荆州古城墙都在眼前，袁宏道自然不免要游览一番。

郢都名纪南城，是两千年前楚国的故都，当时南方第一大都城。楚国在纪南城的政权长达四百多年，楚国历史上的重大事件几乎都发生在这里，作为楚国的中心，郢都曾经无比繁华，春秋战国之际的孔子、庄子、墨子纷至沓来，一探究竟，桓谭在《新论》中这样描写郢都市面的繁荣景象："楚之郢都，车毂击，民肩摩，市路相排突，号为朝衣而暮敝。"而屈原正是在这里写出伟大的浪漫主义诗作《楚辞》，但自从楚顷襄王十九年（前278）秦国大将白起拔郢，顷襄王东逃，它就彻底荒废，残垣断壁，城头的烽火台杂草丛生，护城河淤积，只剩下延绵长达十多公里的夯土城墙。

章华寺原址章华台，章华台别名"细腰宫"，本是楚灵王六年（前535）修建的离宫。楚灵王特别喜欢细腰女子在宫内轻歌曼舞，宫女为求媚于王，少食忍饿，以求细腰，李商隐曾经发出感慨："未知歌舞能多少，虚减宫厨为细腰。"现在，袁宏道面对的章华寺，为元泰定二年（1325）始建，本名章台寺，本朝初期更名为章华寺。"风流总被雨打风吹去"，袁宏道不禁感慨万千。

而说起荆州古城墙，让袁宏道记忆尤为深刻。据说荆州古城墙为故首辅张居正下令所修，有曰"邑人张太岳在朝，俾增甃之"（清孔自来《江陵志余》卷四）。万历三十三年（1605），袁宏道受时任荆州知府费兆元的委托，写有《荆州修复北城记》《东门护城堤记》，其中《荆州修复北城记》有"万历壬午始拓城北隅，取方幅。而地故凹，肆庐不具……"的记载，城墙小北门的瓮城形状独特，小北门主城门及瓮城门凹进主城墙内数十米，荆州城墙在这里形似缺口，小北门瓮城大致呈方形，也有别于古城其他五处瓮城全部突出于主城墙之外，而且全呈圆弧状。据后人推测，这正是张居正的手笔。

万历十二年（1584）四月，袁宏道来的早些时候，江陵张家发生抄家案。

万历皇帝突然下诏抄首辅张居正家。对于整个大明王朝来说，张居正家里刚刚发生的事情，具有指向性的悲剧意义。对于少年袁宏道来说，张居正事件给少年袁宏道留下太过深刻的印象，这样惨烈的事情更具有现实警醒意义，"张居正案"严重影响袁宏道后来的人生态度，让袁宏道走向入世的反面，这是他后来并不热爱当官的原因。正如袁宗道去世时，万历二十九年（1601），他给礼部祠部郎中黄大节的信里如实写道："今时作官遭横口横事者甚多，安知独不到我等也，今日吊同乡，明日吊同年，又明日吊某大老，鬼多于人，哭倍于贺，又安知不到我等也。"（《答黄无净祠部》）

同时，这也是明朝后期知识分子多"山人"的原因，"但愿老死花酒间，不愿鞠躬车马前"（唐寅《桃花庵歌》）。明朝后期，人才或主动或被迫地大量流失——大量成为"山人"或党争所致，是造成明朝崩溃的一个重要原因，张居正案的爆发只是开始。

张居正，字叔大，号太岳，荆州江陵人，故时人又称为张江陵。明隆庆六年（1572），张居正开始担任明朝首辅，第二年，万历皇帝朱翊钧上台，袁宏道当时还只有五岁，朱翊钧也只不过十岁，他和袁宏道一样都还是一个孩子。张居正为万历皇帝朱翊钧的老师，万历皇帝称他为"张先生"，张居正以帝师的名义继续担任首辅，直到万历十年（1582）七月九日（农历六月二十六日），张居正病逝于任上。

自从朱元璋建立明朝，为了实行绝对的君主集权制，借故废掉宰相职位，并在《皇明祖训》规定，后代若有提议宰相的议题，提议者斩。明初期废相后，宰相的一部分功能被内阁代替，自宣德期的时候成为定制。内阁设置内阁大学士，相当于皇帝的私人高级秘书，多则六七人，少则三四人，选定一人为首辅，有票拟之权。此时，首辅虽无宰相之名，却有宰相之实。

万历皇帝登基前后，社会矛盾加剧，首辅张居正指出当时明朝的五大积弊："曰宗室骄恣，曰庶官瘝旷，曰吏治因循，曰边备未修，曰财用大匮。"随后，他开始中国历史上赫赫有名的改革，史称"万历新政"，张居正持掌朝政的十年来，采取许多针对以上积弊的革新除弊的措施，政治上，以"尊主权，课吏职，信赏罚，一号令为主"，实行"考成法"，为了解决官僚争权夺势、玩忽职守的腐败风气；经济上，一、清查土地，"豪民有田不赋，贫民曲输为累，民穷逃亡，故额顿减"，认为这是"国匮民穷"的根源。二、改革赋税，实行"一条鞭法"，将所有赋税包括正税、附加税、贡品以及中央和地方需要的各种经费和全部徭役统一编派，"并为一条"；军事上，起用戚继光镇蓟门，李成梁镇守辽东，加强北方防备，在边疆地区实行互市政策。张居正身正令行，改革取得显著的成果，"太仓所储，足支八年"，但是，张居正一死，人亡政息，遭反对派、守旧派、言官清算，张居正即遭灭门辱身之祸，这是历史的悲剧，也是中华民族的悲剧，证明中华民族传统之路彻底走向死胡同，真是可悲可叹！

这后果似乎一切来源于万历皇帝的决定。

历史学家们多次探讨过袁宏道的老乡、改革家、首辅张居正，讨论他的改革出现悲剧的根源。张居正作为万历儿时的老师，把皇帝的品德列为治国首务，优越的教育条件，严格的自律要求，却永远没办法改变制度造就的皇帝本性。从朱翊钧的儿时教育来看，张居正并不把幼时的朱翊钧当作皇帝看待，沈德符在《万历野获编》中曾说张居正辅政的时候："宫府一体，百辟从风，相权之重，本朝罕俪，部臣拱手受成，比于威君严父，又有加焉。"长期压抑，让朱翊钧备受委屈，他产生一种天然的严重的叛逆心理。

万历皇帝十八岁时曾因醉酒调戏宫女，张居正的政治盟友冯保向太后告状，太后愤怒之余，差点废掉万历帝位，太后命张居正上疏切谏，并替皇帝起草"罪己诏"，又罚他在慈宁宫罚跪六个小时，万历因此对冯保、张居正怀恨在心。

当张居正去世后，反对派、守旧派以各种名义，利用张居正的弱点反扑、蛊惑，张居正亲自建立的道德楷模形象彻底崩塌，朱翊钧对他彻底失望。张居正死后，有人上疏指控他的政治盟友冯保大量贪污受贿，家资富饶胜过皇宫，这一诱惑激起了万历皇帝的贪心，他下令逮捕冯保并籍其家，结果抄得金银一百多万两，珍珠古玩无以数计。皇帝尝到抄家的甜头，当辽王朱宪节次妃王氏上疏，诬陷说"庶人金宝万计，悉入居正府"。万历皇帝综合各方面得到的信息，最终下旨，张居正"祸发身后"，全家被抄，儿子投井自杀，其余子孙家属饿死及自杀者数十人，连张居正年逾八旬的母亲，也是惶惧哭泣，求死不得，连带张居正呕心沥血推行的改革也一同葬送了。

这年八月过后不久，在都察院参劾张居正的一份奏疏上，万历皇帝暴露了他的全部理由："张居正诬蔑亲藩，侵夺王坟府第，箝制言官，蔽塞朕聪。私占废辽地亩，假以丈量，庶希骚动海内。专权乱政，罔上负恩，谋国不忠。本当断棺戮尸，念效劳有年，姑免尽法追论。"（《明神宗实录》卷一五二）

现在，抄家案刚刚发生，年轻的士人、未来万历年间最有名的文学家袁宏道就站在张居正的家门口。昔日，大红大紫的张居正家，转眼间变为一座人去楼空的宅第，袁宏道充满无限悲凉。他站在门外徘徊已久，本想走进府里去看看，但还是放弃了。

回到旅店，袁宏道的眼前总是晃动着张居正故宅，张家空空荡荡、凄凄惨惨，情景真是令人悲伤，荣华富贵转眼空。历史看起来在重复一样，根本没有变化，袁宏道内心亦为张居正抱不平，再及思考到自己，张江陵已位及人臣，生前显贵，他人以后何来超越，再说超越了又能怎样？张居正建立了千秋功业，可还是落得如此下场！唉，看来只能做一位官场上的孤魂野鬼了，那夜，他极力回忆、梳理、思考这次荆州之行的所见所闻，不禁握起笔杆，文思泉涌，当夜，他就写了一首非常优秀的歌行《古荆篇》：

年年三月飞桃花，楚王宫里斗繁华。云连蜀道三千里，柳拂江堤十万家。丹楼绣幌巢飞燕，青阁文窗起睡鸦。鸦归燕语等闲度，不记江城春早暮。东风香吐合欢花，落日乌啼相思树。王孙挟弹郢门西，少年借客章台路。少年矫矫名都儿，雕鞍朱勒黄金羁。采桑陌上青丝笼，红粉楼中白纻辞。白纻绿水为君起，青春环佩如流水。东城丝管接西城，相府豪华压朱邸。侠客飞鹰古道傍，佳人卖笑垂杨里。垂杨二月隐朱楼，家家宴喜楼上头。綦乌喧阗朝送酒，管弦嘈杂夜藏钩。繁弦急管夜初阑，惜花少女怨春残。桃花滟滟歌成血，兰炷漫漫火送寒。晓风杨柳菖蒲浦，秋月梧桐金井栏。秋月春花无断绝，门前郁李九回折。愿作阳台雨后云，谁怜洛水风中雪。阳台洛水梦空长，那似倡家玳瑁床。选得东家佳姊妹，却延西第好儿郎。织成锦席迷蝴蝶，种得青梧栖凤凰。游人恋恋无穷已，踏遍江城春万里。只解宾从集似云，那惜年光去如矢。花开花落迥生愁，郢树鄢云几度秋。霍氏功名成梦寐，梁王台馆空山丘。荣枯翻复竟何言，昨宵弱水今昆仑。无人更哭西州路，有雀还登翟氏门。汉恩何浅天何薄，百年冠带坐萧索。昔时嘘气成烟云，今朝失势委泥砾。青娥皓齿嫁何人？金床玉几为谁作？已矣哉！归去来。楚国非无宝，荆山空有哀。君看《白雪》《阳春》调，千载还推作赋才。

乡间平凡士子的科举之路

荆州之行，袁宏道顿时成熟很多，万历十三年（1585），即这次荆州之行的后一年，袁宏道已经十八周岁，按中国古代惯例，到了该"做大人"的时候。在家人的安排下，袁宏道与同乡李氏结为夫妻。

袁宏道妻子李氏，后敕封安人，祖父为成都府知府，为袁宏道同学、阳春社同仁李学元之姊。李氏虽为大家闺秀，但是她并没有在历史上留下自己的名字，而且李氏和袁宏道自由恋爱的可能性也不大，不过婚后，两人感情甚好。在万历三十五年（1607）李氏去世的时候，袁宏道还写有《祭李安人文》《告李安人文》两文，祭文中陈述："嗟乎！二十三年，形不离影。"

现在，成家立业二者都有了，袁宏道已经是一名秀才，但是秀才在封建社会毕竟是比较低等的功名，袁宏道绝对不会满足于此，他的父亲袁士瑜也不会满足。诚然，朝中爆发的张居正事件让他体会到政治的黑暗无情，但作为一名读书人，若不继续走科举考试，此生居留公安县，绝无前途可言，他要求甚高的父亲袁士瑜不会答应，他的家族成员也不会答应。

袁宏道别无选择，只能刻苦攻读，万历十四年（1586），秋季八月很快就要到来，秋闱之试即将举行，他不得不打点行囊，踏上奔赴湖广省会武昌参加乡试的路上。

三弟袁中道并没有与他同行，这些年来，他一直与二哥形影不离，这年，他因病受阻不得不留在家里，只能等待三年后的乡试。袁宏道虽然参加了乡试，可是流年不利，考试完毕，等到放榜一公布，迎接袁宏道的却是惨败，他并没有考中举人！

恰好这时候，袁宏道的身体出了毛病。这是袁宏道的身体第一次出现重大状况，却并不是最后一次。也许是受母亲龚氏的遗传，他们三兄弟的身体底子历来薄弱，也许是受近来刻苦攻读、参与文人诗社时狂饮行乐的摧残，也许是受新婚之趣、鱼水之爱的影响，或许是这些因子的集合等等，对于身体素质原本并不好的袁宏道来说，都是在透支。

万历十四年（1586），袁宏道参加乡试回来，因为乡试的失败，回到公安县城后，他整日闷闷不乐，又不幸身染重病，差点因病死去。

袁宏道一向身体不好，他过去也会时常发些疾病，但都没有大碍，这次却为袁宏道人生中遇到的第一次大病，而且，病得实在严重，甚至有些奇怪，延医吃药，病情非旦没有好转，反而开始加重，到最后，疾病渐渐转为沉疴，卧床不起。重病在身，袁宏道不断揽镜自照，发现自己形容枯槁，头发脱落。"吁嗟我生年十九，头发未长颠已朽。病寒三月苦沉吟，面貌如烟戟露肘。"一想少年之余发此奇病，悲观之余，袁宏道开始看淡了生死，一时是"闭门读庄子，《秋水》《马蹄》篇"，闲余时间整理箧中残稿，喝酒也是顺其自然了："负喧疏败发，发箧理残篇。名岂儒冠误，病因浊酒痊。"至于世间浮名，现在也是："世路他如梦，浮名我失弓。一番三径里，秋菊又成空。"又说："色界身终苦，无生学未成。浮沤能几许，枉自觅枯荣。"①

袁宏道十九岁时的乡试落第，严重地影响了他的心情。因为受张居正事件的影响，袁宏道内心始终阴影重重。现在，他内心真是矛盾啊，一方面，因为疾病，他似乎已经看清世间，他对功名事业的渴望产生了动摇。另一方面，世俗社会从文与从政从来不分离。两者的矛盾，让袁宏道的内心一度非常痛苦，无法释怀。撇开举业的八股文之外，袁宏道或吟诗作赋，或整理过去数年来积累下来的文稿，还偶尔喝点小酒开怀，久而久之，他反而乐观起来。三个月过去，由于长时间的医治得法，袁宏道坚强的意志力，加之日渐乐观的心态，让他终于战胜了疾病。

这场大病，对于正处于人生转型期的袁宏道来说，影响深远。因病产生苦痛，时常使他认为"色界身终苦"，因病濒临死亡，让他觉得"世路他如梦"，因人生梦幻短苦，他心里从儒学转为老庄哲学的自然适意，

---

① 钱伯城《袁宏道集笺校》卷一《敝箧集》中《病中短歌》《病起独坐》《病起偶题》，第9—11页。

探究佛学的永恒道路，这是他早年一次极为重要的思想改变。

落第的结果让父亲袁士瑜并没有气馁，在他看来，二子天资甚高，而且还年轻，像以前一样，他一次次地催促儿子去参加科举考试。从这一年开始，袁宏道不断地徘徊在科举路上，逢考必去。

乡试落第对于袁宏道来说是大灾之年，但这一年对于哥哥袁宗道来说则是极喜之年。

万历十四年（1586），哥哥袁宗道二十七岁，在父亲袁士瑜的催促下，二月春节刚过，他又再次北上，踏上入京参加丙戌科会试的行程。因为年龄渐长，袁宗道增强了决定用科举考试来证明自己的欲望，从而让自己光耀门楣。他从公安出发，途经荆门、襄阳、新野、南阳、邯郸、保定，最后入京，行程共计三千余里，相比三年前，袁宗道没有中途而返，到京的行程很是顺利。

随后的会试考场上，连续的三场考试，袁宗道发挥得都极为出色，答题潇洒自如，等到会试放榜，袁宗道竟然夺会试第一，袁宗道成为大明的"会元"。随后三月十五日的殿试，袁宗道发挥也很不错，据说很可能高中状元。据记载，万历十四年当年的殿试，三甲共录取三百五十一名，其中一甲三名，二甲六十七名，三甲二百八十一名。当日殿试，首辅申时行初拟袁宗道为一甲第二名，杨道宾为一甲第三名，万历皇帝亲临考察，袁宗道的试卷由次辅许国来读，许国的南方口音较重，其音喁难懂，万历皇帝听后很不高兴，或许，又顾忌到袁宗道和张居正一样，两人同为荆州人，这时，张居正的案子刚发生不久，只是将他取为二甲第一，而将进呈上来的最末一卷舒弘治的卷子拔至一甲第三。就这样，袁宗道被排斥在三甲之外，袁宗道的殿试成绩名列第四名。

从殿试第四日开始，朝廷开始有诸如张榜、传胪、赐宴、习仪、赐朝服冠带和进士宝钞、上表谢恩、孔庙释菜礼、国子监立石题名等"恩荣活动"。有明一代，状元及第及一甲均为入选内阁最多者，科举考试上佳者自然受到万众举目，袁宗道高中会元，殿试中又获得传胪的称号，一时间，袁宗道是名震京华，誉满海内外！

袁宗道留驻京城等待分派官职。次年，根据考试成绩，袁宗道已经官居翰林，被授予翰林院庶吉士之职。

袁宗道会试第一，又入翰林院。明朝翰林院地位清贵，是整个王朝养才储望的地方，平常负责修书撰史，起草诏书，为皇室成员侍读，担任科举考官等，是成为地方大员和内阁成员的起点。明朝中晚期，甚至有条不成文的惯例，不是翰林不能当大学士。而如今袁宗道入翰林院，可以说他的仕途无量，科举之路获得巨大的成功。

大哥袁宗道的成功，也正是"三袁"这个文人集团能够立足，后来能够创立"公安派"的原因。"公安派"从公安县走向全国，以至在全国范围内打开文学局面的起点，也正是袁宗道在京城率先举起公安派大旗，为三兄弟陆续登上文坛巅峰奠定了扎实的基础。

不久，袁宗道高中的好消息就传到了公安县城的袁家，袁宏道当即受到哥哥的鼓舞，于三月久病后，再一次拿起儒家经典，迎接下一次的乡试。

万历十六年（1588）秋天，袁宏道再次前往武昌参加乡试，这次考试，由朝廷下派礼部右侍郎来湖广行省主持乡试，考试中，袁宏道受到主考官冯琦的重视。

冯琦，字用韫，号琢庵，益都（今属山东青州）人，明中期诗人冯裕的曾孙，万历五年（1577）进士。历任编修、侍讲、礼部右侍郎、礼部尚书等职。冯琦同为文学家，著书颇多，有《经济类编》一百卷、《北海集》四卷、《宗伯集》八十一卷、《宋史纪事本末》若干等。冯琦在给皇帝的奏章中带有深刻政治见解和思想内涵，如《肃官常疏》中陈述当朝官场腐败之风，他指出"士大夫精神不在政事，国家之大患也"。"有才无守者，不得滥与荐章；已列赃迹者，不得止拟降调。"冯琦官场耕耘的同时，还对当时文坛盛行的抄袭之风深恶痛绝，一贯推崇汉代乐府和魏晋时期的建安风骨。

冯琦重视袁宏道的文采，在袁宏道人生的初始道路上，冯琦起到非常大的作用。在这次乡试考试中，袁宏道所作虽为制文，即八股文，但有一股清新的气息从笔下自然流淌出来，冯琦慧眼识珠，遂当即提拔他，录为举人。袁宏道有幸遇到伯乐，这为他能走出乡里创造了重要的一步。

袁宏道举人名次虽不理想，但好歹成了举人。自这次武昌乡试后，他和主考官冯琦建立起长期的师生关系。两人以师生之礼相待，随后数年的岁月，当袁宏道辞官吴县，去北京任顺天府教授，他俩更是一起探讨诗文，意气相投，互致书信，师生间的情谊不断，相互推重。后来，袁宏道去京任职祭起"性灵"文学大旗，寻求政治上的帮助，他在给冯琦的书信《与冯侍郎座主书》里写道："慨摹拟之流毒，悲时论之险狭，思一易其弦辙，而才力单弱，倡微和寡，当今非吾师，谁可就正者。"

万历十七年（1589），袁宏道已经取得会试资格。春节刚过，袁宏道即已在赶赴京城的路上，他沿着兄长袁宗道当年赴京赶考的旱路，历经三千余里跋涉，终于抵达首都北京。

这时正处早春时节，袁宗道早已做好了迎接袁宏道的准备，数年不见，兄弟重逢，手足之情，更为亲密。袁宏道还是第一次来到北京，北京的风物，让他感到格外新鲜。当时，袁宗道在翰林院，日子还算是清闲的，不比后来担任繁重的东宫讲官。这年会试结束的时候，有一段日子，袁宏道仍旧逗留在北京，袁宗道只要有空，便随留京的袁宏道一起出游，和焦竑、瞿汝稷等朋友精研性命、共修禅学，赏北国美景。

袁宏道年已二十二岁，专为会试而来，自然抱有很大的希望，但是榜单一出，他像袁宗道的第一次参加会试一样，只是袁宗道到黄河便半道而回，而袁宏道是名落孙山。

对于二弟的会试落第，袁宗道也是好言安慰，循循教导。袁宏道在兄长袁宗道的开导下，心情渐渐归于平淡。历经数次失意后，此时，袁宏道想开了很多，心里再次思考"月"的品性——平和、冲淡、闲适，他还经常回忆起家乡常见的荷花，这时，他就像淡薄名利、秉性高洁的荷花，而品德就像朗朗的映月一样，自我内心去抚平科举考试的失败。正如袁宏道在《采莲歌》中所言：

采莲花，花开何鲜新！映月为处子，随风作舞人。深红浅白间秋水，妒杀麻姑与洛神。采莲叶，莲叶连香楫，一片青花古玉盘，持赠秦娥与燕妾。采莲子，莲房劈破香且美，纤手分来颗颗匀，何事经年沉湖水？湖水深犹可，水浊情无那。试问南溪二月泥，妾心辛苦知不知？

毕竟袁宏道还只有二十二岁，一切都还可以重头再来。落第后不久，袁宏道就回老家公安县了。这年，正好袁宗道以奉命册封楚王府，要回武昌一趟，袁宏道便与他结伴南下，等到袁宗道在武昌办完公事，请了长假，两人一同回到老家公安县。

在老家的这段闲余时间，因会试落第，袁宏道常常只能醉愁行乐，依照《花朝即事》里的描叙是："雨过庭花好，开樽亦自幽。不知今夕醉，消得几年愁？一朵新红甲，四筵半白头。久知行乐是，老矣复何求。"与此同时，"三袁"在老家聚齐，也是袁氏兄弟思想真正交锋的开始。袁宗道和袁宏道还有袁中道一起，第一次认真探讨起性命之学和禅定之学。"三袁"兄弟又前后数次去麻城，拜访在湖广出家的大哲学家——龙湖李贽。

兄弟们在石浦河畔修学入定，相聚的日子总是过得很快，很快两年就过去，万历十九年（1591），袁宗道终于要回北京复职了。时间又过去了一年，万历二十年（1592），春节刚过，袁宏道迎着料峭的北风，和前次一样走旱路，又一次踏上了进京赶考的路程。

这次袁宏道是幸运的，会试结束，殿试完毕，新科放榜，袁宏道终于金榜题名，位列三甲第九十二名。

据《明清进士题名录》记载，当年，壬辰科金榜取进士二百九十八名，其中三甲三名，二甲五十一名，三甲二百四十四名。这样的成绩算不上特别理想，只能说在科举名次上排列中等①，而且不大可能成为翰

---

① 《明清科考墨卷集》（台湾兰台出版社出版）可见万历二十年袁宏道参与会试的考卷。题为"君子坦荡二句"，题出自《论语》。

林院的"储官",与六年前的袁宗道会试第一的成绩自然无法相比,但在千军万马过独木桥的科举顶尖考试中,袁宏道好歹成为了新科进士,而且,袁宏道进士及第时非常年轻,比兄长袁宗道还要年轻两岁呢。

袁宏道终于松了一口气,从此可以彻底脱离那些"俱成梦境"的儒家书籍,可以脱离八股文的纠缠和困扰,今后可以完全走自己选择的道路了。进士及第,这样或许多少带有一些运气的考试成绩,对家乡的朋友、亲人,特别是一直寄希望于他们兄弟的父亲袁士瑜,终于有一个满意的交代了。

洞房花烛夜,金榜题名时,衣锦还乡日,人生三大美事,再加有子袁彭年出生于此年①。现在,袁宏道拥有人间最幸福的诸多美事,一时间,他也是兴奋异常,喜悦溢于言表。放榜不久,便由兄长袁宗道做东,备下酒席,邀请朋友们来共同分享这来之不易的喜悦。

殿试中考中进士,下一步则是委派官职。按照明朝惯例,派官有先后,依照考试的等次、排序具体而定,一甲立即授予官职,状元授予翰林院修撰,榜眼、探花则授予翰林院编修,合称三鼎甲。二甲赐进士出身,第一名称传胪,其他赐进士出身的录取若干人,三甲录取的叫赐同进士出身。殿试录取的新科进士,还需要应一次殿廷考试,由皇帝派大臣阅卷,依照成绩分别派任翰林院庶吉士、各部主事、中书、知县等官职。庶吉士又在翰林院特设的教习馆研究,三年后举行"散馆"考试,优秀者授予翰林院编修、翰林院检讨,其余分发到各部任主事,或到各省任知县。这时,新科进士需要等待各地官员出现补缺,派往全国各地任相当于七品知县的地方官员,且一般以县令和州府推官为多。

袁宏道进士及第后,依靠长兄袁宗道在翰林院以及同科进士同窗的关系,已经开展一定的交游,其中包括送别李贽好友、袁宏道称为老师的焦竑作为副使出使周王府,还参与了文友们的集会。这年夏天,袁宏道与龙膺、龙襄兄弟在京城结集赋诗,作《夏日同龙君超、君善、家伯修郊外小集》,诗云:

---

① 据《公安县志本传》记载,袁宏道次子袁彭年出生于万历二十年(1592)。

避却红尘子，晴郊共举杯。踏云穿宝阁，立马问金台。
古木无心长，杂花不定开。东南饶胜友，喜与二郎来。

这是万历时期最好的时候，大明王朝的京城如此美好，京城奢华而宁静，有如开元梦中，在袁宏道看来是"长安城中秋月明，六街九陌无纤尘。先入楼台喧戚里，次经池馆趁游人。游人宛转无穷已，千门万户秋如水。处处笙歌玉树傍，家家箫管澄湖里"（《长安秋月夜》）。但是，昔日对朝中为官的思考和警惕充盈心中，袁宏道另怀目的："汉武秦皇消不得，却寻方士学仙人。"现在即便是新科进士，他对于走向仕途也实在谈不上兴趣，而他的两次进京赶考，大概只为争一个官方地位和一个名号，为自己在大明王朝浩瀚的人才中寻求一个位置。现在高中及第，袁宏道更是放轻松了，觉得终于可以从儒家书籍中摆脱，去另外一番天地游玩，全凭兴趣了然。他在《偶成》诗中说："尘世无暇日，孤馆有余情，黄金铸知己，青编列友生。事佛心难定，学仙道不成。"

在此情况下，袁宏道决定"去去双田下，兄弟事耦耕"。接下来也不管授予官职大小，他索性请起长假，南下归乡省亲。这时，在翰林院任职的袁宗道也因为清闲，告假归乡，兄弟俩就像三年前一样，南下结伴回家。归来到公安后，"归来兄弟对门居，石浦河边小结庐。可比维摩方丈地，不妨扬子一床书。蔬园有处皆添甲，花雨无多亦溜渠。野服科头常聚首，阮家礼法向来疏"。（《归来》）

对于袁宏道的归乡，三千余里的公安县石浦河畔热闹非凡，袁家一下迎来两位进士，公安县历史上，兄弟进士，这是从来没有过的事情。袁家举家同庆、设宴款待客人，庆贺的当日，于袁宏道出生之际托梦给她的祖母余氏作为当家主妇，辗然喜曰："袁氏二世无冢妇矣，余毕世为袁氏劳薪，攻苦茹燥，不遗余力，天高地远，以有今日，他日见先府君地下有词矣。"（《余大家祔葬墓石记》）

袁宏道中进士后请假归乡，从万历二十年（1592）春到万历二十二年（1594）秋天，他在公安老家待了长达两年之久，过上了一生中最为清闲没有思想负担的日子。就这段在老家山居生活的闲适，袁宏道很是幸福地谈论道："年年为客向潇湘，楚泽烟云拾满囊。锦花如雪归故乡，归故乡，应知青雀临流日，内人蟳子坠衣裳。"（《戏别唐客，客丰城人》）袁宏道的山居生活，别无其他，最重要的首先是利用家族影响在公安县结南平社，谈禅论道，再就是去东面的麻城二访李贽。借助早年的科举、结社、访学等道路，袁宏道一步步登上万历时代的文学舞台。

第三章 解脱：人在江南

> 已将进士二字，抛却东洋大海。
>
> 袁宏道《江进之》（尺牍）

性灵文学及从古文中辨析"时"与"势"的关系

万历二十五年（1597）正月，在《罢官令》下发后，袁宏道正式脱离吴县县令一职，发出七次辞职信后，他终于得到了解脱。[①]

[①]　"解脱"梵语为 vimoksa，解脱境界可分大乘与小乘之别，其境界略有差异，依小乘佛法而言，要证得初果、二果、三果、四果等果位，方称得上解脱，而以四果为小乘终极圆满之果地，必须断见思惑，出三界，得成阿罗汉果（梵语 arhat）。依大乘而言，要证成初地以上，乃至佛的果位，皆为解脱的境界，每一个阶位解脱的境界渐次入深，而以佛的果位是大乘佛法终极之位，必须勤修六度万行，以中道实相义而正行，破尘沙惑、破无明惑，因而证成佛道。《涅槃经》云："夫涅槃（梵语 nirvana）者，名为解脱。"袁宏道在修习禅宗的时候，机锋迅利，生活也是十分放纵，懒慢疏狂，《解脱集》中同样有他悟时所作破胆险句，其调戏僧尼语曰："僧之好净者，多强人吃斋，余不能斋，而莲公复不强我。凡锅甑瓶盘之类，为仆子所膻，亦无嗔怪，二可喜也……"

　　袁宏道解职后，立即从吴县移居无锡养病，与先前移居无锡的家人团聚。本来，袁宏道一直念想着轻松自由，他一直求的就是"异"，奇人、奇事，辞职后仍然不改初衷。后来，他在给妻弟李元善的信中说："若只同寻常人一般知见、一般度日，众人所趋者我亦趋之，如蝇之逐膻，即此便是小人行径矣，何贵为丈夫哉？若不为所难为、忍所难忍，此即如蜉蝣营营水中，不知日之将暮。"（《答李元善》）袁宏道还在文章中大声疾呼道："天下事何必同而后快哉！"（《与张幼于》）

　　现在无官一身轻，袁宏道万分高兴，他掩饰不住内心兴奋，做《病痊》一诗来说明自己的心情：

　　　　病合当求去，宦情非是阑。与其官作病，宁可活无官。
　　腰膝皆相贺，妻儿亦自欢。高堂垂万里，谁与说平安。

　　诗中，袁宏道再次表达了对为官的态度。在吴县任上，绝大多数时间，袁宏道忙于公务和应酬，就像他给丘长孺信中写的一样，整日像妓女、仓管员、媒婆，写作的时间是从来没有的，平常偶尔写信、游玩也都是挤时间，写作时间非常短暂，两年吃尽世间之"苦"，如今，"解脱"这一佛家词语正好说明袁宏道的境地。解脱辞官，苦尽甘来，有了大量的闲余时间，袁宏道终于可以把心中欠下的"笔债"一一偿还了。在给原同事苏州府推官朱一龙的诗中，他这样形容自己："万念俱灰冷，唯文字障未除。"

　　早在袁宏道任吴县县令以来，万历二十四年（1596），年仅二十七岁的袁宏道在给三弟袁中道的信《叙小修诗》说：

　　　　弟小修诗，散逸者多矣，存者仅此耳。余惧其复逸也，故刻之。弟少也慧，十岁余即著《黄山》《雪》二赋，几五千余言，虽不大佳，然刻画钉饾，傅以相如、太冲之法，视今之文士矜重以垂不朽者，无以异也。然弟自厌薄之，弃去。顾独喜读老子、庄周、列御寇诸家言，皆自作注疏，多言外趣,旁及西方之书、教外之语,备极研究。既长,胆量愈廓,识见愈朗,的然以豪杰自命,而欲与一世之豪杰为友。其视妻子之相聚,如鹿豕之与群而不相属也;其视乡里小儿,如牛马之尾行而不可与一日居也。泛舟西陵,走马塞上,穷览燕、赵、齐、鲁、吴、越之地,足迹所至,几半天下,而诗文亦因之以日进。大都独抒性灵,不拘格套,非从自己胸臆流出,不肯下笔。有时情与境会,顷刻千言,如水东注,令人夺魂。其间有佳处,亦有疵处,佳处自不必言,即疵处亦多本色独造语。然予则极喜其疵处,而所谓佳者,尚不能不以粉饰蹈袭为恨,以为未能尽脱近代文人气习故也。

盖诗文至近代而卑极矣,文则必欲准于秦、汉,诗则必欲准于盛唐,剿袭模拟,影响步趋,见人有一语不相肖者,则共指以为野狐外道。曾不知文准秦、汉矣,秦、汉人曷尝字字学六经欤?诗准盛唐矣,盛唐人曷尝字字学汉、魏欤?秦、汉而学六经,岂复有秦、汉之文?盛唐而学汉、魏,岂复有盛唐之诗?唯夫代有升降,而法不相沿,各极其变,各穷其趣,所以可贵,原不可以优劣论也。且夫天下之物,孤行则必不可无,必不可无,虽欲废焉而不能;雷同则可以不有,可以不有,则虽欲存焉而不能。故吾谓今之诗文不传矣。其万一传者,或今闾阎妇人孺子所唱《擘破玉》《打草竿》之类,犹是无闻无识真人所作,故多真声,不效颦于汉、魏,不学步于盛唐,任性发展,尚能通于人之喜怒哀乐嗜好情欲,是可喜也。①

《叙小修诗》一信中,袁宏道着眼于历代诗赋的风格描述,显示文学的发展与"时"与"势"的关系甚大。袁宏道从先秦到汉、唐诗赋风格的流变,阐释如今诗赋在"剿袭模拟,影响步趋""雷同"之后,文

---

① 钱伯城《袁宏道集笺校》第187—189页。

学风格发生变化的必要性和紧迫性，他首次提出性灵文学的理论要点："独抒性灵、不拘格套"，"非从自己胸臆流出，不肯下笔"。

从《叙小修诗》开始，袁宏道正式祭出"性灵"文学的大旗，作为公安派文学的标志思想。

文学的"性灵"由来已久，始出自钟嵘。后世性灵派作家袁枚对"性灵"的来源有过考据："抄到钟嵘《诗品》日，该他知道性灵时。"（《续元遗山论诗》）钟嵘在《诗品》中，突出诗歌"吟咏情性"的特点，强调"直寻"，抒写诗人"即目""所见"，使之具有"自然英旨"的"真美"，赞扬阮籍诗可以"陶性灵，发幽思"等，再后来的刘熙载验证了性灵的最初出处："钟嵘谓阮步兵诗可以陶写性灵，此为性灵论诗者所本。"（《艺概·诗概》）

"性灵"虽早有论述，但袁宏道却是历史上第一个把"性灵"作为主要文学思想阐述的文学家，将"性灵"作为一个文学流派的主要理论依据，而且，创造性地将"性灵"与生活来源紧密结合起来。

袁宏道暂居无锡，从诗歌《江南子》五首开始，他一发不可收拾，从长约一年左右的寓居时间开始，袁宏道的写作变得非常勤快，他创作了大量的优秀诗文，性灵文学理论已经构架成型。

在江南的三年时间，特别是这段从官场解脱、移居无锡的日子，是袁宏道人生中的激进期、思想的狂放期、文学创作的鼎盛期，是他"性灵说"的诞生期，文学创作的活跃促进文学理论的诞生，文学观念也指引文学的创作，从此，袁宏道进入创作的第一个高峰期。

后来，袁中道在《中郎先生全集序》中说："先生诗文如《锦帆》《解脱》，意在破人执缚，故时有游戏语，亦其才高胆大，无心于世之毁誉，聊以抒其意所欲言耳。黄鲁直日：'老夫之书，本无法也。但观世间万缘，如蚊蚋聚散，未尝有一事横于胸中，故不择笔墨，遇纸则书，纸尽则已，亦不暇计人之品藻讥弹。譬如木人舞中节拍，人称其工，舞罢又萧然矣。'此真先生言前意也。"心灵得到解脱，别无挂记，"破人执缚"，正是袁宏道这时候的创作写照。袁中道可谓一语中的。

　　袁宏道堪称小品文大师，这里要重点谈谈袁宏道的尺牍创作①。说来，袁宏道的尺牍创作，始于两年前他在吴县任官的初始，即万历二十三年（1595），止于万历三十八年（1610），十六年的时间里，袁宏道写下多达三百八十多篇的尺牍，除去奏疏，作为小品文的个性化尺牍共计二百八十二篇。②袁宏道一生的尺牍作品，是创作游记和散文总和的三倍多。

　　自方子公编辑的《锦帆集》收录袁宏道尺牍作品以来，尺牍方始成为他分量非常重的作品种类。袁宏道给朋友写了大量的尺牍（书信），表达心境，吴令任期创作的《锦帆集》多叫苦，万历二十五年（1597）创作的《解脱集》多言乐。从他结集作品《锦帆集》和后来结集的《解脱集》中来看，内容上包含非常广泛，其中哲学交谈、登山临水、友朋相聚、谈禅论道、谈诗论文、评点人物，无所不谈，无不精神饱满，意兴盎然。中郎尺牍大多短而隽异，打破尺牍的陈规旧律，语言诙谐幽默，并且不假雕饰地抒写性灵，随心所欲地表现自我，与传统尺牍迥然不同。

　　为《解脱集》所作的序中，江盈科评价他的尺牍说：

　　　　若夫尺牍，一言一字，皆以所欲言，信笔直尽，种种入妙。余观李陵答苏武一书，悲愤激烈，千载而下，读之尚为扼腕。嵇中散绝交书写出懒慢箕倨之态，至今如亲见其人。盖其情真而境实，揭肺肝示人，人之见之，无不感动。中郎诸牍，多者数百言，少者数十言，总之自真情实境流出，与嵇、李下笔，异世同符。就中间有往复交驳之牍，机锋迅疾，

---

① 尺牍：即书信。"尺牍"一词最早出现在汉代，《汉书》有载："汉遣单于书，以尺一牍，辞曰，皇帝敬问匈奴大单于无恙。"此时，"尺一牍"即诏书，因书写于一尺一寸的书版上，故名，后简称"尺牍"。尺牍约从清代性灵派作家袁枚起，渐发展为小品文艺术。

② 这是《袁宏道集笺校》中篇数（含未编入诗文集的尺牍31篇），袁宏道自己刊刻的诗文集《锦帆集》《解脱集》《瓶花斋集》《潇碧堂集》里分别有他的尺牍109、30、62、50篇。

议论朗彻，排击当世能言之士，即号为辨博者，一当其锋，无不披靡，斯已奇矣。要之，有中郎之胆，有中郎之识，又有中郎之才，而后能为此超世绝尘之文。(《解脱集序》)

从吴县任职到万历二十五年（1597）三年中，尺牍创作量占袁宏道一生创作总量一半，是他一生尺牍创作的高峰期，辞官后的解脱期更是高峰，从无锡不到一个月的养病日子开始，尺牍创作占用他大量的时间。这时，袁宏道寄信收信繁多，几乎每日一封，或者两封、三封，尺牍几近他《解脱集》总量的二分之一。写信的人包括朱一龙、徐渔浦、张幼于、范长白、江盈科、倪崧山、黄绮石、李本建、聂化南、冯其盛、陶望龄、王孟夙、王百谷、徐崇白、袁宗道等人。

给苏州长洲人、时称"三张"的禅友张幼于信中，他说："昔士安作传，不录两龚，六百日县令，恐遂不得与幼于同传。但彭泽、黔娄，业已先之。"

给王孟夙的信中，他幽默地写道："以官得病，此官苦也；以病得归，此病乐也。"

给家舅《龚惟长先生》中的信，他说："大官谁不愿做，然大官累人，远不如闲散之可以适志也。"

官是苦因，解官必乐，《张幼于》中他说："掷却进贤冠，作西湖荡子，如初出阿鼻，乍升兜率，情景不可名状。"

解官之后还得去名，因为功名利禄是一体的，《朱司理》中他说："大约世人去官易，去名难。夫使官去而名不去，恋名犹恋官也。为名所桎，犹之桎于官也，又安得彻底快活哉？"

《龚惟长先生》中他说："作官只为妻子口食，然奔波已甚；求名只为一生官位，然焦蒿已甚。纵位至台鼎，名加孔墨，所乐无几，吃苦已多。"

袁宏道羡慕宋代以"梅妻鹤子"典故而著名的林和靖，赞其他为"世间第一种便宜人"《孤山小记》。此时，他除了从官场和社会关系中解脱出来，还要摆脱家庭的羁绊，逃避父兄师友的规劝和妻妾子女的拖累。

袁宏道不仅不愿为人臣，也不愿为人子，不愿为人父，他只愿意做自己，"除却袁中郎，天下尽儿戏"《别石篑》。所以，大概无子也是人生一大乐事也："此翁无子，身后得无他虑，是人间第一快活事。……男女有何佳处？徒为老年增几重累，至死犹闭眼不得，苦哉！前过白岳，见求子者如沙，不觉颦蹙。仆亦随众，命道士通词，但云某子已多，此后只愿得不生子短命妾数人足矣。"（《王百谷》）

在给江盈科的信里，他说："弟意欲往杭，无他，不过欲寻闲淡之方丈，远闺阁之佳人，写山水之奇胜，充贫官之囊橐，稍暖即图归计矣。穷博士有何好趣？弟已将进士二字，抛却东洋大海。直待江郎作冢宰后，发白齿落，然后将一粒金丹点化江郎，岂不快哉。"

不只为摆脱仕途高兴，甚至，连为之努力十来年好不容易得来的进士头衔，这时，也觉得无关紧要了，他再三向好友推心置腹，表达自己脱离官场的痛快心情，并对自己两年前的谋官行为深为后悔。给朋友黄绮石的信里，他说："乍脱尘网，如巨鱼纵大壑，扬鳞鼓鬣。不唯悔当初无端出宰，且悔当日无端波波吒吒，觅什么举人进士也。"

在另一封给聂化南的信中，袁宏道把欣喜若狂的心情写得活灵活现，他快意说道："败却铁网，打破铜枷，走出刀山剑树，跳入清凉佛土，快活不可言！不可言！投冠数日，愈觉无官之妙。弟已安排头戴青笠，手捉牛尾，永作逍遥缠外人矣。"现在，袁宏道把自己比作逃出樊笼的鸟，挣脱网罟的鱼，从此可以回归自然，得享自由；把自己比作逃出牢狱，坐上仙车的人，从此可以逍遥于世俗纠缠之外。

袁宏道宛若脱胎换骨，一生中的文采得到前所未有的飞越，他的尺牍及游记、诗文作品又是如此繁多，公安派主要的文学理论——"性灵"说也得到最终定型。袁宏道真是获得人生中最大的解脱，这正是他把自己的第三个诗文集命名为《解脱集》的原因。

暂居无锡的日子过得很快，袁宏道心情愉快，写作顺畅，他得到难得而短暂的休整。袁宏道留在无锡，只是因为疟疾发作半年来，身体仍然非常虚弱，身体原因导致他需要静静地待在无锡，等待时机，一边调养，一边写作罢了，而且，二月里乍寒乍暖，春天尚未全面来到，并不适于他出游。

当然，写作的时候，袁宏道还准备做些其他事情，例如研究古典著作。在仪征的时候，他将以前读过的《史记》《水浒传》及唐代杜甫诗文、元代杂剧之类的书籍又重新找来，准备精读，加以研究。疾病初愈，疟疾的副作用非常顽强，身体总是不佳的，加之有疟疾并发症，他的视力受到严重影响，稍读片刻，就觉得头昏眼花，疲惫不堪，袁宏道只能暂且放弃这类事情。

《水浒传》自从元末明初创作以来，已经在江南的民间艺人中间传开，吴地说《水浒传》的风俗由来已久。袁宏道休息写作之余，也常常去听人说书，恰好隔壁有一位姓朱的老说书艺人，擅长说《水浒》，凡事讲得惟妙惟肖，精妙绝伦，有时，袁宏道还会请老说书艺人来到家里，听他说上一段，深深被故事里的人物、情节吸引，闲适和繁忙夹杂，一天就这样过去了。辞官后，在无锡疗伤的日子，果然如袁宏道所期待的，生活倒是增加了不少闲适的乐趣。

万历二十五年（1597），春天真的到来，天气转暖，草长莺飞，窗外露出盎然生机，袁宏道虽然困顿在无锡，有病在身，但心灵早已获得了最大的解放。眼看天气日益好转，袁宏道经不起春天的诱惑，他雇了一条小船，准备稍作游玩，并亲自带上八岁的长子袁开美，叫上先前从武昌来投奔的朋友方子公，就这样，数人一同外出游览。

这两年，自从袁中道推荐过来，方子公一直在追随袁宏道。袁宏道对待朋友从来不分富贵、贫贱，一视同仁，他的文集《敝箧集》《锦帆集》，都是交由方子公整理，然后由方子公负责编辑成册出版。方子公文字功底深厚，为人豪爽大方，喜欢喝酒，是超脱尘世的一真正高人。辞官出游后，袁宏道也总是将他带在身边。

袁宏道等人上船后，小船离岸，去往游玩地——无锡东郊的惠山。

惠山位处太湖之滨，僧院耸立，泉涧繁多，宁静幽远。船一靠近山，袁宏道等人便进入山林，马上被眼前的湖光山色吸引，顿时觉得耳目一新，精神为之一振。因为身处多病之秋，游玩惠山，他想到的也是医病。在给汤郧陆的信中，他说："湖水可以当药，青山可以健脾。逍遥林莽，欹枕岩壑，便不知省却多少参苓丸子矣。"他还和朋友在惠山的僧房连住两宿，只觉得神清气爽，心脾之间的郁结顿时烟消云散，满目都是一片绿色的清雅，似乎，身体状况往好的方面又前进了一点。

因病不能出游，而这一切让他想起在苏州的时候，回过头来看，袁宏道对吴县充满太多深厚的感情。毕竟，他曾经在吴县做官两年，也做出了一番实效，受到当地百姓的爱戴。哪怕在解官出游后，他仍然记得苏州吴县，他在关心着吴县。以前在吴县做官的时候，真是太忙了，只有到清闲的时候，袁宏道才有时间真正回味苏州的美好。

尚在万历二十五年（1597）的正月，袁宏道得到《罢官令》后，辞官没有多久，其间他还滞留在吴县，家属去往无锡，他一个人尚没有走的时候，他又一次去苏州名景——虎丘游玩。

以前，他没有给苏州留下有影响力的游记，倒是这次游玩后，解官归田，袁宏道一下子写出了一篇著名的游记——《虎丘记》：

虎丘去城可七八里，其山无高岩邃壑，独以近城，故箫鼓楼船，无日无之。凡月之夜，花之晨，雪之夕，游人往来，纷错如织，而中秋为尤胜。

每至是日，倾城阖户，连臂而至。衣冠士女，下迨蔀屋，莫不靓妆丽服，重茵累席，置酒交衢间。从千人石上至山门，栉比如鳞，檀板丘积，樽罍云泻，远而望之，如雁落平沙，霞铺江上，雷辊电霍，无得而状。

布席之初，唱者千百，声若聚蚊，不可辨识。分曹部署，竟以歌喉相斗，雅俗既陈，妍媸自别。未几而摇手顿足者，得数十人而已；已而明月浮空，石光如练，一切瓦釜，寂然停声，属而和者，才三四辈；一箫，一寸管，一人缓板而歌，竹肉相发，清声亮彻，听者魂销。比至夜深，月影横斜，荇藻凌乱，则箫板亦不复用；一夫登场，四座屏息，音若细发，响彻云际，每度一字，几尽一刻，飞鸟为之徘徊，壮士听而下泪矣。

剑泉深不可测，飞岩如削。千顷云得天池诸山作案，峦壑竞秀，最可觞客。但过午则日光射人，不堪久坐耳。文昌阁亦佳，晚树尤可观。面北为平远堂旧址，空旷无际，仅虞山一点在望，堂废已久，余与江进之谋所以复之，欲祠韦苏州、白乐天诸公于其中；而病寻作，余既乞归，恐进之之兴亦阑矣。山川兴废，信有时哉！

吏吴两载，登虎丘者六。最后与江进之、方子公同登，迟月生公石上。歌者闻令来，皆避匿去。余因谓进之曰："甚矣，乌纱之横，皂隶之俗哉！他日去官，有不听曲此石上者，如月！"今余幸得解官称吴客矣。虎丘之月，不知尚识余言否耶？①

虎丘，袁宏道前后来过六次，最后一次是和江盈科、方子公同登。袁宏道充满怀念地说，"今余幸得解官称吴客矣。虎丘之月，不知尚识余言否耶？"

离开吴县后，除了此年五月，袁宏道自杭州游历后返无锡，途经苏州，与江盈科有过一次会面外，此次，袁宏道送江盈科刚出版的诗作《解脱集》前二卷，江盈科作《解脱集序》。据史料记载，袁宏道从此再也没有机会来到苏州。

在袁宏道离开江南地区北上的同一年，万历二十六年（1598），他的挚友、长洲县知县江盈科也从苏州长洲离职，因给事中李应策劾奏江盈科"以征赋不及格"，从报迁吏部主事改官大理寺正来京。此后，袁宏道与苏州的故友仍有书信联系，如他与出版家袁无涯的通信，就是袁宏道到北京出仕隐居故里后，袁无涯处所刻袁宏道诗文集成为权威

---

① 据何宗美考，钱伯城、马学良二先生把《虎丘》作为万历二十四年（1596）之作有误。钱笺《虎丘》曰："自此篇起，至《姑苏台》，共十八篇（吴郡本、小修本为十七篇），是宏道在苏州游记。小修本总题曰《吴游记》，以一二数字标目。此皆万历二十四年丙申（1596）年底前后在吴县所作。此时宏道已解吴县知县职，然尚未离吴，此乃追记两年来宦吴之游，故篇末云：'幸得解官，称吴客矣。'"（见《袁宏道集笺校》卷四，第158页。）

刻本①。另，四年之后，万历二十九年（1601），兄长袁宗道在京逝世一年之际，袁宏道在家乡公安县隐居一年后，并携带次子袁彭年和众僧人到庐山游玩，这次袁宏道随后顺江东下抵达仪征（真州），与护送袁宗道灵柩的袁中道等人一起回公安县，第二次是万历三十五年（1607）秋天护送元配李氏灵柩回乡②。因此，袁宏道只是顺江路过江南两次，在仪征、南京、武汉等地只做了短暂的停留。

这是袁宏道最后两次到达江南，此后，袁宏道仍有诗文记载怀念江南和苏州吴县，但是，他再也没有时间和机会长时间地在江南生活和游览了。

袁宏道对吴县的感情自始至终是深沉的，吴越山水，在袁宏道一生中留下难以磨灭的记忆。吴县太湖中的洞庭西北有一座山峰叫石公山，他以山为名为自己取了一个名字，号曰"石公"——"袁石公"和"袁六休"一样，皆是袁宏道历史上两个广为人知的名字，寄托了他对苏州的感情。

有关杭州西湖的游记、诗赋兼及出版

早春时节，袁宏道从无锡惠山归来，当即写诗数首，又记前后游记

---

① 袁宏道于1602年、1606年两度致信袁无涯，对自己早期诗文表示否定。前信称："不肖诗文多信腕信口，自以为海内无复赏音者，兄丈为之梓行，此何异疮痂之嗜。幸谨藏之奥，为不肖护丑，勿广示人也。至嘱，至嘱。"后信称："至于诗文，乖谬尤多，以名家为钝贼，以格式为涕唾，师心横口，自谓于世一大戾而已。"（《袁宏道集笺校》，第1251页，第1281—1282页）

② 袁宗道于前一年万历二十八年（1600）去世，万历二十九年辛丑（1601）五月，袁宏道启程远游，自沙市沿江东下，游庐山，自九江至真州。此时，儿子彭年十岁，已能诗。（袁宏道《识庐山后记》）袁中道于同年四月运袁宗道灵柩回公安，水行，备极艰辛。七月初抵真州与宏道会，同扶柩回返。钱笺说袁宏道庚子（1600）登庐山有误，当时，袁宏道还在京师。另万历三十五年（1607），袁宏道任礼部仪制司主事，秋元配安人去世，中秋时分，借出差奉命存问老臣谢鹏举南下，护送元配李安人灵柩回乡走运河、长江水路经过江南，在江南镇江、仪征有短暂逗留。

两篇，从此，袁宏道一发不可收拾，揭开了他游玩吴越山水的序幕。恰在这时，袁宏道接到老家公安寄来无锡的书信。信是父亲袁士瑜所写，信中说，庶祖母的疾病已经痊愈，现在不必要赶回老家了。

万历二十三年（1595），袁宏道任职吴县职中，父亲袁士瑜在吴县长住了四个月，刚刚回到老家去，翌年八月，突然接到吴县来的急报，信中说袁宏道突患重病，袁士瑜还为之大吃一惊，生怕儿子出现什么意外，两次派人前来探望，希望袁宏道回老家公安调理。幸好，袁宏道解官后不久疟疾治愈，庶祖母詹氏已经康复。现在，袁士瑜重提功名，希望袁宏道改授官职，哪里有三十岁不到就解甲归田的呢？

袁宏道本来做好打算，待病再好些，准备回老家探望一次，但是现在接到父亲袁士瑜的叮嘱，他自然不好意思返回老家。不过，他刚刚辞职，遵照父亲意愿补官，总是要等待一些时日的。趁这个无牵无挂、无忧无虑的时机，他打算在江南继续待些时间，在吴越之地游山玩水，同时继续写作。

袁宏道在吴县县令一职上两年，奉公守法，相当清廉，除了朝廷少得可怜的俸禄①，再也没有其他经济来源，他在富庶之地的吴县当县令两年，也没有存下什么积蓄。袁中道后来在《袁中郎行状》中说他"为吴令，不取一钱，贷而后装，居官十九年，不置升合田"。这时，袁宏道也没有接纳有丰硕报酬的应酬文和代拟文，辞官之后自然生活拮据，他不得不向朋友借得一百两银子，款项相当于两年工资，方便下一步交游活动和做安家准备。

---

① 明朝官吏俸禄非常少，七品县令月俸为7.5石粮米。《明史·食货二》："于是户部定：钞一锭，折米一石；金一两，十石；银一两，二石。"洪武二十八年（1395）以后，明朝米价基本上是一两银子可以购大米二石。也就是说，一个知县的正常俸禄约为45两银子左右。各级官吏经常通过贪污受贿以及馈赠等途径获得额外收入。而且，明朝文士会经常接受有报酬的应酬文和代拟文，如沈瓒《近事丛残》载张幼于之兄张凤翼卖文事迹："张孝廉伯起，文学品格，独迈时流，而以诗文字翰结交贵人为耻，乃榜其门曰：'本宅纸笔缺乏，凡有以扇求楷书满面者，银一钱；行书八句者三分；特撰寿诗、寿文，每轴各若干。'人争求之。自庚辰至今三十年不改。"引张廷玉《明史》。

袁宏道先将妻儿从无锡移居仪征县（真州），仪征县位处长江岸边，离运河中转地扬州不远，无论是上京还是溯江西去回到老家公安，都非常方便。他把借来的钱款先分出一部分作为妻儿的居家费用，其余都作为出游盘缠。

袁宏道为妻儿做好安排后，就准备前往江南交游了。

从万历二十五年（1597）的农历二月十日开始，春光乍好，袁宏道离开了无锡的暂居地，开始前去江南各地游玩，开始他一生中最为闲适、最为愉快的山水之行。

袁宏道的创作和生活一辈子都在追随"闲适"原则：适心、适性、适宜，这是袁宏道所到之处的美学宗旨。早在万历二十三年（1595），袁中郎就在给建宁人、同科进士徐汉明的书信中说："弟观世间学道有四种人：有玩世，有出世，有谐世，有适世。玩世者，子桑伯子、原壤、庄周、列御寇、阮籍之徒是也。上下几千载，数人而已，已矣，不可复得矣。出世者，达磨、马祖、临济、德山之属皆是。其人一瞻一视，皆具锋刃，以狠毒之心，而行慈悲之事，行虽孤寂，志亦可取。谐世者，司寇以后一派措大，立定脚跟，讲道德仁义者是也。学问亦切近人情，但粘带处多，不能迥脱蹊径之外，所以用世有余，超乘不足。"这四种人中，袁宏道历数上下几千年的代表人物，一一阐述他眼中的利弊，最后得出一种结论："独有适世一种其人，其人甚奇，然亦甚可恨。以为禅也，戒行不足；以为儒，口不道尧、舜、周、孔之学，身不行羞恶辞让之事，于业不擅一能，于世不堪一务，最天下不紧要人。虽于世无所忤违，而贤人君子则斥之惟恐不远矣。弟最喜此一种人，以为自适之极，心窃慕之。"

"适世"在袁宏道看来，其实包含有两层含义，一、处世行事忠于自己的内心世界，寻求身心最大限度的自由；二、任何人都不可能存在于人的社会属性之外，个人的自由和快乐都得依托于现实生活，根源于真正的生活实体。袁宏道的适世，是基于世俗生活的快乐，而且，最大限度地追求精神世界的自由和快乐。

在袁宏道看来，"适世"不同于道家玩世者的清虚逍遥，佛家出世者的讲求戒行，也不同于儒家谐世者的奉行尧舜周礼之学，既不是玩世者的让人可望而不可即，出世者的行志孤寂，也不是谐世者的过于粘带，拘于蹊径。而是一种怀着超脱的心境，游于尘世内外，享受世俗快乐的生活态度。

可以说，袁宏道追求的就是独立自由，向往任何人都不能限制、利用的"大人"生活，如他仍在吴县任上，"备诸苦趣"的时候，给汤显祖的信中吐露心境时所说：

> 弟观古往今来，唯有讨便宜人是第一种人，故漆园首以《逍遥》名篇。鹏唯大，故垂天之翼，人不得而笼致之。若其可笼，必鹅、鸭、鸡、犬之类与夫负重致远之牛马耳。何也？为人用也。然则，大人终无用哉。五石之瓠，浮游于江海，参天之树，逍遥乎广漠之野，大人之用，亦若此而已矣。且《易》不以龙配大人乎，龙何物也？飞则九天，潜则九地，而人岂得而用之，由此观之，大人之不为人用久矣。

现在，解脱的日子终于到来，他携同方子公，首先前往钱塘杭州，遍游东南名胜，徜徉于无锡、杭州、绍兴、桐庐、歙县，佳山秀水间，与前后结识的朋友，诸如陶望龄兄弟、虞长孺、虞僧孺、王静虚、潘景升、汪仲嘉、梅季豹、方子公等人一起，诗酒酬答，奇文共赏。

游玩吴越之地，历时三个月有余，行程两千余里，沿途见惯了奇山、秀水、怪洞、奇貌。此次出游，没有繁琐的俗务、卑劣的欲念、利益的计较，有的是率性相投的文人交游、禅友聚会、吟诗唱和，一班人南下萧山、绍兴、诸暨，西游天目、余杭，进入歙县、休宁一带，再沿新安江而下，囊括整个江南地带，直到袁宏道由浙江返回吴地。其间，整天面对秀丽的山水，文人们"无一日不游，无一游不乐，无一刻不谭，无一谭不畅"。

在给朋友吴敦之的信中，袁宏道历数三个月的游玩时间所游的吴越风景："自春徂夏，游殆三月，由越返吴，山行殆二千余里。山则飞来、南屏、五云、南北高峰、会稽、禹穴、青口、天目、黄山、白岳。水则西湖、湘湖、鉴湖、钱塘江、新安江，而五泄为最胜，在诸暨县百里外，百幅鲛绡，自天而挂。洞则玉京、烟霞、水乐、呼猿之属，玉京其甚。泉则龙井、虎跑、真珠之属。其他不记名者尚多。"至于这一切游玩详情，都如他在给兄长袁宗道的信里汇报所说："弟以二月初十日离无锡，与陶石篑兄弟看花西湖一月，不忍极言其乐。复与石篑渡江，食湘湖莼菜，探禹穴，吊六陵，住贺监湖十日。又复从山阴道过诸暨，观五泄，留连数日，始从玉京洞归。平生未尝看山，看山始于此。已又至杭，挈诸君登天目，住山五日。天目奇胜，甲于西湖。又欲赴山中之约，因便道之新安，为陈正甫所留，纵谈三日，几令斗山诸儒逃遁无地。已复道岩镇，客潘景升家，东西南北名士凑集者，不下十余人，朝夕命吴儿度曲佐酒。拟即发足齐云，游竟从新安江顺流而下，将携家住南中过夏。自堕地来，不曾有此乐。前后与石篑聚首三月余，无一日不游，无一游不乐，无一刻不谭，无一谭不畅。不知眼耳鼻舌身意，何福一旦至此，但恐折尽后来官禄耳。潘景升忒煞有趣，是丘大、袁三一辈人，已约同至杭，道苏，之白下矣。西湖看花是过去乐，岩镇聚首是见在乐，与景升南游是未来乐。此后，家何处客何处，总不计较，以世上事总不足计较也。丘大亦客南中，买居秦淮，弟已约为邻。"

袁宏道在闲适自如的心态中游山玩水，"无一日不游，无一游不乐，无一刻不谭，无一谭不畅"，但是，他作为一个天生致力于文学的文人职责始终如一，游玩的同时，袁宏道没有哪一天不在吟诗作词，而率真的游玩，对袁宏道的诗文起到了积极的促进影响，他夸张地说，以至于"诗学大进，诗集大饶，诗肠大宽，诗眼大阔"。吴越之游，对于袁宏道来说，馈赠给他最丰硕的成果就是——文集《解脱集》诞生，比起早期文集《敝箧集》《锦帆集》诗文，无疑《解脱集》里的作品更为成熟、更为洒脱，一扫矫饰模拟之风，这是心境自由的结晶，是前所未有的真心之作。后世民国文史学家任访秋先生评价袁宏道此时的作品说："真是做到了写文像说话一样，尽情地抒发自己的思想感情，无丝毫矫揉造作之态，读起来真像瓶水倾泻，流利畅达，委婉有致，令读者不觉终篇。"

　　早在袁宏道辞官之初，袁宗道代表家庭，在给三弟袁中道的信中对二弟袁宏道发出了理解的信号："又中郎有书来，云已解官。初谓其不耐烦苦，不知其一病六月，几不起也。前讯之吴中人云：'此令近年来未有，惟饮吴中一口水耳。'又闻其发摘如神，衙门宿蠹为之一清。其人非习为谀者，且众口一词。方为之喜，而乃病耶？岂剧县多事，为民劳心，至于病耶？亦其心和而骨傲，不堪折腰之苦，遂发病耶？既病矣，自宜解官，岂容以七尺殉一官也。其去以养詹姑为辞，闻吴氏千百人，皆聚神庙中，愿各捐十年之寿，延詹姑一日，以留仁父母。醮事忏仪，所在佛宫道院，无不然者。吾闻之，又为之喜，功名升沈何足论，若真能有益于百姓，即是大功德、大行愿也。然中郎年少，岂容归隐？将来到京，补一广文，积三四年，可至部属。其清望甚重，与他量移者异。弟可将此意达之大人，莫令其忧也。"（《寄三弟》）

　　得到家庭的许可，袁宏道方得安心出游吴越。因此对于袁宏道来说，万历二十五年（1597）春起，到翌年离开江南到北京任顺天府教授一职，解职期间短短的一年，是一段前所未有的解脱时期，成为袁宏道一生中特别珍贵的黄金时期。

　　吴越之行起始点是杭州，其中，袁宏道在杭州待的时间也最长。袁宏道作《小妇别诗》与妻子李氏告别，从万历二十五年（1597）二月初十出发，取道嘉兴来到杭州，一共长达四个月的出游时间，袁宏道共畅游了西湖三次，在杭州的日子长达一个月。每一次袁宏道来杭州，他都住在西湖旁边，在武林昭庆寺住了五个晚上，在三台山南高峰以东的法相寺住一夜，在天竺山的天竺寺又住一夜，其余晚上，袁宏道都留宿在净慈寺的经房。仲春时节，袁宏道在西湖湖上留宿共计十八夜。

　　袁宏道来杭州有多方原因。首先，袁宏道有一帮旧友在浙江。当年从京南下的故友钱塘知县汤沐仍在职，此时，陶望龄考功圆满，暂居老家绍兴，信中春天相约，袁宏道赴约与挚友陶望龄来杭州叙旧。客观上来说，挚友陶望龄及其弟、心学三传弟子陶奭龄在杭州，促成了袁宏道游玩的雅兴。

自从前两年袁宏道在吴县任上，陶望龄两次去吴县拜访过他后，两人引为挚友。此前，虽然两人都久仰对方大名，陶望龄从袁宗道和董其昌处知道袁宏道，袁宏道从陶望龄科举的显耀知道他，但是，直到陶望龄的两次吴县之行，应该才是两人交往的开始。[1]

袁宏道与陶望龄一起游玩了三个月，其中留有大量的唱和诗作，袁宏道写有《饮湖心亭，同两陶、黄道元、方子公赋》《过龙井，同陶石篑、公望、王静虚、黄道元、方子公赋》《天目道中和石篑韵》《严子陵滩限韵，同陶石篑、方子公赋》《别石篑十首》等。陶望龄也写有不少唱和诗歌，如《赠天目僧和中郎韵》《过钓台用严子陵滩韵同袁中郎赋四首得二》《别袁六休》。另外，他俩在交游的过程中还作有不少同名诗，如《第一泄》《第五泄》。

这段吴越同游的经历，使袁宏道和陶望龄彼此间的了解互相加深，如陶望龄说袁宏道："我心实敬君，君心亦有爱"，再有就是"我肠寄君心，君言出我口""君携我如头，我携君如尾"之句。在这次历时三个月的交游中，陶望龄的诗词有很大的提高，从早期的严谨转变到中期的挥洒自如，浅显直白，还有意打破传统律调，创作三言、九言诗，成为公安派的重要作家代表。

万历二十五年（1597），苏杭织造、司礼监太监孙隆大肆修葺西湖景点，凡上方赐予，悉输为湖山之助，西湖各处盛景焕然一新，游人如织。袁宏道作为官场中人，必闻讯出动。尽管太监孙隆因万历二十九年（1601）"苏州民变"一事争议非常大，然在西湖修葺一事上，袁宏道在游

---

[1] 任访秋和周群等现当代学者认为，万历十七年（1589），袁宏道第一次入京会试，与陶望龄已有结识。不过，袁宏道在京时间并不长。当年袁宏道下第，不久就返回老家，因此陶、袁见面的可能性很小。万历二十二年（1594）的前一年，因陶望龄长兄陶与龄去世，陶氏父亲陶承学悲痛异常，陶望龄"请告归，以慰亲志"，直到陶承学康复，陶望龄才"甲午，奉命旨阙，补原职，同修国史"。袁宏道万历二十二年甲午入京，秋已入京谒选，陶望龄作为袁宗道、董其昌同事，与袁宏道存在见面可能，但未见史料记载。

记《湖中杂叙》中评价说："此公（孙隆）大是西湖功德主。白昭庆、天竺、净慈、龙井及山中庵院之属，所施不下数十万。"又说："余谓白、苏二公，西湖开山古佛，此公（孙隆）异日伽蓝也。"

而且，杭州时兴书籍刊印，在孙隆派人绘制吴山风景图的基础上，杭州文人陈昌锡刻有彩色书籍《湖山胜概》，为万历年间出版业的超级流行畅销书，浏览者甚多，成为书界之"时尚"。袁宏道大为称赞西湖的景点，此种"时尚"大大促成了他游历杭州的雅兴。

除去美景欣赏，袁宏道此趟来杭州游览，亦可能为了宣传及刻印，为了观摩杭州民间书业的具体情况，因为"凡武林书肆，多在镇海楼之外及涌金门之内，及弼教坊，及清河坊，皆四达衢也。省试则间徙于贡院前。花朝后数日，则徙于天竺，大士诞辰也。上巳后月余，则徙于岳坟，游人渐众也。梵书多鬻于昭庆寺，书贾皆僧也"。有关"僧禅"及"西湖盛景"，这定是吸引袁宏道的两个原因，袁宏道很可能被杭州兴盛的刻书业吸引而来。

根据某些研究者的说法，古代中国，影响作家生前地位的一般有以下几点：首先是作家作品满足时代需求，或者投合已经形成的审美趣味，或者突破已有的审美习惯；其次是作家的家世及文化背景，在政教合一的中国古代社会，官方认定的文化权威机构几乎具备决定性作用；最后就是文坛大佬的奖掖和提携。然而，到了商业社会渐露头角的宋朝和明朝晚期，还有一种影响作家生前地位的可能出现——借助民间兴盛的刻书业。

明代并没有对书籍进行苛刻的管理，《大明律》没有对书籍管理的处罚，而且施行免笔墨税的政策，明代后期，私刻、坊刻等刻书机构更是大量出现，畅销书概念第一次在中国历史上出现。晚明时期，出版业非常发达，按清末叶德辉《书林清话》的分类，分为官刻、私刻、坊刻三种，万历时期，建阳、苏州、杭州、北京、金陵、新安堪称大明刻书中心。杭州作为江南刻书重镇，虽然，相对于谢肇淛认为"宋时刻本以杭州为上，蜀本次之，福建最下。今杭刻不足称矣"所言，杭州刻书业相对历史最高水平的宋朝而言，明朝时期刻书的精度和繁荣程度都有所下降，但还是如当世文人胡应麟等所说——杭州的私人刻书仍然非常活跃，据后人统计，杭州刻书家和刻书机构至少有一百零四家，而且，杭州出版机构涉及赝著、盗版非常繁多。胡应麟说杭州（武林）出版商操作书籍刻印一事："文献之裒，三吴七闽，典籍萃焉。诸贾多武林龙丘，巧于垄断，每啁故家有储蓄而子姓不才者，以术钩致。或就其家猎取之。"①

袁宏道一贯有着异常敏锐的时代触觉，作为一个晚明时期具备商业头脑的传统文人，他或许敏感地捕捉到出版业包括杭州刻书业这一市场信息——迎合读者制造颇具影响力的市场畅销书。此时，袁宏道在文学创作、文学思想的阐释上持续发力，但"位卑名轻"（袁中道语），为了争夺文坛话语权而造势，袁宏道已经在借助江南出版业，试图制造一批在市场上颇受欢迎的畅销书。之前，他在苏州吴县任官职的时候，已经着手准备刊印。万历二十五年（1597）年初，由江盈科出资召集刻工，他已经刊印两种。此后，袁宏道联合苏州的袁无涯，开始专门策划出版他的著作。袁宏道特别注重杭州、苏州等江南地区的私刻出版业，随记随刻，他信中皆见"小刻""小刻二种""小刻二册"等语，至于所刻之书都用来送人。

袁宏道对出版业高效利用，通过作品的密集印行传播，向传统文学领域发力，取得比较显著的效果。其中主事者为袁宏道本人，或为他的至亲好友。长达近五十年的万历时期的作家中，除去喜刻书、专门的出版人——例如"山人"陈继儒，以及终生大部分精力都用在图书编订、改编、注释、选评的通俗小说家冯梦龙，袁宏道作为万历时代一名小品文领域的代表作家和游记诗人，其喜爱刻印书籍无人出其右。而且，袁宏道通过代表最高地位的科举考试，他是进士，又担任过县令，与高贵的士大夫们截然不同。这些士大夫通常受制于传统思想观念，对商业行为充满鄙视，对市场化的刻书行业有所忽视，因此，袁宏道参与市场书籍的刻印，无疑意义非常重大。从公安派后来所造成的影响看，袁宏道刻书出版发行造成的效果非凡，影响深远（公安派代表作家中唯有袁宏道集最全，其余作家如黄

---

① 引胡应麟著《少室山房笔丛》第 55 页，北京中华书局 1958 年版。

辉等，并不重视兴盛的出版刻书业，故书稿"十无五六存者"）。

当然，袁宏道来杭州从事出版业具备一定的私密性和敏感性，相关记录并不见于各类史料中，但依袁宏道后来参与陈继儒总编的万历畅销丛书《宝颜堂秘笈》等来看①，这不失为一种合理的推测。

同时，袁宏道与江浙文人之间有着很深的私人交情，春天时分，借住在杭州游玩的前后，袁宏道展开了大规模的交游，为其公安派文学造势，为公安派文学运动提供了人力基础。袁宏道在杭州期间，其中除与陶望龄、潘景升、邱长孺、黄道元等旧友游玩外，还结识了不少新朋友，包括文人、居士、僧人，如姚士粦、王静虚、海禅、梅季豹、李云峰等，修禅唱和，其中王静虚诸暨告别袁宏道后，去追随本年度即将离开湖北麻城的李贽了。除以上人等，袁宏道还与浙江附近的官员旧友交游，如沈广乘、汤沐、卢淳熙、卢淳贞、罗澄溪、吴观我、徐崇白、桑武进等。

袁宏道被杭州深深吸引。对袁宏道来说，他一生中游玩最久的地方是杭州，印象最深的景点是西湖，后来信札中，他多次提及西湖。至于袁宏道的诗文创作，他从写作诗歌《初至西湖二首》"苏州浪得佳名字，试把湖山共品题"开始，把熟悉的苏州和相对陌生的杭州进行比较后，放纵于游山玩水之间，正式开始游记之旅。

对于袁宏道这个楚人来说，往常走过的山只有老家公安县那座黄山，因与安徽黄山同名具有别样意义，但它未免是小的，不足为道，就如他在给兄长袁宗道的信里说，"平生未尝看山，看山始于此"。看山从吴越之行开始，而杭州山水总是艳丽多姿、妩媚多情的，如他在给朋友吴敦之的信里说："东南山川，秀媚不可言，如少女时花，婉弱可爱。

---

① 有两事可印证。一、万历三十四年（1606），浙江秀水沈德先、沈孚先兄弟刻《广庄》《瓶史》（尚白斋本）；万历三十四年，浙江秀水沈氏刻《宝颜堂秘笈》，有《新刻陈眉公重订广庄》一卷、《新刻陈眉公重订瓶史》一卷。该书虽题为"陈眉公重订""陈眉公家藏秘笈"，但实乃沈氏兄弟借重陈继儒之名为推销手段，校刻之事皆沈氏经营，故又以沈氏"尚白斋"题刻。二、杭州后有武林佩兰居崇祯二年（1629）刻本《袁中郎全集》。

楚中非无名山大川，然终是大汉、将军、盐商妇耳。"

杭州的山水草木和袁宏道的美学趣味一一吻合，《踏堤曲》之一说：

> 浓绿疏黄总占新，六桥风日更精神，柳腰似欲争游妓，
> 莺舌分明唤醉人。暖谷蒸香疑作雨，芳蹊吹汗不沾尘。洛妃
> 谩欲凌波出，曹植荒唐恐未真。

继尺牍后，游记为袁宏道解脱期创作的主要题材，其中，有关杭州的游记占据他创作时的核心地位，袁宏道所去的景点，光是写有游记的就有西湖、六桥、孤山、飞来峰、灵隐寺、龙井、烟霞石屋、南屏、莲花洞、御教场、吴山、云楼等，关于西湖的诗歌、书信，共计百余篇，其中囊括赏花、游玩、寻径、访僧、探秘。

在游记《雨后游六桥记》中，袁宏道就记述了一次饶有雅趣的赏花经历，寒食后雨，他心念桃花落尽，急与作别，偕友前去，果然"落花积地寸余，游人少，翻以为快"，又"少倦，卧地上饮，以面受花，多者浮，少者歌，以为乐"。沐浴花雨中，以面上受花多寡做定夺，或歌啸，或饮酒，不输唐寅酒醉花下眠的风流，绝非凡夫俗士之所为，来者自醉其间，快意非常。

光是景点西湖，他就连作四篇《西湖》游记，后来又写《湖上杂叙》，这五篇游记，其中包括著名的两篇游记：《初至西湖记》（又名《西湖》）、《晚游六月待月记》（又名《春游西湖》）。自从万历二十五年（1597）二月十一日，袁宏道从无锡南下杭州，二月二十四日游玩西湖后，袁宏道作《初至西湖记》：

> 从武林门而西，望保叔塔突兀层崖中，则已心飞湖上也。
> 午刻入昭庆，茶毕，即棹小舟入湖。山色如娥，花色如颊，
> 温风如酒，波纹如绫，才一举头，已不觉目酣神醉。此时欲
> 下一语描写不得，大约如东阿王梦中初遇洛神时也。余游西
> 湖始此，时万历丁酉二月十四日也。

晚同子公渡净寺，觅阿宾旧住僧房。取道由六桥、岳坟、石径塘而归。草草领略，未及遍赏。次早得陶石篑帖子，至十九日，石篑兄弟同学佛人王静虚至，湖山好友，一时凑集矣。

同是这年春天，晚些时候，袁宏道重新到达杭州。晚春时节，他作了另一首著名的《晚游六桥待月记》：

西湖最盛，为春为月；一日之盛，为朝烟，为夕岚。今岁春雪甚盛，梅花为寒所勒，与杏桃相次开发，尤为奇观。

石篑数为余言，傅金吾园中梅，张功甫家故物也，急往观之。余时为桃花所恋，竟不忍去。湖上由断桥至苏公堤一带，绿烟红雾，弥漫二十余里。歌吹为风，粉汗为雨，罗纨之盛，多于堤畔之草，艳冶极矣。

然杭人游湖，止午、未、申三时。其实湖光染翠之工，山岚设色之妙，皆在朝日始出，夕春未下，始极其浓媚。月景尤不可言，花态柳情，山容水意，别是一种趣味。此乐留与山僧游客受用，安可为俗士道哉？

游记仅仅数百字，将杭州西湖春天的奇雅、空蒙、艳岚尽收眼底，跃然纸上，透着作者的灵性和烟云秀色，将自然景物和各种社会风情融于笔端，触手可及，实为凡人、拙手不可得也。江盈科在《解脱集序二》说袁宏道游记："中郎言语妙天下也！夫近代文人记游之作，无虑千数，大抵叙述山川、云水、亭榭、草木古迹而已，若志乘然。中郎所叙佳山水，并其喜怒动静之性，无不描画如生。譬之写照，他人貌皮肤，君貌神情。"

后世施蛰存说："俱从真源中溢出，别开手眼，一扫王、李云雾，天下才人文士始知疏瀹心灵，搜剔慧性，以荡涤摹拟涂饰之病。"①

———————

① 施蛰存《晚明二十家小品·附录甲》第 359 页，光明书局 1935 年版。

历史上，文学评论家们对袁宏道的游记，尤其是对于这两篇西湖游记的评价之多之高，无人出其右，在此不再赘叙。袁宏道对西湖的爱发自内心，他不只写作有西湖游记，还写作有《西湖总评》一诗，诗中对西湖的山水景点做了综合点评，点评论道：

> 龙井饶甘泉，飞来富石骨。苏桥十里风，胜果一天月。钱祠无佳处，一片好石碣。孤山旧亭子，凉荫满林樾。一年一桃花，一岁一白发。南高看云生，北高见月没。楚人无羽毛，能得凡游越。
>
> （张岱《西湖梦寻》卷一）

袁宏道此时的文学创作，已经与西湖山水完美地合二为一，就如他在《饮湖心亭》里所言："便可无方丈，何须说洞庭。虽云旧山水，终是活丹青。浓淡妆常变，天乔性亦灵。白波千丈许，最好湖心亭。"这时，袁宏道的作品与在吴县和早期创作的诗词作品大不相同，所触之景，所感之情，随性而发，书写独到，诗文形式自由，有着独特的文学趣味和美学意境，这是袁宏道一生中的第一个创作高峰期。

自从北宋苏东坡之后，袁宏道以诗文再写西湖，在众多西湖文学作品中脱颖而出，又一次闪烁着江南诗性的光芒。正如袁中道后来为性灵文学辩护时，他言及袁宏道《解脱集》等："意在破人执缚，间有率意游戏之语，或快爽之极，浮而不沈，情景太真，近而不远。要亦出自灵窍，吐于慧舌，写于铦颖。足以荡涤尘坌，消除热恼。"后面，袁中道又说："无心于世之毁誉，聊以舒其意之所欲言耳。"[①]

---

① 引袁中道《游居柿录》卷九。同时，袁宏道对性灵末流如标榜深幽孤悄的竟陵派大加贬抑，认为："学者不察，效颦学语，其究为俚俗，为纤巧，为莽荡，鸟焉三写，弊有必至，非中郎之本旨也。"这其中的批评可能囊括包括"三袁"、钱谦益等人与竟陵派谭元春等人政见相左，谭云春被视为三党中的楚党，另万历四十五年（1617），钟惺编选出版《诗归》，并另立派别，袁中道与钟惺、谭元春断交。参见戴红贤《袁中道与钟惺断交时间和原因考论》。

晚明，小品文成为一种特定的文体固定下来，万历时期的文人，无文人不作小品文，晚明又是小品文大项——游记文学的高峰，从表现形式和记录地域都大大拓宽了范围。中国古代的山水游记创作，也是继承唐宋文学之后的一个高峰。大约从万历早期开始，文人们乐于游山玩水、写景作文，这种风气一直从万历延续到天启、崇祯年间和明末清初。文人的这种大规模游历和政治的松懈有密切关系，且与朝廷的控制力下降有关，社会和文人保持一定的松弛度，允许有一种空间存在——自我审视内心和江湖社会。对于文人自己来说，这和时势有关，也和袁宏道一贯的认识观有关。

笔者感兴趣的是袁宏道同时期和稍后的文人（知识分子）在如何适世上的比较和区分。万历时代，几乎与袁宏道同时期的另一名专以旅游为职业的文人徐霞客（1587—1641）横空出世。但是，徐霞客主要作为一个探险家、地理学家的面目存世，他在山水巨著《徐霞客游记》中将名山胜水的自然状况、地理风貌诉诸笔端，科学性与文学性兼具，但徐霞客的游历方式、出游目的，乃至徐霞客的游记与袁宏道的游记截然不同。如果说袁宏道代表了晚明时期的游记文学，徐霞客则代表了晚明地理科学发展的另一个面。

而"最天下不紧要人"，体现了晚明游逸和闲适的社会风气，在明末尤其多也。与袁宏道这种求适世的人性论在文学领域中表现的同时，万历的文人（刘宗周）在思想界因探得"心学"的缺陷，从人的身体和气质寻得依据，突破而出，终于发展到形而上的"人性"之学，这是中国文人从文学和思想（哲学）领域并行发展、异途同归的两种可贵的线索。①

单纯的文学领域、山水游玩与适世之论，遑论清朝乾嘉时期的性灵

---

① 刘宗周有段著名的论断："盈天地间一气而已。气聚而有形，形载而有质，质具而有体，体列而有官，官呈而性著焉。"引刘宗周《刘子全书》卷七《原性》。清代考据学兴盛，艾尔曼认为是"乾嘉时期万马齐喑"的情况下，儒家对宋明道德主义的反拨，试图通过典籍整理等实证研究，从玄学理学转向经世致用及托古改制。随着考证走向泥古和琐屑，汉宋折中论和今文经学抬头，作为朴学思想资源的经世思想再度受到批评。参考艾尔曼《从理学到朴学》，江苏人民出版社 2012 年版。

派继承。就在袁宏道身处的晚明时期，袁宏道的游记散文便影响了竟陵派钟、谭二人，也直接启发了万历后期至明末清初的一大批散文作家，诸如王思任、祁彪佳、张岱等文人。崇祯年间的抗清忠臣祁彪佳因权臣周廷儒的排斥，自崇祯八年（1635）辞官归隐后，一度沉醉于山水不能自拔，不游不快，祁彪佳游记与袁宏道游记一脉相承，在《祁彪佳日记》中，记载着自崇祯四年（1631）下至弘光元年（1645）的日常交际，尤其是详载宴饮游玩，其中最具文学性的是游记性散文，祁彪佳游记风格也与袁宏道游记相似，富有意境悠远、诗情画意。

比袁宏道稍晚的文人中，不得不提的文学家是张岱。袁宏道游历西湖的万历二十五年（1597），著名散文家、写景圣手张岱（1597—1689）诞生。张岱主要活跃于明末清初，他与袁宏道一生有颇多相似之处。袁宏道号石公，又号六休，张岱字石公，晚年更是号六休，两人共同追求"真情之趣"，而且，两人都写过苏州和西湖的各景。张岱受袁宏道影响极深，也正是张岱将性灵文学的旗帜延续到了清代。张岱入清以后，追寻杭州生活，曾写下散文集《西湖梦寻》，其中，引用袁宏道关于西湖的散文（小品文）和诗歌多达十六处。祁彪佳评价张岱的游记，也顺便提到万历时期文人的文风和习气的延续（其中包括袁宏道游记对张岱游记的影响）对他的影响："其所记游，有郦道元之博奥，有刘同人之生辣，有袁中郎之倩丽，有王季重之诙谐，无所不有。"（《西湖梦寻序》）至于张岱本人，在"国破家亡"之后，回顾万历时期的作家，他对袁宏道评价非常之高，将袁氏提到从古至今写景三大圣手之列："古人记山水手，太上郦道远，其次柳子厚，近时则袁中郎。读《注》中遒劲苍老，以郦为骨；深远淡泊，以柳为肤；灵动俊快，以袁为修眉灿目。立起三人，奔走腕下，近来此事，不得不推重三人。"（《琅嬛文集·跋寓山注其二》）

奇人徐渭的发掘及升华的"性灵"思想

袁宏道绝对是一个善于发现天下奇事、奇人、奇书的奇人达人。袁宏道曾说："世人但有殊癖，终身不易，便是名士。"（《与潘景升》）在万历二十五年（1597），好友陶望龄促成袁宏道前往绍兴，袁宏道与陶望龄同游越中山水，继萧山湘湖、禹穴、六陵、兰亭、鉴湖、西施山、吼山、五泄等地，袁宏道观赏了浙江山水（杭州西湖和绍兴山阴的山水）。在游记《禹穴》中，他借鉴宋元绘画的画评，得出自己对西湖和山阴两地山水不同风格的评价：

> 余尝评西湖如宋人画，山阴山水如元人画。花鸟人物，细入毫发，浓淡远近，色色臻妙，此西湖之山水也。人或无目，树或无枝，山或无毛，水或无波，隐隐约约，远意若生，此山阴之山水也。

袁宏道去往宋六陵凭吊，在所写游记《六陵》中，他"视六陵之荒址"，产生了对"亡国败家"的感伤，另外，他还作有《宋帝六陵》六言诗：

> 冬青树，在何许？人不知，鬼当语。杜鹃花，那忍折。魂虽去，终啼血。神灵死，天地膻。伤心事，犬儿年。钱塘江，不可渡；汴京水，终南去。纵使埋到崖山厓，白骨也知无避处。

这是袁宏道早期诗作中少有的反思历史之作，诗中有"魂虽去，终啼血，神灵死，天地膻"语，反映了他不服元朝灭亡南宋的情绪；有袁宏道对历史兴衰的考虑，其中充满汉人的自豪感，或许为袁宏道对国家边事考量的萌芽。[1]

游历杭州绝佳湖山之后，在绍兴的游玩其实已经变得无关紧要了，

---

[1] 清乾隆四十年（1775），清廷公布《抽毁书目》，"三袁"著作均在"抽毁"之列，对于袁宏道《宋帝六陵》一诗，袁宏道集有这样的标注："查《袁中郎集》系明袁宏道撰，其卷十九《答蹇督抚》，卷二十六《宋六陵诗》，均有偏谬语，应请抽毁，再次本原缺卷十四至十八，应令各督抚再将全本查送办理。"

袁宏道在绍兴的一行，最重要的还在后面。袁宏道发现"天下奇书"《金瓶梅》之后，他在陶望龄的老家绍兴，又发现了一个奇人：徐渭。

徐渭，现在看真是一个奇人，但是如果没有袁宏道的发现，徐渭或许已经湮没于世矣。某个晚上，陶望龄家中，百无聊赖，袁宏道随手从书架上抽出一本书来。这是一本名叫《阙编》的诗集，纸张印刷都很不讲究。借着油灯的光，袁宏道读了起来，才读了几篇，不觉惊起，便问陶望龄："《阙编》何人作者？今耶？古耶？"袁宏道意外地对这本残书感兴趣，陶望龄说，"此余乡先辈徐天池先生书也。先生名渭，字文长，嘉、隆间人，前五六年方卒。今卷轴题额上有田水月者，即其人也。"

袁宏道不禁想起少年时期，在酒肆中见过一个名叫天池生的人所写的杂剧，意气豪放旷达，和当代人完全不同，因此他怀疑作者应该是个元人。这次山水之游辗转到了绍兴，见到一些地方挂着的书画卷轴，落款为"田水月"，点画之间，铁骨丹心，似乎胸中别有一股不平之气。袁宏道很是惊骇，却不知"田水月"是何人？原来此人正是徐文长。

袁宏道和陶望龄一边读诗，一边大声叫好，手舞足蹈，当夜，把旁边酣睡的童子都惊醒了。

陶家藏书颇富，而且，徐渭与陶望龄父陶承学年纪相近，又是乡邻，有一定往来是必然的，那么，陶家藏有徐渭的残书，自然不足为奇。巧的在于袁宏道翻出这烟煤败黑、微有字形的恶楮毛书来，而徐渭恰好又与袁宏道的主张不谋而合，一合了袁中郎的兴趣，二则可成他与后七子进行斗争之利器。

从辞官后的解脱期开始，袁宏道有时间对文学理论进行深入研究，开始与后七子展开激烈的斗争，他认为"世道既变，文亦因之"。袁宏道不仅给予徐渭高度评价，而且，像奇书《金瓶梅》一样，袁宏道对徐渭推广之功甚大——嘉靖时期有"越中十子"之名，其中多为底层文人，他们大都已经沉于历史不可查找，其中陈鹤、沈炼等人留有文集而有缺佚，而钱楩、萧勉等人，虽存文名，却不得见著述。袁宏道的发现，彻底改变了徐渭在后世的面貌，如果没有袁宏道的机缘发现，徐渭文集不可能有后来的可观。

也是这个未见之人徐渭，构成了袁宏道非常丰富多彩的一面，从此，袁宏道逢人就称文长先生。解脱期和后来北京结葡萄寺社期间，袁宏道高举性灵大旗，均以徐渭之奇来攻讦王世贞、李攀龙等复古派末流。袁宏道到北京的时候，写有《徐文长传》，亦是一篇奇文，其后续关于徐渭的描写记录如下：

……余始悟前后所疑，皆即文长一人。又当诗道荒秽之时，获此奇秘，如魇得醒。两人跃起，灯影下，读复叫，叫复读，僮仆睡者皆惊起。余自是或向人，或作书，皆首称文长先生。有来看余者，即出诗与之读。一时名公巨匠，浸浸知向慕云。

文长为山阴秀才，大试辄不利，豪荡不羁。总督胡梅林公知之，聘为幕客。文长与胡公约："若欲客某者，当具宾礼，非时辄得出入。"胡公皆许之。文长乃葛衣乌巾，长揖就坐，纵谈天下事，旁若无人。胡公大喜。是时，公督数边兵，威振东南，介胄之士，膝语蛇行，不敢举头；而文长以部下一诸生傲之，信心而行，恣臆谈谑，了无忌惮。会得白鹿，属文长代作表。表上，永陵喜甚。公以是益重之，一切疏记，皆出其手。

文长自负才略，好奇计，谈兵多中。凡公所以饵汪、徐诸虏者，皆密相议，然后行。尝饮一酒楼，有数健儿亦饮其下，不肯留钱。文长密以数字驰公，公立命缚健儿至麾下，皆斩之，一军股栗。有沙门负资而秽，酒间偶言于公，公后以他事杖杀之。其信任多此类。

胡公既怜文长之才，哀其数困，时方省试，凡入帘者，公密属曰："徐子，天下才，若在本房，幸勿脱失。"皆曰："如命。"一知县以他羁后至，至期方谒公，偶忘属，卷适在其房，遂不偶。

文长既已不得志于有司，遂乃放浪曲蘖，恣情山水，走齐、鲁、燕、赵之地，穷览朔漠。其所见山奔海立，沙起云行，风鸣树偃，幽谷大都，人物鱼鸟，一切可惊可愕之状，

——皆达之于诗。其胸中又有一段不可磨灭之气，英雄失路、托足无门之悲，故其为诗，如嗔如笑，如水鸣峡，如种出土，如寡妇之夜哭，羁人之寒起。当其放意，平畴千里；偶尔幽峭，鬼语秋坟。文长眼空千古，独立一时。当时所谓达官贵人、骚士墨客，文长皆叱而奴之，耻不与交，故其名不出于越。悲夫！

一日，饮其乡大夫家。乡大夫指筵上一小物求赋，阴令童仆续纸丈余进，欲以苦之。文长援笔立成，竟满其纸，气韵遒逸，物无遁情，一座大惊。

文长喜作书，笔意奔放如其诗，苍劲中姿媚跃出。余不能书，而谬谓文长书决当在王雅宜、文征仲之上。不论书法，而论书神：先生者，诚八法之散圣，字林之侠客也。间以其余，旁溢为花草竹石，皆超逸有致。

卒以疑杀其继室，下狱论死。张阳和力解，乃得出。既出，倔强如初。晚年，愤益深，佯狂益甚。显者至门，皆拒不纳。当道官至，求一字不可得。时携钱至酒肆，呼下隶与饮。或自持斧击破其头，血流被面，头骨皆折，揉之有声。或槌其囊，或以利锥锥其两耳，深入寸余，竟不得死。

石篑言：晚岁，诗文益奇，无刻本，集藏于家。予所见者，《徐文长集》《阙编》二种而已。然文长竟以不得志于时，抱愤而卒。

石公曰：先生数奇不已，遂为狂疾；狂疾不已，遂为囹圄。古今文人，牢骚困苦，未有若先生者也。虽然，胡公间世豪杰，永陵英主，幕中礼数异等，是胡公知有先生矣；表上，人主悦，是人主知有先生矣。独身未贵耳。先生诗文崛起，一扫近代芜秽之习，百世而下，自有定论，胡为不遇哉？梅客生尝寄余书曰："文长，吾老友，病奇于人，人奇于诗，诗奇于字，字奇于文，文奇于画。"余谓文长无之而不奇者也。无之而不奇，斯无之而不奇也哉！悲夫！

徐渭的身世之奇、文学之奇，正好与袁宏道的文学观吻合。依袁宏道看来，徐渭是性灵文学的先驱，这正是他推重徐渭，后来在北京期间写作《徐文长传》的原因。在袁宏道的竭力推动下，迎来了徐渭遗著出版和评论的高潮。就这样，袁宏道和《阙编》的一次偶遇，改变了徐渭身后的命运。在生命消失之后，徐渭却如夜空中的星星，放射出璀璨的光华。这种穿越时空的相逢，实在是太有偶然性了。关于袁宏道和徐渭的奇迹般相遇，黄宗羲《青藤歌》说："岂知文章有定价，未及百年见真伪。光芒夜半惊鬼神，即无中郎岂肯坠？"

在袁宏道看来，徐渭"其诗尽翻窠臼，自出手眼，有长吉之奇，而畅其语；夺工部之骨，而脱其肤；挟子瞻之辨，而逸其气。无论七子，即何李当在下风。"（《冯侍郎座主》）以袁宏道的观点，徐渭的诗，比李贺、杜甫、苏轼更为全面。如此评价，堪为古今第一人了。袁宏道把徐渭定为本朝第一，实在不算什么。

诗文之外，袁宏道评论了徐渭的书画艺术。在袁宏道看来，他的书法："笔意奔放如其诗，苍劲中姿媚跃出。余不能书，而谬谓文长书决当在王雅宜、文征仲之上。不论书法，而论书神：先生者，诚八法之散圣，字林之侠客也。"至于徐渭的画，袁宏道认为是徐渭诗文书法修养的自然旁溢，所以"超逸有致"。对于徐渭的绘画艺术，袁宏道的评价尚属小心翼翼，只是他万万没有想到，后人竟然将徐渭看作是大写意花鸟画的开山祖师。据清代"性灵"派作家袁枚记载，郑板桥有印章，刻字曰："徐青藤门下走狗郑燮"，近人齐白石也说："青藤雪个远凡胎，老缶衰年别有才。我欲九原为走狗，三家门下转轮来。"

徐渭现存的水墨花卉作品可以佐证，当年徐渭作画时是何等的狂放不羁。据传，学生史柴请他作画，提上好酒八升，徐渭"小白连浮三十杯，指尖浩气响成雷"，提笔挥洒，纵横恣意，其狂放气势，堪称"惊天地泣鬼神"。此时，徐渭的精神出现了问题。明嘉靖四十四年（1565），徐四十三岁，写作《自为墓志铭》，三次自杀未遂。自杀的方法，据说相当残忍，先是用斧头砸自己的脸，以至血流满面，"头骨皆折，揉之有声"。接着用槌子敲击自己的阴囊，再用锋利的锥子刺入双耳，锥子深入达一寸多。

徐渭之奇，在于没有任何一个正常人对自己下得了如此狠手。关于自杀的理由，徐渭认为自己是"舍生取义"，就是"士为知己者死"。《自为墓志铭》中，徐渭回顾了胡宗宪对自己的知遇之恩，然后陈述自己作为幕僚赴死的理由："人谓渭文士，且操洁，可无死。不知古文士以入幕操洁而死者众矣，乃渭则自死，孰与人死之？——故其死也，亲莫制，友莫解焉。"此时的徐渭，是个精神分裂症患者，他没有选择痛快的死法，而是以骇然的手段自残。鉴于明代神经医学的发展水平，徐渭没有得到有效治疗，病情恶化，幻念纷呈，使悲剧继续发生。这一回，徐渭的目标不再是自己。第二年，徐渭因疑妻子有外遇，击杀之，下狱，经友人全力营救，免死，改为长期监禁。这是徐渭的第四任妻子。

徐渭为何会患上精神分裂症？这或许与徐渭的家族遗传和成长经历有关。从徐渭的个人经历上看，可知他的早年经历充满痛苦、失败和挫折感。徐渭生百日而父死。他的生母，是身份低下的侍妾，从小由嫡母苗宜人抚养长大。十四岁苗宜人死，依长兄徐淮，因"骨肉煎逼"，入赘潘家。五年后妻死，搬出潘家，赁房开馆授徒。庶出、父死、母死、妻死、骨肉相残、流离失所，所谓人生悲剧，徐文长青年时即已遍尝，所以养成他敏感、多疑、孤僻、倔强的性格。在陶望龄的《徐文长传》中，以"性绝警敏"四字概括，可谓深刻准确。

徐渭属于天才早发型，据他自己所说，六岁时学字过目立诵，十几岁时下笔万言，指掌可就。然徐渭进学之路坎坷，两次考诸生，皆落榜，经力争，参与复试，才取为县学增广生员。之后连续八次参加乡试，皆落榜。徐渭四十四岁，还想参加乡试，因故未能成行。至此功名之念，终成泡影，科举不成，入幕做师爷。徐渭最美好的时光，就是给胡宗宪做幕僚的日子。嘉靖时期，胡宗宪以兵部左侍郎兼都察院左金都御史加浙直总督的身份，全权负责东南沿海的平定倭寇重任。徐文长在幕中时期，深受胡宗宪款待，明嘉靖四十三年（1564），因严世蕃案，胡宗宪第二次被捕，死于狱中。胡宗宪的死，成为徐文长精神分裂症爆发的导火索。除感于胡宗宪的知遇外，亦有担心牵连而佯狂的可能，只是不想竟真的发狂了，发狂原因，各有说法："借宗宪势，颇横。及宗宪下狱，渭惧祸，遂发狂。""间或借气势以酬所不快，人亦畏而怨言……"总之，徐渭开始神经分裂症发作，先是自杀未遂，后杀妻下狱，经友人营救得以不死。七年后由友人之子，隆庆辛未（1571）状元张元汴营救出狱，从此，徐渭寄情书画，了此残生。不料，袁宏道是他的隔代知音。袁宏道说："嘉靖以来一人，其胸中有一段不可磨灭之气，英雄失路，托足无门之悲，故其为诗，如嗔，如笑，如水鸣峡，如种出土，如寡妇之夜哭、羁人之寒起。"①

通过袁宏道的发掘，徐渭浮出故纸堆。袁宏道通过朋友圈，与陶望龄等好友通力合作和鼓吹——坚守底层文人和官僚的立场，通过文人群体宣传与鼓吹向上层社会发起冲击，这正是公安派一贯擅长而且颇有成效的手法。通过袁宏道等人的传播推荐，徐渭死后渐没的文名复起，影响和知名度都远大于徐渭生前，使得徐渭佚著得以发现获得新生，为徐渭著作在将来能更妥善的保存做出贡献。袁宏道为徐渭赢得后世阅读、研究作了最基础的工作。

这段解脱期，袁宏道将自徐渭、李贽以来酝酿已久的张扬情感、表现自我发展为文学革命，将它推向时代精神的高潮。袁宏道的解脱是多层次的，这正是他要解官的缘由，因为文字在召唤，内心充满力量的涌动，袁宏道产生了生命中的第一个创作高峰期。

在袁宏道的这次解脱期后，性灵文学在中国文学史上正式确立。

历经数月的游历，到这年夏天末，六月，与陶望龄告别，袁宏道从杭州取道无锡，不过，袁宏道仅仅到达无锡的惠山，并没有去苏州，转道常州来到仪征，与相别数月的妻儿团圆相聚。袁宏道休息的时候，整理文集出版，同时系统地梳理"性灵"文学的文学理论主张。

袁宏道一生以文艺为终极目的，其弟袁中道在《解脱集序》中感

---

① 晚明诗坛，钱谦益推崇徐渭、汤显祖、"三袁"等人，激赏抒写性灵之作，后又与王夫之的评介一致。钱谦益于《列朝诗集·徐渭小传》引袁宏道此言评价徐渭。

慨："每至月明之夜，相对清言，间及生死，泫然欲涕，慷慨唏嘘，坐而达旦。终不欲无所就，乃刻意艺文，计如俗所云不朽者。"袁宏道文艺的目的皆为实现自我生命价值，因此他非常注意自己文章的留存，对此，袁中道说："中郎先生片纸只字，皆有一段精光，唯恐不存。"（《游居柿录》）不过，也是到《解脱集》刻印，袁宏道文学上的主张和风格才得以成型。

到达江南后，袁宏道以迅猛的观察觉察到江南一带书业的繁荣，他认为参与其中，可能会改变自己在传统文坛的权重，那么，刻印文集变得非常必要。袁宏道本来不过是一个湖广省偏隅之地的士子，一跃而为万历时代——整个明朝文艺最为荣耀的文学骄子，一扫延绵明代诗坛百年的复古风习，被认为是晚明文坛不可或缺的重量级人物。对江南私坊刻印业的高效利用，是他获得文坛成功最为重要的方法。①

从万历二十五年（1597）开始，在助手方子公的帮助下，袁宏道已经做好了刻印全集《解脱集》的准备。他辞官前后，江盈科即赞助袁宏道刻印完单本《敝箧集》《锦帆集》。这两集，陶望龄都称赞江盈科为中郎写的序很是不错，于是，袁宏道再邀江盈科为《解脱集》作序。单刻本《解脱集》诗歌二卷已经刻完，加上袁宏道后录的游记杂记、尺牍二卷，六月，袁宏道复寄江盈科游记和尺牍，从无锡到仪征的途中，袁宏道又书信邀请江盈科再作《解脱集序二》。②到这年六月，江盈科赞助

---

① 参考李瑄的《袁宏道著作的印行及其文坛影响》，北京大学学报（哲学社会科学版），第53卷第2期，2016年3月出版。

② 方子公从袁宏道行李中发现诗文，编成《敝箧集》。书成，江盈科作序，阐述袁宏道"性灵说"，并感叹"夫爨下之桐，至音出焉，则中郎兹集之谓矣"。后文集编成，方子公问于袁宏道，袁自标为《锦帆集》。江盈科看后，再作《锦帆集》序，并称"君诗词暨杂著载在兹编者，大端机自己出，思从底抽，摅景眼前，运精象外，取而读之，言言字字无不欲飞，真令人手舞足蹈而不觉者"。万历二十五年（1597）五月，袁宏道自杭州游历返无锡，途经苏州，江盈科与之会面，索取其新诗作《解脱集》付梓，作《解脱集序》。六月，袁宏道复寄二卷游记和尺牍，江盈科再作《解脱集序二》。江盈科对袁宏道早期著作数次作序，对袁宏道的诗文大力予以肯定。这种评价得到了袁宏道本人的认可，他称："近日作文如兄者绝少，《敝箧》之叙，谨严真实；《锦帆》之叙，流丽标致。大都以审单家书之笔，发以真切不浮之意。"

《解脱集》又刻出二卷，《解脱集》四卷到此全部刻完。

这种自刻文集的情况，在袁宏道取得市场成功以后便很少出现了。万历二十九年（1601）后，苏州出版家、书种堂堂主袁无涯大力刊印袁宏道的著作，有计划地刊印袁宏道文集，大量增加印数，起到成功的宣传销售作用，江南各私家书坊和出版机构开始争相刻印袁宏道的诗文，把他包装成为市场畅销书，袁宏道的著作一时风靡书市。

到这时，解脱终于告一段落。袁宏道到仪征后，老家公安县自然是不能回的，妻儿安顿在位处长江和运河运转中心的仪征，那么，就暂住在仪征吧。

在仪征的日子，初始还不错，袁宏道可以自由创作，任意挥洒，而且经历吴越之行，有了成功的写作实践后，现在的袁宏道更有底气，他对"性灵"文学和思想的理解也更为深透，在仪征极为短暂的停顿中，他得以开始系统地阐述心中的"性灵"文学。

明朝中叶，由李梦阳、何景明领导的文学复古运动勃兴，李梦阳因看到政治上的黑暗，看到在朝儒家懦弱无能，慨然以兴复古学自任，反对宋儒认死理。李、何的复古运动从十五世纪末叶开始，到明正德、嘉靖时期，达到登峰造极的地步，所谓"举国同唱，万喙一音"，首倡复古的李梦阳，其作品还不免于剽窃模拟，后来学李梦阳的人的作品，抄袭模拟之风更不在话下。此种文风弱点毕露，渐次归于衰熄才对。十六世纪中叶，复古运动死灰复燃，此时的复古派末流，虽然遭致唐顺之、归有光等唐宋派作家极力反对，但因唐宋派沿袭韩、柳、欧、苏，缺少明显优势的文学理论做支撑，没有大张旗鼓的文学宣传，并没有引起多少人的注意。而且，一些桀骜之士认为何、李的复古并不算失败，这条老路还值得走下去，因此复古派末流的旗帜一树，千呼百应。以李攀龙、王世贞为主的第二次复古运动，声势比第一次更大，而且历时比第一次更加长久。

李攀龙，字于鳞，山东历城人，《明史·文苑传》称"于鳞据海内文柄者，二十年"。加之更年轻的王世贞受其笼络，一时文人学子无不奔走于他的门墙下。王世贞在《艺苑卮言》评李攀龙道："李于鳞文，无一语作汉以后，亦无一字不出汉以前。"

王世贞，字元美，号凤洲，又号弇州山人，太仓人。为复古派的文学理论家，其论文著作《艺苑卮言》问世后，海内外都奉为创作的圭臬。其见地与李攀龙无大不同，只是比李攀龙发挥得更为极致，他在《艺苑卮言》卷一论诗道："世人选体，往往谈西京建安，便薄陶、谢，此似晓不晓者，毋论彼时诸公，即齐、梁纤调，李、杜变风，亦自可采，贞元而后，方足覆瓿。大抵诗以专诣为境，以饶美为材。师匠宜高，捃摭宜博"，又称"诗以变古而近也，则风气使之。虽然，诗不云乎：有物有则，夫近体为律，夫律，法也，法家严而寡恩，又于乐，亦为律，律亦乐法也。其翕、纯、皦、绎，秩然而不乱也，是故推盛唐"（《徐汝思诗集序》）。

两次文学复古运动的代表作家简称"前七子""后七子"，袁宏道巧妙地避开攻击前辈作家，而改为倡导"性灵"文学，运用"性灵"思想来对抗前后七子的复古运动，以文学复古为靶子。袁宏道总结归有光、徐渭、王慎中、唐顺之等人反对复古派不成功的经验，提出自己的文学主张：一、反李、王的复古之风，旗帜鲜明；二、建立新的文学理论，倡导性灵主张，大张旗鼓。因此袁宏道之论一出，文坛上的复古之风遂为之一变。

针对前后七子"文必秦汉，诗必盛唐"的口号，袁宏道发出前所未有的攻击。

鉴于对古代诗文的看法不同，对待复古派文学的态度不同，袁宏道甚至发展到与朋友绝交。其中一例就体现在给苏州朋友张幼于（张献翼）的信中。张氏是王世贞的门徒及学佛之人，在给他的信中，袁宏道就是要倡导"见从己出，不曾依傍半个古人"的立个性、写真情的文风，拒绝承认张幼于的以其"似唐之诗"而选取其诗。他非常犀利地指出：

> 世人喜唐，仆则曰唐无诗；世人喜秦汉，仆则曰秦汉无文；世人卑宋黜元，仆则曰诗文在宋元诸大家。昔老子欲死圣人，庄生讥毁孔子，然至今其书不废。荀卿言性恶，亦得

与孟子同传。何者？见从己出，不曾依傍半个古人，所以他顶天立地。今人虽讥讪得，却是废他不得。不然，粪里嚼渣，顺口接屁，倚势欺良，如今苏州投靠家人一般，记得几个烂熟故事，便曰博识，用得几个见成字眼，亦曰骚人。计骗杜工部，囤扎李空同，一个八寸三分帽子，人人戴得，以是言诗，安在而不诗哉！不肖恶之深，所以立言亦自有矫枉之过。公谓仆诗似唐人，此言极是。然要之幼于所取者，皆仆似唐之诗，非仆得意诗也。夫其似唐者见取，则其不取者断断乎非唐诗可知。既非唐诗，安得不谓中郎自有之诗，又安得以幼于之不取，保中郎之不自得意耶？仆求自得而已，他则何敢知。

张幼于，名献翼，一名敉，字幼于。著《文起堂正续集》《周易韵考》等，后七子代表、文学领袖王世贞对其评价甚高，曾为其作《文起堂续集序》《文起堂新集序》《周易韵考序》《张幼于生志》等文，谓其"藻颖绝世"，又云："余读幼于私语，远本天道，迩证人事，上标先德，下述已构，哲昆懿交，纤善毕罗。"袁宏道初与张幼于友善，书信尺牍颇多，万历二十五年（1597）后，两人断交。断交原因有三：其一，张幼于认为袁宏道诗似唐人，袁宏道虽说"此言极是"，实则对其所论大为不满，云：近日湖上诸作，尤觉秽杂，去唐愈远，然愈自得意。昨已为长洲公觅去发刊，然仆逆知幼于之一抹到底，决无一句入眼也。"由于袁宏道主张"独抒性灵、不慕古法"而誉著文坛，张幼于取袁宏道似唐之诗，而摒弃其自得之作，这是宏道与幼于的根本分歧。其二，万历二十四年（1596），袁宏道曾赠张幼于诗一首，云："家贫因任侠，誉起为颠狂，盛事追求点，高标属李王。鹿皮充卧具，鹊尾荐经床。不复呼名字，弥天说小张。"袁宏道尚狂狷而恶乡愿，因此，袁本意是赞誉张，不意张对此颇为不满，于是袁在此信中对"颠狂"进行了详细辩解，云："狂为仲尼所思，狂无论矣。"对"颠"则以普化、周颠、米颠为例，但普化等人都是智者佯颠而已，很显然"誉起为颠狂"本是恭赞之语。

而"夫仆非真知幼于之颠狂"一句，足可说明袁宏道对张幼于已甚为不恭了。其三，关于"吴侬不解语"一事，宏道在致王百谷的信中曾言及在吴与诸名士在一起"以吴侬不解语"而不能论禅为恨。张幼于则认为指的是自己，袁宏道解释此事"尤与幼于无交涉"，并毫不客气地说吴中无谈性命名理之人，幼于也不例外，曰："幼于自负能谈名理，所名者果何理耶？他书无论，即如《敝箧》诸诵，幼于能一一解得不？如何是'下三点'，如何是'扇子跳踯上三十三天'，如何是'一口汲尽西江水'？幼于虽通身是口，到此只恐亡锋结舌去。"万历三十二年（1604），袁宏道写此信之后七年，张幼于因召妓被击杀身亡，其间两人再无一次通信。

袁宏道刚寓居仪征的时候，就在给江进之的一封信里，再次着眼于古今之辩，系统地阐述随着时代的变迁，社会的演进，世人的审美情趣亦发生改变，而文章也会因为时代的改变而改变。袁宏道在信中，再次猛烈地反对摹古之风，抨击"后七子"：

近日读古今名人诸赋，始知苏子瞻、欧阳永叔辈见识，真不可及。夫物始繁者终必简，始晦者终必明，始乱者终必整，始艰者终必流丽痛快。其繁也，晦也，乱也，艰也，文之始也。如衣之繁复，礼之周折，乐之古质，封建井田之纷纷扰扰是也。古之不能为今者也，势也。其简也，明也，整也，流丽痛快也，文之变也。夫岂不能为繁，为乱，为艰，为晦；然已简安用繁？已整安用乱？已明安用晦？已流丽痛快安用聱牙之语、艰深之辞？辟如《周书》《大诰》《多方》等篇，古之告示也，今尚可作告示不？毛诗《郑》《卫》等风，古之淫词媟语也，今人所唱《银柳丝》《挂针儿》之类，可一字相袭不？世道既变，文亦因之，今之不必摹古者也，亦势也。张、左之赋，稍异扬、马，至江淹、庾信诸人，抑又异矣。唐赋最明白简易，至苏子瞻直文耳！然赋体日变，赋心益工，古不可优，后不可劣，若使今日执笔，机轴尤为不同。何也？人事物态，有时而更，乡语方言，有时而易，事今日之事，则亦文今日之文而已矣。卢楠①诸君不知赋为何物，乃将经史海篇字眼，尽意抄誊，谬谓复古，不亦大可笑哉！作字时，适案上有赋，故偶及此，不知话之长也。

（《江进之》）②

短暂的寓居

从六月开始，袁宏道在仪征一住就是半年。初来仪征，袁宏道的心情是相当不错的，从无锡到仪征的路途中，寻思自己在仪征并没有多少朋友，他先是写信给朋友、仪征县令李柷③，让他代替寻找房源，要求是宽敞干净。等到袁宏道到达仪征后，李柷已经替他备好房子，借住张白榆的房子。此时在仪征寓居的袁宏道按小修的话说是："移居潘季友空宅，与张白榆邻，即张旧宅也。戊戌年，中郎以病改吴令，入补官，寄家此地，予亦客焉。僦张氏之宅以居，自正月至七月始入都。当时读书饮燕之处，宛然如故，而计其期已十二年矣。"（《游居柿录》）

袁宏道对于初来仪征的居室环境非常满意，首先，租住的房子宽敞可住，有三间。他生平都喜欢住高楼，而仪征的房子就在楼上，平常空气清新干净，东西南北风可以从各方向吹来，这是一大幸福的事情。何

---

① 卢楠不是"后七子"的支持者，也未参与"后七子"的活动。他生活的年代比"后七子"要早。卢楠在嘉靖十五年（1536）游太学，十九年（1540）即负冤系狱，而此时"后七子"尚未形成。在"后七子"帜盛之时，卢楠刚刚出狱。但卢楠与"后七子"关系密切，如王世贞、谢榛等，王世贞将他列在"广五子"之中，写有《魏郡卢楠》，称他"及乎为诗歌，雅好在李白。春风扬波澜，浩渺靡所极"，袁宏道此是借卢楠影射"后七子"。

② 钱伯城《袁宏道集笺校》第 515 页。

③ 李柷，字季宣，号青莲，万历元年（1573）举人，袁宏道来仪征时，在仪征知县任上，不久调离。李柷能诗文，豪饮，所交多名士，汤显祖为其写有《青莲阁记》。

况，此时他还与李桢邻居相伴，"江上柳下，时时纳凉赋诗，享人世不肯享之福，说人间不敢说之话，事他人不屑为之事"。

接下来，秋天的时候，三弟袁中道从公安去往武昌，参加本年度的八月乡试。这年乡试，袁中道并没有考中，想到二哥袁宏道解官后至今滞留江东，袁中道随即乘舟东流，也来到仪征，和袁宏道一家住在一起。

对于三弟袁中道的到来，袁宏道倍感高兴，他们两人经常聊天。有天夜里，两人夜谈，这次谈及了很多，"羁客观人世，孤云信此生"，其中还谈及了伯修袁宗道，"长兄官自达"。自从万历二十五年（1597）八月开始，袁宗道以翰林院修撰职任皇长子朱常洛讲官，他正在东宫讲官任上。可以预见，兄长袁宗道的仕途将飞黄腾达，这让人高兴。其中也谈及袁中道学业暂且无成，袁宏道不免要勉励弟弟一番。

袁宏道寓居仪征之后，只做过一次短暂的出游，这年秋冬之际，袁宏道集结朋友丘长孺、僧人无念、潘景升、袁中夫等人，和三弟袁中道一起，坐船西行去陪都南京游玩了一趟，众人游玩了南京栖霞山，回来途中又去了扬州的广陵，沿路诗歌唱和，袁宏道作有《摄山纪游，游者为无念、潘髯、丘大、袁大、蕴璞、袁三、潘四及两吴歌》等众诗纪念。

其中，随行游玩人员中，僧人无念大有来历。无念原来是麻城芝佛院住持，李贽后来在芝佛院长住长达十多年，无念本为李贽的高徒，芝佛院牵涉李贽出版书籍与耿定向①相互攻击的晚明思想界公案时，袁宏道和无念有了第一次见面，正是李贽托去京的无念转交焦竑亲笔信，信中提及寄居焦竑处。随着李贽在湖广的非难增多，无念无心参与争论，他与李贽的关系也开始发生微妙变化，风波中，无念移居大别山的黄柏

---

① 耿定向（1524—1596），明代著名的理学家。字在伦，别号楚侗，人称天台先生。明嘉靖黄安县（今红安县杏花乡坟山洼村）人。嘉靖三十五年（1556）进士，官历行人、御史、学政、大理寺右丞、右副都御史至户部尚书，总督仓场。中间曾因讥讽内阁大学士高拱而被贬为横州别官。晚年辞官回乡，与弟耿定理、耿定力一起居天台山创设书院，讲学授徒，潜心学问，著有《冰玉堂语录》《硕辅宝鉴要览》《耿子庸言》《先进遗风》《耿天台文集》等。

山中。此时，无念正在外地云游而来到南京。①

袁宏道在扬州、仪征的这一部分诗文通信，诗风开始出现了新的变化②，此前的诗文风格清新活泼、摇曳多姿，到此，诗风变得深奥陡峭，作品多是气格低沉，风格大近晚唐诗歌的"寒瘦"，如"青霜一寸冰皮老，冻楚荒荒落饥鸟""饥鹤窥冰涧，穷鸦话夕城"等句水落石出，大有末日夕阳之感。

诗风的变化非常迅速、突兀和短暂，袁宏道万万没有预料到。在袁宏道看来，"近唐诗"是他历来反感的诗风，寓居期间专心的创作，诗风和诗格同时出现下滑，是他极为不愿意看到的情况。

至于诗风为何在短暂时时出现如此明显的变化？也许是寓居仪征期间因为清闲，有大量时间推敲、字斟句酌造成；更大的可能，也许与日渐窘迫的寓居生活有关，是袁宏道在诗词作品上的心灵折射。这一部分诗文的出现，说明袁宏道的文学状态暂时从高峰期、解脱期的爆发中滑落，日常中不得不腾出大量时间思考生存问题了。袁宏道把寓居仪征时期的诗文单独集为《广陵集》，以示与同作此年的《解脱集》相区别。袁宏道寓居仪征的时候，《广陵集》已有刻印。

万历二十五年（1597）秋天，袁宏道的朋友李枧不久调任北上，李枧的调离让袁宏道遇到居住难题。李枧离开后不久，袁宏道便携家从居停主人张白榆处搬出，不得不重新寻找房子。

从此，袁宏道在仪征开始拮据的寓居。事实证明，暂居仪征并不是他的长久之策，也确实不是他的久留之地。袁宏道尚在仪征的时候，还

① 无念，俗名熊深有，麻城东山人，生于明嘉靖二十三年（1544），死于明天启七年（1627）。无念并未列入明代"四大高僧"，为李贽先生的高徒，亦为老友，两人交游甚多。自李贽《焚书后》，两人交恶，万历二十二年（1594）两人断交，后万历二十六年（1598）夏和好，李贽《同深有上人看梅》诗中有"东阁观梅去，清尊怨未开"，证明李贽此时尚有怨气。

② 袁宏道此时诗风与"三袁"稍后的竟陵派相似，似乎直接影响竟陵派。但袁宏道诗风的变化更大出自个人原因，竟陵派却是在袁宏道后另寻它路，两者风格产生原因在于不同的层面，同时，竟陵派诗风客观上印证了国家政治前途现状之渺茫。

想起年初夭折的三子虎子，作诗纪念，然而对于袁宏道来说，身边的伤心事在接连不断地发生。万历二十四年（1596）腊月，袁宏道的初生儿子——第三子"虎子"不幸中途夭折。此子出生的时候，恰逢张幼于（张献翼）送唐伯虎作品"手书金碧经一，吴匏庵手卷一"而来，袁宏道对这个新生孩子寄了了美好的希望，为他取名"虎子"，取字"匏翁"，现在，袁宏道的希冀已成追梦，孩子已不可能成"翁"。他连作诗《哀殇》两首，诗一说：

> 弱腕系金铃，青丝绾偏髻。胸前两绣囊，犹作长命字。欠尔三斗乳，偿汝一升泪。稚魂半尺余，荒荒投旅次。我尝静坐思，生死同一例。子既先我行，即是鬼先辈。如彼排场人，尊卑乃相递。一去与一来，孰知非天戏。

诗中寄托了寓居仪征时期颇为无望的悲凉之气。袁宏道丧失三子后，膝下只剩下长子开美、次子彭年。而在袁宏道去往北京的明万历二十六年（1598）的七月，接到江盈科书信，方知在他离开后不久，春初，长子袁开美已经去世，年八岁①。当时，暂时留守仪征的三弟袁中道当即作《哭开美侄儿，时年八岁，卒于扬州》一诗，诗云："腊月哭虎儿，三月哭开美。苍天胡不怜，泪岂黄河水。百年会归近，似此亦大驶。阿叔虽在兹，阿爷三千里。只怪夜梦恶，宁知伤大儿。"二子先后去世，无疑宣布仪征的寓居为不祥之居，揭示袁宏道短暂的解脱期正式告终。

随着寓居日子的延长，袁宏道愈加发现有诸多不便：第一，衣食困难，毕竟袁宏道没有任职，没有朝廷俸禄，缺少经济来源。万历时期，著名文人为士绅提供有偿的应酬写作非常常见，从袁宏道现存诗文集里的诗文来看，他的早期，除却代作的一篇《送周尚宝左迁海澄典史》外，

---

① 真州信息不通。此时为民间抗税高峰期，可能受运河沿线的临清民变影响，宏道七月接江盈科书信，才知袁开美春初即亡。其《儿开美殇，江进之书来始知》云："宦程屈指二千余，颇怪真州消息疏，七月始传江令字，道儿亡在杪春初。"

仍然没有多少相关的记录和应酬写作。而以往袁宏道一贯花钱大方，等到仪征的秋冬之际，天气日渐冷了起来，他已经是清贫如洗，如《即事，时京使至》写道："百钱买看双丫女，一日刺投数主人。白酒澄来如雪水，青袍当去得霜鳞。"又如冬日所作《雪中》说："盖膝衣三补，充脾饭一匙。长贫商贾贵，久客保佣知。"第二，仪征音信不通，知音甚少，缺乏认可。在苏州的时候，他在给张幼于的信中已经透露了吴地口音的烦恼，到了仪征更是如此，他在《闲行》里说："归客无旧识，远望却依稀。"他在《感怀作》里充满反讽地说："无才甘自弃，不是怨知希。"《步小修韵，怀景升》里说："世人眼塞开元钱，那能读得贞观字。百万抛来李白穷，十千唾手袁羊戏。沟水至清河至浊，汉宫不重东方朔。天池老尽垂天翼，斥鷃公然乘羊角。"第三，从近期的诗文水平看，相比前半年处于"解脱"状态的高峰期，袁宏道下半年的状态有所下滑，他最为重视的格调有所不至，如前面所述。

而且，当时袁宏道的门客、挚友方子公一直病重，乃至秋冬之际，去南京一行人中并无方子公。"当书裁枕被，减食买参苓""病阅冬秋尽，方穷内外科"，从袁宏道作给方子公的前后几首诗作中可以看出，此时，袁宏道也无过多钱粮分给方子公来治病，面对方子公，他也只能强颜欢笑，暂作无用的勉励一番，这与袁宏道出手大方的过往截然不同。在仪征的这段清贫的寓居经历，定然会给袁宏道心理留下很大的阴影。

袁宏道写有《偶成》，其中"霸业虚孟尺，贫策付丘鞭"，借用《论语》中"富而可求也，虽执鞭之士，吾亦为之"的意思，诗中似乎暗示袁宏道终于开始向现实低头了。

袁宏道也渐渐感觉到来自老家的压力，年底的时候，他收到兄长袁宗道从京城寄来的书信。书信中，袁宗道劝说袁宏道不要长时期沉迷于山水，就此归隐民间，还是入京候补，恰好，刚给他谋得顺天府教授一职，相比往昔的吴县县令一职，轻松了不少。恰好这时，袁宏道又接到老家父亲袁士瑜的来信，袁士瑜已经得知长子袁宗道让袁宏道候补的消息，也催促袁宏道，让他离开仪征，快点北上。

万历二十五年（1597）年底，袁宏道决定改变在仪征的窘迫状况，况且，父兄之命，不得不遵行。

袁宏道的候补官职倒是很快。晚明时期，一方面杂吏繁多，另一方面因为朝廷财政空前紧张，朝廷各部门大面积缺员，而且得不到万历皇帝以及其余高层官员的候补批准^①，因此候补变得非常困难。与此同时，政府效率越发低下，即使得到候补得以入仕，也要非常漫长的时间才能通知到候补的官员本人。此时，袁宏道的候补绝不同于一般官员的补候速度，可以想见，这其中必然有时任东宫讲官的兄长袁宗道帮助。

有兄长的携助，袁宏道已经做好前去北京任职的打算，留三弟袁中道继续在仪征。他计划先行一步，暂时先把家眷留在江苏仪征，春节过后，准备从仪征出发先去北京任职。也是因为有三弟袁中道在仪征等江南一带游览，可以继续照顾自己的家人，袁宏道完全可以放心北上。

明万历二十六年（1598）二月起，袁宏道告别送行的袁中道和朋友潘景升，开始北上。在给朋友潘景升的送别诗中，袁宏道写道：

> 山雪泮冰鳞，江风起罗谷，十年九羁旅，萍海聚骨肉。白藕雪冻丝，红鱼剖腊腹。主人前置罍，醉语颠相属。华发不回根，羲规无返縠。只此七尺五，无两三万六。世儒罟礼乐，为我导君谷。岂惜一徽言，为君筹已熟。导君以达生，达是君所足。导君以忧生，忧非我所欲。泽广定生龙，山高岂碍鹊。

自从谒选得吴县县令以来，时隔三年，袁宏道又踏上了北上入京的征途。他从扬州扬舟启程，取道运河，途经高邮、淮安、下邳、济宁、

---

① 万历时期连年战争，出现财政危机，鉴于国本之争及党争严重，万历帝一方面怠政，另一方面亦有缩减行政开支的考量。万历二十九年（1601），"太仓如洗，而各边年例（军饷）尚有一百三十余万未发"。大约三十年后，也就是明朝崇祯二年（1629），明朝为缩减开支，甚至将驿站系统砍去 30%。参见艾尔伯特·詹著《明朝衰亡》。亦引魏斐德《洪业》第 11 页，江苏人民出版社 2010 年版。

德州、青县等地，于明万历二十六年（1598）三月抵达北京，旅途一个月有余。这段从江南的北行，彻底结束了袁宏道在江南的日子。

对于袁宏道来说，除了远在北京的兄长袁宗道，他最想见的是久别四年之久的李贽先生。此时，李贽正在北京云游，寓居北门桥旁边的极乐寺，听说袁宏道即将到京，李贽欣喜万分，当即作诗《九日至极乐寺闻中郎且至因喜而赋》：

> 世道由来未可孤，百年端的是吾徒。时逢重九花应醉，人至论心病亦苏。老桧深枝喧暮鹊，西风落日下庭梧。黄金台上思千里，为报中郎速进途。

得到李贽在京城的消息，袁宏道匆忙北上，但是很遗憾，袁宏道刚到北京，李贽已经和焦竑离京，两人一起到南京去了。

对于袁宏道和李贽两人来说，时间真不巧合，两人错过见面，这是一件非常遗憾的事情，此时，袁宏道大概已经有四年没有见到自己的心灵导师——伟大的哲学思想家龙湖先生了，而且，袁宏道终生都没有再见到李贽。至于袁宏道、袁宗道、袁中道与李贽之前的缘分，一切都应该从袁宏道的青少年时期说起。

第四章 禅学、心学及李贽先生

我是以宁飘流四外，不归家也。其访友朋求知己之心虽切，然已亮天下无有知我者；只以不愿属人管一节，既弃官，又不肯回家，乃其本心实意。特以世人难信，故一向不肯言之。然出家遨游，其所游之地，亦自有父母公祖可以管摄得我。故我于邓鼎石初履县时，虽身不敢到县庭，然彼以礼帖来，我可无名帖答之乎？是以书名帖不敢曰侍生，侍生则太尊己；不敢曰治生，治生则自受缚。寻思四字回答之，曰"流寓客子"。

李贽《感慨平生》

万历早期崇佛风气

也许受母亲龚氏的遗传影响，"三袁"兄弟从小身体羸弱，特别是袁宏道少年时期，曾多次得大病，几近濒死，客观上的身体条件让袁宏道开始研究心性之学。万历十七年（1589），袁宏道虚岁二十二年，第一次参与会试的那年开始，由兄长袁宗道带领，在北京和朝中文士、庙宇高僧们展开交游之际，正式开始参禅问佛。

袁宗道自祖母余氏梦中"菩萨之饰、宝络交垂，以襟承之"诞生，预示袁宗道与佛教似乎有不解之缘，九年前也就是万历八年（1580），袁宗道开始涉足佛学。后续，袁宗道沾染佛学却是受二舅龚惟学的影响。万历八年，袁宗道与龚惟学第一次进京参加会试，两人来到京城一处集市，书商争相销售各类书籍，龚惟学从中挑选了一大册儒家语录和一两册佛学典籍。当时，袁宗道还偷笑，说他现在买这样的书，与夏天买棉被有何区别，结果那年双双落第，惟有三舅龚惟长及第，袁宗道和龚惟学夜宿旅店的时候，龚惟学突然向袁宗道感慨荣名之虚，生命之脆促。遭受打击的袁宗道，心中表示同意，跃起道："名虚身脆，我何归乎？"这时，龚惟学掏出京城购买的佛教典籍，递给袁宗道说："若无尤，第谛观此，七尺百年，不能限也。"

明朝皇室出自民间底层，与佛教的关系非常密切。太祖曾出家为和尚，称帝后建立僧官制度，颁发《申明佛教榜册》，成祖以姚广孝为幕僚发动靖难之役，然后到嘉靖皇帝时期扬道抑佛。嘉靖整整四十五年，诏禁僧尼戒坛说法，管制僧人游方各地。佛教经历一阵短暂的抑制后，万历时期，先是在宫廷和朝廷大为流行①，万历皇帝生母孝定李太后更是信奉佛教，礼遇高僧，北京城内外多处建造庙宇，自封宗教偶像"九莲菩萨"，《明史》本传说李太后："好佛，京师内外多置梵刹，动费钜万，帝亦助施无算。""敕建大护国慈寿寺……皇都第一金刹也。……仍于圆广寺、承恩寺、慈喜寺、普安寺，重阔规模，添设藏经。遂捐内帑，刻造《华严大钞》等经，印板五台山。重建护国大宝塔院寺，释迦文佛舍利塔、殿宇等项。清凉山三塔寺，涿州天仙庙，琉璃、湖梁二桥，平垫道路及天仙行宫。……（而神宗也）敕建万寿、海会二寺，俱

---

① 张居正一贯反感民间学院讲学及谈佛。生前，对佛教生存空间多所打压，隆庆六年（1572），禁止设坛说戒。万历七年（1579），李太后提出恢复戒坛主张，遭张居正反对作罢。

造藏经，命僧供悦。"①沈德符《万历野获编》中也有对李太后广兴佛寺的记录，其中言及慈寿寺云："去阜成门八里，则圣母慈圣皇太后所建。……入山门即有窣堵坡，高入云表，名永安塔。华焕精严，真如游化城乐邦，所费甚多。"为了投母亲所好，万历皇帝本人也热衷于佛教场所修建，对于佛教行为多有资助，曾诏令"本朝主上及东宫与诸王降生，俱剃度童幼替身出家"。

皇室尚佛，上有所好，下必效焉，必然带动朝中臣子们的研佛风尚，这也是晚明佛教昌盛、高僧迭出的政治条件。朝中，儒学虽定朝纲，统治思想的地位不变，国家教育的科举考试中仍以儒学经典取士，但佛教及佛学亦成为热门讨论项目，与此同时，产生了云栖祩宏、紫柏真可、憨山德清、藕益智旭四位高僧。张居正去世后，佛教在明朝无论是朝廷官方还是民间全面复兴。

袁宗道从公安到北京，从重病到病好，从下第到会元，大喜大悲中，沉浮不已，这增加了他亲近佛禅之学的可能。自从龚惟学的引导，从典籍到社会人生，到后来袁宗道居留北京，参与禅悦之会，听憨山大师说法，"是夕，唐、袁诸君子初依法门"（董其昌《画禅室随笔》），他对禅佛之学的感悟越发深刻。翰林院任上，遍阅禅门硕德各种著作，如大慧宗杲和同世的苍雪禅师的书，利用在京之便利，与朝中儒禅双修人士广为切磋，又结识泰州学派传人、同事焦竑以及刑部主事瞿汝稷等人，后又与李贽高徒、来自龙湖芝佛院的僧人交往繁多，历经十七年的努力，袁宗道终于从尘世"耸身而出"。

其实，袁宏道对佛教产生兴趣远远早于袁宗道。公安县自古佛教昌盛，佛教气氛浓厚，寺庙林立，平常人家参禅念佛是常见事情，客观上，也是梁朝时期的智者大师得以诞生的原因——正是在孱陵（公安县古名）催生佛学萌芽，智者大师才得以后续创立天台宗。据《公安佛教志》记载，到了明朝的时候，公安县建寺、庙、庵，如二圣寺、谷升

---

① 释道安《华严悬谈会玄记》序，引见李富华、何梅《汉文佛教大藏经研究》第445-446页，宗教文化出版社2003年版。

寺、太阳寺、灵化寺、天崇寺、净居寺、报慈寺、法华寺、义堂寺等等，共计六十八座。

乡间寺、庵充斥，袁宏道对佛教耳濡目染。早在蒙学时代，他就常去距长安里二三里的义堂寺一带游玩，自从袁家搬去县城斗湖堤镇后，城东北向的长江畔有著名的二圣寺，袁宏道后来去得更是相当频繁。万历十二年（1584），袁宏道十七周岁的时候，去二圣寺游玩后，留下《初夏同惟学、惟长舅尊游二圣禅林检藏有述》四首，从句中"昏黑谈经人不去，知君学佛意初浓""等闲法法都如梦，眼底何劳觅化城""我亦冥心求圣果，十年梦落虎溪东"等心得来看，袁宏道对佛教已经有比较深的认识和见解。

袁宏道从小聪慧，身体多病，万历十四年（1586）的那场怪病，及前后两次乡试的失败，都不免让袁宏道的内心不平，从失望的科举所需要的儒学上有所转移，不免会关注于专门追究人生终极意义的"性命之学"——佛学。如果以前留意佛学是被动接触和有感而发，到万历十七年（1589），袁宏道去北京参加会试的时候，他已经进入自觉修为的参悟状态。

还在北京等待放榜的时候，袁宏道整日和袁宗道一起，数年未见，兄弟俩朝夕相处，无所不谈，其中，聊得最多的就是心性之学，袁宏道沉浸其中，仿佛着魔了一般。也正因为有兄长袁宗道在翰林院，袁宏道开始和朝中人士开展交游，修禅念佛亦为袁宏道交游提供了一大方便。

袁宏道入京参加会试，带回了文坛最新的音信，也带回了修禅论学的种子。当袁宏道和袁宗道结伴回到公安县的时候，三弟袁中道也参与进来，兄弟三人研讨禅理，气氛浓烈。

从万历十七年（1589）到万历二十年（1592）进士及第这段时间，袁宏道的绝大部分精力都投入在研习禅宗佛理上面，他发现自己对禅学越来越感兴趣。他越是探讨，就越觉得佛理精深无比，同时涌出一些新的无以参解的疑惑，便在本土及印度高僧的著作、典籍中寻找，不过，袁宏道仍然没有参透，反而觉得愈加迷糊和茫然。如袁宏道在后来的《金屑编自叙》所言："长探佛理，遍参知识，博观教乘，都无所得。"

尽管无所得，但袁宏道对心性之学从没有放弃。后来，他换一个角度，从语言文字中意识不通的地方着手，极力参究，时有所解，似乎走出了一条新路，然而终究"恃燨火微明"。这样过去了好几年，达不到理解深透的地步，袁宏道便废寝忘食、如痴如醉，直到一天，读到一本宋人张子韶论格物的书，袁宏道才恍然大悟。

张子韶论格物，是为宋代临济宗杨岐派大慧宗杲对张九成①的一段开导点化过程。

禅宗自达摩东渡，"祖师西来意"，传至五祖分南北宗，北宗逐渐衰落，南宗自祖师慧能时兴起，杨岐派是南宗中临济宗的一个小派。到了南宋时期，大慧宗杲提倡一种更为简洁的参禅方式："看话禅。"

自宋代宗杲后，"看话禅"成为流行的禅修方法，看话禅以参究"无"字话头为主，将心力聚集于一个字或一句话上，大慧宗杲有说："千疑万疑，只是一疑，话头上疑破，则千疑万疑一时破。话头不破，则且就上面与之厮挨。若弃了话头，却去别文字上起疑，经教上起疑，古人公案上起疑，日用尘劳中起疑，皆是邪魔眷属。"

张九成格物论是一则典型的看话禅。如《五灯会元》记载：慧曰："公只知有格物，而不知有物格。"公茫然，慧大笑。公曰："师能开谕乎？"慧曰："不见小说载唐人有与安禄山谋叛者，其人先为阆守，有画像在焉。明皇幸蜀，见之怒，令侍臣以剑其像首。时阆守居陕西，首忽堕地。"公闻顿领深旨。题不动轩壁曰："子韶格物，妙喜物格。欲识一贯，两个五百。"慧始许可。

这则论说对袁宏道起了振聋发聩的作用，是袁宏道参究禅理的关键转折。在后来的《德山麈谭》中，他记录说："问：'妙喜（宗杲）言诸公但知格物，不知物格。意旨如何？'答：'格物物格者，犹谚云我要打他反被他打也。今人尽一生心思欲穷他，而反被他穷倒，岂非物格邪？'"

袁宗道听闻二弟袁宏道的禅学新得，大喜过望，称赞不已。这时，

---

① 张九成：字子韶，南宋理学家。绍兴二年（1132）廷试状元，初从理学家杨时游学，平常喜研思经学，与径山寺僧宗杲相交，喜谈禅理，秦桧恐其议己，遂将张九成贬谪居南安军（今江西大余）。宝庆初，特赠太师，封崇国公，谥文忠。

袁宏道将所学心得，对照古人微言，精选七十二则公案，"皆是百千诸佛相传之髓"，加以评说，汇成《金屑编》一文（"金屑虽贵，在眼成翳"是袁宏道取篇名的原因）。他在《金屑编自叙》中自谓："遍参知识，博观教乘，都无所得，后因参杨岐公案，有所发明。"

　　袁宏道根据参禅心得于万历十八年（1590）写《金屑编》后，心中充满更大的疑惑，其中涉及禅学、儒学、学识、诗文等方面，迷雾重重间，他不由得想到京城时候，大哥袁宗道的同事、老师焦竑提起的另外一个高人，这就是奇人李贽。

　　万历十七年（1589），袁宏道第一次进京会试，与袁宏道同考的焦竑高中状元，焦竑字弱侯，号漪园、澹园，生于江宁，李贽到南京任职时，焦竑与李贽来往密切，结为知己，为学中老友①。当年，焦竑进入翰林院，与袁宗道相处密切，据袁宗道《石浦先生传》中所说，"焦公竑首制科，瞿公汝稷官京师，先生就之问学，共引以顿悟之旨。"焦竑虽然中进士较袁宗道晚，但闻道较早，袁宗道反向他问学，而焦竑和李贽是生死至交。这时，袁宏道像袁宗道一样，以师礼敬焦竑，这样一来，同期居京的袁宏道时常听到李贽的大名，就此知道传说中的李贽是一名奇人、高人，袁宏道和李贽相识也正是因为焦竑的介绍。

　　同年，袁宏道在北京参加会试考试的时候，李贽所在的麻城龙湖芝佛院住持无念来到北京，无念曾受李贽之托找过焦竑，因为焦竑的介绍，兄长袁宗道向无念学禅，袁宏道也曾向其当面请教。同是这年，袁宏道和兄长袁宗道一起回乡，焦竑担心出家麻城龙潭的李贽太过于孤单和寂寞，委托返乡的袁宗道绕道黄州前往探望。同时，焦竑将所托之事告知李贽，李贽在《复焦弱侯》中说："袁公果能枉驾过龙湖，明年夏初当扫馆烹茶以俟之。"李贽对于袁宗道和袁宏道的到来，自然高兴。

---

① 焦竑（1540-1620）先从耿定向（人称天台先生），后从罗近溪，袁宏道后来的朋友、与焦竑同时期的人潘雪松（1539-1602）先从耿天台，后从李贽。另此时袁宏道结识的亦师亦友的管东溟也师从耿天台，李贽和焦竑两人实为师侄辈关系，但耿定向与李贽思想迥异，时常发生矛盾。

但这年不知何缘故，回武昌出差的袁宗道并没有去黄州麻城拜会李贽，而是办完公事，直接回到了老家公安。可能是黄州处长江下游，路途不便吧。

李贽作为晚明一位重要的思想家，涉及佛学、心学的方方面面，接下来有必要对其进行一番比较详尽的介绍。

李贽，名载贽，初姓林后改姓李，名贽，字宏甫，号卓吾，别号温陵居士、百泉居士等，明嘉靖六年（1527）生于福建泉州。李贽于嘉靖三十一年（1552）二十六岁考中举人，始进入官场，辗转于河南、南京、北京等地任职，先后做过校官、河南辉县教谕、国子监博士、刑部员外郎、刑部主事、礼部司务等职务，直到明万历五年（1577），李贽五十一岁的时候，才升任云南姚安知府，成为一名朝廷正四品官员。

李贽性格倨傲而倔强，看不起俗人，更看不起当时的道学家，他在《高洁说》中说：

予性好高，好高则倨傲而不能下。然所不能下者，不能下彼一等倚势仗富之人耳。否则，稍有片长寸善，虽隶卒人奴，无不拜也。予性好洁，好洁则狷隘不能容。然所不能容者，不能容彼一等趋势谄富之人耳。否则，果有片善寸长，纵身为大人王公，无不宾也。能下人，故其心虚；其心虚，故所取广；所取广，故其人愈高。然则言天下之能下人者，固言天下之极好高人者也。予之好高，不亦宜乎！能取人，必无遗人；无遗人，则无人不容；无人不容，则无不洁之行矣。然则言天下之能容者，固言天下之极好洁人者也。予之好洁，不亦宜乎！

今世龌龊者，皆以予狷隘而不能容，倨傲而不能下，谓予自至黄安，终日锁门，而使方丹山有好个四方求友之讥；自住龙湖，虽不锁门，然至门而不得见，或见而不接礼者，纵有一二加礼之人，亦不久即厌弃。是世俗之论我如此也。殊不知我终日闭门，终日有欲见胜己之心也；终年独坐，终年有不见知己之恨也，此难与尔辈道也。其颇说得话者，又以予无目而不能知人，故卒为人所欺；偏爱而不公，故卒不能与人以终始。彼自谓离毛见皮，吹毛见孔，所论确矣。其实视世之龊龊者，仅五十步，安足道耶？

夫空谷足音，见似人犹喜，而谓我不欲见人，有是理乎！第恐尚未似人耳。苟即略似人形，当即下拜，而忘其人之贱也；奔走而忘其人之贵也。

万历二十八年（1600），晚年的李贽走投无路，与前御史马经纶将去通州的时候，给焦竑写有《与焦弱侯书》又说：

闻有欲杀我者，得兄分剖乃止。此自感德，然弟则以为生在中国而不得中国半个知我之人，反不如出塞行行，死为胡地之白骨也。兄胡必劝我复反龙湖乎？龙湖未是我死所，有胜我之友，又真能知我者，乃我死所也。嗟嗟！以邓豁渠八十之老，尚能忍死于保定慵夫之手，而不肯一食赵大洲之禾，况卓吾子哉！与其不得朋友而死，则牢狱之死、战场之死，固甘如饴也。兄何必救我也？死犹闻侠骨之香，死犹有烈士之名，岂龙湖之死可比耶！大抵不肯死于妻孥之手者，必其决志欲死于朋友之手者也，此情理之易见者也。唯世无朋友，是以虽易见而卒不见耳。我岂贪风水之人耶！我岂坐枯禅，图寂灭，专一为守尸之鬼之人耶！何必龙湖而后可死，认定龙湖以为冢舍也！

由此辩理之正气，亦可见当年李贽何等的疏狂不羁，任才使气，往常所受的委屈，真乃"将大地为墨，难尽写也"。

李贽终于成为一名官居四品知府的文人后，又心生退意，在众多友人的百般劝说中，才极不情愿地去云南任职。李贽从来不愿受世间的一切束缚，因早年要打破一切枷锁，三年知府任满后，他也绝不再寻求官职，当即申请辞职，后来不顾凡人附会的时风带有固执的偏见和热闹，决然去当和尚。在《感慨平生》中，他感悟道：

> 但说出家便是佛了，便过在家人了。今吾亦出家，宁有过人者？盖大有不得已焉耳，非以出家为好而后出家也，亦非以必出家乃可修道然后出家也。在家不好修道乎？缘我平生不爱属人管。夫人生出世，此身便属人管了。幼时不必言；从训蒙师时又不必言，既长而入学，即属师父与提学宗师管矣；入官，即为官管矣。弃官回家，即属本府本县公祖父母管矣。来而迎，去而送；出分金，摆酒席；出轴金，贺寿旦。一毫不谨，失其欢心，则祸患立至，其为管束，至入木埋下土未已也，管束得更苦矣。我是以宁飘流四外，不归家也。其访友朋求知己之心虽切，然已亮天下无有知我者；只以不愿属人管一节，既弃官，又不肯回家，乃其本心实意。特以世人难信，故一向不肯言之。然出家遨游，其所游之地，亦自有父母公祖可以管摄得我。故我于邓鼎石初履县时，虽身不敢到县庭，然彼以礼帖来，我可无名帖答之乎？是以书名帖不敢曰侍生，侍生则太尊己；不敢曰治生，治生则自受缚。寻思四字回答之，曰"流寓客子"。

心学的叛离与"狂禅"的推崇

李贽早期在南京共有七年的时间，直到见过王阳明的弟子王畿和罗汝芳，他才开始涉入心学，为了"求永生"而信心学。不过，论及李贽心学的师承关系，他的所学应该来自泰州学派创始人王艮的儿子、心学左派的代表人物王襞，李贽拜王襞为师，成为泰州学派的传人——如果可以这样认为的话，李贽和道学家耿定向同属泰州学派的第三代。

继王阳明创立心学之后，李贽的时代，心学已经发展到心学七派，而心学七派中，泰州学派又成为民间极为推重的一种主流学派，泰州学派以"百姓日用即道"为标揭，宣称："圣人之道，无异于百姓日用。凡有异者，皆是异端。"又认为："百姓日用条理处，即是圣人之条理处。圣人知，便不失；百姓不知，便会失。"（《王心斋先生遗集》卷一"语录"）阐述为："满街都是圣人""人人君子""尧舜与途人一，圣人与凡人一""圣人不曾高，众人不曾低""庶人非下，侯王非高"（黄宗羲《明儒学案》之"泰州学案"），李贽《焚书》中也有过类似民权思想的表述："穿衣吃饭即是人伦物理"。

泰州学派富有平民色彩，平常又热衷于从事平民的教育和传道讲学，又有终生不入仕途的"气骨"，流传甚远，深受底层人士欢迎，却长期被上层阶级斥为异端，乃至经常受到官方及正统道学家的非难，时有禁止讲学的命令。万历早期，张居正任首辅的十年时间，朝廷更是明令"毁书院，禁讲学"，泰州学派中，罗汝芳在北京广济寺讲学，勒令解官归里。张居正当政时期，湖广省甚至发生"何心隐死亡案"等极端的禁学事件。

张居正死后，王阳明入先贤祠，泰州学派才有大放异彩的政治环境。这也是李贽充当"流寓客子"的十多年的客观原因。李贽一直在湖北黄州耿家寓居讲学，来黄州初始，其实是其平生与心学的热恋时期，是他与泰州学派交往最多的时期。特别是李贽与道学家耿定向的居家弟弟耿定理之间，存在很深的交往，对于耿定理和李贽的真挚感情，唯有用李贽对待朋友之情为真心来说明，同在《高洁说》中，李贽说：

> 是以往往见人之长，而遂忘其短。非但忘其短也，方且隆礼而师事之，而况知吾之为偏爱耶！何也？好友难遇，若非吾礼敬之至，师事之诚，则彼聪明才贤之士，又曷肯为我友乎！必欲与之为友，则不得不致吾礼数之隆。然天下之真才真聪明者实少也，往往吾尽敬事之诚，而彼聪明者有才者，终非其真，则其势又不得而不与之疏。且不但不真也，又且有奸邪焉，则其势又不得而不日与之远。是故众人咸谓我为

无目耳。夫使我而果无目也,则必不能以终远;使我而果偏爱不公也,则必护短以终身。故为偏爱无目之论者,皆似之而非也。

今黄安二上人到此,人又必且以我为偏爱矣。二上人其务与我始终之,无使我受无目之名也。然二上人实知余之苦心也,实知余之孤单莫可告语也,实知余之求人甚于人之求余也。吾又非以二上人之才,实以二上人之德也;非以其聪明,实以其笃实也。故有德者必笃实,笃实者则必有德,二上人吾何患乎! 二上人师事李寿庵,寿庵师事邓豁渠。邓豁渠志如金刚,胆如天大,学从心悟,智过于师,故所取之徒如其师,其徒孙如其徒。吾以是卜之,而知二上人之必能为我出气无疑也,故作好高好洁之说以贻之。

当年,李贽从南京启程去云南任职路上,溯舟江西,到湖北团风的时候,舍舟登岸,将女儿、女婿托付给耿定理,并与耿定理约定:"待吾三年满,收拾得正四品俸禄归来,为居食计,即与先生同登斯岸也。""同登斯岸",就是与耿定理一起寻求人生真谛。三年后,李贽不负所约,于万历八年(1580)辞去知府职务,万历九年(1581)正月末来到黄安,与耿定理相聚。李贽在耿家充当门客和家庭教师,一住就是四年。他曾这样说自己在黄安的晚年生活:"我老矣,得一二胜友,终日晤言,以遣余日,即为至快,何必故乡也?"

随着李贽成为"流寓客子"的时间延长,李贽在黄安声名远播,同时备受争议,他和主流知识界产生激烈冲突,这一切都来源于李贽的思想和行为带有强烈的挑战儒礼秩序的倾向,李贽学说被认为是极端异说,受到当朝道学家的强烈排斥。

与李贽产生冲突的第一人即为道学家耿定向——耿定理的哥哥。此前,耿定理招徕李贽来黄州隐居,但不久,耿定理之兄耿定向因丁忧辞官在家。以前,李贽在南京的时候,和耿定向、耿定理、焦竑,因一次偶然相遇而相识,初始,李贽和耿定向之间是友好的,但是耿定向回老家养病期间，两人争论不断，渐生龃龉。以致到耿定理去世不久，万历十二年（1584）的时候，李贽与耿定向爆发了著名的李耿之争，两人刀光剑影，你来我往，争论的书信就长达万余言。

李耿之争是为明末著名的思想界公案。至于这段公案，从史料记载中，后世者大概能了解到两人交恶的起因及经过。在一封与李贽的往来信件中，耿定向指责过李贽，认为他误导耿定理，以致耿定理迷信禅学、不理世事，李贽当即对此坚决予以否认、严加驳斥。平心而论，耿定向担心其子侄受李贽的蛊惑尚可理解，毕竟他们年纪尚轻，很容易受到蛊惑，而李贽不仅特立独行、目空一切，其言行又极富煽动性，在社会上有极大的影响力和号召力；他指斥耿定理也是因为李贽而崇尚禅学则是有其他用心，很大程度上是迁怒于李贽。

其中深层原因是李贽从根本上藐视传统思想和伦理的支柱——儒学（道学），李贽甚至狂妄地宣说："今之欲真实讲道学以求儒道释出世之旨，免富贵之苦者，断断乎不可以不剃头做和尚矣。"并且，在李贽看来，禅、儒是相对分明的，这和万历时代以主流学院派自居的道学知识分子有很大的区别。即使是阳明学说的继承者也求儒、释相互融合——这也是泰州学派最大的特点，但是，仍然不允许"释"和"儒"本末颠倒，也不允许"释"来取代"儒"这另一根精神支柱。

耿定向作为来自于朝廷的统治机构——万历早期正统道学家的代表，始终恪守传统儒家的根本，标榜以天下苍生为己任，曾经在张居正"夺情案"中维护张居正[①]，李贽的思想和行为自然为他所诟病。事实上，耿定向在泰州学派中偏稳健，"不尚玄远"，倒更像后来的东林运动中的成员，与东林运动参与人的道德、儒学、政治主张同出一辙，他不容李贽用"释"来主导"儒"，以禅证儒、以儒证禅。

当然，耿定向对李贽的劝诫固然有为其子侄辈担心的原因，也不排除耿定理死后，耿定向认为唯有他才能劝诫李贽。因为李贽出家前同样

---

① 《明史·耿定向传》中说："定向初立朝有时望。后历徐阶、张居正、申时行、王锡爵四辅，皆能无龃龉。至居正夺情，寓书友人誉为伊尹而贬言者，时议訾之。"

是一名朝廷官员，和此时的耿定向都是四品官员。李贽在姚安知府任上的时候，"政令清简，公座或与禅衲俱，薄书之间，时与参论。又辄至伽蓝，判了公事。逾年入鸡足山，阅藏不出；御史刘维奇其人，疏令致仕"（钱谦益《列朝诗集小传》）。李贽已经受到道学家围攻，这也是他离职的一大原因。对于如此怪异的官员和学术家，为了子侄辈，同时也为李贽着想，耿定向认为自己不得不担当重担。

不过争论发展中没有这么简单，价值观的冲突造成争论，也因为误认为李贽对耿定理的误导，争论中掺杂了个人情绪。在劝诫李贽的时候，耿定向在一些场合和一些朋友的信件往来中，流露出对李贽的不满和指责。而李贽初期与耿定向的纠纷是在于学术，李贽认为"学其可无术欤"？"此公至言也，此公所得与孔子而深信之，以为家法者也。仆又何言之哉？然此乃孔氏之言也。非我也。夫天生一人，自有一人之用。不待取给于孔子而后足也，若必待取足于孔子，则千古以前无孔子，终不得为人乎？"（《焚书·答耿中丞》）这为李贽的叛逆孔子之言论，表示对耿定向的观点的否认。

随后争论又发生变化，因为李贽是个表里如一、心直口快之人。以前，他批评耿定向"名心太重、回护太多"，现在，他联想到万历七年（1579）发生的"何心隐死亡案"①，耿定向虽和张居正友善，却不搭救何心隐，他由此得出结论——认定耿定向虚伪，是假道学、伪君子。李贽最为反对的就是虚伪和假道学，他把耿定向对他的劝诫和耿定向在别的场合对自己的评价、议论、批评联系起来，对耿定向开始反击，随后在与耿定向的往来信件中，他毫不留情地对耿定向抨击。从两人往来的信件中看，李贽批评初期，还算比较温和，侧重于学术方面，但发

---

① 耿李之争受泰州学派"何心隐死亡案"影响。何心隐为泰州学派第三代学人，是李贽一生的敬重对象。湖北孝感讲学之际，因反对首辅张居正遭通缉。万历七年（1579）被捕，死于湖广巡抚王之垣狱中。李贽认定耿定向是假道学家的一大依据，据黄宗羲的《明儒学案》认为，李贽因何心隐之死而怨恨耿定向："乃卓吾所以恨先生者。何心隐之狱。唯先生与江陵（张居正）厚善，且主杀心隐之李义河又先生之讲学友也。斯时救之，固不难。先生不敢沾手。恐以此犯江陵不说学之忌。"

展到后来，李贽完全拒绝耿定向对他的批评："而公乃索之于形骸之内，哓哓焉欲以口舌辩说渠之是非，以为足以厚相知，而答责望我者之深意，则大谬矣。"此时，形势发展到李贽对耿定向说："因公言之，故尔及之，然是亦哓哓者，知其无益也。"（《焚书·又答耿中丞》）朋友之间，争辩都不屑于了，还能称得上是朋友吗？至此两人绝交，他们之间的争辩已经再没有什么实际意义。

万历十二年（1584）十月，李贽也就从耿家搬出来，始移居麻城，第二年的三月，住进麻城龙潭湖上的芝佛院。龙潭距城三十余里，一般人并不容易找到它。从此，李贽安静读书著说，平时只与一二相知者相交。移居麻城的时候，万历十五年（1587）秋天，李贽让女婿庄纯夫把住在黄安的家眷接回泉州老家，万历十六年（1588）夏，李贽在麻城削发，正式遁入空门。但李贽虽身入空门，却不受戒、不参加僧众的唪经祈祷。李贽的思想和行为对传统思想造成强烈的冲击，被保守势力视为"异端""邪说"，因此李贽"臭"名远扬。

从明万历十五年（1587）到万历二十八年（1600）冬，除外出的两三年，李贽在麻城龙潭芝佛院长住达十年之久。移居芝佛院后，李贽和泰州学派末流彻底分道扬镳，分门别户，另立它说，自创"童心说"，继续向传统封建势力和理学发起猛烈的抨击。这期间，李贽的第一部著作《初潭集》诞生，后来又创作代表作《藏书》《焚书》，创作和编辑了《老苦》《说书》《因果录》《史纲评要》《读升庵集》《孙武子十三篇》的主要章节，除此，李贽还重视小说和戏曲的评论，完成了《水浒传》《西厢记》《琵琶记》等书的评点。

只有时间才能看清真假道学的面目，看清李贽的为人处事，以及行为上的光明磊落。后来直到万历二十三年（1595），李贽重回过黄安与耿定向见面，那时，耿定向念及昔日学友间的感情，其实，他与李贽的敌对情绪已经大大缓和了，人生的最后时期，两人从论敌又重新成为朋友。

李贽在《耿楚倥先生传》中说："余是以不避老、不畏寒，直走黄安会天台于山中。天台闻余至，亦遂喜之若狂。志同道合，岂偶然耶？"真是一笑泯恩仇，他说："吾女吾婿，天台先生亦一以己女己婿视之矣。""嗟嗟！余敢一日而忘天台之恩乎？"李贽认为他与耿定向和好的原因是："今幸天诱我衷，使余舍去'未发之中'，而天台亦顿忘'人伦之至'。乃知学问之道，两相舍则两相从，两相守则两相病，势固然也。两舍则两忘，两忘则浑然一体，无复事矣。"到这时，两人交恶前后达十一年之久，思想界公案完结。这段思想界公案后来长存于李贽的人生中，以耿定向在湖北黄州的权威性，在舆论造势等方面给李贽造成很大的人生危机。然而在李贽和耿定向的个人之间，已经没有遗憾，也佐证了李贽当年来湖北寓居，并没有出现判断性失误。

袁宏道是从焦竑和无念处听到李贽离奇的故事。因为李贽之"奇"，袁宏道内心生出拜访李贽的强烈愿望，终于，在万历十九年（1591），春节刚过，袁宏道从公安斗湖堤镇扬舟，孤身前往麻城的龙潭芝佛院，向移居在此出家的"流寓客子"李贽求教。

这一年前不久，袁宏道刚刚完稿《金屑编》，同是此年，后七子领袖王世贞去世，这一年也因此成为袁宏道非常有纪念意义的一年，代表了袁宏道正式向王、李发起冲击。

这是袁宏道第一次见到李贽。[1]真实中的李贽与传言中的李贽大为不同。在芝佛院，李贽与"僧无念、周友山、丘长孺、杨定见聚，闭门下键，日以读书为事"（袁中道《李温陵传》）。在袁宏道的原本构想里，这样一位孤僻的读书人，应该是一位狂士、怪人才对：不拘礼数、倜傥不羁、奔放狂妄。但是真实的李贽，实在出乎袁宏道意外。

对于这位传说中离经叛道的前正四品官员，只见他穿戴整齐，上衣下裳都为上等布料精裁而成。室内陈设，摆置得极为有条理，桌椅精致，古香古色，就连地表墙面，都清扫得十分干净，以致"数人缚帚不

---

① 据"公安袁中道编"的《柞林纪谭》记载，万历十八年（1590），"三袁"及王以明共访李贽于柞林潭"村落野庙"，与事实相悖。当时学者萧士玮在《春浮园别录》中写道："近日伪书流传，如《龙湖闲话》《柞林纪谭》诸刻，真可恨也。"不过，袁中道本人却并不否认《柞林纪谭》为他写，可能是该书誊抄流传过程中，以讹传讹。

给"，来拜访之人也觉得赏心悦目。真没想到李贽生活里是一个十分严谨的人，而且洁癖成性，真如"闭门下键，日以读书为事。衿裾浣洗，极其鲜洁。拭面拂身，有同水淫。不喜俗客，客不获辞而至，但一交手，即令其远坐，嫌其臭秽"。

初次见面，袁宏道不禁称赞道："原来您是一个爱好干净的圣人啊！"

李贽爽朗一笑，回说："我就料到你会说出这句话来，世界如此污秽，我岂能同流合污？"

本来，李贽在黄麻地区的讲学也是十分受欢迎，皆因其善于讲学："其忻赏者，镇日言笑。意所不契，寂无一语。滑稽排调，冲口而发，既能解颐，亦可刺骨。所读书皆抄写为善本，东国之秘语，西方之灵文，离骚、马、班之篇，陶、谢、柳、杜之诗，下至稗官小说之奇，宋、元名人之曲，雪藤丹笔，逐字雠校，肌擘理分，时出新意。其为文不阡不陌，掳其胸中之独见，精光凛凛，不可迫视。诗不多作，大有神境。"

但是万历十八年（1590），李贽《焚书》一出，涉及与德高望重的道学家耿定向的思想论战，有关李贽的传言开始传遍整个民间和道学家的口中。李贽出家后，一直收授女徒，夸张地传言他男女共处，嬉戏胡闹，伤风败俗。李贽收授女徒不假，由佛教慈悲观转为"男女平等"，有洁癖的他不近半点女色，这对于以携妓取乐为风气的晚明来说，有点不可思议，对于袁宏道自己来说，他参与阳春社的时候，就已深陷女色之中不能自拔，也怕是自惭形秽。

此时，袁宏道见到的李贽已经年过六十，身材消瘦、修长，可是，李贽精神不错，精力充沛，动作迅速，思维敏捷，全身散发着一股花甲老人少有的青春活力。

此趟麻城访学，袁宏道将《金屑编》和兄长袁宗道的《海蠡编》都带了过来。当李贽翻阅《金屑编》后，顿时大为惊叹，当即赋诗曰："此路少行人，迢迢至古亭。自称通家子，叩门见李膺。"李贽以建安七子孔融的典故，寓意袁宏道与孔融一样，是位难得的禅学"异童"。袁宏道年仅二十三岁的年龄，其修为已经超过很多凡人。面对此等"异才"，李贽一个劲地感慨与袁宏道相见恨晚，如果两人早点相识，李贽觉得自己也不会有老年孤独的痛苦，当即又赠诗一首："诵君《金屑》句，执鞭亦忻慕。早得从君言，不当有《老苦》。"

不言而喻，李贽对袁宏道的《金屑编》非常喜爱，他还亲自为之作小引一篇，予以高度评价："昔赵州少年出家，壮年悟道，八十岁犹有疑，一百二十岁乃蝉蜕而去，其难也如此。今君二十学道，二十一证果，其视《法华》之龙女，《华严》之善才，有何殊也！然君无师之智，不用金口指诀，则虽善才，不敢比肩，而况赵州老子乎？因喜而书之。此老炉锤之妙如此。"（袁中道《师友见闻语》）

李贽给予了袁宏道很高的期待。因性情相投，"大相契合"，袁宏道当即决定在麻城龙潭住了下来，袁宏道自然不能住在佛院，他想到好友丘长孺，这段时间，袁宏道就住在后来同为公安派作家、好友丘长孺家中，共达三个月之久。在李贽的身边，袁宏道将心中疑问一一提出，李贽倾其所学，尽可能地为袁宏道除疑解惑。袁宏道的及时到来，两人相互切磋学问，这对于李贽本人来说也是一种精神安慰。

李贽当然知道知音难觅的道理，作为隔代人，袁宏道在麻城访学期间，他对袁宏道很是宠爱。正如《焚书》卷四《寒灯小话》中，李贽自己化名"老先生"，文中惟妙惟肖地讲述道："十五夜，复闻人道有一老先生特地往丘家拜访荆州袁生，且亲下请书以邀之。袁生拜既不答，召又不应；丘生又系一老先生通家子，亦竟不与袁生商之。傍人相视，莫不惊骇，以为此皆人世所未有者。大人谓：'袁生只为不省人间礼数，取怒于人，是以邀游至此，今又责之备，袁生安所逃死耶！嗟嗟！袁生之难也，乌得无罪乎！'怀林小沙弥从旁哂曰：'袁家、丘家决定是天上人初来下降人世者，是以不省人世事也。若是世间人，安有不省世间礼数之理？'某谓林言甚辩。"

这年，袁宏道二十三岁，李贽已经六十四岁。其时，袁宏道处于会试落第的低潮期，而李贽的《焚书》刚刚出版，正遭到以耿定向为首的道学家们攻击，两人的内心定为孤独无比，也正因为"同病相怜"，才有机会结为忘年交。特别令李贽感激袁宏道的是，以往，李贽由于不合凡俗，时常觉得老年无友，自叹是"老苦"，袁宏道却不顾世俗压力，专程从公安县来偏僻之乡拜访他，而且一住就是三个月，这对于李贽来说，是一种极大的鼓舞和支持，让李贽认为也找到了学问的承接人，于是，教起袁宏道来也是不遗余力。

袁宏道问道李贽，获益颇多。当然给他印象最深、启发最大的还是李贽《焚书》里的《童心说》。早在去年在公安老家的时候，袁宏道就读过《童心说》，等到来拜访李贽，和他朝夕相处，袁宏道觉得真是文如其人，李贽本人就是一个真人，在长期的理学压迫下，没有变异，始终有一颗童心、真心。

李贽所坚持的"才""胆""识"，都是建立在"真情"与"真性"的基础上，李贽的真性情和他的"童心说"直接启发了袁宏道，促使袁宏道"性灵"文学的诞生。至于当时文坛上流行的复古之风，如同反对传统道学一样——李贽一样反对它对人本性的束缚和对人性自由的扼杀。李贽从"童心说"出发，也给出了自己文论上的解答，文学理论上有专门的针对，而且，李贽认为文章真性情的流露就是至文：

> 天下之至文，未有不出于童心焉者也。苟童心常存，则道理不行，闻见不立，无时不文，无人不文，无一样创制体格文字而非文者。诗何必古《选》，文何必先秦，降而为六朝，变而为近体，又变而为传奇，变而为院本，为杂剧，为《西厢曲》，为《水浒传》，为今之举子业，大贤言圣人之道，皆古今至文，不可得而时势先后论也。故吾因是而有感于童心者之自文也，更说甚么六经，更说甚么《语》《孟》乎？

袁宏道在麻城访学期间，还经历了外祖母赵氏病逝的痛楚。[①]为了访学，他并没有回公安奔丧，直到这年的春末，才离开麻城去往武

---

① 戴红贤《袁宏道与晚明性灵文学思潮研究》认为袁宏道外祖母、龚大器之妻赵氏病逝于万历十九年（1591）三四月，应为误记。据焦竑《澹园集·河南左布政使龚公原配封夫人赵氏墓碑》："辛卯二月四日，适感微疾，辄瞑目西向，恬然而逝。"明确记载赵氏逝于"辛卯二月四日"。

昌。恰好李贽也有事要去武昌，陪同袁宏道一起前行。

袁宏道到达武昌的时候，恰好湖广的文士在长江边的黄鹤楼有交游活动，袁宏道和李贽一同参与黄鹤楼的交游，活动中还遭遇了一伙伪道学家指使来的打手。平常，这伙道学家受耿定向讲学影响颇大，他们指使打手对李贽攻击，对此李贽说："不肖株守黄、麻一十二年矣，近日方得一览黄鹤之胜，尚未眺晴川，游九峰也，即蒙忧世者有'左道惑众'之逐。"（《焚书·与周友山书》）但这并没有使李贽屈服，幸好，后来有湖广左布政使刘东星倾慕李贽人品，主动到洪山寺拜访了李贽，并把他邀到自己的公署，对李贽加以保护。李贽和袁宏道出了黄鹤楼，两人又去二十余里外的洪山寺，等到游完洪山寺，两人才依依不舍地告别。

李贽对三袁的感召力

袁宏道从麻城问学回来，学艺大进，"始知一向掇拾陈言，株守俗见，死于古人语下；一段精光，不得披露。至是浩浩焉如鸿毛之遇顺风，巨鱼之纵大壑"。他于不多久的第二年就进士及第，又返回家乡公安县了，而从万历二十年（1592）到万历二十二年（1594）深秋，袁宏道这段居家的时间里，平常最主要的文化活动就是结社与参禅问佛、研究心性之学。

至于结社情况是这样的。袁宏道进士及第后，踌躇满志，又想起常年延续的阳春社，恰好三袁都在老家，袁宏道思量，在以举业修学的阳春社外，何不再另起炉灶，建立一个单纯的文学社。作为发起人，袁宏道立即得到兄长袁宗道、三弟袁中道及舅家龚氏的响应，三袁在公安县成立了一个纯粹的文学社——南平文社。

龚袁两家自从长安里搬来住在县城斗湖堤镇，同住城中的石浦河畔。袁宏道家住于河东，袁宗道请假回乡之后，与袁中道比邻，都住在河西，外祖父龚大器与舅舅们也住在石浦河的两岸，两家来往非常便捷，也为结家族文社提供了不少方便。

文学社为家族社团，辈分最高的龚大器被推为社长，参与者六人：龚大器、龚惟学、龚惟长、袁宏道、袁宗道、袁中道，其中已中进士者四人。至于文学社何以命名为"南平社"，应该来源五代十国时期的南平国。当时，荆南节度使高季兴以所辖的荆州、归州、峡州建立割据政权南平国。南平国都城江陵，是当时最小的割据政权之一，公安县为属县。

南平社始于万历二十年（1592），终于万历二十二年（1594），前后三年时间，当时社中已有四位进士，举人一人，社中情况非常了得："初，方伯公在时，自称南平社长。舅甥兄弟皆显贵，聚则簪袍烂然"（袁中道《静亭龚公墓志铭》），"每至四节之会，簪袍烂然，人以此荣之"（袁中道《龚春所公传》）。南平文社具有乡间富贵气，显示出此时龚、袁两家在公安县荣耀的地位。

南平文社绝非一般的社团往来，除了山水之游和饮酒赋诗外，还经常论学。论学为明末知识分子借交游之际常常展开的学术讨论方式，从袁宏道参与的公安派结社活动来看，从阳春社到南平社再到后来的多次结社，也是他们的主要学术讨论方式。南平社时期，大家谈禅问道，龚袁两家之间形成了切磋学问、相互探讨的氛围。此时，南平社论学研讨的范围十分广泛，从"仙人学"到"经术""心性之学"，再到佛禅，无不囊括。参与人员中，龚惟学"好仙学，喜为黄白术……旁通天文地理医卜百家之学"，至于袁宏道后来所作《斗蛛》的主人公龚惟静是"亦信佛法，随分作功德""时或伊蒲为食，水田为衣，高谭性命，躬行檀度"。

他们聚在一起，终日以论学为乐，大家畅所欲言，各抒己见。袁宏道三兄弟更是长于性命之学和佛禅之理，不过，三袁研讨的方向亦有所不同，收入《珂雪斋集》卷十八《中郎先生行状》中，袁中道明确记录了袁宗道和袁宏道之间不同的精神气质：

> 当是时，伯修与先生虽于千古不传之秘，符同水乳，而于应世之迹，微有不同。伯修则谓居人间，当敛其锋锷，与世抑扬，万石周慎，为安亲保身之道。而先生则谓凤凰不与

凡鸟共巢，麒麟不与凡马同枥，大丈夫当独往独来，自舒其逸耳，岂可逐世啼笑，听人穿鼻络首！意见各不同如此。

早在结南平社的时候，三袁的精神气性已经分得很是清楚。那段时间，龚袁两家朝夕聚首，每聚必饮，把盏赋诗，分韵为乐，他们时而在石浦河上荡舟，时而相偕出城踏青。"三年之间，时时聚首畅饮，极尽山林之乐……放浪诗酒社中。"（袁宗道《龚寿亭母舅》）这是一段异常逍遥的时期，对于袁宏道的兄长袁宗道来说，更是如此，袁宗道甚至干脆以"石浦"为号，又以"石浦河袁生"自称，是为去北京后对这段难忘时光的纪念。

像进士及第前一样，至于南平社去城外交游，袁宏道常年去的地方最多的是二圣寺和彩石洲。

二圣寺为公安县历史上最大的一座寺庙，居全县古寺之首，始建于东晋太和二年（367），兴于唐朝。二圣寺在离城不远的东郊，位处长江畔中沙洲，初名天宁寺，后多次改名，地址也经过多次变迁。因中沙洲长期受长江水流冲击，明建文元年（1399），基础崩塌，寺庙陷入江中，迁往油江梅园坊；明正统二年（1437），由当地商人出资，原址上对旧寺进行改修，后遭受火灾，又经募捐重修，规模扩大；嘉靖四十五年（1566），基址又经洪水冲毁，迁至县城东南，其中藏经阁、二圣阁由袁宏道三舅龚惟长带头捐资修建；明崇祯元年（1628），二圣寺遭遇大火，又迁回中沙洲原址。

至于二圣寺的由来，起源于一个神话传说，据《芬陀利经》载，唐朝时某年，一天晚上，公安县令及江边居民一同梦到神人，神人说："明日在江边上等我。"第二天早晨，官民在江边等候，见长江有两根沉香木，逆水上行，大家手拢手将原木拢上岸来，这时，忽然有出家人从西面来说："这木头奇特，一般人不能雕刻。"于是，出家人吩咐人将木头抬至江边安远寺殿中，闭门七日，烟雾迷空，朝昏莫辨，七天以后，忽然看见天边掠过金光，浓雾散去，庙门大开，出家人和沉香木都消失不见，只见两只新雕成的金刚立于如来佛身旁，威猛异常。与此同时，有杭州商人开船驶入长江，有两个童子同搭船上，傍晚的时候，对杭州商人说："今天晚上，我为你拉纤，但不要偷看，行船速度很快。"晚上，船行得像飞一样，耳边风涛呼啸，商人从船篷里偷偷一看，只见两位金刚夹着船在水上飞行，商人惧怕，不敢再看。第二天早晨，船停在安远寺旁边，杭州商人一打听，才知道已经到南郡的公安县，一夜行驶三千里，商人大惊，等他上岸到寺里一看，如来佛旁边所立佛像，就是昨天晚上夹船飞行的金刚，他刚要向二佛像行礼，忽然也化成了一尊佛像，寺里僧人闻讯来看，商人头部渐渐化成了龙形，对众僧人说，"我是二圣护法龙。"二圣，一位是青叶髻如来，一位是卢至德如来，都是过去极长时间宝藏如来授记的五百童子中的两人。此后，安远寺供奉二圣，寺名改为二圣寺。

二圣寺是袁宏道家族游玩的常去之地，作为南平文社的一部分，袁宏道等人在此有过二圣寺结社，二圣寺游玩留下了袁宏道等人的不少诗文和痕迹。上面的这则神话故事，袁宗道采录于《二圣寺游记》。同是《二圣寺游记》中，袁宗道记叙了南平社在万历二十二年（1594）的游览："甲午清明，诸舅率余兄弟出东门踏青。行二里许，至二圣寺息焉。寺僧具茶果，仍出余少时题壁诗，每渍虫蛀，似观古人墨迹，不复知为少时笔也。"

相比修学举业性质居多的文人之间的结阳春社来说，作为家族文社性质的南平社交游更多。同是袁宗道记载的这次郊游，袁宏道也创作了一首《寒食饮二圣寺》：

> 东风随处有亭台，寺古无僧花也开。一百五日逢寒食，三十二相礼如来。珠池宝地都成劫，汉陇秦封且举杯。石火电光只如此，白杨何事起愁哀。

除二圣寺外，袁宏道等南平社成员去的最多的一处景点是彩石洲。彩石洲，又名锦石滩，为长江中的一个小洲，在二圣寺下游几里处，长达五至七里，岛上遍布彩色卵石，有的洁白如玉，有的红黄透明像玛瑙，恰像江苏六合盛产的雨花石一样，价值颇多，数量奇多。"石洲待月"为当时"公安八景"之一，公安县城百姓经常出游到这，上岛挑选彩石，或者泛舟江上。

袁宗道在其《锦石滩》和袁中道《龚春所公传》中，都一同记叙了南平社的一次交游活动，这次交游实为难忘。一天，南平社员三袁、舅舅龚惟学、龚惟长相约共游彩石洲，考虑到龚大器年逾七十，舟船颠簸难免，便没有约他。舅甥五人到彩石洲后，竞相挑拣五颜六色的彩石，刚挑了一会儿，白色浪涛中，忽然只见一条小船快速靠近，船上有一老翁，坐在马扎上，用手指指点点。等他到了，大家互相猜测来者何人，等到船靠近，才发现是"三袁"的外祖父龚大器。龚大器登岛大笑："你们瞒着我来取乐！""凭什么丢弃老子了呢？"第二天，龚大器送《游锦石洲》一首来，然后还用蝇头小楷在诗尾作了跋。

袁宏道的时代，结社风行于知识分子之间，此时其外祖父龚大器虽然年逾八旬，但是，还是能看到他参与结社的精神面貌，令人难忘，也反映了公安派作家参与结社及晚明结社的活跃程度。

自复古派领袖王世贞在万历十八年（1590）十一月去世后，万历一朝，文坛已无领袖，时间给袁宏道扫清了攀登文坛的最大障碍。

此时，袁宏道已经荣登进士，提高了身份，扩大了交游范围，又因受李贽影响，增强了对改革文风的勇气。南平结社的论学后期，袁宏道意气风发，创造出新的文学思想，公安派文学开始登上历史的舞台。

袁宏道这次入京成功通过的科举考试，从京师的文化人士与作家群中捕捉到最新的文学信息，回到公安县后传播给其他公安派作家。两年的在乡不仕期间，袁宏道第一次提出思考新时期的文学纲领，对何、李以来流行百余年的文学复古之风和模拟之风正式提出批评。万历二十年（1592），袁宏道在给妻弟、社友李学元的诗歌《答李子髯二首》中有明确说明。

其一：

> 若问文章事，应须折此心。中原谁掘起，陆地看平沉。
> 矫矫西京气，洋洋《大雅》音。百年堪屈指，几许在词林。

其二：

　　草昧推李何，闻知与见知，机轴虽不异，尔雅良足师。后来富文藻，诎理竞修辞。挥斥薄大匠，裹足戒旁歧。模拟成俭狭，莽荡取世讥。直欲凌苏柳，斯言无乃欺。当代无文字，闾巷有真诗。却沽一壶酒，携君听竹枝。[①]

　　万历二十一年（1593）三月春起，南平社部分成员集体去麻城龙湖拜访李贽。袁宏道自万历十九年（1591）访李贽回来后，再没见过李贽，只是同年秋天，龙湖芝佛院住持无念因与李贽交恶，从南京来到公安袁宏道处，无念一直待到这年的秋天。

　　这次，袁宏道等人去李贽处访学，正是三袁在南平社中的例行活动，由三袁在老家长安里的一次夜间论学引起。万历二十一年初春，此时，三弟袁中道居于乡下长安里，袁宏道和袁宗道前往看望，留宿村中。三人齐聚，不免论学谈道，但随着话题的聊开，都感觉到"殊不得力"，于是，袁宏道提议，文社成员何不去麻城向李贽求教一番呢。一可以履行两年前焦竑的托付，二是寻师访道，明理解惑，一举多得。

　　袁宗道当即表示响应，七八年间，他对究禅之道屡悟屡疑，还有，

---

① 该诗所作时间无确切考证，钱笺等均认为是万历二十二年（1594）。不过，据何宗美详细考证，该诗极可能为万历二十年（1592），袁宏道进士及第到北京归来后。理由为：一、袁宏道从京师来，李学元急于了解首都的文学动向，赋诗以问，袁宏道作诗回答，开头"若问文章事，应须折此心"说得很明白。二、诗气格高迈，踌躇满志，既有新科进士的昂扬气息，又受染"皇都气概"明显流露诗中。三、诗中透露的文学信息，讲起来兴致颇高，对于文学有说不完的新鲜感，也符合第二点理由。四、诗中的文学信息来源于京师，"中原谁掘起，陆地看平沉。矫矫西京气，洋洋《大雅》音。""草昧推李何，闻知与见知，机轴虽不异，尔雅良足师。"五、万历十八年（1590）十一月，复古派领袖王世贞去世，复古派弊端暴露，但其势力并非荡然无存。从最初肯定何李转变风气之功，到否定王李及其末流模拟之弊，这其中要有个缓冲时间。袁宏道第二次入京敏感地捕捉到了，而第一次参加会试入京，王世贞在世，他依然没有得到信息。

袁宗道至今未见过李贽，他对上次回乡没有去看望李贽感到遗憾，"因念往者亭州之约不可孤，遂决然有东游之志矣。"袁中道曾于万历二十年（1592）六月在武昌单独见过李贽，至于此时袁中道的家庭经济情况是"闻驾而如城中，时家中贫甚，米行且尽，百计乃得谷十余石，可及新矣"。于是，他也想借此机会再次向龙湖先生问道。

参与访学的除了袁宏道三兄弟，还有三袁以前的业师王辂（王以明）和八舅龚惟静。王辂是想借此次出游，游览沿途风景，而龚惟静是心中有疑，对传说中的奇人李贽大为钦慕。此趟出行由兄长袁宗道借来楼船，原定三月十日发舟，突然下起春雨，一连八九天，十九日天气方晴，二十日，袁宏道一行乘坐租来的楼船踏上了再次去麻城拜访李贽的访学之旅，时"江水乍涨"，一行人等到达麻城已经是五月初。①

船从公安出发，途经石首、君山、嘉鱼，刚一上船，袁宏道就情不自禁地写道："江草青青江水流，荆州何日到黄州？郑庄有客堪驰驿，郭泰如仙好附舟。此去山川俱作态，一时象纬合生愁。龟峰数点苍烟里，料得伊人已白头。"可是，长江流域正处于漫长的梅雨季节，久雨不停，江水猛涨，自然延误了袁宏道的访学行程，行船过程中，两次被风雨所阻。船遇雨停阻，停泊江边的时候，袁宏道生出"云霄极目古亭州，江上凄其感昔游。天下文章怜尔老，潇湘风雨动人愁"的感慨，但是众人还是不惧怕路途遥远，袁宏道把李贽看成是"李耳"："只因李耳在西周。"一路风雨颠簸，众人到达武昌的时候，舍船登陆，往东北方向前行。到达麻城，一行人稍作调整，又马不停蹄地赶往三十余里外的龙湖。

龙湖，又名龙潭，在湖广省黄麻地区的麻城，地处大别山的腹地，是"万山中手掌地耳"。黄麻地区位处明朝核心文化区——江南的"别院"。麻城自古有重教兴学的传统，有"唯楚有才，鄂东为最，麻城尤

---

① 此次访学时间，现当代学者各言不一。但可确定为万历二十一年（1593）春。据袁宗道《白苏斋类集》卷十四《龙湖》结尾有"癸巳五月五日记"的记载，可知袁宏道此次访李贽时间为万历二十一年五月。又据《珂雪斋外集》卷十五《东游纪事》，三袁从公安启程时间为三月二十日，《珂雪斋集》卷一《大别山怀李龙湖兼呈王子》"今年三月复东游，访李再过古亭洲"佐证。

盛"之称，而且，麻城又恰因地处偏僻，万分幸运地没有被历代战争特别是宋末战争所破坏，保存有南宋以来理学的传统。

万历时期，麻城就是这样一块文化氛围非常浓厚的区域，除与李贽外，袁宏道与麻城籍的文士官员渊源颇深，他与丘长孺、梅国桢、梅之焕等人都有广泛的交游活动。袁宏道刚刚进士及第时，就代人给麻城人周尚宝写有《送周尚宝左迁海澄典史》。

本来，麻城多以耿定向的道徒等道学家居多，唯独麻城四大望族（即梅国桢、梅之焕家族；周思敬、周思久家族；李长庚、李中素家族；刘天和、刘乘禧家族）中的梅国桢是一位开明人士。梅国桢"文武全才"，建有奇功，曾平定宁夏哱拜父子叛乱。袁中道后来说梅国桢"识者固知公爱怜光景，耗磨壮心，与俗沉浮，不用绳检。而外夷内朗，宏量沉机，真谢安石、张齐贤之流也"（《梅大中丞传》）。李贽能长时间在龙湖芝佛院讲学、著书，皆因有麻城四大望族中的梅国桢的鼎力支持。

李贽来到麻城，打破了黄麻地区原有的崇尚理学的学术氛围，自从谈及耿定向笔墨论战的超级畅销书《焚书》面世，一时来龙湖访学者络绎不绝。除了"三袁"先后来到过龙湖看望李贽，居士王静虚等人来访过学，通俗小说家冯梦龙后来两次来到麻城访李贽遗迹[1]，冯梦龙编纂评改的《情史》《智囊》《古今谭概》《太平广记钞》等书籍中，大量引述李贽的言论，且大多作了肯定的评价。

从袁宗道写的《龙湖》，我们大概可知李贽所寄身的芝佛院，了解当年龙湖的僻静和幽美：

---

[1] 冯梦龙受邀来过麻城两次，第一次在万历四十年（1612）至四十五年（1617）之间，应梅之焕（梅国桢之侄）邀请；第二次为万历四十八年（1620），应田生金邀请，为贵胄子弟讲授《春秋》。冯梦龙深受李贽思想影响，酷爱李贽文学主张，奉为"蓍蔡"。李贽离开麻城时将自己评点过的《水浒传》交给杨定见保存。李贽自杀后，弟子杨定见于万历三十六七年间携带李贽评点《水浒传》稿本来到江南，与麻城人、吴县县令陈无异、冯梦龙、袁无涯、许自昌诸人商议刻印出版事宜，"相与校对再三"，"精书妙刻"。万历四十二年（1614）刻印出版《李卓吾评忠义水浒全传》，杨定见亲自为之作序，该版本世称"杨定见序本"，为明清时期《水浒传》流传本中价值最高、流传最广的一种版本。

龙湖，一云龙潭，去麻城三十里。万山瀑流，雷奔而下，与溪中石骨相触，水力不胜石，激而为潭，潭深十余丈，望之深青，如有龙眠。而土之附石者，因而夤缘得存，突兀一拳，中央峙立。青树红阁，隐见其上，亦奇观也。潭右为李宏甫精舍，佛殿始落成，倚山临水，每一纵目，则光黄诸山，森然屏列，不知几万重。

袁宏道虽然两年前在此住过三个月，但还是被社中亲友的情绪感染，他陶醉其中，不禁作诗一首：

孤舟千里访瞿昙，踪迹深潜古石潭。天下岂容知己二，百年真上洞山三。云埋龟岭平如障，水落龙宫湛似蓝。爱得芝佛好眉宇，六时僧众礼和南。

李贽对袁宏道一行五人专程来访，欣喜若狂，连忙将他们请至芝佛院休息。芝佛院分上院和下院，上院是李贽及僧徒住处，曾经，李贽为移住上院还特地写有《移住上院边厦告文》，而下院是李贽平常讲学的地方，总之，芝佛院作为"人间之家佛堂"，极为殊异。平常，李贽除了闭门著书，也只与三两人论道谈经，他在《豫约·早晚山门》中明确说："山门照旧关锁，非水火紧急，不得擅开；非熟客与檀樾为烧香礼拜来者，不得擅开。若为看境而来，境在湖上之山，潭下之水，尽在上院山门之外，任意请看，不劳敲门与开门也。远者欲做饭吃，则过桥即是柳塘先生祠，看祠有僧，来客可办柴米，令跟随人役烧茶煮饭，彼中自有锅灶，亦不劳叩门矣。"

袁宏道等人在龙潭一连住了十天。这次专访，并不为游山玩水，而是在于切磋论学。也正是袁宏道等人来麻城的拜访，李贽通过谈话和观察，对三袁兄弟的个性有所了解，各自给予评价。李贽的评价是："李子语人，谓伯也稳实，仲也英特，皆天下名士也。"特别是对于中郎袁宏道，"然至于入微一路，则谆谆望之先生，盖谓其识力、胆力，皆迥绝于世，真英灵汉子，可以担荷此一事耳"（袁中道《吏部验封司郎中中郎先生行状》）。李贽所谓"胆力"，一种无所畏惧的担当精神，具体在文学领域，是敢于为天下人之先而开宗立派。

后来，袁中道作有《柞林纪谭》，里面详细记录了袁宏道等五人来麻城与李贽论学的情况。这次，袁宏道来李贽处访学，不但相互留下了多篇诗文酬唱，而且广泛地进行了学理研讨，诸如圣凡之同异，学道的根器，学问、功业的关系，六经、庄子、《水浒传》的意义，以及对荆轲、田光、管仲、晏子、留侯、韩信、太史公、杜甫、何心隐、王心斋、耿焚倥、赵大洲、邓豁渠、王龙溪、罗近溪等历史及当时人物的评析，论学时气氛犀利而诙谐，至于李贽是"嬉笑怒骂，壁立万仞之机锋，如写生照"。

例如，袁宗道问："学道必须要做豪杰吗？"

李贽答："这等便是死路，不是活路。人人各有一段精彩，学既成章，自然是豪杰矣。岂定有豪杰可学吗？"

众人又问及六经。

李贽说："《易经》算是圣贤学脉，《书经》则史官文饰之书，《春秋》则一时褒贬之案。"

众人又问李贽于释迦牟尼、孔子、老子三人所创宗教。

李贽曰："释迦不论智愚贤否，只要化了生死。老子则有无为之学问矣。释迦不可及矣，吾庶几者其老子乎！"

李贽以老子自况。

又过几日，一天，李贽令诸人闲评他最像何人。

袁宗道说："李耳。"

这时，李贽又开始推却说："何可当也！"

袁中道笑："公即盗跖。"

李贽也笑了："盗跖也不容易。"

这时，袁宏道说："公似李膺。"

李贽欣然接受中郎对他的"似李膺"，又说："我骨气也像李膺，然李膺事，我却有极不肯做的。"①

如论"侠"，李贽认为："侠从人从夹，为可以夹持人也。如千万人在危急之中，得此一人即安，失此一人即危。人人可以凭借之，方谓之侠。今人不识侠，转以击剑报仇为侠，则可笑甚矣。"（袁中道《柞林纪谭》）

又如论"道"（专指居于统治思想地位的儒家之学），李贽原本认为儒家从尧的禅让于舜，是为生民计。后来孔子疏食，颜回处陋巷，有尧之心，但是自颜回以后已无儒学，"微言绝，圣学亡，则儒不传矣"。因汉儒的附会，宋儒的穿凿，到了现在，"继此而以宋儒为标"，儒学完全沦落为貌为道学、实为富贵，言犹儒雅、行为丑陋的假道学。这是因为"夫唯无才无学，若不以讲圣人道学之名要之，则终身贫且贱焉，耻矣。此所以必讲道学以为取富贵之资也。然则今之无才无学，无为无识，而欲至大富贵者，断断乎不可以不讲道学矣。今之欲真实讲道学以求儒释道出世之旨，免富贵之苦者，断断乎不可以不剃头做和尚矣"（《续焚书·三教归儒说》）。

到了万历时期，针对处于学院派主流地位的伪道学及其流弊大行其道，李贽揭露道学家"咸以孔子之是非为是非"（《藏书·世纪列传总目前论》），在他看来"阳为道学，阴为富贵，被服儒雅，行若狗彘"（《续焚书·三教归儒说》）。李贽又进而称"道学可厌"，斥责宋明理学是"假道学"，道学家为"假人"，"道学其名也，故世之好名者必讲道学，以道学之能起名也。无用者必讲道学，以道学之足以济用也。欺天罔人者必讲道学，以道学之足以售其欺罔之谋也。噫！孔尼父亦一讲道学之人耳，岂知其流弊至此乎"（《初潭集·道学》）。李贽对宋明理学家的揭露，使"今世俗也与一切假道学，共以异端目我"（《焚书·答焦漪园》），因此才受到假道学们的攻击，这使李贽觉悟到只有老子的学

---

① 李膺乃东汉名士，生性简亢，不与俗士交接。友人袁爽惧其在动荡政局中罹祸，故劝其屈节全身，与世抑扬，而膺不肯，后终因谋诛权阉失败而死狱中。当其遭捕前，人劝逃离，膺却对曰："事不辞难，罪不逃刑，臣之节也。吾年已六十，死生有命，去将安之？"（事见《后汉书·党锢列传》）。

说才是"真道学",他说:"老子则有无为之学问矣,释迦不可及矣。吾庶几者其老子乎!"

此次论学,李贽亦不忘大声呼吁:"自然之性,乃是自然真道学也,岂讲道学者所能学乎!"

十天时间转眼就过去,袁宏道一行告别李贽,于同年五月启程回乡,真是乘兴而来,兴尽而归,对于来者再也没有遗憾。袁宏道兄弟和李贽两方自然恋恋不舍。还在麻城的时候,袁宏道一连写了《别龙湖》短诗八首,其一说:"十日轻为别,重来未有期。出门余眼泪,终不是男儿。"其二说:"惜别在今朝,车马去遥遥。一行一回首,踟蹰过板桥。"李贽更是依依不舍,当即也回短诗八首,其中有云:"无会不成别,若来还有期。我有解脱法,洒泪读君诗。"

学术圈对于心学、禅学的甄选

万历二十一年(1593)以后,直到李贽狱中自杀,袁宏道再也没有机会见过李贽。只是当时,袁宏道知道龙湖芝佛院住持无念移居它地结庐,正在大别山腹地的黄柏山。为缓和他和李贽二人的关系,袁宏道派人接无念下山再次来到公安,万历二十二年(1594)的二圣寺结社活动中,袁宏道和无念同游过二圣寺,袁宏道作《同无念过二圣寺》(二首)。其后,倒是袁宏道的弟弟袁中道有数次见过李贽,分别是万历二十六年(1598)六月到九月间。袁中道去北京之前,与李贽曾经有多次见面;万历二十九年(1601),袁中道和李贽在通州见面,这已经是三袁中与李贽的最后一次见面。

此时,袁宏道长兄袁宗道逝世于东宫讲官任上,李贽也失去麻城当地豪族的支持,远离湖广而去。随后的排佛事件中,更是从朝廷层面爆发李贽案,意识形态领域的斗争日益严峻,社会风气的严峻封闭,袁宏道也甚少再谈及李贽①。袁宏道学禅从精猛渐为稳实，曾经试图转为让儒、释、道三教合一。

而在明末，与袁宏道同时代，诸多不满于传统道学又认为释学超脱于尘世的知识分子，尝试过把儒、释、道三教融合。因此，对于晚明的拯救——至少学界做出过努力，虽然这种中庸的状态还是以失败告终，传统思想被清人铁骑征服，但三教合一的融合还是有其代表人物，其中与袁宏道通信繁多的管东溟（管志道）②即是其中重要代表人物。

管志道基于儒学的本元，反对狂禅、泰州极端之学③。而且，三教合一的知识分子均从来源于"格物"做出过尝试。"格物"原本从儒学《大学》中来，其为"三纲八目"之"八目"基石，释、道等宗教只是从不同方向和思维来理解、认识世界的"格物"而已。袁宏道在佛学上所作工作，也是试图将三者融为一体，他追根究底地探究佛学，也终于在探讨"格物"之上。

万历三十二年（1604），袁宏道在公安县隐居期间，在游历湖南德山时所著《德山麈谭》中，第一次提到"自然"：

> 惟第七识亦恒亦审，是为自然。儒家之学顺人情，老庄之学逆人情。然逆人情正是顺处。故老庄常曰因，曰自然。如"不尚贤，使民不争"，此语似逆而实因，思之可见。儒者顺人情，然有是非，有退却，却似革。夫革者，革其不同，以归大同也，是亦因也，孔子所言絜矩，正是因，正是自然。后儒将矩字看作理字，便不因，不自然。夫民之所好好之，

---

① 似乎从万历二十五年（1597）下半年，寓居仪征起，到翌年去京任顺天府教授，袁宏道的内心思想出现悄然变化，从激进转入稳健。

② 管志道既是儒士又是居士。说他是儒士，因为黄宗羲在《明儒学案》三十二卷为之立传，将其归入泰州学派；说他是居士，清彭际清在其《居士传》四十四卷为之立传。管志道师父是泰州学派的耿定向，学生有瞿汝稷、钱谦益等。

③ 管志道发表过言论："盖天道好还，诸侯至于畏士，则坑士嫚士者必相继而至矣。国朝出颜钧、梁汝元（何心隐的一个名字）、李卓吾之徒，几酿此衅。"引管志道《孟子订测》卷二，《四库全书》存目丛书本。

民之所恶恶之，是以民之情为矩，安得不平？今人只从理上
絜去，必至内欺己心，外拂人情，如何得平？夫非理之为害
也，不知理在情内，而欲拂情以为理，故去治弥远，老庄之
因即是自然，谓因其自然，非强作也。外道则以无因而生为
自然。

对于世界根本的"格物"和"自然"这两方面的探究，表明袁宏道
在后期开始寻找思想上的新出路。他也曾经将释、儒与老庄学（仙人学）
糅合，《德山麈谭》中，他会合三教道：

　　一切人皆具三教，饥则餐，倦则眠，炎则风，寒则衣，
此仙之摄生也。小民往复，亦有揖让，尊尊亲亲，截然不紊，
此儒之礼教也。唤着即应，引着即行，此禅之无住也。触类
而通，三教之学，尽在我矣。奚必远有所慕哉？

在这时的袁宏道看来，三教融通已深深地融入了百姓日用之中，是
毋庸辩说的事实，只需自然而然。三教本出一源，只是修道的方法不同
而已，他作《三教堂诗为杜总戎日章》诗云："堂堂三圣人，同宗偶异
胤。刻影求飞鸿，雾眼自生晕。白水涌冰轮，千江同一印。"[1]因而他作
《广庄》，但"语有禅锋"，因此，陆云龙叹"中郎直为三教之冶"。[2]至
于佛道、儒佛之间的融通关系，袁宏道分别从性命双修和借诠解"格物"
等不同的途径进行了论证。

　　但是，对照袁宏道一生的行为踪迹和思想脉络，不只从李贽思想上
的"童心说"到袁宏道文学上的"性灵说"自然过渡，而且，从袁宏道
的佛学观，很明显地可以看到他继承了李贽的思想。除了袁宏道终生不
弃禅外，其中，他俩还有一个很重要的相同观点：他们都认为儒、释不

① 钱伯城《袁宏道集笺校》第1391页。
② 引陆云龙《广庄》评语，转引自钱伯城《袁宏道集笺校》第800页。

可混杂。袁宏道的数次辞官，既隐又仕，既是"山人"又是官员，并不
热衷于官场，也正是受李贽的影响。

三袁去麻城李贽处访学，如袁宗道对董其昌所说"自谓大彻"（董
其昌《画禅室随笔》卷四《禅悦》），而对于袁宏道来说，文风发生极大
的改变，比起之前的诗文，他的创作不再循规蹈矩，更富有创造性，形
式也更加多样，尺牍、游记等文学创作体裁应时而生，内容也更加质朴
自然，明快秀丽，袁中道这样评价李贽对袁宏道所起的作用：

> 先生既见龙湖，始知一向掇拾陈言，株守俗见，死于古
> 人语下，一段精光不得披露；至是浩浩焉，如鸿毛之遇顺风，
> 巨鱼之纵大壑；能为心师，不师于心；能转古人，不为古转；
> 发为语言，一一从胸襟流出，盖天盖地，如象截激流，雷开蛰
> 户，浸浸乎其未有涯也。……已复同伯修与中道游楚中诸胜，
> 再至龙湖，晤李子。李子语人，谓伯也稳实，仲也英特，皆天
> 下名士也。然至于入微一路，则谆谆望之先生，盖谓其识力胆
> 力，皆迥绝于世，真英灵男子，可以担荷此一事耳。
>
> （《吏部验封司郎中中郎先生行状》）

因为青年时期有幸结识李贽，袁宏道很早进入研究佛学的高级阶
段，而他青年时期的经历起到关键作用。此后，袁宏道一生证明，他不
再像朝廷中的主流文人和"伪君子"道学家，说儒又说禅，两者混杂，
又彼此游离。即使比起兄长袁宗道，袁宏道也干脆果断了很多，如他在
给陶望龄的书信里说：

> 近代之禅，所以有此流弊者，始则阳明以儒而滥禅，既
> 则豁渠诸人以禅而滥儒，禅者见诸儒汩没世情之中，以为不
> 碍，而禅遂为发因果之禅；儒者借禅家一切圆融之见，以为发
> 前贤所未发，而儒遂为无忌惮之儒。不惟禅不成禅，儒亦不
> 成儒矣。

在与别人的尺牍书信中，袁宏道也经常提及李贽，提到次数前后共有五次。如《解脱集》中，他对麻城望族、大同巡抚梅国桢说："近日得卓僧《豫约》诸书，读之痛快，恨我公不见耳，并闻。"（《与梅客生书》）

同是《解脱集》中，他自信而夸张地对张幼于说："仆自知诗文一字不通，唯禅宗一事，不敢多让，当今劲敌，唯李宏甫先生一人。其他精炼衲子、久参禅伯，败于中郎之手者，往往而是。"

稍后的《瓶花斋集》中对初始介绍李贽的举业师王辂说："曹公曰：'老而好学，惟吾与袁伯业。'当知读书亦是难事。求之于今，若老秃（卓吾）、去华、弱侯其人也。"

同是《瓶花斋集》中，袁宏道写给业师冯琦《与冯琢庵师书》信中说："宏实不才，无能供役作者。独谬谓古人诗文，各出己见，决不肯从人脚跟转，以故宁今、宁俗，不肯拾人一字。词客见者，多载手呵码，唯李龙湖、黄平倩、梅客生、顾升伯、李湘洲诸公，稍见许可。"

晚明时期，禅悦之风盛行，因有李贽、袁宗道、袁宏道、袁中道、黄辉、潘士藻、陶望龄、蔡五岳等一大批文人学士的鼓动参与，知识分子和民间的禅学才走入正轨，呈兴盛之势。也正是因为袁宏道等人在佛学上的阐释，才使得晚明在佛学史研究上有了一席之地。

但是，对于整个心学这条清晰的学术脉络来说，李贽和袁宏道并没有列入其中。一个很重要的原因，就是因为李贽、袁宏道把儒学、禅释分得如此之清楚，实际上却脱离了心学乃至泰州学派的主线，归根结底，泰州学派的思想脉络还是以儒学为主导，只不过到了晚明这一特殊时期，适应下层人士的"理论修正"，但是，泰州学派本质上仍是儒学在特殊时期的发展——此时商品经济与小农经济相互混合，处于一种杂糅的状态。但儒学历经两千余年，根深蒂固，泰州学派面临的文学仍然只是问题处理上的方法论而已，倘若把禅学和儒学颠倒，这势必会被主流学派认为是异端邪说，而更极端的李贽被认为是"异端之尤""妖人"。

李贽曾说自己"自幼倔强难化，不信道，不信仙、释，故见道人则恶，见僧则恶，见道学先生则尤恶"。①在明朝士大夫们的主流道统看来，李贽的行为和思想论调如此极端，甚至也不被佛教人物所容，晚明四大高僧中的紫柏大师在《紫柏老人集》就这样讥讽李贽："卓吾，卓吾，果真龙也耶？果叶公之所画者耶？"

后世把李贽归入狂禅一派，而且是狂禅派最为激烈的一人。黄宗羲说："李卓吾鼓猖狂禅，学者靡然从风。"（《明儒学案·泰州学案四·恭简耿天台先生定向》）沈瓚在《近世丛残》中也说："李卓吾好为警世骇俗之论，务反宋儒道学之说。其学以解脱直截为宗，少年高旷豪举之士多乐慕之，后学如狂。不但儒教防溃，而释氏绳检亦多所屑弃。"

虽然李贽是儒、释双修，但正如沈瓚所说，李贽从来不被认为是佛学主流。李贽自杀后，前御史马经纶收葬，并致信紫柏大师，希望紫柏大师能够仗义相助，以雪李贽冤死之愤，紫柏大师以一贯"紫柏之文，雄健而斩截"（钱谦益语）的文风回信道：

> 居士欲激野朴，愤发同心，雪头陀之死，敢不承命。第野朴为头陀之心，非为头陀也。为头陀立言主书，每以金汤大法自任，此心何心哉？如野朴不以此情照之，则风牛马不相及矣。头陀自刎偈曰：志士不忘在沟壑，勇士不忘丧其元，吾今不死待何时，愿早一命归黄泉。以此偈观头陀之心，则头陀非佛祖圣贤气象也，智勇烈丈夫耳。……有心杀我者，我必前生曾杀他故也，……平生语禅，而临难竟不尊鼻祖抱怨行，消释宿业，以不堪人之琐碎，甘举刀自刎，以迹观之，谓头陀烈丈夫则可，谓真是佛祖圣贤之徒则不可也。虽然，头陀佛祖圣贤之理，未尝不知，他知而未能行，又岂能证而忘，忘而用哉？今之僧俗，虽号称善知禅谈禅者，则又万万

---

① 引李贽《王阳明先生道学钞》附《王阳明年谱后语》。《王阳明全集》四，第217页，天津社会科学院出版社2015年版。

不若卓吾头陀也。

（紫柏真可《紫柏尊者别集》卷三《答马诚所御史》）

　　李贽的思想不被正宗泰州学派的传人所接纳，其中还有一个典型事例就是，李贽和耿定向爆发思想大论争的时候，牵涉到泰州学派的另一个人物——焦竑，焦竑在两人之间起到关键作用。

　　万历十七年（1589），焦竑刚刚高中状元，学术、仕途前景一片光明，李贽为了远避耿定向，派无念（深有）去京捎带书信，提出投奔于他。焦竑见信，当即就拒绝了李贽的请求，李贽便打消了进京的念头，只好"计且住此，与无念、凤里、近城数公朝夕龙湖之上。……我已主意在湖上，只欠五十金修理一小塔，冬尽即搬其中"（《焚书·复焦弱侯》）。面对生死至交焦竑的不理解，李贽也只能引己文《不患人之不己知患不知人》，暗指焦竑拒绝自己是"不知人"，即焦竑不知道李贽的表现而为自己做无力的辩护。

　　袁宏道一生师从李贽，虽然也曾经师事焦竑，对于焦竑和李贽之间，如果要细分的话，袁宏道思想的取舍实为李贽和焦竑中间。万历二十八年（1600），针对社会认为狂禅以"取相"而讥讽，袁宏道为"狂禅"的辩护为婉转的中性态度。袁宏道在《金刚证果引》中为"狂禅"辩护，认为狂禅之取相，是为"不舍声色之无相"：

　　经云："若以色见我，以音声求我，是人行邪道，不能见如来。"又云："有能受持诵读，若供养者，其福德不可思议。"夫供养是以色见也，诵读是以声求也。色见声求，大慈所呵，而得无量不可譬喻功德，何耶？今观载籍所传，谁非以诵经获果者？其求佛于声色之外，盖无几也。后之人执功德之说者，恒欲取实声色以获果；而讥取相之非者，又欲求之声色之外，将若为和会也。余观经中佛言："云何为人演说，不取于相，如如不动。"当知佛所谓声色者，不取相之声色也。又云："发阿耨多罗三藐三菩提心者，于诸法不说断灭相。"当知佛所谓无相者，不舍声色之无相也。佛语本自和会，读者自作分别解耳。会法师某刻金刚证果，属余为引。余恐今时狂禅有为取相之讥者，为之略述其概焉。"①

又如：

浮山录公受叶县省钳锤，其精如金，其气如玉，出语如风如电，岂肯入傀儡场，学他人提弄者？末后九带，未免攒入被袋，何哉？昔有霜姑，多年不御铅华，一日为其孙啼哭甚，遂簪花傅粉以悦之。何则？爱有所专故也。夫九带者，亦录公之花与粉也，可以止哭。录公不惜身命为之，而何眼惜夫语言文字之落草耶？（《浮山九带叙》）

对待明末"狂禅"，后来的黄宗羲（在《明儒学案》卷二三中）给予了在笔者看来非常中性的评价："泰州之后，其人多能赤手以搏龙蛇，传至颜山农、何心隐一派，遂复非名教之所能羁络矣。"一方面，"赤手搏蛇"，非常危险，常游走于刀锋之间，在世俗社会不容"羁络"，不免会受到世人的指责和排斥；另外一方面，单独以才力横空出世，完全要靠修行者才力、禀赋来操持，缺少可以依据的规范性，缺少普遍可行的秩序性，如何惠之以普及型和操作性，这大概是黄宗羲认为需要思考的关键所在。

---

① "狂禅"一词，有学者认为最早出自袁宏道的《金刚证果引》："余恐今时狂禅有为取相之讥者，为之略述其概焉。"万历四十二年（1614），西蜀明昱大师为《佛祖统记》写序，序说，"从上诸祖，授受渊源，支分派别亦如一花五叶。传衣受记历历分明，自是天台一家眷属。又广之以华藏、世界、天宫、地狱诸图。莲社诸贤，往生僧尼，其于法运通塞，尤惓惓三致意焉，用心良亦勤矣。其意直欲薪尽火传灯灯相续耳。近日宗门盛行，讲律或废，不知如车双轮，如鸟双翼。后之绍统者，若真如天台深入法华三昧，亲见灵山一会俨然未散，棒喝狂禅皆当反走矣。"最早指出狂禅的是五家禅，同时指出狂禅的出现是由于教律的衰败，克服狂禅的方法就是兴教门、严戒律。钱谦益也认同此说。

十七世纪开始，随着袁宗道、李贽相继去世，袁宏道也认识到了狂禅的危害。这一方面是政治形势逐渐高压紧逼的客观原因引起的，另一方面，袁宏道出于对自己早期放任自流的反思，此时，他对"狂禅"做过"善意"的批评——但是，比起"小根之弊"来说，"狂禅"尚属"宗门"范畴内，万历三十一年（1603），他在《答陶周望》信中说：

> 弟往见狂禅之滥，偶有所排，非是妄议宗门诸老宿。自今观之，小根之弊，有百倍于狂禅者也。

后来去北京的初期，袁宏道已关注净土宗，在李贽自杀事件发生前后，袁宏道经历了从修禅到主修净土的历程，曾试图像耿定向的学生——心学的传人管志道一样，尝试将儒学、佛学、仙人之学（道学）糅合，从而三教合一。心学和禅学之间做出评估后恰当地糅合，他与管志道来往的书信中也有过多次探讨。但因他早年与李贽的深厚关系，并且，两人的关系已经为世人所知，袁宏道不能成为明末主流学派——泰州学派中的人物，黄宗羲在《明儒学案》中没有单列袁宏道，恐怕也是这个原因。

袁宏道与心学的渊源就是这样了，而且，袁宏道有多本佛学著作，他一生沉迷于佛禅之道，那么，袁宏道更不能算是泰州学派的人物，也不被列入心学范围了。

至于后来袁宏道和佛禅之学的渊源，万历二十一年（1593）的时候，袁宏道进士及第请辞官职隐居老家公安，这恐怕才只是他研佛修禅道路的刚刚开始。后续袁宏道到北京后，更是深入净土和禅宗的方方面面，而作为中国文化史上继宋代苏东坡后与禅释结缘最深的文学人物，其新的修禅之路及成果，都还要等待他接下来的余生来揭示。

第五章

北京日子和『公安派』结社活动

盖居京师者云，当时道路无警守，狗不夜吠。中秋月明之夕，长安街笙曲哀曼，宫城鸟雀惊起复栖。

史玄《旧京遗事》

北京任职及对宋朝文学的研究

万历二十六年（1598）三月，清明，中郎就任顺天府教授（京兆校官），袁宏道总算成为一名京官，作为苏州府吴县县令辞职后调来，官职都是七品，算是平调，但是意义无疑是重大的。在北京，明朝的都城，袁宏道登上了全国的政治和文化舞台。

与县令繁杂的事务相比，顺天府教授可谓是个清闲之职，平常只需职掌京畿地区的学校秩序，不遵教者戒饬之，每三年报优劣于北直隶省学政。初来京城，袁宏道乐得此行。

袁宏道来京的最初三月间，除了有一段时间与户部主事李长庚展开交游，其余时间都用来专心学道、读书、作诗、回信。在江南的仕途和游历后，袁宏道又迎来一段难得的静心时光，他开始闭门读书，集中批点唐代众诗人以及宋代诗人的文集。历代诗人中，袁宏道最喜宋代的欧阳修和苏东坡，其中对于苏东坡尤其推崇，而且，李贽也极为佩服苏东坡，曾专门做过苏东坡的诗文选集。

袁宏道开始对宋代诗文作专门研究，那么，他为何对宋代文人和文学表现出如此高度重视呢？

其实，袁宏道提倡宋代诗文，与他提倡性灵文学有很大关系，他需要从古代文论和作品中寻找性灵文学的依据。在中国，世俗文学是比知识分子文学更大众化的文学，第一次出现的时候是在宋代，宋代文学的成就自然为袁宏道提供了世俗文学的理论支撑。袁宏道作为随后在北京的文学社团——葡萄社盟主和公安派旗手，随即以元、白、欧、苏的唐宋文学为取法来对抗晚明复古派的以李、杜、班、马四大家为典范，以"独抒性灵，不拘格套"的性灵文学思想作为基本主张，来对抗复古派的"文必秦汉，诗必盛唐"。

即使对于宋朝诗文，袁宏道也并非是全面盲目崇拜，他高度评价苏东坡的同时，也指出苏东坡的不足之处，但是，他认为苏东坡的不足不是才气不足，而是包含复杂因素的"气运使然"，在给大同巡抚梅国桢的书信《答梅客生开府》中，他说：

> 邸中无事，日与永叔、坡公作对。坡公诗文卓绝无论，即欧公诗，亦当与高、岑分昭穆。钱、刘而下，断断乎所不屑。宏甫（李贽）选苏公文甚妥，至于诗，百未得一。苏公诗，无一字不佳者。青莲能虚，工部能实。青莲惟一于虚，故目前每有遗景；工部惟一于实，故其诗能人而不能天，能大能化而不能神。苏公之诗，出世入世，粗言细语，总归玄奥，恍惚变怪，无非情实。盖其才力既高，而学问见识，又迥出二公之上，故宜卓绝千古，至其道不如杜，逸不如李，此自气运使然，非才之过也。

等到仍在江南的陶望龄寄来自己的诗文，袁宏道也将近期读宋人诗文的事情告与陶望龄，剖析汉唐至宋以来的诗文脉络，极力维护宋代文学：

> 宋人诗长于格而短于韵，而其为文，密于持论，而疏于用裁，然其中实有超秦汉而绝盛唐者，此语非兄不以为决然也。夫诗文之道，至晚唐而益小，欧苏矫之，不得不为巨涛大海，至其不为汉唐人，盖有能之而不为者，未可以妾妇之恒态责丈夫也。

（《答陶石篑》）

袁宏道在北京任职，与吴越之游时隔一年，他仍在想念西湖的美景。同信中，他对陶望龄说："弟比来闲甚，时时想象西湖乐事，每得一语一景，即笔之于书，以补旧记之缺。书成可两倍旧作，容另致之。"

此时，袁宏道接到长子袁开美夭折的噩耗。袁开美在袁宏道离开仪征后不久就去世，妻子李氏和三弟袁中道都怕他过于悲痛不忍告知，七月的时候，江盈科写来书信，袁宏道方才知道音信，哭而作诗四首。

其一说：

> 一春怀绪热茫茫，梦里无端也转肠。小弟书来怕愁我，寒温虚作两三行。

其二云：

> 官程屈指二千余，颇怪真州消息疏。七月始传江令字，道儿亡在杪春初。

袁宏道在京城任的是清闲的教官，备感寂聊，这时，恰好接到三弟小修来信。袁中道受荆州府岁贡之荐，也将入京，进入太学肄业，信中随即谈及李贽的行踪消息。袁宏道马上给袁中道回信，想要他趁来京的时候，绕道仪征，帮忙顺便接来家属。

袁宏道得知李贽消息，又给李贽寄去书信一封："小修帖来，知翁在栖霞，彼中有何人士可与语者？"袁宏道自道，他所任的是穷官，不过，顺天府尊经阁有二十一史和名人文集，也是一大好事，又详细讲述最近批点欧阳修、苏东坡文集一事。鉴于李贽也编过苏东坡文选，袁宏道将苏诗和李白、杜甫诗进行比较，认为："苏公诗高古不如老杜，而超脱变怪过之，有天地来，一人而已。""韩、柳、元、白、欧，诗之圣也，苏，诗之神也。"(《与李龙湖》)

在北京的袁宏道对李贽的处境极为关心，时时关注着李贽的事态。

万历二十四年（1596），李贽准备接受朋友刘东星的邀请去山西做客，正值耿定向的学生、湖广按察司佥事史旌贤来湖北，史旌贤以"大坏风化"的理由对李贽提出警告。李贽暂时没有去朋友刘东星家，留下来与史旌贤斗争，他在给朋友的信中说："窃谓史道欲以法治我则可，欲以此吓我他去则不可。夫有罪之人，坏法乱治，案法而究，诛之可也。我若告饶，即不成李卓老矣。若吓之去，是以坏法之人而移之使毒害于他方也，则其不仁甚矣！他方之人士与麻城奚择焉？故我可杀不可去，我头可断而我身不可辱，是为的论，非难明者。"(《与耿克念》)

从这年起，李贽在麻城开始遭遇前所未有的困难。他离开麻城龙湖，到达山西上党、大同、通州、金陵游历，于万历二十六年（1598）随焦竑一起南下来到南京，对于龙湖那个已经纷乱的李贽长居之地，这时，忽然有人劝李贽重新回去，袁宏道明确反对李贽回去。

万历二十六年（1598），袁宏道深知李贽此时已经深陷当地道德纠纷，写信给李贽在麻城的弟子杨定见说："卓叟既到南，想公决来接，弟谓卓老南中既相宜，不必撺掇去湖上也，亭州人虽多，有相知如弱侯老师者乎？山水有如栖霞、牛首者乎？房舍有如天界、报恩者乎？一郡巾箬，势不相容，老年人岂能堪此？愿公为此老计长久，幸勿造次。"(《寄杨乌栖》)

　　万历二十七年（1599）夏，焦竑因万历丁酉（1597）科举案所录举子试卷中多险诞语，被给事中项应祥、曹大咸弹劾，夏秋间贬谪回到南京。袁宏道修书安慰了他一通，称"宦途薄恶，情态险侧可笑，无论师不欲闻，即弟子亦不欲言之。时时于潘雪松处得白下初定，知师良慰"（《焦弱侯座主》）。

　　李贽来南京初始，就住在焦竑家里，不久才开始寓居白塔寺①。他在墙壁上自写二联，一云："事未至，先一着；事既至，后一着。"一云："无事常如有事时提防；有事常如无事时镇静。"因为道学家的屡次攻击，李贽多了个心眼。不久，与焦竑同年考取进士的当年探花、袁宏道好友陶望龄给焦竑写有一封信，谈及此事说："世上眼珠小，不能容人，况南京尤声利之场，中间大儒老学，崇正辟异，以世教自任者尤多，恐安放卓老不下，丈须善为之计。弟意牛头、摄山诸处，去城稍远，每处住几时，意厌倦时，辄易一处，无令山神野鬼得知踪迹，则卓老自然得安，或不遂兴归思矣。"（《与焦漪园》）李贽听从劝告，又转栖于栖霞山。

　　李贽在南京著书立学，撰写《易因》，编订其巨著《藏书》，皆因"山中寂寞无侣，时时取史册批阅，得与其人会睹，亦自快乐。非谓有志于博学宏词科也"（《与焦弱侯书》）。同是万历二十七年（1599），袁宏道又给李贽连写信两封，一封是"得丘长孺书，知翁结庵白下，闻之潘尚宝（潘士藻）亦云"，当听到李贽已经到名寺栖霞寺；袁宏道的另一封信是劝李贽从栖霞寺回到天界寺，原因是："闻公结庵栖霞，栖霞木石俱佳，但面西，度夏苦热耳……天界去城稍近，中多闲地，何不卜居于此？"不过没过多久，李贽于万历二十八年（1600）春不久离开南京，

---

① 白塔寺又名永庆寺。始建于南朝梁天监（502—519）年间，梁武帝之女永庆公主舍宅为寺，故名永庆寺。公主又捐汤沐之资，在寺内建五级石塔，全用白石砌造，故称白塔。据《金陵梵刹志》卷二十载，明代，永庆寺寺内主要建筑计有山门三楹，天王殿及正佛殿为五楹，立佛殿、伽蓝殿、观音殿、祖师殿及禅院均为三楹。另建宝塔一座，钟、鼓楼二座，回廊二十二楹，方丈室十楹和僧院十四房等，规模颇为可观。与袁宏道交好的郭正域、汤显祖均留有诗歌。

先是去往刘东星所在的山东济宁，他也没听从袁宏道的劝告，于这年夏秋之际，又重新回到寓居已久的麻城龙湖。

李贽回到麻城龙湖，大概原因是喜欢这里幽静，毕竟他在此寓居十多年之久，自始至终对龙湖怀有深厚的感情。那么，老年李贽一旦回去，到底会经受怎样的冲击呢，袁宏道渐渐嗅到"山雨欲来风满楼"的危险气息，这正是他担心李贽的地方。

万历二十六年（1598）七月，袁中道终于启程从江南来北京了，一同带来的还有袁宏道的家眷。袁中道八月到达京城，正式进入太学修业，与后来成为晚明时期大文人的钱谦益成为同窗好友。这年钱谦益还只有十七岁，某种程度上来说，这是公安派继袁宏道后能够继续记录文艺史的因缘。对于三袁来说，自从四年前从老家公安县告别，现在他们又能重新聚集在一起，而且是在文化核心圈的都城北京，自是快乐，其乐融融。

袁宏道与京城文人的关系

如今的三袁兄弟远非昔日可比。袁宗道以翰林院编修一职充皇长子东宫讲官任上，太子师的职位尊荣无比，备受关注，非一般官员能够荣登，它日皇帝驾崩，太子登基，太子师荣升为帝师，新皇帝一般都会遵循师道，延请帝师加入内阁；至于袁宏道，前些年，他是在江南富庶之地苏州吴县任职，政绩显著，曾得到过前首辅申时行称赞，如今作为顺天府教授，此职虽闲，但也是一名京官，想想前几年还在为赶考忙碌，如今换了人间；而袁中道刚来京城，入了太学，当了一名太学生，且交游广泛，丝毫不逊于两位兄长。三袁都可谓是人中豪杰。

前些年王世贞去世，京城文坛顿时群龙无首，死气沉沉，袁宏道作为一股文学新力量，让文坛悄然出现了新变化。加之前几年的江南仕途、交游让袁宏道积累了丰富的人脉资源，此时，他的三本诗文集已经陆陆续续得到刻印，诗歌、游记、尺牍在民间颇受欢迎，袁宏道在文坛的影响力在江南得以铺展，而且通过焦竑、陶望龄、袁宗道、李贽等文友、禅友之口传到北京。因此，北京的高层文人们，对于三袁倡导的文学革新理论和性灵文学主张早有所耳闻，所以，袁宏道来北京，文士都在关注，他无疑站在文坛的风口浪尖。

是时候在大明王朝的全国范围搞出一点动静来了，这就是袁宏道期待的结社活动。

其实早在万历二十二年（1594），袁宏道进京候选官职那会儿，以袁宗道、董其昌等东宫讲官为主"复为禅悦之会"，当时，袁宏道、袁中道、萧云举、王图、陶望龄、汤显祖等人参加了论学。这次结社名为都门结社，汤显祖和袁中道诗文里多次提及，袁中道在《游居柿录》卷九中说："天根游吴、闽，晤临川汤海若先生，先生便寄一书及《玉茗堂集》来，书中大略言：乙未雪夜，同时七人聚首，而三人俱以高才不禄，不胜叹惋。"汤显祖所指的"七人聚首"为他和袁宏道、袁宗道、袁中道兄弟及王图、萧云举、王一鸣，此外还有陈所学、鲁乐同、丁仲旸、杨庭筠、董其昌等人。等到翌年万历二十三年（1595），袁宏道南下吴县任职后，都门结社又有新的发展，同是袁中道《游居柿录》卷九中说："四月初八日……有人持远书来，乃丁仲旸及王章甫书也。仲旸昔在都门结社，从汉上会章甫来。"

结社是"禅悦之会"，那么自然少不了高僧。其中憨山大师作为晚明四大高僧，居京师弘法时期举禅会于龙华寺，袁宗道、董其昌、唐文献、瞿汝稷等官位尊贵者与之探讨禅学。

在这次结社活动中，袁宏道与董其昌初次认识。董其昌参与万历二十二年（1594）结社活动，也可见于汤显祖诗文。《汤显祖全集》诗文卷四十五《答袁中郎铨部》曰："时忆长安雪夜。玉蟠、子声，遂为故人。思白拓落，久无闻问。"卷十二也有诗题为《乙未计逡，二月六日同吴令袁中郎出关，怀王衷白石浦董思白》。里面都提到董其昌，证明董其昌是"三袁"文人集团里的重要成员，董其昌在京时参与了葡萄社的活动。

袁宏道和董其昌除有私交，两人艺术思想上也颇有相通之处。万历二十七年（1599），袁宏道的《叙竹林集》一文中曾回忆与董其昌论画的情节，袁宏道的文学思想从董其昌的画论中受到过启发：

> 往与伯修过董玄宰。伯修曰："近代画苑诸名家，如文征仲、唐伯虎、沈石田辈，颇有古人笔意不？"玄宰曰："近代高手，无一笔不肖古人者。夫无不肖，即无肖也，谓之无画可也。"余闻之悚然，曰："是见道语也！"
>
> 故善画者，师物不师人；善学者，师心不师道；善为诗者，师森罗万象，不师先辈。法李唐者，岂谓其机格与字句哉？法其不为汉，不为魏，不为六朝之心而已，是真法者也。是故减灶背水之法，迹而败，未若反而胜也。夫反，所以迹也。今之作者，见人一语肖物，目为新诗，取古人一二浮滥之语，句规而字矩之，谬谓复古。是迹其法，不迹其胜者也，败之道也。嗟夫！是犹呼傅粉抹墨之人，而直谓之蔡中郎，岂不悖哉？

袁宏道得出"善画者，师物不师人；善学者，师心不师道；善为诗者，师森罗万象，不师先辈"的论断，而其中"师物""师心""师森罗万象"正是袁宏道文学思想的基本出发点。袁宏道对明代文学的批判与董其昌对明代绘画的批判为一体，不仅受到董其昌的启发，而且两人彼此呼应、相互支持。私人感情上，董其昌一直是袁宏道、袁宗道的密友，袁宗道去世后，董其昌时任湖广学政，袁宗道在当地得以祠于学宫，正是受董其昌这位昔日同窗兼"旧社友"的帮助。

都门结社成员均为阁臣（翰林院官员），袁宏道、袁中道来北京后，结社合流。因此，都门结社是袁宏道后来结社的先声，在公安派发展史上具有重要地位。与袁宏道在公安县的结社不同：一是在京城的结社，人员不限于湖广，士人籍贯有更广泛的来源，公安派从这时候开始就已突破地域局限，开始广泛地扩大其影响，袁宏道借此在全国范围内崭露头角；二是参与人员的身份地位都有显著的提高，影响力随之增大，参与人员中多为进士，其中官居翰林院者有多达七人，参与的人中既有袁宏道、袁宗道、袁中道，又有汤显祖和董其昌等人，汤显祖为已经成名的戏剧大师，董其昌为书画大师。因此，都门结社为袁宏道在京结社的先声，虽然袁宏道后来随着去江南吴县，参与时间并不多，但是这次短暂的结社已经超越一般的"禅悦之会"，称得上是万历中期的京城文化盛会，代表当时禅学、诗文、戏剧、书画的最高水平。

都门结社已经为袁宏道做好了充分的准备经验，为他掀起全新的文学改革浪潮做好了铺垫，这是袁宏道自从万历二十二年（1594）来到京城积累的人脉基础。那么，袁宏道再次来到京城任职，他的再次结社，定当令全国的知识分子和文人期待了。

万历二十六年（1598），袁宏道熟读宋人诗文后，宋人诗文给他反对复古派的改革提供了文理支撑，袁宏道对文学已经有了全新的判断，果断发起新的结社活动。文社以葡萄社命名。何以命名葡萄社？是因为在京城城西有一座崇国寺，寺内有数亩葡萄园，文社成立的时候，便是在葡萄园的葡萄架底下召开的活动。

崇国寺，又名护国寺，曾为北京八大寺庙之一，明代第一奇人、成祖朱棣的谋士姚广孝曾为它的住持。万历时期，这块京郊之地被宦官选中，是他们离宫养老的地方。崇国寺周围都是农庄菜田，虽然位处京城，但远离喧闹，是文社活动的良好选地。

现在看来，袁宏道发起葡萄社的结社活动的主要时间为袁宏道在京的时间：从万历二十六年（1598）春到万历二十八年（1600）八月。至于万历二十六年以前，袁宗道、袁中道与"良朋胜友"常常"招携聚乐"，可以看作葡萄社的准备阶段，而万历二十八年八月袁宏道、袁中道离开北京，九月袁宗道突然逝世，北京的社友仍然在开展活动，直到万历三十年（1602），京城发生"李贽事件"，结社谈禅受到言官弹劾，袁宏道挚友黄辉罢官，葡萄社才解散。

葡萄社作为公安派一个正式的大规模结社，一个京城的大型文社，参与者都是袁宏道的好友，构成一个极大的文学集团。这里有必要将它的成员集体介绍一番。其中公安派中的主将陶望龄、丘长孺、江盈科、董其昌、谢肇淛，作为袁宏道在北京结葡萄社的重要成员，前面已经有介绍，不再提及，葡萄社的其他主要人员还有：

潘士藻，字去华，号雪松，婺源人。万历十一年（1583）进士，授温州推官，擢御史，巡视北城。后因事与东厂太监张鲸交恶，谪广东布政司照磨，后擢南京吏部主事，再迁尚宝卿。潘士藻爱好交友，与焦竑、李贽相契合，后来成为袁宏道文学上的同道者。

刘日升，字晋卿，明万历十一年（1583）朱国祚榜探花、南京国子监司业刘应秋之子，崇祯十年（1637）状元刘同升之兄，且刘家与汤显祖关系非同一般。

黄辉，字平倩，一字昭素，号慎轩，南充人。万历十七年（1589）进士，改庶吉士，授编修，迁右中允，与袁宗道一起充皇长子朱常洛的讲官。黄辉诗文推陶望龄，画宗董其昌，在翰林院，与袁宏道联袂力排复古之风。黄辉与袁宗道本为"素心"文友，袁宗道去世，袁宏道请假回乡后，葡萄社的后事都由黄辉负责。

顾天埈，字伯升，号湛庵，昆山人。万历二十年（1592）探花，授翰林院编修，累迁右谕德，后遭劾致仕回家。顾天埈与袁宏道同科，两人又一起为翰林院同事。万历二十七年（1599），顾天埈奉使赴吴，离开葡萄社。

李腾芳，字子实，一字长卿，号湘洲，湖南湘潭人。万历二十年（1592）与袁宏道同科进士，改庶吉士，后迁左谕德，官至礼部尚书。李腾芳与袁宗道同事，与袁宏道同年，常参与葡萄社的诗酒之会。万历二十七年（1599），他应使浙江南下，没有能够参加葡萄社的后期活动。

苏惟霖，字云浦，号潜夫，江陵人。万历二十六年（1598）进士，官监察御史。

另外，葡萄社绝非只有以上人员，从袁宏道在京城的交游来看，以下人物也都参与过葡萄社的活动，可视为葡萄社外围成员，如黄大节、曹大咸、李长庚、项应祥、梅蕃祚、方子公、周承明、罗隐南、王衿、董其昌、谢于楚、汪本钶、钟鸣陛、钟起凤、汪可受、萧云举、王辂、段徽之、秦镐、瞿汝稷等。

京城士大夫参与葡萄社结社的有五六十人之多，基本上囊括了京城的青壮年文化人士，其中，袁宏道作为召集人，也是葡萄社的盟主。葡萄社作为一个文学集团，袁宏道借此聚成了一个强大的文人集团，中国文学史上，作为一个崭新的文学名词，公安派开始登上历史的舞台。

公安派作家在北京结社时的雅集

北京的日子标志着袁宏道最为旺盛的创作期和文学思想期的到来。来京的短短一两年之内，袁宏道发起葡萄社，从后来的影响看，袁宏道发起的文学革新运动，不只在文学界还包括政界掀起轩然大波。这无疑是袁宏道最愿意看到的文学效果，就跟他在江南的时候，策划出版文集的目的一样，全为弘扬文学理想、打破万历以前僵死的文学风气。

万历二十六年（1598），整整一年中，袁宏道在读宋人诗文的时候，在崇国寺的活动非常繁多，共达九次，这里也有必要记录下袁宏道在崇国寺举行的活动内容。

万历二十六年清明，袁宏道到达北京初期即有诗酒之会，"聚名士大夫，论学于崇国寺之葡萄林下。"就像晚明大多数文社一样，葡萄社没有成文的社团规章制度，大家随意而聚，兴尽而散，聚集之地就在崇国寺。活动的时候，也没有条条框框的限制，率性而为，当时主持葡萄社的是袁宏道和袁宗道，袁中道直到深秋或者初冬的时候，才来到北京。

从万历二十六年初冬开始，此时三袁齐聚北京，袁宏道主持的新文社非常活跃。文社初期，雅集活动并不在崇国寺和寺里的葡萄园举行。这与北京的气候有关，北京的冬天奇冷无比，即使早春也是"寒气酸骨"，袁宏道曾写过二月游崇国寺时候，游玩的奇冷之苦："树上寒鸦，拍之不惊，以砾投之，亦不起，疑其僵也。忽大风吼檐，阴沙四集，拥面疾趋，齿牙涩涩有声，为乐未几，苦已百倍。"（《答梅客生》）

天气太冷，社集便只能在社友的斋中进行了。葡萄社在袁宏道、袁宗道、顾天埈、李湘洲、萧云举等家里搞过诗会。袁宗道的家在西长安门附近，名白苏斋，以"其尚友乐天、子瞻之意"取名，袁宏道在北京的家在东直门外，他是非常敬佩绍兴徐渭的，连读书之室也取名文漪堂，"以徐文长所书'文漪堂'三字匾其上"。

从万历二十六年十二月冬夜到万历二十七年（1599）二月，诗会都移居在家里举行。等到天气好一点，诗友们才去崇国寺雅集，万历二十七年一年当中，在崇国寺的活动就有九次。

万历二十七年（1599）二月十一日，袁宏道来到崇国寺踏月，作诗《二月十一日崇国寺踏月》一首，后面一天是花朝日，黄昏时期，"月甚明，寒风割日"，袁宏道和袁中道经东直道、北安门、药王庙到崇国寺，天气很冷，两人很快打道回府。三月三日（上巳日），袁宏道和袁宗道、黄辉、顾天埈穿着短袄来到西门外河边，为了避风沙来到崇国寺，刚好袁中道和王衿在这里"会文"，袁宏道一直到深夜才回去，又写有《崇国寺游记》记载这件事。

这年初夏，袁宏道三兄弟和黄辉、钟起凤、谢肇淛、方子公七人，模仿竹林七贤，在崇国寺举行诗酒宴会，袁宏道在《崇国寺葡萄园集黄平倩、钟君威、谢在杭、方子公、伯修、小修剧饮》中详细记载了当天的宴会：

> 入门似出门，莎畦布平远。十亩蕃草龙，垂天梦鬚鬎。古根老巉石，凉荫厚深巚。茫茫三夏云，有舒而无卷。分栋理孙枝，凿泉通小畎。树上酒提偏，波面流杯满。榴花当觥筹，但诉花来缓。一呼百螺空，江河决平衍。流水成糟醨，鬓髭沾苔藓。侍立尽醒颠，不辨杯与盏。翘首望祥中，天地困沈沔。未觉七贤达，异乎三子撰。

五月端午节，袁宏道担当召集人，三袁兄弟与黄辉、钟起凤、方子公又在崇国寺举行诗会。大家以王维《田园乐》中"花落家童未扫"分韵作五言诗，袁宏道作诗两首。这年的五月，繁花似锦之际，袁宏道再次担当召集人，召集江盈科、丘长孺、黄辉、方子公在崇国寺集会，以

"五月江深草阁寒"分韵作七言诗，雅集中，袁宏道又作诗两首。

六七月之间，袁宏道在崇国寺雅集，途中遇雨，一行人等在此避雨，竟然一连三天，大家在此狂饮和作诗，袁宏道作《避雨崇国寺三日纪事》说：

> 湿云涨山雨不止，一酣三日葡萄底。天公困雨如困酲，醉人渴饮如渴水。东市典书西典几，团糟堆曲作城垒。明知无雨亦不行，权将雨作题目尔。仆夫安眠马束尾，大瓮小瓮来日起。

袁宏道一生的诗文活动，总是与月亮联系在一起。这年秋天，袁宏道又先后两次召集大家来到崇国寺，每到夜晚，或分韵作诗，或去看月，袁宗道、江盈科、袁中道等均留有诗文。

万历二十七年（1599）三月，天气暖和了起来，文社有了固定地点，就是在崇国寺的葡萄园里。袁中道在《潘去华尚宝传》中对葡萄结社有过详细描写："当入社日，轮一人具伊蒲之食。至则聚谭，或游水边，或览贝叶，或数人相聚问近日所见，或静坐禅榻上，或作诗，至日暮始归。"

这时，除崇国寺葡萄园外，附近一些京郊的其他风景区，诗友们也是去的。例如高粱桥、灵慧寺、大通桥、德胜桥、显灵宫、火神庙、韦公寺、极乐寺，以上八处，袁宏道都举行过诗会活动。

尤其是城南韦公寺，万历时期"京师七奇树，韦公寺三焉"，寺内有海棠、苹婆、奈子等奇树。寺南的观音阁中，有"苹婆一株，高五六丈。"花时鲜红新绿，五六丈皆花叶光。实时早秋，果着日色，焰焰于春花时。实成而叶渴矣，但见垂累紫白，丸丸五六丈也。海棠是"树二寻，左右列，游者左右目其盛，年年次第之"。奈子树是"岁奈花开，奈旁人家，担负几案酒肴具，以待游者，赁卖旬日，卒岁为业。树旁枝低亚，入树中，旷然容数十席。花阴暗日，花光明之，看花日暮，多就宿韦公寺者。海棠、苹婆、奈子，色二红白。花淡蕊浓，跗长多态，海棠红于苹婆,苹婆红于柰子也"。

韦公寺的花景是万历时期繁华的一个缩影,直到崇祯二年(1629)后金突袭北京,爆发"己巳之变"[1],"我师驻寺,海棠苹婆以存,柰子树虏薪之"。[2]被军队接管,韦公寺随之衰落,花景也渐消去。总之,有明一代,韦公寺是居京文人雅集的乐园,万历二十六年(1598)四月,葡萄社结社之初,袁宏道和朋友出城观看柰子花遇到大风,后来也来到韦公寺。

这些在名胜景点举办的活动非常频繁密集,召集人不一定全为袁宏道,也有其他社友作为主持人,社中活动邀请各方好友参与。除诗会活动,大家还一起游玩,去的地方如三圣庵、满井、西山、上方、小西天、盘山等京郊地方,大家正月还前往东华门观看灯市。

袁宏道多次写过灯市。万历时期,灯市在全国范围内已经非常流行,不只《金瓶梅》描绘过民间的灯市,北京的灯市更是盛大。当时,北京的灯市在东华门以东,每年正月初到十七,灯市共有十天,除了看灯,几乎成了夜市。当时的历史地理读本《帝京景物略》非常生动、详尽地描绘过京城的灯市:"市之日,省直之商旅,夷蛮闽貊之珍异,三代八朝之古董,五等四民之服用物,皆集;衢三行,市四列,所称九市开场,货随队分,人不得顾,车不能旋,阗城溢郭,旁流百廛也……向夕而灯张,乐作,烟火施放。于斯时也,丝竹肉声,不辨拍煞;光影五色,照人无妍媸;烟胃尘笼,月不得明,露不得下。"袁宏道的《灯市和三弟》《灯市》正是万历二十七年(1599)正月和袁中道去看灯市之后所作。

袁宏道的创作总是与繁荣、繁华有关,他的创作和文学思想总是受风气影响应时而生。从万历二十六年(1598)开始直到万历二十八年

---

① 己巳之变,又称后金攻明京畿之战。崇祯二年(1629)十月至三年(1630)正月,在明朝与后金的战争中,后金皇太极绕道蒙古率军突袭北京,后来袁崇焕回援,金军被阻于广渠、德胜等门外。
② 以上引文均引刘侗《帝京景物略》。刘侗,麻城人,为公安派之后竟陵派晚期代表作家。《帝京景物略》常引中郎诗文以附景点出处。

（1600），袁宏道在和社友游玩的时候，除诗歌、论著创作外，还写有大量游记。袁宏道在北京的这三年，是自江南吴越之游后，创作上的又一段黄金时间。

袁宏道来到的北京，是北京在明朝的最后一段风华。此时，不只江南，还是京华北京，醉生梦死，奢侈之风无以伦比，又看似太平盛世。在后来的《旧京遗事》回忆看来也是如此美好："神宗时，天下乂安，上高拱宫中，太监陈矩掌司礼监事，崇宽大，上性神明，委重于矩。矩兼掌东厂，但存相济，于时东厂之缉事员役亦平心与物，貌恭谨甚。尝有宫婢以诖误从皇城逸出，虽举体男装而袅袅回步，时见其绣缟之里，官旗闻而物色之也。矩奏上处分，然亦恶缉事人，从此造端，不以为善，故终以他事实之于法，岁余而官旗不敢吐一气。盖居京师者云，当时道路无警守，狗不夜吠。中秋月明之夕，长安街笙曲哀曼，宫城乌雀惊起复栖。二十年以前太平景象约略如此。"

就像《帝京景物略》里所描叙的一样，京城的风景名胜吸引着袁宏道，大大激发了他的创作灵感。与贪恋于现实中的风月一样，袁宏道也贪图纸上风月。

明万历二十七年（1599）那年二月，天气很冷，月末天气好点，袁宏道和朋友们去满井游玩，随后所作《满井游记》就是代表：

燕地寒，花朝节后，余寒犹厉。冻风时作，作则飞沙走砾。局促一室之内，欲出不得。每冒风驰行，未百步辄返。

廿二日天稍和，偕数友出东直，至满井。高柳夹堤，土膏微润，一望空阔，若脱笼之鹄。于时冰皮始解，波色乍明，鳞浪层层，清澈见底，晶晶然如镜之新开而冷光之乍出于匣也。山峦为晴雪所洗，娟然如拭，鲜妍明媚，如倩女之靧面而髻鬟之始掠也。柳条将舒未舒，柔梢披风，麦田浅鬣寸许。游人虽未盛，泉而茗者，罍而歌者，红装而蹇者，亦时时有。风力虽尚劲，然徒步则汗出浃背。凡曝沙之鸟，呷浪之鳞，悠然自得，毛羽鳞鬣之间皆有喜气。始知郊田之外未始无春，而城居者未之知也。

　　夫不能以游堕事而潇然于山石草木之间者，惟此官也。而
此地适与余近，余之游将自此始，恶能无纪？己亥之二月也。

　　万历二十七年（1599），袁宏道升为国子监助教，这年七月，袁
宏道和袁中道及友人苏惟霖、僧死心、宝方、寂子游蓟县盘山等名
胜景点。

　　这三年，恰好也是袁宏道仕途上有所进取的时候。葡萄社成员都是
有功名之人，袁宏道作为葡萄社盟主，影响力势必从文坛蔓延到政坛，
从顺天府教授职位一年之际，万历二十七年（1599）三月的时候，袁宏
道上升为从六品的国子监助教，到后面一年，万历二十八年（1600）的
三月，袁宏道进入政府职能部门，升为正六品的礼部仪制清吏司主事。
应该说，这与他借助葡萄社积累了丰富的人脉有关系。

　　葡萄社结社，让公安派作家及其倡导的性灵文学大放异彩。袁宏道
有非常敏感的观察力，创办葡萄社之初，他定能感觉到自己在做一件大
事。从历史的角度来说，无疑确实如此。

　　因东宫讲官袁宗道的鼓舞，袁宏道主持葡萄社的结社，以崇国寺
葡萄园为中心，辐射到整个京城。袁宏道留下来的诗歌、游记，成为中
国文学史上的一部分，与北京的人文风物形成密不可分的整体，至于以
后，正如史玄《旧京遗事》说的万历之后"显皇崩，光庙早弃群臣，嘉
庙即阼，逆贤窃弄，厂卫大播祸。追想神宗盛年，如东城老父述开元、
天宝间事矣"。人心惶惶，政局乱成如此，再也没有谁可能像袁宏道一
样有能力去组织如此规模的文社。袁宏道等公安派作家组织的葡萄社，
也可以说是明代文学在结社方面最后的风华了。

　　此时，葡萄社作为公安派基地，有诗社兼法社的性质，大家游玩之
际，文社的内容自然也都是谈禅论道、诗酒唱和，也与当时的思想交锋
有关。

　　葡萄社成员作为青中年一代，都受当时流传的显学——心学影响

非常之大，大家对习禅论道的兴趣非常浓厚。袁宏道一直认为阳明、龙溪、近溪是"大宗匠""真学脉"，袁宏道在给父亲袁士瑜的《大人寿日戏作》中说："社中诸法友，勉力事禅那。"社员活动中，将谈禅论道放为首位，诗文倒是其次。袁宏道在《西京稿序》中说："已居燕，结社葡萄棚下，诸韵士日课方外言，以诗为尘务，不暇构也。"

对于袁宏道来说，葡萄社谈禅直接的成果，就是促使他写成的《西方合论》一书。袁宏道一生都喜欢谈禅，施总李贽（李宏甫），为此他颇为自负，他曾经在《解脱集·与张幼于书》中有意气之言："仆自知诗文一字不通，唯禅宗一事不敢多让。当今劲敌，唯李宏甫先生一人。其他精炼衲子、久参禅伯，败于中郎之手者，往往而是。"

至于其他社友，陶望龄是"笃嗜王守仁说，所宗者周汝登"，闭门参禅，黄辉是"雅好禅学，多方外交"，董其昌是"通禅理，萧闲吐纳，终日无俗语"，潘士藻是"修干骨立，目如炬光，开口见舌，潇然自得，大有仙人之致"，顾天埈是"敏秀通理，读书都于无味处得想"，王辂是"乡居万个竹中，治一小室，看《华严经》，便足了一生"。不过整体来说，社友们与出家人又不同，只是在谈禅论道的辩论和交锋过程中，获得心灵的解脱和精神自由，以便能达到相对高的思想高度。袁宏道在《途中怀大兄诗》中说："每当聚首时，言必穷幽邃。毒语攻沉疴，当机无回避。俱悟昔时非，驰马歇狂辔。净侣携数人，结期向北寺。下直即停车，六时声如沸。合掌化如来，白毫与青髻。"

崇国寺作为葡萄社的主办基地，寺里的僧人对他们也很欢迎。万历二十七年（1599）三月，袁宏道与朋友们避开风沙来到崇国寺。作为开春第一场欢乐之会，大家饮酒作诗，崇国寺僧人还带领这些文人参观了寺内建筑和所立佛像，"寺僧引观姚少师像，姿容潇洒，双睛如雷电之烁"（袁宏道《崇国寺游记》），大家在寺内谈佛论道，机锋迭出，兴致盎然。因为崇国寺的欢迎，因为这份独特的佛学情怀，葡萄社成立之初，袁宏道和朋友们也才选择寺庙的葡萄园作为主要活动场所。

当然，平常除了谈禅，论学谈《易》也是葡萄社社友们的一项重要内容。葡萄社成员不但多学心性之学，而且都是饱学之士，其中专门研究易学的也是大有人在。社友中，潘士藻"究心《易传》"，社中曾与袁中道约请谈论："我当与君论《易》，君为我说禅也。"袁宏道在《崇国寺游记》中详细记录了深夜社友们谈《易》的事情，其中写道："时伯修、昭素以诘旦上直先去，余等谈《易》至丙夜，锋颖迭出，几不欲归。以从者夜寒待久，不得已乃还。"大家的兴致非常高，读之也能感受得到。

至于袁宏道创办葡萄社的宗旨，谈禅论道、诗歌唱和是为聚气。后来，三弟袁中道在《石浦先生传》中说得很明白："当是时，海内谭妙悟之学者日众，多不修行。先生深恶圆顿之学为无忌惮之所托，宿益泯解为修同，学者矫枉之过，至食素持珠，先生以为不可，曰：'三教圣人根本虽同，至于名相施设，决不可相滥。'于时益悟阳明先生不肯径漏之旨，其学方浸浸乎如川之方至……"

袁中道的回忆，是把葡萄社放在晚明思潮的趋势中去，来看待它的历史价值和地位。他认为葡萄社的成立，是要抗拒当时两种思想风气：一是重"妙语"而不重"修行"，由"圆顿之学"而流为"无忌惮"；二是重"修行"而不重"妙语"，"宿益泯解"造成"矫枉之过"，让佛、儒、道三教相通，但又混为一谈。当然，葡萄社最终还是要弘扬心学之学，力图使王阳明的心学再次走上"浸浸乎如川之方至"的境界。

袁宏道创立葡萄社，是希望在思想领域有一番大作为，他在寻思公安派文学根本性的思想动力，只有这样，公安派文学才有立根之本。而袁宏道自己充当了旗手，他在向老家的李学元（元善）传递文学信息时说："弟才虽绵薄，至于扫时诗之陋习，为末季之先躯，辨欧、苏之极冤，捣钝贼之巢穴，自我而前，未见有先发者，亦弟得意事也。"（《答李元善》）

袁宏道一生所作论诗论文的作品大概有四十篇左右，葡萄社期间所写占据半数，这归根于袁宏道的结社。因为葡萄社，袁宏道的名气持续扩大，公安派以江南、北京、湖广为支点拓展开来，到此达到袁宏道一生的文学顶峰。不少朋友和读书人都向他写信求教，或者请他为自己的文集写序，而在这些文人之间的应酬和给朋友的序文中，袁宏道再三阐明公安派的诗学观点，其中比较有名的文论《叙姜陆二公同适稿》《雪涛阁集序》就是这时诞生的。

其他公安派作家，如江盈科、黄辉也在摇旗呐喊，努力扩展公安派文学的领域，为公安派文学的多样性做出贡献。其中，挚友江盈科作为公安派重要的代表作家，其《雪涛阁集》里甚至收有寓言和笑话五十二篇，这一举措无疑扩展了公安派的文学范畴。而对于"文学变法"，以复古派为靶子，袁宏道在给江盈科这本文集写的《雪涛阁集序》的火力愈加厉害：

> 文之不能不古而今也，时使之也。妍媸之质，不逐目而逐时。是故草木之无情也，而鞓红鹤翎，不能不改观于左紫溪绯。唯识时之士，为能堤其隤而通其所必变。夫古有古之时，今有今之时，袭古人语言之迹而冒以为古，是处严冬而袭夏之葛者也。近代文人，始为复古之说以胜之。夫复古是已，然至以剿袭为复古，句比字拟，务为牵合，弃目前之景，摭腐滥之辞，有才者屈于法，而不敢自伸其才；无之者拾一二浮泛之语，帮凑成诗。智者牵于习，而愚者乐其易，一唱亿和，优人驺子，共谈雅道。吁，诗至此，抑可羞哉！夫即诗而文之为弊，盖可知矣。

无疑，袁宏道的文学革新运动是万历时期最为耀眼的文学。沈德符在《万历野获编》曾记载了一场在自己邸中与袁宏道论诗，描绘了袁宏道攻讦王李，推崇徐渭的精彩画面：

> 邸中偶与袁中郎谈诗，其攻王李颇甚口，而詈于鳞尤苦。予偶举李华山诗，袁即曰："北极风烟还郡国，中原日月自楼台。如此胡说，当令兵马司决臀十下。"余曰："上句'黄河忽堕三峰下'，一句自好，但对稍未称耳。"袁微颔，亦以为然。偶案上乃其新诗稿，持问余曰："此仆近作，何语为佳？"予拈其《闻蝉》二句云"琴里高山调，诗中瘦鸟吟"最工，并

其《邺中怀古》一联云"残粉迎新帝，妖魂逐小郎"，用事熔化，前人未有，但结联"曹家兄弟好，无乃太淫荒"，忽讲道理，近于呆腐。袁笑谓予赏音。但渠所最推尊为吾浙徐文长，似誉之太过。抽架上徐集指一律诗云"三五沉鱼陪冶侠，清明石马卧王侯"，谓予曰："如此奇怪语，弇州一生所无。"予甚不然之曰："此等语有何佳处，且想头亦欠超异，似非文长得意语。"袁苦争以为妙绝，则予不得其解。

公安派借助葡萄社发起的文学革新，开展得如火如荼。

与此文学革新同时进行的是，万历中后期后，晚明政治生态非常复杂，朝廷各派党争形同水火，袁宏道身处北京这个敏感的政治风暴中心，公安派以葡萄社为结社发起文学改革，除了要考虑文学改革的目的，必然还要思考文学与政治之间的关系，单纯的文学改革是否可能？政治和思想上的敌对势力会不会让文学改革夭折？接受公安派文学思想的同时也要接受禅学吗？这都是袁宏道必须准备回答的问题。

万历二十七年（1599），袁宏道在写给座师冯琦的信里说得很明白：

> 至于诗文，间一把笔。慨摹拟之流毒，悲时论之险狭，思一易其弦辙，而才力单弱，倡微和寡，当今非吾师，谁可就正者？近日黄中允辉、顾编修天埈、李检讨腾芳，亦时时商证此事。辟诸将倾之栋，非一二细木所能支，得师一主张，时论自定。何也？以名与德与言，皆足以厌心，而夺其所趋也。
>
> （《冯侍郎座主》）

袁宏道信中表明晚明文学正受"摹拟之流毒""时论之险狭"的严重危害，对此现状，他极为不满，深感忧虑。在他看来，这时候的文学发展必须"易其弦辙"，而且，文学改革非一人之力能够胜任，这是他结葡萄社的原因，团结文友，共同商证，以期成就此业，阐明文学革新之必要，而达到求助于冯琦，合力推动文学改革。这正是袁宏道向冯琦写信的原因。

文学革新的复杂，决定袁宏道的文学主张在扛起文学改革大旗的同时，其他思想方面，必须在激进与保守之间选择中间道路，加以慎重考虑。当时间到了万历二十七年（1599），在葡萄社结社的后期，袁宏道思想上开始出现求稳求实的微妙变化，袁宏道和李贽之间，乃至公安派和李贽之间开始出现思想上的区分。

这是第一次出现的情况。袁中道在《吏部验封司郎中郎先生行状》中说："结社城西之崇国寺，名曰蒲桃社。逾年，先生之学复稍稍变，觉龙湖等所见，尚欠稳实。以为悟修犹两毂也，向者所见，偏重悟理，而尽废修持，遗弃伦物，偭背绳墨，纵放习气，亦是膏盲之病。夫智尊则法天，礼卑而象地，有足无眼、与有眼无足者等。遂一矫而主修，自律甚严，自检甚密，以澹守之，以静凝之。"

袁宏道从思想上慢慢开始摆脱狂禅派的影响，开始走向稳实之路。袁宏道创立的公安派思想突破了李贽的思想体系，讲究三教同修，儒禅不碍，禅净兼修，悟修相济，相比李贽的思想，这也可以称为是革新的新禅学。自从成功的文学创作实践后，与早期的学习阶段相比，袁宏道的文学思想和佛学思想都迈上了新台阶。

袁宏道的政治考量及《瓶史》等时尚书籍

袁宏道初入京城的时候，虽然只是顺天府教授的闲职，但因长兄袁宗道是东宫讲官，葡萄社成员大都是皇长子朱常洛身边相近的人，他们来自翰林院——作为朝廷养才储望之所，未来的阁老重臣都来源于此，长兄袁宏道、黄辉、陶望龄是袁宏道创办葡萄社时政治上的挡箭牌。袁宏道作为一介非显耀职位的文士，在京城发起一场自上而下的文学改革运动，随着结社运动影响力加大，不免会招到更高层次官员的关注和非议。因此，袁宏道本人也不可避免地会牵涉到政治旋涡中。

之前谈禅论学的葡萄社怎么能存在于北京呢？这需要从整个万历时

期的思想氛围谈起。张居正当政期间禁毁书院，反对"异端邪说"，思想界曾发生过"何心隐死亡案"，罗汝芳被勒令致仕，心学的发展一度受到限制。张居正去世后，禁例解除，民间讲学风气再度兴起。特别是万历十二年（1584），在申时行、王世贞等人的支持下，王阳明从祀孔庙，从此，心学从"禅学""邪学"转变为"有用道学"，不只在民间盛行，而且一下成了道统上的主流学派。

万历十年（1582）张居正去世，到万历三十年（1602）李贽被迫害致死这一标志性事件发生，是万历前中期的二十年，这二十年，王阳明的心学再次迎来兴盛的时期，这是葡萄社能够产生的思想背景，也是公安派作家能够一扫文坛雾霾的原因。关系皇位继承的"国本之争"也是愈演愈烈，等到"国本之争"完结，万历皇帝开始怠政旷工，政治局势又有所改变，心学发展的二十年也渐入尾期，不只远在湖北的李贽开始遭受政治迫害，在北京城，袁宏道长兄袁宗道、黄辉、陶望龄等人都牵涉其中。

黄辉作为公安派的代表作家之一，"戊戌之冬，伯修、中郎皆宦吴门，予入太学，平倩从蜀来，聚首最密"（钱谦益《列朝诗集小传》丁集下《黄少詹辉》）。一方面，黄辉与袁宗道一起参与了葡萄社的绝大多数活动，与陶望龄等人都是葡萄社核心圈的文人集团，另一方面，黄辉的政治身份是皇长子讲官，牵涉到"国本之争"颇深。当时，黄辉由翰林院编修迁右中允，充当皇长子讲官的，在皇长子朱常洛尚未册封为皇太子的万历二十八年（1600）前后，万历皇帝宠爱郑贵妃，疏远皇后和长子朱常洛，朱常洛生母王恭妃几近死去。黄辉身在宫中自然清楚详细情况。有一次，他告诉给事中王德完说："此国家大事，且夕不测，书之史册，谓朝廷无人，吾辈为万世修矣。"王德完署上黄辉的名字一起上疏请求册封，结果王氏被责令下狱，遭受廷杖几近死去，在人人不敢声张营救的情况下，黄辉左右周旋搭救，不避险阻。他说："吾陷人于祸，可坐视乎？"

陶望龄也有一系列站在皇长子朱常洛立场的行动。万历中后期，沈一贯为相，擅权自恣，多置私人于要路，且与宦官集团唱和颇多，在后来轰动一时的"妖书案"中，沈一贯企图陷害当时的礼部尚书、清流派官员郭正域。事发紧急，陶望龄与状元唐文献、榜眼杨道宾以及周如砥一同来见沈一贯，正色责以大义，称愿弃官与郭正域同死，在众官员的救护下，郭正域的案情才得到缓解。

至于自己的长兄，袁宏道是再清楚不过的。当时，袁宗道、杨道宾、黄辉一起充当皇长子讲官，袁宗道想要超脱这种险恶政治局面而不可得，使他面临着窘迫的处境。袁宗道一方面勤于职守，为教育皇长子倾尽了全力；一方面又屡屡发出归欤之叹，就是对这种政治环境和压力的反映。但比起黄辉和陶望龄来说，袁宗道性格更加沉稳，情感更加内敛。对于袁宗道在东宫讲官职位上造成的心身交瘁，袁中道在《石浦先生传》中记载道："先生（宗道）素切归山之志，以东宫讲官不获补，仅得三人。先生曰：'当此危疑之际，而拂衣去，吾不忍也。'是时，东宫未立，中外每有烦言。先生闻之，私泣于室。"

官场攻讦，险恶之事出于多发状态，袁宗道是深受其累。袁宏道《抱瓮亭记》中曾解释袁宗道以"抱瓮"名亭的心理："羊肠路险，吾末如何。盖宏返覆于此，而知伯修之寄意深、词旨远也。伯修殆将归矣。"依照袁宏道《抱瓮亭记》的记叙，吞吐其辞，其实有诸多难言之处，也是这种复杂政治现状的反映。同时袁中道《白苏斋记》也描述了袁宗道的心态："今伯修官渐高，禄渐厚，然每见，必屈指谓余曰：'吾数年内归矣。'嗟乎，伯修近日所欲同，而吾辈亦必欲其同之者，其尤在白乎，其尤在白乎！"袁宗道对白居易生活形态的认同，对其分司东都全身避祸的羡慕之情也可由此而得到理解。

袁宏道无疑是站在黄辉、陶望龄他们一边的，作为政府官员中的"草根人士"，虽然不曾是政坛的主流派，但因为有相似的生活经历、仕途途径、教育背景、政治理想，袁宏道自然与京城的这批少壮派官员走得近，情感和行为上，也多亲近这些或多或少参与过东林运动的官员，而且比起天马行空、"尚欠稳实"的李贽等所见，更令袁宏道认为易于理解，也便于在现有政治秩序上施行自己的政治和文艺目的。

袁宏道虽然自己不想做官，但他的政治立场却为坚持道统、摈弃背叛道统者，他是与东林运动成员渊源很深的人。若干年后的万历三十七年（1609），袁宏道任吏部郎中的时候，对于勒令致仕的东林领袖顾宪成，更是说过顾氏不出"将令世道何所倚赖"的话。

万历二十八年（1600）后，浙党领袖沈一贯与东林运动成员和清流派官员展开政治斗争，通过京察及言官参劾的官场角力中，你死我活，到达白热化阶段。对于东林运动成员来说，官场特别险恶，仕途的不平接踵而至，葡萄社成员因多是东林运动成员，或者多是东林运动成员的学生，或者是与万历时期恶劣的阉党相互交恶的清流派官员，而且，葡萄社的日常是"修禅论学"，公安派（葡萄社）具备的三个要点，都是与沈一贯的核心主张相互冲突的。万历一朝，东林运动人士时时受到压抑，那么，葡萄社的社员屡屡受到打击和污蔑也就再所难免。

袁宏道政治态度倾向东林运动人员和清流派官员，但是，政治形态如此，他感觉到心身疲惫。虽然，他来到北京日子不到两年，有长兄袁宗道的襄助，已经辗转两个官职，又调进了政府职能部门，但是，袁宏道的内心始终无意于仕途的进取，正如他在给大同巡抚梅国桢《答梅客生》中所说的那样："京师之春如此，穷官之兴可知也。"袁宏道绝对不是无政府主义者，只是环境、时局如此。袁宏道内心认为闲适最为重要，在《再和散木韵》一文中，发出无奈的感慨："近来国事纷纭，东山之望，朝野共之。但时不可为，豪杰无从着手，真不若在山林之乐也。"

袁宏道是一个爱好广泛的人，一个处处求闲适的人，他时时追求闲情、雅趣。他在北京的日子，相当清闲，既可读书又可赏玩雅物。官场和文学，这些所谓的名利场让袁宏道感觉累了的时候，他还在关注一些其他有趣的事情。当然，他的关注和爱好与晚明的风气总是相互吻合的。

袁宏道业余时间在关注插花艺术。万历二十七年（1599）的春天，他写有《瓶史》一书，时年只有三十二岁。

《瓶史》全文三千余字，共有一卷①，前有"小引"，卷分花目、品第、器具、择水、宜称、屏俗、花祟、洗沐、使令、好事、清赏、监戒等。详细论述了花瓶、瓶花及其插法，对花材的选用、花器的选择、供养的环境以及插法、品赏等，都有详尽的分析阐述。

后人钱伯城先生笺云，插花"此虽小道，实艺术之一种，有学问在焉，并可见明人风尚"。而袁宏道写《瓶史》的目的，也是为了"与诸好事而贫者共焉"。《瓶史引》中，他写道："夫幽人韵士，屏绝声色，其嗜好不得不钟于山水花竹。"他还说，高人隐士们住深山，濯清泉，与世无争，并以把世间一切让人为乐。你看，他们的生活恬淡、安逸，"踞之也无祸"。袁宏道说他"余生平企羡而不可得者也"。为什么要写这本书呢？"遂欲敧笠高岩，濯缨流水，又为卑官所绊"，身不由己，于是，"仅有栽花莳竹一事可以自乐"。在谈到自己为什么喜欢插花而不是栽花的理由，袁宏道说，由于"邸居湫隘，迁徒无常，不得已乃以胆瓶贮花，随时插换"，况且，北京城里种植有各种名花，取之方便，于是插花成了"余案头物"了。袁宏道认为，这样做，省却扦插、浇水之劳苦，而插于瓶中之花又有极高的观赏价值，也算"一大快事"。至于"邸居湫隘"，袁宏道说的是事实，文人客观条件所限。《明代律例汇编·万历问刑条例·任所置买田宅》有规定："凡有司官吏，不得于见任处所置买田宅。违者笞五十，解任，田宅入官。"政府命令官员不准在任职地买房，这是造成袁宏道在北京住邸，"邸居湫隘，迁徒无常"的原因。但是，袁宏道作为一个极其热爱生活的人，讲究情趣的人，一个极其具有艺术敏感的人，无论到哪里，迁移何等频繁，都保持着一份雅趣。袁中道在《吏验封司郎中中郎先生行状》总结时，说他"好修治小室，排当极有方略"。

袁宏道在《瓶史》中将"花目"摆在篇首，足见他对花材的重视。至于花材的选用，袁宏道更有独到之见："取花如取友。"袁宏道考虑到

① 《瓶史》各本皆无两卷，唯有朱彝尊《借月山房汇钞·瓶史》有上下二卷。上卷分瓶花之宜、瓶花之忌、瓶花之法，似后人删削增减高濂《瓶花三说》所为。

各类爱花者情况："燕京天气严寒，南中名花多不至。即有至者，率为巨珰大畹所有，儒生寒士无因得发其幕，不得不取近而易致者。"但花材"取之虽近，终不敢滥及凡卉"。我国花卉品种繁多，均适合插花之材，且有四时之变。因此，插花取材"入春为梅，为海棠；夏为牡丹，为芍药，为石榴；秋为木樨，为莲、菊；冬为腊梅"。倘若无花的情况怎么办呢？"就使乏花，宁贮竹柏数枝以充之"，也不会滥竽充数。细谈诸花品种，袁宏道有他的"品第"标准：

> 梅，以重叶、绿萼、玉蝶、百叶缃梅为上；海棠，以西府紫绵为上；牡丹，以黄楼子、绿蝴蝶、西瓜瓤、大红舞青猊为上；芍药，以冠群芳、御衣黄、宝妆成为上；榴花，深红重台为上；莲花，碧台、锦边为上；木樨，球子、早黄为上；菊，以诸色鹤翎、西施、剪绒为上；腊梅，磬口香为上。

所有这些，皆是各花的名种。袁宏道对花材的选用极为严格。

大凡插花，花材的宾主搭配是十分讲究的。插作者应明示以哪一种花为主体，作中心，以哪些花作客体，作陪衬，力求突出主体，避免喧宾夺主。只有这样，才能起到众星拱月的作用。袁宏道以花喻人，对于花材搭配，自有独到的见解：

> 花之有使令，犹中宫之有嫔御，闺房之有妾媵也。……梅花以迎春、瑞香、山茶为婢；海棠以苹婆、林檎、丁香为婢；牡丹以玫瑰、蔷薇、木香为婢；芍药以罂粟、蜀葵为婢；石榴以紫薇、大红千叶木槿为婢；莲花以山矾、玉簪为婢；木樨以芙蓉为婢；菊以黄白山茶、秋海棠为婢；腊梅以水仙为婢。

对于花中"婢"之浓淡雅俗，袁宏道也另有品评。这种讲究花材主次搭配的插花组合，跟当时文人墨客插花注重性情，以花寓志趣，托枝寄情思，不无密切联系。

袁宏道作为公安派的代表，文学创作上，他极力强调自由地抒写自己的真情实感，充分表现作者的个性，反对复古派在文学表现方法上的种种清规戒律。对于插花艺术，也有类似的反映。《瓶史·宜称》云：

> 插花不可太繁，亦不可太瘦。多不过二种、三种。高低疏密，如画苑布置方妙。置瓶忌两对，忌一律，忌成行列，忌以绳束缚。夫花之所谓整齐者，正以参差不伦，意态天然，如子瞻之文随意断续，青莲之诗不拘对偶。此真整齐也。若夫枝叶相当，红白相配，此省曹墀下树，墓门华表也。恶得为整齐哉？

这种"高低疏密，如画苑布置"的插花，"参差不伦，意态天然"，并不拘泥刻板的整齐。"忌两对，忌一律，忌成行列"，从变化中求统一，从对立中形成和谐的整体，"此真整齐也"。只有这样，才能称得上"宜称"，才能说得上"方妙"。这种不受任何形式束缚的表现方式，到了今天，仍有着积极的意义。

作为文学家的袁宏道，不愧为"吾国一个插花专家"（园艺学家、作家周瘦鹃语），《瓶史》中句多是五至八句，言简意赅，可算得是插花布置的歌诀：

> 朝看一瓶花，暮看一瓶花。花枝虽浅淡，幸可托贫家。一枝两枝正，三枝四枝斜。宜直不宜曲，斗清不斗奢。仿佛杨枝水，入碗酪奴茶。以此颜君斋，一倍添妍华。
>
> （《戏题黄道元瓶花斋》）

历代对于插花的品赏，常因时而异。唐宋期间，多为宴赏，饮酒题咏，抚琴按曲，娱情取乐，还有香赏、画赏等等。袁宏道却摒弃旧俗，提倡"清赏"。他说：

茗赏者上也，谭赏者次之，酒赏者下也。若夫内酒越茶及一切庸秽凡俗之语，此花神之深恶痛斥者，宁闭口枯坐，勿遭花恼可也。夫赏花有地有时，不得其时而漫然命客，皆为唐突。若不论风日，不择佳地，神气散缓，了不相属，此与妓舍酒馆中花何异哉？

《瓶史》在其他方面，如器具、择水、花祟、屏俗等节，别有见地。如"养花瓶亦须精良"，且有技巧："冬花宜用锡管，北地天寒，冻水能裂铜，不独瓷也。水中投硫黄数钱亦得。"又谈择水和储水，"凡瓶水须经风日者。贮水之法：初入瓮时，以烧热煤土一块投之，经年不坏。不独养花，亦可烹茶"。花和各类气的处置："花下不宜焚香，犹茶中不宜置果也。至若烛气、煤烟皆能杀花，速宜屏去。"这些经验之谈，对于今日的插花，亦有参考价值。

当然，《瓶史》中也有表现为不切合实际的地方，如"洗沐"一节，沐浴花材之尘埃，本是件极为简易之事，而袁宏道却要"浴花者得其候"，并有浴喜、怒、寤、寐、晓、夕之分。至于浴花之人，则更为讲究："浴梅宜隐士；浴海棠宜韵致客；浴牡丹、芍药宜靓妆妙女；浴榴宜艳色婢；浴木樨宜清慧儿；浴莲宜娇媚妾；浴菊宜好古而奇者；浴腊梅宜清瘦僧。"在袁宏道看来，插花和所有艺术一样，应该具备足够的仪式感和身份，如今看来，似在故弄玄虚，实不足取。

《瓶史》虽然不是我国第一部插花著作[①]，但《瓶史》影响最大。《瓶史》问世后，对我国插花艺术的影响之大自不用多说，对日本影响也巨大，它在日本一再翻刻，传播甚广，而且还对日本的插花艺术产生过深远影响。该书最初是作为《袁中郎全集》中的一卷传入日本，直到元禄九年（1696）以后，随着刻本《梨云馆类定袁中郎全集》的传播广为人知。江户时代后期，山本北山等人持续掀起反古文辞派的浪潮，袁宏道

① 我国最早的插花理论著作是高濂的《遵生八笺·高子瓶花三说》，该书作于万历十九年（1591）。另，张谦德于明万历二十三年（1595）写有《瓶花谱》，比袁宏道《瓶史》早四年。

的文学主张和诗文作品颇受推崇,《瓶史》也受到前所未有的重视。著名花道家望月义想(1722—1804)就是在这种文化氛围中从爱读《袁中郎全集》发展到醉心于《瓶史》,并运用《瓶史》的理论而创立了独具特色的插花艺术风格——人称"袁中郎流"。天明元年(1781),"会获此史,始知花林之有《春秋》,乃又得知无人而不可为,无处而不可娱,不贪不争,居之无祸,只在瓶花,遂从事于斯……我但私此一篇,欲与诸同好者共焉,乃别举绣梓,惟希人之易玩而已"。可见他与"诸同好者"已把《瓶史》作为插花艺术的理论来学习并付诸实践。其弟子也对《瓶史》做过深入钻研,如原溪崖、山和井撰有《瓶史述要》一书,望月义望撰序曰:"然余性愚且有僻,不得彼君子所玩之术,只是一头好读宏道之《瓶史》。至于插花,亦专以《瓶史》为准,渐学其风,自然与世之君子之风不同。从余游者将余之插花称之为宏道流,余也晓之,任其称。"他的高足桐谷鸟习稍后又撰有《瓶史国字解》四卷,刊行于文化六年(1809)七月,以日语来注释《瓶史》。此书序言说:"前者黎云斋者,据石公《瓶史》建插花法,自称宏道流,大行于世。"书中附有插花图谱二百八十余幅,由此可见,《瓶史》对日本花道艺术的影响也是非同小可的,此书亦是日本"袁派"插花的由来。

至于以插花等诸项目的赏玩之风,在明朝的起点从何处而来?历史学家们定位于嘉靖年间。沈德符《万历野获编》说:"嘉靖末年,海内晏安。士大夫富厚者,以治园亭、教歌舞之隙,间及古玩。"终于蔚为大观,其区域则以江南为盛,赏玩成为一种文化,涉及项目繁多,无所不囊括,诸如钟鼎、彝器、法书、画册、窑器、漆器、石印、琴瑟、剑器、古镜、座几、椅榻、文房、虫物、插花、茶艺等等。同时代的高濂在《遵生八笺》中曾说他"遍好钟鼎卣彝,书画法帖,窑玉古玩,文房器具",凡可玩弄鉴赏的,均数纳入,涉及历史遗存,又有当时的鲜货。

袁宏道在苏州做官两年,与江南文人交游最多,又曾经遍游江南各地区,他当然清楚江南的流行风气。袁宏道以敏锐的眼光捕捉到这种时代习气,他所写的《时尚》一文中说:"近日小技著名者尤多,然皆吴人。"苏州人操持着全国各地的流行风尚,成为市场的宠儿与时尚之都,这时,苏州的一些工匠制作的名器,纷纷成为世人追求的时尚之物,诸如龚春、时大彬的砂壶,胡四的铜炉,何得之的扇面,赵良璧的锡器,一时好事者争相购买,唯恐不及。

收藏时玩成为一种"时尚",曾令传教士利玛窦非常不解。

万历十二年(1584),利玛窦给西班牙税务司司长罗曼的信中说:"也有些人可能整天企图在浪费金钱,彼此拜访,相互宴请,饮酒作乐,这对士子都是平常的事。人们都很爱好吃喝声色之乐,且有专门书籍记载弹琴的姿势与季节的举行,整年有舞蹈和音乐,还有作乐的处所、钓鱼的池塘和其他消遣的处所等等。"①利玛窦所说的"赏玩"之风,遍布全中国,不管出仕的官员还是所谓的"山人"群体,袁宏道的同时代,有一大批文人都在不遗余力地记录这种"时尚",后世的人们可以列举出一大批出产至晚明时候的书名:陈继儒的《妮古录》四卷、《珍珠船》四卷、《皇明书画史》《墨畦》,李日华的《紫桃轩杂缀》三卷、《紫桃轩又缀》二卷,沈德符的《敝帚斋余谈》,屠隆的《考槃余事》,文震亨的《长物志》等等,都是有关赏玩、书画方面的专著。沈德符的《敝帚斋余谈》里就写道:"玩好之物,以古为贵,惟本朝则不然。永乐之剔红,宣德之铜,成化之窑,其价遂与古敌,始于一二雅人,赏识摩挲,滥觞于江南好事之缙绅,波靡于新安耳食之大贾,曰千曰百,动辄倾囊相酬。"

袁宏道《时尚》一文中说:"古今好尚不同,薄技小器,皆得著名。"从赏玩器型中,可以看出明代文人会生活懂艺术,所玩之器精细、精致、精约。明代文人的赏玩,对接了宋代所产生的赏玩文化、美学,它的形成又跟整个明代社会风习的变化相关,表征着明代初期以来文化、美学思潮的变更。特别是经历隆庆开关和万历中兴后,它是明代文人对自我精神加以塑造的现象,又是生活方式、情调的替代性对象。赏与

---

① 引《利马窦书信集》:《利氏致西班牙税务司司长罗曼先生书——一五八四年九月撰于肇庆》,出自于《利玛窦全集》,翻译:罗渔,光启出版社于1986年6月出版。

玩的整合，建构成完整的赏玩文化——美学。赏玩的审美理想和标准是"清"，凝化为"清赏""幽赏"，其背后是闲适心态。

闲适，这无疑与袁宏道的审美趣味和人生悟道是密切相关的。短暂的一生均是苦，到底该求得什么呢。袁宏道尚在苏州吴县县令任上，他在给妻弟李学元的一封名为《李子髯》的信中说得十分准确："人情必有所寄，然后能乐。"关键是赏玩人的心态："故有以弈为寄，有以色为寄，有以技为寄，有以文为寄。古之达人，高人一层，只是他情有所寄，不肯浮泛虚度光景。"因为人终究逃不过哀伤，万历二十六年（1598）初冬，眷属初至，即有"一少姬病死"，袁宏道说自己"一岁之内，三肠并裂"①，既然转入佛教是一种方法，那么，转入赏玩亦是。是寻求另外一种生活、艺术方式，而不是颠覆它和否定它，是为了换一种活法，活得更快活。

人生之苦（包括政治的浑浊）造成赏玩追求"清流"，闲中得清。万历年间，无锡文人华淑在《题〈闲情小品〉序》中认为，"闲"是"清福"，跟"名墙利垄"相绝缘。华淑深情地描述了"闲"的各种形态："晨推窗：红雨乱飞，闲花笑也；绿树有声，闲鸟啼也；烟岚灭没，闲云度也；藻荇可数，闲池静也；风细帘清林空月印，闲庭悄也。"有"闲"才得"清"，有闲适的时间和心态才能享受这份"清福"。清闲式赏玩的第一境界恍如禅境，如苏州的张大复所说："意思虚闲，世界清净，我身我心，了不可取。"（《梅花草堂笔谈》）禅的境界正化为审美的境界。

赏玩的发展有一个扩散过程，最终才沦为市场和商业的炒作行为。沈德符《万历野获编》曾认为这种风气"始于一二雅人赏识摩挲"，从士大夫阶层开始"滥觞倾橐相酬"，发展到"真赝不可复辨"的地步。这时赏玩的另一面是对象的真赝不辨、品位的良莠不齐，既氤氲着清风，又弥散着俗气，既显示了感性主义的高涨、审美的发展，又体现了士大夫精神的式微和艺术的沉沦。也许因为没有时间的沉淀，袁宏道时

---

① 袁宏道指来北京之前的万历二十六年（1598）身边发生三件悲伤的事情，一为此年早些时候长子开美殇，二为他"一少姬病死"，三为"尊嫂之变"。

代的赏玩，从一个视角展现了晚明的一面：繁华虚热的整体社会和文化状况。

那么，明代晚期赏玩追求"奇、怪"也就不足为奇了。袁宏道也有所记录。他在《斗蚁》一文中写道："取松间大蚁，剪去头上双须，彼此斗咬，至死不休。问之，则曰：'蚁以须为眼，凡行动之时，先以须左右审视，然后疾趋。一抉其须，即不能行。既愤不见，因以死斗。'"如此未有之奇事，袁宏道颇觉惊异，便录以存照。袁宏道写有《斗蛛》的小品文中，同样惊异于"斗蛛之法，古未闻有"，阐明龚散木斗蛛的具体玩法则是："每春和时，觅小蛛脚稍长者，人各数枚，养之窗间，较胜负为乐。蛛多在壁阴及案板下，网止数经无纬。捕之勿急，急则怯，一怯即终身不能斗。宜雌不宜雄，雄遇敌则走，足短而腹薄，辨之极易。养之之法，先取别蛛子未出者，粘窗间纸上，雌蛛见之，认为己子，爱护甚至。见他蛛来，以为夺己，极力御之。惟腹中有子及已出子者不宜用……黑张经、夜叉头、喜娘、小铁嘴，各因其形似以为字。"

沈德符在《万历野获编·技艺篇》中写有《斗物》："闻牛斗最为奇观，然未之见。想虎斗必更奇，但无大胆人能看耳。最微为蟋蟀斗，然贾秋壑所著经最为纤细详核，其嗜欲情态与人无异。当蒙古破樊襄时，贾尚与群妾据地斗蟋蟀，置边递不问也。我朝宣宗最娴此戏，曾密诏苏州知府况钟进千个，一时语云：'促织瞿瞿叫，宣德皇帝要。'此语至今犹传。苏州卫中武弁，闻尚有以捕蟋蟀比首虏功，得世职者。今宣窑蟋蟀盆甚珍重，其价不减宣和盆也。近日吴越浪子有酷好此戏，每赌胜负辄数百金，至有破家者，亦贾之流毒也。斗鸡为唐玄宗所好，然金距芥羽在春秋已有之。至若斗鹅则见《晋·桓灵宝传》。及唐僖宗好斗鹅，一鹅至直钱五十万，斗鸭，魏文帝曾向东吴索之，又见唐人诗中。此二戏不传久矣。袁中郎云曾见斗蚁，闽人多斗鱼，余俱未得见。"

文人对时尚的记录总是串联通晓在一起，形成庞大的关系网和广泛的社会风尚，袁宏道作为猎奇之人，成为文人此类记载中的常见牵涉人物，参与在时代的时尚享玩之中。袁宏道作为历史上明确反对"空头文学家"的作家，至于他的"赏玩"和趣味性的记录，也绝不会想到会开启后来之新的风尚。

　　袁宏道的《畜促织》《斗蛛》《斗蚁》《时尚》这些赏玩篇，乃至饮食论著篇，一方面完整记述了万历时期的风俗人情；另一方面可以看出袁宏道疏放的性情，沉迷于嬉戏和技艺之法。当然，这一切都是与袁宏道不太深入政治有关，政治如此黑暗，根本之学——儒学从思想上又自相矛盾无路，恰好社会风气又是"礼一回佛、听一出戏、藏一幅古字画、养一位歌姬、逛一趟山水园林"，那么，作为文化人士的袁宏道权且如此吧，他极好地践行了这一点，还乐在其中，参与其中。

　　袁宏道在北京的日常生活，体现了他适世生活中的追求时尚和情趣。所作的《畜促织》《斗蚁》《时尚》等篇，甚至《瓶史》《广庄》《西方合论》，乃至归隐老家公安所作的《觞政》，袁宏道的这些书籍反映了晚明尤其是万历时代的文人风尚和趣味，它们和袁宏道的文学创作和文学理论一起，构成了袁宏道精神世界的完整面貌。

公安派文学的中途生变

　　公安派作家在北京开展的文学运动，一定程度上帮助了袁宏道的仕途升迁。万历二十八年（1600）三月，袁宏道已经改任礼部仪制司主事，七月，袁宏道奉朝廷命，需要前往河南周藩后裔瑞金王府掌行丧事。瑞金王是明太祖朱元璋嫡五子周定王支裔荣简王的封号，藩驿在河南开封，封地在江西，依照往常惯例，政府官员每出一次长差，公事结束，朝廷会给与休假。曾经，长兄袁宗道曾掌楚王册封一事就是惯例，袁宏道准备趁机回公安一趟。

　　前些日，父亲袁士瑜来信，信中说庶祖母余大姑得病，非常想念孙儿，甚至为之绝食数天。江西距离湖北不远，袁宏道离京的时候，就做好了准备，欲趁假期回乡省亲，探望自己的这位亲生祖母。恰逢袁中道在太学，刚参加顺天府的八月乡试，随即落榜。袁中道科举上并不太顺利，他也想回家先好好休整一番，等到明年再入太学。袁宏道寄居在东关之外，等待了袁中道几天，随即两人一起离开了京城。

至于袁中道下第的原因，大概皆因他自由散漫，没有专心于枯燥的典籍，即使入太学后也是如此。如他《太学偶作》中的调侃："日射柏林如膏沐，拜罢欲出不得出。长髯堂吏喝班散，黑头蛆子靴声战。出门掷去老头巾，独着短衣城外行。夺得健儿弓在手，一箭正中双飞禽。"这顺口诗颇具武人气息，袁中道曾经受梅国桢邀请，在塞外做客，也许是受塞外长游至久的影响吧。

万历二十八年（1600）的八月初六，袁宏道终于出都赴命，临行的时候，袁宗道将袁宏道、袁中道送到归义寺，免不了要规劝两位弟弟一番。袁宗道以自己在官场十多年的经历，对袁宏道奉命执掌丧礼这一差事所需注意的事项，一一交代。三人自然是依依不舍，回想起在北京的日子，三袁兄弟举行盛大的结社活动，三人意气风发。袁宏道和袁中道相约在明年二三月间返回北京，这不过半年时间，随后又可聚首北京，三人还大笑而别。

谁也没有想到，袁宏道八月初六在归义寺告别后竟与袁宗道永别，成为三袁兄弟间最后的一次相聚。

袁宏道南下的路途，本来心情相当愉悦，北京贵为都城，高僧云集，他在北京尚未出都的时候，有去拜访过从湖北宜昌来京的高僧无迹和尚[1]。当阳玉泉寺毁于元代时期的战争，为了当阳玉泉寺的大修，无迹和尚正在北京着手募集。袁宏道拜访无迹，只为寻找一禅友一同南下，以便路途中一可方便谈禅论学，二可解途中无聊，三乃万历年间士大夫们共同的爱好与"时尚"。

无迹和尚随即向袁宏道推荐一名叫圆象的僧人。无迹说："有门人圆象，虽无颖悟，却是分修行僧。"

袁宏道十分满意地说："得此足矣。"

袁宏道的此次出京，实际上暂时告别了他的门客和助手方子公，不

---

[1] 无迹和尚著有《八识略说叙》，该书为明末唯识学的重要著作。袁宏道作有《八识略说叙》序言，序中说："无际大师，法中之虎。"万历三十年（1602），万历皇帝母亲慈圣太后赐与千金给无迹重修当阳玉泉寺。

过一路有三弟袁中道和僧人圆象的同行，把差事当成旅游，也算是人间的一大快事。这趟差事一路顺风，等到河南瑞金王府办完公事，时间已经到九月和十月之际，袁宏道马上告假还乡，他急着赶回老家公安县，为了能见到亲生祖母余氏，同时也为了与已经回到公安的袁中道会合。袁宏道到家的当天，祖母余氏已经病重卧床，见袁宏道回家，扶着鸠杖出来迎接，袁宏道喜极而泣。余氏已绝食数日，见袁宏道回来，才开始吃饭。见到白发苍苍的祖母，袁宏道心里也不禁嘘出一口气，祖孙总算是见了一面。

等到十一月二十五日的时候，余氏不幸病逝。万万没有想到的是，第二天晚上，即二十六日晚上，袁宏道忽然接到兄长袁宗道病逝的讣告。

短短两天的时间，竟然前后两个亲人病逝。对于袁家来说，这宛如晴天霹雳！祖母余氏年迈，抱病已久，她的去世不属于意外，只是毕竟是亲生祖母，生死离别，袁宏道痛楚万分，这也是他急着从河南回家的原因。但是，袁宗道之死，他怎么也没有想到，于袁宏道整个大家庭来说，无异于灾难。回想八月六日的时候，兄弟三人在归义寺分手之际，兄弟们还相约重逢，大笑而别，不想这次别离竟成为兄弟间的永别，这份迟到的讣音传来，在袁宏道心里是如何也接受不了的。

袁宗道是十一月初四突患恶疾去世。

这里要谈谈袁宗道高中会元留京后的从仕经历。袁宗道刚中进士进入翰林院充编修的时候，官职清闲，后来升为春坊左中允、春坊右庶子，特别是万历二十六年（1598），成为皇长子朱常洛讲官，职务和皇长子的起居、教育有关之后，情况发生改变。按照正统的惯例，朱常洛作为皇长子，会是未来的皇帝。太子师的责任重大，讲务繁重，是一个极其繁忙的工作，况且，因朱常洛出生"都人"，万历皇帝在立储问题上犹豫不决，皇长子朱常洛长时间陷入"国本之争"，时任皇长子的讲官也仅有三人，东宫讲官通过荐举、科举、加官赠官、恩荫、亲臣等方式入选，作为知识渊博的文人，夹在万历皇帝、后宫、众臣之间，无疑神经最为紧张。袁宗道把他和二弟袁宏道比较："中郎昔忙今闲，我昔闲今忙。人生苦乐乘除，大抵如此。十年做太仓雀鼠，今得报效，少忏素餐罪过，不敢厌劳怨苦也。但年近四十，日起先鸡，玄鬓化白，面纹渐多，异日相对，竟是一龙钟老翁矣。韩退之云：'居闲食不足，从官力难任。两事皆害性，一生长苦心。'去住之难，从古叹之，可奈之何！"（《寄三弟》）其实，袁宗道早已动过归隐之心，"我甚欲归田"，未行之原因皆因"但为大人年未六十，归计太早，恐亲心不悦"。

袁宗道每天都在"独苦"中度过，他的独苦首先由孤独造成，他早在中举后就丧妻，使得"两儿一女茕茕然，若黄口之雏，啾唧于危巢"。万历十九年（1591），两个儿子在北京接连夭折，万历二十五年（1597），仅有的孤女也在北京去世，兄弟相聚，可以排除"独苦"，这也是他为二弟中郎来京补官的一个原因。袁宏道在京发起文学运动之际，袁宗道虽然已经年过四十，却成了无儿无女的孤家寡人。他曾在给小修袁中道的一封信里表明"独苦"："居官数年，丧却两子一女，一身萧然，此怀何堪？"

袁宗道认为自己"吾少年病后，骨体脆薄，多肉少筋，非寿者相"。就是在这种高度紧张的政治危险状态下，袁宗道专职东宫讲官三年，每天，他都得听鸡鸣而起，从东华门进宫讲课，等到讲完回到家中，内阁还会派人来索取讲义，于是深夜还要伏案备课，不能有丝毫怠慢，真是"日夜抱一编，形神俱憔悴"。袁宗道自己也在一首诗中描写他有次雪晨入宫讲课的情景："将曙气阴阴，寒侵烛焰沉。云浓禽路涩，雪厚象踪深。足滑全依仆，衣单紧束衿。人间饶乐事，何业化书蟫。"（《雪晨入直》）

万历二十八年（1600）十一月，已是初冬，也许是受明朝小冰期影响①，到了万历时期，北京非常寒冷，十一月初四的前几天，京城突

---

① 明朝遭遇的"明朝小冰期"的冬天非常寒冷，尤其是1580—1650年，且旱情多发。由于极度寒冷导致粮食晚熟、减产，万历二十九年（1601年）十月，朝鲜《李朝实录》载："时西方（中国）失稔，虏地尤甚。老酋遣人来言于满浦曰：'我境年凶如此，明春难以生活，闻朝鲜多有蓄积云，幸相赈救'云云。"有证据显示，明朝这一时期遭受更为严重的干旱和低温的袭击。明万历三十六年至四十五年（1608—1617）间，袁小修留居湖北沙市附近的日记，详细记载了桃、杏、丁香、海棠等春初开花的日期。从这两个人的记载，我们可以算出袁小修时的春初物候与今日武昌物候相比要迟七天到十天。

然刮起大风，气候变化非常明显。袁宗道早已疲惫不堪，全身不适，他还是照常入宫，熬到晚上讲学完毕，才跟跟跄跄地回到家，正准备要上床歇歇，突然头脑一阵剧痛，袁宗道难以忍受，身子一歪，当即仆倒在地，溘然而逝，年仅四十一岁。

袁宗道做官非常清廉，去世的时候，家人检查钱囊，发现仅有几两银子，后来筹办他的丧事，连棺木都为门生筹集。袁宗道妻妾三人，也没有钱南归回乡，需要去当卖袁宗道平生所收藏的书画、文房才能积得银两，即使如此，回公安县也将无房子可供家眷落脚。

早在八月，袁宏道和袁中道都已经南下，袁宗道的子女都已经夭折，等到袁宗道一走，其家里顿时无有当家男人了，只留下三位流寓京城的妻妾，其中一位还怀有身孕，顿时"寡妇一屋声，天地为阴喑"，凄惨难以言说。幸好袁宗道在京城有众多同事和朋友，他的后事都由在京朋友和学生料理。其中好友黄辉更是倾力操办丧事，尽心尽力，袁宗道后事才"可无遗恨"。

平常，袁宗道虽然百般忙碌，但是，他对公安派的创立和发展都厥功至伟，公安袁氏的崛起，实际上起于袁宗道。袁宗道高中进士，进翰林院，其科举仕途上的成功，对袁宏道和袁中道仕途上的影响和帮助巨大。袁宗道一路仕途如锦，特别是位居皇长子讲官，这一个具有标杆作用的政治身份，为他在京结社起到很好的保护作用，为公安派作家能够在北京赢得巨大的影响力提供良好的保障。而且，袁宗道自己也热衷于参与文学结社活动。

袁宗道实为扛起性灵大旗的第一人，从以往的重道德求实用发展到重性灵和自我表现。万历二十四年（1596），他作《论文》上下篇，对李、王复古派发出挑战，上篇对李梦阳的"模拟之风"发起抨击："空同（李梦阳）不知，篇篇模拟，亦谓'反正'。后之文人，遂视为定例，尊若令甲。凡有一语不肖古者，即大怒，骂为'野路恶道'。不知空同模拟，自一人创之，犹不甚可厌。迫其后一传百，以讹益讹，愈趋愈下，不足观矣。"袁宗道继而提出："古文贵达，学达即所谓学古也。学其意，不必泥其字句也。"下篇对王世贞认为"后人无理"进行嘲讽："其（王世贞）

赠李序曰：'六经固理之区薮也，已尽，不复措语矣。'沧溟赖古人无理，而凤洲则不许今人有理。何说乎？此一时遁词，聊以解一二识者模拟之嘲，而不知其流毒后学，使人狂醉，至于今不可解喻也。然其病源则不在模拟，而在无识。"袁宗道自己认为"故学者诚能从学生理，从理生文，虽驱之使模，不可得矣"。

等到葡萄社结社，三袁其实已经并驾齐驱。只是袁宗道公务繁忙，所著诗文并不多，有些当时就已散佚，而且，袁宗道在世时，诗文集并没有得到刻印。袁中道在《游居柿录》中有记载，称在同父异母弟袁宁道家中，发现有"伯修字牍数纸，其中皆生死学道语，惜未入刻"是为证明，后来，袁中道整理袁宗道遗稿时，"所作诗余及杂剧数出，无一字存于世者，可为浩叹"。经过整理，袁宗道著作仅存《白苏斋类集》三百余篇。

袁宗道是公安派第一个逝世的重要作家，袁宗道的去世标志着公安派实际进入休整期。面对袁宗道去世，袁家上下"一家昏黑，不知所为"。袁宏道说他是"肠为之裂"，后来，袁宏道又追记道"严亲头触石，聚哭空里肆"。全家浑浑噩噩，悲伤无以复加，只有用时间才能慢慢疗伤。数天后，袁宏道和袁中道开始筹划进京。最后，袁家派出袁中道先行去京，十二月初的时候，袁中道开始动身北上，日夜兼程地赶往北京，拟将袁宗道灵柩及其家眷接回老家公安。

这年的冬天，三袁兄弟中唯独袁宏道一人待在公安。袁宏道开始计划运送哥哥袁宗道的灵柩回乡，在给黄辉的信中这样写道："弟将以仲春前后迎至三辅。水道迂缓，从陆程为便。讣至之日，家祖母遂亦长逝，此情可知。临书莽莽，不文不次。"

万历二十八年（1600），袁宏道回乡途中，其间去了一次汉阳会见葡萄社社友王章甫。这段日子，因为袁宗道的突然逝世，袁宏道是慌乱的、悲伤的，平常除了给至交写几封信，所留诗文几乎为空白。因为悲伤，袁宏道几乎没有做成任何事，时下，他心灰意冷，开始做下半生的打算了。鉴于袁宗道去世，也鉴于复杂的政治局势，他打算退休和隐居。

至于袁宏道为什么动起归隐之心？这里除了袁宗道去世，还要谈谈当时高发的政治事件。

袁宗道之死不只是袁宏道家族兴衰的分水岭，更像是一次时代的政治隐喻事件。一六〇〇年，对于西方国家中的英国来说，是巴洛克时期与文艺复兴时期的分界点，西方世界从此走上文艺复兴。对于大明王朝来说，在新世纪开元通过一系列政治事件迈上了不祥的起点。

新世纪后，明朝高层政治事件高发。袁宗道去世的身后，朝廷开始爆发一系列的政治事件如"国本之争""妖书案"，这些事件都是在短短几年的时间内发生的，都有关皇长子朱常洛，可以想见作为东宫随员的袁宗道，之前是如何的高度紧张，这是董其昌曾经辞去东宫讲官的原因。至于"事体"引发的政治斗争，袁宏道在万历二十六年（1598）任顺天府教授期间，他给梅国桢的书信中极力嘲讽有关争执者，他说："大约如人家方有大盗，而其妻妾尚在房中争床笫间事。又如隔壁人告状，而我卖田鬻子为之伸理，至于产尽力竭而犹不止，抑亦可笑之甚矣。"

十七世纪前后，另一种关系民生的政治事件——征税引发民间抗税活动。围绕着征税问题，民间的抗税斗争进入高峰。早在万历二十四年（1596）六月，万历皇帝就派出第一拨采矿太监、矿监的同时，又向各通衢大邑派出税监。至于征税的理由，万历二十七年（1599），万历皇帝跟此时的次辅、后来的首辅沈一贯讨论过矿监税使的问题，万历皇帝给出如下理由："朕以连年征讨，库藏匮竭，且殿工典礼方殷，若非设处财用，安忍加派小民。"实际上，情况更为复杂。两种征税均默认税监的盘剥，矿使税监本人私入腰包的二分，他们的随从人员就地瓜分三分，当地土豪恶棍中饱私囊，占去四分，只有不到十分之一用来上交填充国库存蓄——国库（太仓）彻底空虚，国家只能采用强制手段，至于如何采用，使用何种政策、征税的范畴都考量着明朝统治者的眼界及执政水平的高低。万历三十年（1602），万历皇帝虽然突发大病有过撤销矿税的举动，不久病愈反悔，后来大臣上疏有关矿税之事，万历帝也就不再听取了。

万历二十七年（1599）四月，山东省临清万余人包围临清税使马堂的衙门。袁宏道在北京的时候，对这事即有耳闻，他表面上漠不关心，不谈国事，只是有一次，葡萄社在北京城西显灵宫雅集，袁宏道以"城市山林"为韵作诗，诗中倒能看出他心底对国事的忧虑：

> 野花遮眼酒沾涕，塞耳愁听新朝事；邸报束作一筐灰，朝衣典与栽花市。新诗日日千余言，诗中无一忧民字；旁人道我真瞆瞆，口不能答指山翠。自从老杜得诗名，忧君爱国成儿戏。言既无庸默不可，阮家那得不沉醉？眼底浓浓一杯春，恸于洛阳年少泪。

随后的同年七月，袁宏道的老家湖北发生一连串的驱逐税监陈奉的事件，这起事件延续时间很久，前后引起两次武昌民变，这引起袁宏道强烈的关注。

事情经过是这样的，御马监太监陈奉奉命去荆州监税，陈奉每到一个地方，即招募地痞无赖，收受贿金，然后编为员役，让他们分别管理奏记、谋议、出入。陈奉到荆州后，大开告密之门，到处搜刮，沙市百姓为之骚动，陈奉遭到荆州市民驱逐。万历二十七年（1599）十二月，武昌、汉阳万余人包围了陈奉的税厂，众人向里面扔石、放火，好在巡抚带兵火速驱赶了这些围攻的市民。与此同时，湖广各地爆发一系列抗税的连锁反应，驱逐陈奉，朝廷为之震动，大臣们纷纷上疏要求撤回陈奉，万历皇帝却置之不理。

这是第一次武昌民变，税监陈奉在故乡为所欲为引发民怒。袁宏道尚在北京的时候就忧心忡忡，他给执掌荆南关税的沈朝焕写信，信中说："垂危之病，而加之以毒，荆人岂有命哉！楚人悍而喜乱，今又激之，噫！此天下大可忧事也。"

时局如此艰难，做官不易。正如他同年在给业师冯琦信中说："近日国事纷纷，东山之望，朝野共之，但时不可为，豪杰无以着手，真不若在山之乐也。"（《又与冯琢庵师》）袁宏道敏锐的观察力不只对文学艺术，对人生和政坛的观察也一样有效，一切看在眼中，风云不测而罢。

袁宗道去世后，万历二十九年（1601）的时候，袁宏道做好了归隐公安县城斗湖堤镇城南柳浪馆的决心，他一直没有去朝中复命，从这时候开始，袁宏道一步步地往归隐的方向走去。这年五月初五端午节一过，袁宏道带领僧人乘船东下，出发去迎接长兄袁宗道的灵柩。袁宏道的船过岳阳到达汉阳，其中遇上好友丘长孺，到浔阳的时候，无念和尚也从大别山深处的黄柏山赶来和袁宏道会合，为了随后赶往仪征，追悼袁宗道，众人决定一起先行上庐山，游玩庐山才去仪征。

这一路，袁宏道作诗很多，借此来抒发怀念长兄袁宗道的心情，特别是面对相知颇多的长者、李贽眼里的"老实人"、故人无念禅师，袁宏道百感交集，如《无念同余迎先伯修，赋此为别》中说：

> 瘦石如何比老颜，才留筋骨在人间。一舟破衲慈明哭，几叶寒帆学士还。病久思旧黄柏岭，衰来梦上戒坛间。江西湖北频来往，学得心闲似水闲。

此前，袁中道开春的时候已经走水路运送袁宗道灵柩南下，四月的时候，一行人已经抵达淮泗，两人预计在扬州仪征会合。鉴于以上原因，袁宏道也是在忧喜参半、心情复杂、时喜时悲的情况下，与友人王章甫，僧人尚方、明空、无念一同登临庐山。

六月正式到达庐山。袁宏道和众人在庐山一共待了十天。他被庐山美景吸引了，每日脚不停步，幽峦邃谷，无所不探。刚入庐山的时候，袁宏道就写有《游庐山初入东林雨中》：

> 穷天刻冷翠，浓雨洗幽青。湿云坼西岭，坐见武昌晴。远公昔庵此，莲花漏初成。岩窦列宗雷，石梵彻天清。想像醉五柳，颠颏望釜铛。旷心闻法语，啼儿畏锦绷。达哉远师鉴，礼法怜裸裎。客儿虽百醒，不以易一醒。千二百岁后，

白藕无根荣。莲宗启末社，唐子惭道盲。掬流浣尘貌，寒潭吹古腥。山僧如石瘦，莲堂空几楹。

袁宏道在庐山访寺庙游山，作诗记景之作非常多，时有佳作，又如《文殊台》：

> 芙蓉万尺花如铁，秋窗昼洒红霞屑。螺顶仙人骑杖来，天衣晓带雪山雪。帝遣神丁量海洗，绣锷斑稜生平砥。一萍吹作浔阳城，半匕疏为九江水。高青直上一万重，绿瞳笑启金泥封。烟重云滑不可去，怒鞭白雀恼张公。

袁宏道认为，庐山是他平生所游名山中最为奇绝之山，其中深涧瀑布尤佳，为世间少见，他作《瀑布》一诗云：

> 寒空日夜摩幽绿，雾縠龙绡披几束。银湾截断牵牛人，鞭起眠龙驾天鷇。帝宫酒暖浇愁春，云汁茫茫泻清渌。夜寒霜重玉女骄，袖裹金匜向地覆。湘娥手挈潇湘来，雪魄云魂斗不足。炎官不到落星城，六月人间呵冻玉。

同是这个六月，关于庐山的瀑布，他又作《开先寺至黄岩寺观瀑记》，此文写了两次观瀑，一次是开先寺登望瀑楼而观，一次是黄岩寺席文殊塔而观，出现在袁宏道笔下的瀑布"雷奔海立，孤搴万仞，峡风逆之，帘卷而上，忽焉横曳，东披西带"。这是短暂的喜悦，空灵、奇幻的匡庐瀑布变幻万千。

袁宏道又在游记中借以瀑布之形象来论文学：

> 良久月上，枕涧声而卧。一客以文相质，余曰："试扣诸泉。"又问，余曰："试扣诸涧。"客以为戏。余告之曰："夫文以蓄入，以气出者也。今夫泉，渊然黛，泓然静者，其蓄

也。及其触石而行，则虹飞龙矫，曳而为练，汇而为轮，络而为绅，激而为霆。故夫水之变，至于幻怪翕忽，无所不有者，气为之也。"客起而谢。今吾与子历含鄱，涉三峡，濯涧听泉，得其浩瀚古雅者，则为六经；郁激曼衍者，则骚赋；幽奇怪伟、变幻诘曲者则为子史百家。凡水之一貌一情，吾直以文遇之，故悲笑歌呜，卒然与水俱发，而不能自止。

袁宏道以参禅而参文，以庐山"泉""涧"喻文理之道，水有各种情貌，文有万千气象，故有"六经"、骚赋、子史百家。这段文论包含了袁宏道创作论的重要思想，也是袁宏道对文学风格论的形象诠释，是袁宏道游记和赋诗中为数不多的重要文论。

袁宏道在登庐山的过程，不禁又怀念起袁宗道。在与哥哥昔日的同事、好友黄辉的《黄平倩庶子》中一边写庐山为最奇之山，一边怀念伯修："弟以午节后挂帆，挟数老衲入匡庐，幽峦邃谷，无所不探，生平所见名山，此为最奇。""伯修素有登临癖，恨不见此。"

十天的游玩总算结束了，袁宏道一行人等从庐山出发，继续顺江东下，过安庆、铜陵、芜湖、南京，庐山之游是完满的，心情也不错，晚上还和无念等友观月。顺江的行舟很快，这期间只花费十天，同是六月就抵达仪征了，袁宏道在扬州停船泊岸，专门等候三弟袁中道到来。

对于袁中道来说，护送灵柩回南方可就不那么容易。袁中道一行历经了千辛万苦，灵柩随船取道天津、交河、临清、辰河、徐州等地，一路南下，两月有余，沿途或招风浪，或遇枯水，又因途经大运河沿岸的临清，而"临清民变"①从万历二十七年（1599）四月开始，一直在持续发展，不曾停歇。这一路上兵荒马乱，宛如一幅乱世景象，袁中道一行人等既担惊受怕，又要保护灵柩和家眷。这次护送长兄灵柩南归的一路上，可谓是吃尽了苦头，袁中道在长文《行路难》中详细记载了这一

① 据《明史》记载，"临清民变"由王朝佐领导抗税，延续到万历三十年（1602）以后，当年"税监杨荣，肆虐激民，民不胜愤，火其厨房，杀委官张安民"。

趋艰辛的行程。

到达扬州的时候，袁中道已经是疲惫至极，只是袁宏道在此等候，才让他精神为之一振。《行路难》中，袁中道怀着复杂的心情写道："是日聚首广陵，悼伤逝者，不胜酸楚。然久困邮中，于天涯见骨肉，又不胜喜跃。"

等见到兄长袁宗道的灵柩，袁宏道完全没有游玩庐山的快乐，当即，洒泪祭奠，"一恸倒地"，在极度悲伤的过程，袁宏道自己也染上了火病，胸膈烦闷，咳嗽过月，全身消瘦，手脚麻木，动弹不得。袁宏道之病正是受袁宗道之死的刺激，悲伤至极，五脏俱损，引发疾病加重，兄弟俩在仪征徘徊数日，待袁宏道病情稍好一点，三船同发，开往公安。从长江回公安的时候，七八月间正好是长江汛期，江水暴涨，波涛汹涌，而且溯江总比顺江艰难，行至武昌，袁宏道雇了一条轻船，一行人先到达公安。十多天后，载着袁宗道灵柩的船才到达公安县城斗湖堤镇。等到公安的时候，此时三袁的父亲袁士瑜"见大人于佚老堂，悲泣哽咽，相视不能言"。

袁宗道的灵柩到公安老家已经是九月中旬。在押船期间，袁宏道写下了生平最长的一首诗《途中怀大兄诗》，诗中追忆了哥哥袁宗道的一生，回忆三兄弟在京城聚首的情景，及这一次迎接灵柩回乡的整个过程。"十宵九入梦，明明知已逝。"真是物是人非，想兄涕然。当八月的夏天到来，即将抵达公安家园的前夕，袁宏道又作长题为《八月六日舟中，忆去年此日与大兄都城归义寺别，泫然念及大姑，自云"明岁二三月当还，出笼不远"。因大笑而别。今大姑与兄俱逝矣，哀哉》之诗，袁宏道一连作诗五首，长歌当哭。此时袁宗道逝去一年矣！

十七世纪初政治斗争的影响

随着袁宏道的离京，"三袁"从北京离去，公安派文学运动在北京已经渐入尾声。袁宗道在北京的去世，让葡萄社更加经受一层打击，袁宏道一时也无力返回北京。在护送袁宗道灵柩从长江回公安的路上，袁宏道突发疾病，一路目观时局纷乱①，干脆给朝廷上了一封《告病疏》。这次朝廷倒是很快批复，袁宏道从此正式归隐山林。

不过，在袁宏道和袁中道归乡以后，其实葡萄社的活动还在延续。从袁宏道离开北京，到万历三十年（1602），这将近两年的时间，葡萄社至少还在开展活动，只是，此时已经由另外两名在京的公安派作家主持了。

十七世纪初，袁宏道归隐，葡萄社改由黄辉和陶望龄共同主持，万历二十九年（1601），陶望龄已经回京，葡萄社只剩下黄辉主导。这时，因为身处整个万历时期政治最为敏感和特殊的时期，葡萄社由于有黄辉的亲自主持，比袁宏道主持时期更加遭受政治非议。而且，葡萄社的日常参禅活动，是黄辉辞官的一大原因，也可以这样认为，正因为黄辉有东宫讲官的特殊政治身份，又"心口爽快"，作为"国本之争"的利益方，由他主持葡萄社，结果给葡萄社带来更大的非议，让结社处于风尖浪口。

葡萄社的活动在袁宏道主持下形成巨大的影响，早就引起朝野上下广泛的关注，葡萄社结社一事也多记载于同朝官员的笔下，如王元翰在《与野愚和尚书》中说："其时京师学道人如林：善知识，则有达观、郎目、憨山、月川、雪浪、隐庵、清虚、愚庵诸公；宰官则有黄慎轩、李卓吾、袁中郎、袁小修、王性海、段幻然、陶石篑、蔡五岳、陶不退、蔡承植诸君。声气相求，函盖相合。"

《明史·黄辉传》说，黄辉因聚集出家人谈禅，受言官弹劾而乞归。袁中道在《答苏云浦》中也谈及这事："马元龙有字来，云黄慎轩已拟司成，为省中所弹，今改用人矣。其弹状大约为其结社谈禅也。"政治风气时紧，禅学已经沦为"异学"，结社谈禅开始受到打击，至于葡萄

---

① 万历二十九年（1601）六月初三，袁宏道任职过的苏州发生抗税事件，史称"织佣之变"。文秉《定陵注略》记载："时苏杭织造太监孙隆监管税务，无赖尽入其幕，奉札委称税官。"葛贤领导苏州商民反抗税监孙隆。苏州是征税的重点地区，袁宏道于万历二十五年（1597）忍受不住压力辞职。

社后期的具体情况，沈德符在《万历野获编》卷十《黄慎轩之逐》有更详细的记载。黄慎轩因与陶望龄辈"结净社佛，一时高明士人多趋之，而侧目者亦渐众，尤为当途所深嫉"。万历三十年（1602），壬寅春月，礼部给事中张问达上疏弹劾李贽，疏文末尾说："近来缙绅士大夫，亦有捧咒念佛，奉僧膜拜，手持数珠，以为律戒，室悬妙像，以为皈依，不知遵孔子家法，而溺意禅教者。"实际上暗里有攻击黄辉和陶望龄等众多朝中政治人物。不到十日，礼部尚书冯琦也上一疏，疏中严厉抨击黄辉和陶望龄，内容与给事中张问达无异。

冯琦上疏的动机成谜。袁宏道的朋友沈德符认为冯琦上疏，并非附和张问达，作为礼部之长，大概出于维护正统思想地位，两人因为价值观的冲突造成，冯琦作为礼部高官，一心要做传统的道德圣人，"好尚与黄偶异"。

冯琦的上疏实在令人费解，冯琦和黄辉一向友善，两人经常有书信往来，共同探讨诗文，冯琦在给黄辉的《答黄宫谕》中曾对当下流行诗风极为不满，可知两人关系良好。至于冯琦与袁宏道的关系更不用说，冯琦亲自录用的袁宏道，后来，冯琦丁忧在家时，袁宏道还曾多次致信，希望在文学革新上得到他的关照，冯琦对袁宏道性灵文学的主张也是深表赞成。冯琦居丧期满，将从老家山东临朐还京，袁宏道对此格外期待，《冯琢庵师》中说："家兄弟近作，皆欲请教，以还朝在即，将面受斤削，但不知行李以何日发，宏眼欲穿矣。"万历二十七年（1599）三月，冯琦还朝，万万没有料到，他会在袁宏道主持的葡萄文社一事上参了黄辉一本子。

冯琦上疏的同日，在首辅沈一贯的授意下，御史康丕扬也上了一疏，专门针对黄辉，决意将他驱逐出官场。

皇长子朱常洛虽然被册封为太子，但地位仍旧不保，在黄辉被劾一事上发挥作用不大。一共有三人弹劾太子师黄辉，万历皇帝在这事上毫不含糊，当即下旨道："览卿等奏，深于世教有裨，仙佛原是异术，宜在山林独修，有好尚者，任解官自便去，勿以儒术并进，以惑人心。"万历皇帝的意思很明白，旨意又专指黄辉，这年八月，黄辉也只能解官回到老家四川南充。

万历三十年（1602），政治形态诡异，文人官员之间党争、朝野的思想类敏感案件非常繁多。"妖书案"第二次爆发，这一年是政治斗争的高发期，朝中借儒术和禅学之争展开政治斗争，李贽于本年春天在通州被捕入狱就是事例。是年，有非常多的打压思想倾向的事情，为什么会发生？葡萄社的解散与朝廷的政治斗争、思想倾向的转向有着直接关系。袁宏道在给友人的信中，气愤异常地说："一时执政诸大臣，有杞、桧之奸，林甫、嵩之之娼嫉也"，袁宏道认为是"伪士满朝，庸儒误国"（《顾升伯太史别叙》）。

万历二十九年（1601）十一月，沈一贯成为浙党首领升任内阁首辅，在议罢矿税关键时刻，沈一贯倒戈，从此得到万历皇帝信任。浙党也成为明末第一个以籍贯命名的政党，浙党蒙上箝下、排斥异己、遍置私人，党系之间的政治斗争成为惯例。当沈一贯听说京城的葡萄社聚谈禅学，旬月必聚，十分憎恨，因他与黄辉政治观点相左，"其憎黄尤切"。

万历时期上有皇帝生母李太后的支持，谈佛本为当朝之一大"时尚"。万历早期，李太后垂帘听政时期，沈一贯受到排挤不得重用，善佛的李太后还朝于万历皇帝后，沈一贯是借"排禅"来打击黄辉等人，本质上为朝廷高层的一起政治斗争。冯琦、张问达两人的上疏，极可能就是沈一贯授意，冯琦的政治立场在于沈一贯。在冯琦上疏弹劾黄辉的同年，冯琦已经升任礼部尚书，一般都认为冯琦是东林运动的外围成员，但是，冯琦的仕途与其他成员截然不同。

葡萄社最终解散，沈德符认为还有一大原因，即黄辉与晚明四大高僧紫柏之间的谈禅竞争。紫柏大师与内阁沈鲤要好，此次来京，为了要求朝廷停止征收矿税不停奔走在北京各界，不过，紫柏大师来京，不幸牵涉进了政治斗争，成为沈一贯等人排挤反对派别的政治工具。

沈德符作为见证人，他在《万历野获编》卷二十七之《紫柏祸本》中记载得极为详细："己亥、庚子间，楚中袁玉蟠太史同弟中郎，与皖上吴本如、蜀中黄慎轩，最后则浙中陶石篑以起家继至，相与聚谈禅学，旬月必有会，高明士夫翕然从之。时沈四明（沈一贯）柄政，闻而憎之。其憎黄尤切。至辛丑紫柏师入都，江左名公既久持瓶钵，一时中禁大珰趋之，如真赴灵山佛会。又游客辈附景希光，不免太邱道广之恨，非复袁、陶净杜景象，以故黄慎轩最心非之。初，四明欲借紫柏以挤黄，既知其不合，意稍解。而黄亦觉物情渐异，又白简暗抨之，引疾归。时玉蟾先亡，中郎亦去，石篑以典试出，其社遂散。未几，大狱陡兴，诸公窜逐，紫柏竟罹其祸，真定业难逃哉！"

沈一贯主持内阁，为明朝意识形态领域的禁锢事例发生的小高峰时期，其中包括禁书案和排佛事件①，至于佛教领域，前后发生过憨山遭谴、雪浪被逐、李贽被迫自杀事件。晚明虽为佛教的一大中兴，而学佛者的遭际并非乐观。紫柏大师此次入京亦为不祥之举。楚王案和妖书案中，沈一贯和沈鲤之间的争斗，都以沈一贯的胜利而告终，紫柏大师作为沈鲤的至交，成为政治乱象的牺牲品。万历三十一年（1603）十一月末到十二月初，紫柏受第二次妖书案中的"续忧危竑议"②牵连入狱，狱中受尽折磨，从狱中归来后，伤重圆寂。狱中，紫柏发出"去年曾哭焚书者，今年谈经一字空，死去不须论好恶，寂光三昧许相同"的感慨，以示这等政局下，其实与李贽命运相同。

紫柏"续忧危竑议"案，与之前李贽的自尽、黄辉被逐等"攻禅"，都出于首辅沈一贯之意。至于葡萄社的最终命运，随着袁宗道逝世，黄辉辞职，袁宏道和袁中道都已经离开北京，陶望龄出京典试，江盈科去云贵两省视察刑狱，重要成员一一离去，袁宏道发起的葡萄社不复存在。

---

① 据统计万历时期共禁书 20 本，与明初洪武期间禁书 24 本、天启年间禁书 11 本，形成明朝两个相对的禁书高峰期。

② 第二次妖书案中，郭正域被诬以造作妖书之名入狱，锦衣卫在郭正域门生沈令誉家中大肆搜查，查获若干紫柏书信，信中有谈及营救憨山大师之事，有语云："谓牢山海印之复，为圣母保护圣躬香火。今毁寺成清，是伤圣母之慈，防皇上之孝也。"此乃暗指万历帝不孝。且万历帝与李太后在立储一事上分歧很大。御史康丕扬得此信上呈，万历皇帝大怒，下旨通缉紫柏真可。十二月初一日，紫柏在潭柘寺被西司房办事处逮捕入锦衣卫。引其私淑弟子陆符撰《紫柏尊者别集附录》。

第六章

归隐之路

（1606—1610）

烟树湿茂茂，残缸细隐红。池容通国水，柳散一城风。
僧静能消月，庭方好贮空。幽窗渔梵冷，童子印香终。

袁宏道《柳浪馆月中泛舟》

"山人"常态下的性灵与闲适

袁宏道在公安县城南的柳浪馆定居下来了。万历二十八年（1600）
秋冬之际，袁宏道开始经营柳浪馆。柳浪馆位处公安县城南面的油水河
畔，面积共有三百余亩，大多是洼地，洼地里有大约四十余亩的高地，
袁宏道在高地外筑成长堤，堤内堤外种植柳树和枫树，洼地一带渐成盛
景，一时"柳阴河浪，春秋如碎锦云铺"。在高地上，袁宏道总共建设
了三间屋舍，名曰"柳浪馆"，柳浪馆前，命人掘一放生池，池内种白
莲，池畔建亭。

袁宏道隐居公安县满足于柳浪馆的园林之乐。此时，董其昌短暂出

山，袁宏道请来湖广任职的董其昌给柳浪馆题名，其中，董其昌给一座亭子题名为"抱瓮亭"①，放生池的右边是洼地，另筑横堤与田地相隔，此洼地种红莲。洼地名曰柳浪湖，湖中间有一小岛，岛上也建造三间屋舍，用以招待僧人和来访客人。左右两条小堤，一条直达柳浪馆，另一条与外界相连。袁宏道在公安县斗湖堤镇筑柳浪馆，此举大概以示怀念兄长袁宗道，也为遵从兄长生前的遗愿吧。因为袁宗道在写给袁中道书信《寄三弟》中曾经有过表示："我意欲将荷叶山荷叶堰，俱作短墙围之，从乌桕树中开门，以小舟往来其中，纯种白莲。山内松粟十围处，作一佛堂，万松岭上作一大士阁。记往时每夕阳行此处，则平湖万顷，晶晶晃耀，如烂银海，且可以东望黄山，极为胜处。可令阿书，将我田租预市木植，杉木便好，不必楠柏木也。但闻其中树木，颇遭斫伐，又邻家多取以代薪，甚为虑之。此处以林树为命，宁乞吾顶上毛，莫伐吾树也。头上霜毛，除之何害，惟此树系吾晚年生计，已敕阿书守护。弟幸温语恳诸人，为此树乞命，诸人未必不听。我又敕阿书种树，山中可多种松，墉上可多种桃柳，桃柳易成。以待弟入村，可自阅视，其行位亦自有方略，太整即俗，弟自能办，不须嘱也。已向董思白、黄慎轩诸公乞堂额庵名矣。"

隐居伊始，万历二十九年（1601）春天，袁宏道即作《柳浪馆》诗歌两首，其一：

> 遍将蓝沈浸春颜，风柳鬖鬖九尺鬟。鹤过几回沉影去，
> 僧来时复带云还。闲疏滞叶通邻水，拟典荒居作小山。欲住
> 维摩容得不，湖亭才得两三间。

其二：

> 一春博得几开颜，欲买湖居先买闲。鹤有累心犹被斥，

---

① 袁宏道在万历二十七年（1599）所作《抱瓮亭记》有记："伯修寓近西长安门，有小亭曰抱瓮，伯修所自名也。"

梅无高韵也遭删。凿窗每欲当流水，咏物长如画远山。客雾
屯烟青个里，不知僧在那溪湾。

袁宏道隐居后（从万历三十二年开始），袁中道下第，心灰意冷之
际，他在柳浪湖后面从公安县的举人王官谷手中买得一块地皮，该地原
名"香光林"，周围约莫三十亩田地，全部种上翠竹，多达数万株，袁
中道也修葺了几间屋舍在此隐居。袁宏道将"香光林"易名为"筼筜
谷"，于是公安县从此便有说法："前有柳浪，后有筼筜。"

"柳浪湖上柳如烟，柳浪湖下浪接天。"这一切，仿佛袁宏道仿照杭
州西湖所设，柳浪湖这一带以"柳浪含烟"之美，也列为公安"八景"
之一。

等到万历二十九年（1601）九月迎来亡兄灵柩，袁宏道已经不再住
石浦河畔旧宅，彻底搬到柳浪馆。十月后，袁宏道悲伤之际，上书刚刚
上任为礼部尚书的冯琦，为亡兄伯修乞恤典，在《与冯尚书座主》中说：
"先兄恤典，会典具载，谨遣小价上疏，伏念先兄讲读四年，竟以此
卒。生平修谨，无纤毫过，讲明圣学，似亦朝贤之所许可。倘荷特恩，
荫恤赠谥，皆例所有，是尊师主持耳。然亦未敢必疏之，当上否也，唯
尊师裁之。"

因黄辉被劾以及葡萄社一事，袁宏道对座师"官样"了，言语客气
许多，不再像以前信中那么亲密和热情。

万历二十九年，袁宏道在老家过了隐居后的第一个春节，平常在老
家的日子，若无客人拜访，也就是静坐看看雪，这些天，因为空闲，袁
宏道也有时间在诗韵上下功夫，每一首诗歌都用前韵，如《雪霁后，仍
用前韵》《舟中看月，仍用前韵》《入春屡作雪，不见梅花，仍用雪中韵
作古诗悲之》等诗歌，都是用《雪中限韵，时寓沙市同度门作》之韵，
此时的诗歌或者限韵或者和客人的诗韵。

袁宏道最初在柳浪馆隐居的时候，其间大的出游活动，就是去附
近一带短暂出游，主要为当阳玉泉、武当。两三年间，袁宏道再无远
游。他在柳浪馆生活过得很是自由散漫，每天早晨从柳浪馆起床，推开

窗，目睹湖光波纹如绫，又仿佛回到了西湖。从万历三十一年（1603），袁宏道在给朋友王百谷的信中可知，他经常回忆起吴越之游，他学起了过唐代张志和的日子，"赋得斜风细雨不须归"。白天的日子里，或看春雨。《雨中过王官谷香光林》里说：

> 脱屐入春丛，拾芳携翠笼。一番洗竹雨，几阵报花风。
> 薪老知茶忌，须长论药功。疏黄秾碧里，一树石楠红。

《雨久初晴》说：

> 梅花吐冷魄，竹子舒烟尾。稀影落寒檐，微微苔甲起。
> 向虚置楷床，卧听鸠妇喜。发炉熨古灰，一片尘心死。乍闻
> 邻塾言，儿童摊润纸。乳乌背窗啼，花间掠红紫。

或雨中与亲人、诗友唱和，或又学起了林和靖，一反昔日的喧嚣和热闹，以林为榜样，以淡①为美，看梅鸣志。其间或作《风柳》和《柳》，《风柳》云：

> 夏后倾城喜，羊家通体腰。蝶魂抛冷絮，莺梦恼娟条。
> 几日青门道，当时红版桥。闲思与闲恨，种种逐烟销。

或与友人一同外出，随意走进附近的村落农舍，或去法华庵看望出家人朋友，与禅友、文友聚在一起，纵谈天下，谈禅问道，其《和王以明山居韵》一写道：

> 蜡屐先春试，新诗倍日吟。为花常驻马，有字即题襟。

---

① 袁宏道一生极服人苏轼和林和靖。他在《叙吕氏家绳集》中曾谈到"淡"的观念："苏子瞻酷嗜陶令诗，贵其淡而适也。凡物酿之得甘，炙之得苦，唯淡也不可造；不可造，是文之真性灵也。"

竹老云辞去，廊空月到深。将何伴幽冷，水响与柯音。

　　或与他喜欢的朋友、僧人一起，众人一起于夜晚看月赏月。袁宏道的一生总是与月和禅连在一起，尚在长江水路迎伯修灵柩的路上，去庐山的前后，他和朋友、僧人们一起看月赏月，回到柳浪馆，夜晚的时候，也常和众友们一起观月泛舟，夕阳西下，在柳浪湖宽阔的水面上，袁宏道以"舟"为工具夜晚出游。哪怕万历三十年（1600）寓居沙市一月的时候，当阳度门寺住持无迹和尚从北京募集重修玉泉寺的资金来到沙市，在正月寒冷的下雪天里，袁宏道和无迹和尚也曾多次一同看月赏月。

　　此时，袁宏道诗中也多次写到看月，这段隐居时间，是袁宏道一生中最为空闲的时期，也是他一生创作中写月最多的时期。袁宏道隐居期间收录的文集《潇碧堂集》中，诗歌篇目中光是提及"月"之事，就多达十五篇，且袁宏道写月之作时有佳成，如春天的《柳浪馆月中泛舟》：

　　　　烟树湿茂茂，残缸细隐红。池容通国水，柳散一城风。
　　僧静能消月，庭方好贮空。幽窗渔梵冷，童子印香终。

　　历经北京葡萄社长达三年的造势活动，袁宏道已经成为文坛崛起的革新派领袖。葡萄社解散后，袁宏道隐居公安县柳浪馆，其文学活动随即也从京师移至老家公安县。袁宏道归乡，公安县一时成为全国文人交游频繁之邑。

　　随着长兄袁宗道的去世，袁宏道乡居六年，他的身边开始聚居以他为核心的朋友圈，这时的朋友不仅有过去的阳春社、南平社、葡萄社的社友，一些成长起来的新人也参与进来，文士们聚集在袁宏道的周边，重新形成了公安派作家的新阵营和新群体。

　　此外，至于远近来交游的文人们的聚集地，袁宏道的柳浪馆是聚会的首选之地。其它的地方还有袁中道筼筜谷里的净绿堂、林兰阁，同父异母弟袁安道的旃檀馆、绿荫堂，另一同父异母弟袁宁道的天花馆、清梵阁，同乡举人王承光的香光林、朋石馆，以及县城附近的寺庙，如二圣寺、法华寺，沙市的章台寺也是文友们聚会的地方。公安县位处湘鄂交际，偏居一隅，与十七世纪初朝中激烈的政治斗争没有瓜葛。这种乡下的宁静倒为公安派的发展和深入提供了优势，这是处于政治风暴区的北京所没有的优势，于是，几乎每天总是有文友来访袁宏道，即使回到故里，他仍然是每天忙碌，闲不下来。

李贽事件及万历抗税活动

袁宏道虽然身居千里之外，庙堂之远，仍然在关注时事，政治事件进入高发期，令他平静不下来。这其中时牵涉到袁宏道的故友和老师，这不得不令他担心一个人，这就是被冯应京驱逐出麻城后去通州的李贽。

因为袁宗道突然去世，袁宏道回老家隐居，避居乡里，一时音信不通，但晚年李贽的处境，袁宏道怎么也放心不下来，他在给李贽的尺牍《李龙湖》中感慨李贽老年漂泊，同时感慨世风时下，泱泱大地，竟无卓吾容身之地，鞭挞时下道风的虚伪："白下人来，云翁已去京，更不知住何地？有人云住通州。老年旅泊，未得所依，世界真无友朋与？何托足之无所也！世人学道日进，而仆日退，近益学作下下根行。孔子曰：'下学而上达。'枣柏曰：'其知弥高，其行弥下。'始知古德教人修行持戒，即是向上事也。彼言性言心，言玄言妙者，皆虚见惑人，所谓驴橛马椿者也。"

万历三十年（1602）的春月，李贽事件全面爆发。对于李贽，原来朝中官员按思想路线分成两派，以顾养谦、刘东星、梅国桢、马经纶、周思敬、焦竑为主曾对李贽都有过保护。在政府官员和朋友的资助下，李贽先后才能刊印超级畅销书——《藏书》《焚书》传播于世。现在，李贽沦为东林运动人员和当权派乃至禅界共同排斥打击的对象，东林运动成员、湖州人朱国桢在《涌幢小品》中贬损说："今日士风猖狂，实开于此。全不读‘四书’本经，而李氏《藏书》《焚书》，人夹一册，以为奇货。"

就是这时，沈瓒《近事丛残》说李贽："好为惊世骇俗之论，务反宋儒道学之说。……儒释从之者几千万人。其学以解脱直截为宗，少年高旷豪举之士，多乐慕之。后学如狂，不但儒教溃防，即释宗绳检，亦多所清弃。"

其实自从和耿定向的思想界公案爆发，李贽的人身安全已经出现问题，随着耿定向官位和影响力加大，两人的思想公案在社会上因李贽刻印之书持续发酵，万历二十四年（1596）上升到政治层面。十七世纪开局第一年，万历二十八年（1600），李贽从南京回到麻城，梅国桢的三女儿梅澹然于学佛遭诽谤而死去，一时"麻城十夫相倾，借僧尼宣淫名目以丑诋衡湘家声，因以败坏衡湘之官"①，对李贽的人身攻击上升为"妖人"。新任湖广金事、道学家冯应京以"维护风化"为名"毁龙湖寺，置从游者法"，毁坏李贽预为藏骨的灵骨塔，李贽事前在弟子杨定见的帮助下逃走，又受曾经的龙湖芝佛院住持无念的暗中保护，被迫避居麻城东北方向的商城黄柏山。

冯应京后来在第二次"武昌民变"②中被免职。至于冯应京，他和李贽曾经有一段错位的关系。李贽削发出家进入佛门，对待刚刚传入中国的基督教，他却并不站在佛教立场反对。意大利传教士利玛窦到达南京的时候，李贽和利玛窦成了好朋友，帮助利玛窦宣传基督教，而冯应京在湖广时读到李贽传抄散发的利玛窦的《交友论》，还为之作序刊刻，序言说"东海西海，心同理同"，冯氏甚至派人去南京找利玛窦。冯应京入狱，利玛窦还曾去狱中探望他，可见，李贽与冯应京都是利玛窦的好朋友，冯应京根本就不应该驱逐李贽。那么冯应京为什么会迫害李贽

---

① 诋毁之事说的就是李贽与梅国桢（号衡湘）孀居的三女儿澹然交往，有伤风化。

② 万历二十九年（1601）三月，武昌再次发生民变。武昌兵备金事冯应京弹劾陈奉九大罪状，万历皇帝接到奏疏，免去冯应京官职。九月，当锦衣卫抵达武昌宣布冯应京等人罪状入狱，武昌数万市民发动暴动，再次包围税厂，陈奉逃到楚王府，市民们焚烧税厂，将税厂里的六名办公人员打死投入长江。

呢？在著名的东林运动成员、邹元标①的学生——冯应京心中，封建的道德伦理至上，他不能容忍李贽对正统礼教的批判。冯应京需要豪绅地主来维护县以下城乡社会的秩序，何况黄麻两地的官绅都说李贽伤风败俗。

万历二十八年（1600）冬天，前御史马经纶来拜访李贽。听说李贽避难在黄柏山，马叙伦随即去黄柏山，就这样，李贽在马叙伦的陪同下来到北京通州，住在马叙伦家里。李贽一到通州，在北京的道学家中引起恐慌，担心李贽的新作又将"妖言惑众"，担心他闯入京城"扰乱治安"。一时间，关于李贽的流言"狼烟四起"，闹得京城人心惶惶。万历三十年（1602），都察院左都御史温纯及都察院礼科给事中张问达，上疏奏劾李贽，张问达上疏如下："李贽壮岁为官，晚年削发，近又刻《藏书》《焚书》《卓吾大德》等书，流行海内，惑乱人心。以吕不韦、李园为智谋，以李斯为才力，以冯道为吏隐，以卓文君为善择佳偶，以司马光论桑弘羊欺武帝为可笑，以秦始皇为千古一帝，以孔子之是非为不足据。狂诞悖戾，未易枚举，大都刺缪不经，不可不毁也。尤可恨者，寄居麻城，肆行不简，与无良辈游于庵院挟妓女，白昼同浴，勾引士人妻女，入庵讲法，至有携衾枕而宿庵观者，一境如狂。又作《观音问》一书，所谓观音者，皆士人妻女也。而后生小子，喜其猖狂放肆，相率煽惑。至于明劫人财，强搂人妇，同于禽兽而不之恤。迩来缙绅大夫，亦有诵咒念佛，奉僧膜拜，手持数珠，以为律戒，室悬妙像，以为归依，不知遵孔子家法，而溺意于禅教沙门者，往往出矣。近闻贽且移至通州，通州离都下四十里，倘一入都门，招致蛊惑，又为麻城之续。望敕礼部，檄行通州地方官，将李贽解发原籍治罪。仍檄行两畿及各布政司将贽刊行诸书，并搜简其家未刻者，尽行烧毁，无令贻祸后生，世道幸甚。"

张问达以李贽和学佛女徒的"桃色新闻"为要点，极尽污蔑之能事。李贽收授女徒不假，对于自己的女弟子、大同巡抚梅国桢之女梅澹然，

---

① 万历五年（1577）张居正"夺情案"中，邹元标曾弹劾张居正素以"非常之人"自居，张居正"以奔丧为常事而不屑为"，并大怒，下令廷杖邹元标八十，发配贵州都匀，直到万历十一年（1583）张死，邹元标才回朝任礼部给事中。

李贽曾题《绣佛精舍》短诗相赠。

最重要的是，李贽的文字流露出挑战性，为流俗和舆论不能容忍。当朝的官员们以道学家自居，以维护正统儒教地位为使命，不惜以污点来抹杀这位著名"思想犯"。受"儒教"浸染一生的明末文人在面对争论时，找不到争论的出路，于是，采用政治迫害成为一种"家常便饭"的打击手法。这其实证明正统文化已经穷途末路，不到半个世纪，果然证明这点。黄仁宇在《万历十五年》中说："李贽的悲观不仅属于个人，也属于他所生活的时代。传统的政治已经凝固，类似宗教改革或者文艺复兴的新生命无法在这样的环境中孕育。社会环境把个人理智上的自由压缩在极小的限度之内，人的廉洁和诚信，也只能长为灌木，不能形成丛林。"

有御史和给事中两位专职弹劾的言官指控，万历皇帝见疏下诏："李贽敢倡乱道，惑世诬民，便令厂卫五城严拿治罪。其书籍已刻未刻，令所在官司，尽搜烧毁，不许存留。如有党徒，曲庇私藏，该科道及各有司，访奏治罪。"

李贽当时就在前御史马经纶家里，且从黄柏山刚来到通州就病了，病中校订自己的著作《易因》，起名为《九正易因》。李贽常常对人说："我得《九正易因》，死快矣。"

据袁中道《李温陵传》记载，抓捕李贽的过程颇为有趣，锦衣卫上门，府邸里面一片慌乱，李贽问马经纶怎么回事，马经纶说："卫士（锦衣卫）至。"李贽强撑病体站了起来，走了几步，大声喊："是为我也。为我取门片来！"李贽睡在门板上，大喊："速行！我罪人也，不宜留。"马叙伦愿意一起投案。马经纶说："朝廷以先生为妖人，我藏妖人者也。死则俱死耳。终不令先生往而己独留。"李贽说："逐臣不入城，制也。且君有老父在。"

马经纶一同进京，到了通州城，京城里阻止马经纶进京的文书纷纷而至，马经纶不听，还是和李贽一起去坐牢。第二天，锦衣卫都督开始审讯李贽。看守人员扶着进门，李贽只能躺在台阶上。锦衣卫都督问："你为什么乱写文章？"李贽说："罪人著书多有，具在，于圣教有益无损。"李贽也没有什么实质罪行，时间长了，判决结果一直没有下来，他在牢房里读书写字，和平时一样。万历皇帝没有治李贽死罪[1]，等到判决结果下来，只是押解李贽回原籍泉州。

李贽却不愿意回老家泉州。至于李贽为何不回泉州，有多个原因。一是泉州已经成为当时的理学重镇，当地道学家对南宋理学家朱熹顶礼膜拜，没有李贽适合居住的思想风气；二是李贽不愿意受到管束，回乡不仅有官府、乡法管制，还有族规约束，这从根本上违背了李贽的思想宗旨。李贽听闻，当即就感慨道："我年七十有六，死耳，何以归为？"对死，李贽早看得无所谓，他曾经多次说："今年不死，明年不死，年年等死，等不来死，反等出祸。"又说："衰病老朽，死得甚奇，真得死所矣。如何不死？"

一天，李贽喊看守的侍者来给他理发，等到侍者离开，李贽拿着剃刀割喉，气息奄奄拖了两天才断气。侍者问："和尚，你疼不疼啊？"李贽用手指在他手上写："不痛。"侍者又问："和尚，为什么自杀啊？"李贽说："七十老翁何所求！"

李贽去世后，马叙伦将其遗体运到通州，其后事多托朋友处理。

李贽去世后，袁宏道一直怀念李贽。在袁宏道生命的最后，万历三十七年（1609），他典试陕西的时候，发现李贽的遗稿《枕中十书》，袁宏道将它订正刻印，在其亲自写的《〈枕中十书〉序》中，他回忆自第二次龙湖拜会分手后，深切哀悼说："伊南我北，卯酉相望，不数年，卓吾竟以祸殒，惜哉！"

其他昔日文友撰写诗文怀念李贽的同时，也寻找其遗稿得以刊印。

---

[1] 有明一代对思想罪及刻印书籍一事尚属宽容。《明会要》卷二十六载："洪武元年（1368）八月，诏除书籍税。"同时免去税收的还有笔、墨等图书生产物料和农器。在朱元璋心目中，作为文化事业重要组成部分的书业，与恢复农业生产，解决民生问题是处于同等地位。洪武二十三年（1390）冬，则"命礼部遣使购天下遗书善本，命书坊刊行"（亦见《明会要》）。万历三十年（1602），冯琦借焚毁李贽著作之机，上《正士习疏》："一切坊间新说，皆令地方官杂烧之。"疏进不纳，才使祖龙之火未见于明，且李贽一罪不至死，明朝的文禁远不似元及清前期苛峻。

老友汤显祖作有《叹卓老》："自是精灵爱出家，钵头何必向京华。"作
为李贽最知心的朋友——焦竑站在生死至交的立场，在最为危险之际，
竟然为李贽写有《荐李卓吾疏》："痛逝者之如斯，伤谮人之已甚。虽有
志者不忘在沟壑之念，而杀人者宁不干阴阳之和！"随后，焦竑主持编
辑刻印《李氏遗书》《续焚书》，将最能体现李贽思想并对耿定向有诸多
批评之语的《焚书》重新编辑刻印，还亲自为《焚书》作序：

> 宏甫快口直肠，目空一世，愤激过甚，不顾人有忤者，
> 然犹虑人必忤而托言于"焚"，亦可悲矣！乃卒以笔舌杀身，
> 诛求者竟以其所著付之烈焰，抑何虐也，岂遽成其讖乎！宋
> 元丰间，禁长公之笔墨，家藏墨妙，抄割殆尽，见者若祟。
> 不逾时而征求鼎沸，断管残沈，等于吉光片羽。焚不焚，何
> 关于宏甫，其宏甫又何尝利人之不焚以为重者？今焚后而宏
> 甫之传乃逾广。然则此书之焚，其布之有火浣哉！

袁宏道远在公安，定然听说李贽狱中自杀的消息，只是在李贽自杀
的风尖浪口，作为与李贽交往最密、受他影响最深的后辈，他还能说什
么呢？风声渐紧，明哲保身成为中国士大夫惯常的方式，而袁宏道在这
一事件上的态度不明，甚至不如焦竑的反应。从现有资料看，袁宏道并
没有马上站出来表态，因此，袁宏道的行为颇令人倍感蹊跷，只能解释
为袁宗道去世，袁宏道情绪低沉，避居乡里，万念俱灭。但是，在袁宏
道后续生命里，他仍然与李贽有着某种关联。

从万历二十八年（1600）到万历三十年（1602），短短两年时间，
长兄袁宗道去世，万历三十年的十月十五日，抚养袁宏道的庶祖母詹氏
病逝，袁宏道在吴县任上，詹氏病重曾盼望袁宏道归来，六年后，隐居
故里的袁宏道亲自为她送终。这年袁宗道刚刚下葬不久，到十二月的时
候，三袁的三舅、万历八年（1580）进士龚惟长去世。因此，万历三十
年是袁宏道身边亲友去世最多的一年，面对过多的人事凋零与政局的混
乱不堪，袁宏道看似一时无力亲身卷入过多的纷争了。

万历时期，随着民族矛盾、社会矛盾的激化，内外战争空前增加，战争消耗了太仓的大部分银两，而且皇室、宦官群体过于庞大，明朝财政空虚，增收民间各种税收已经成为朝廷必备议题。在万历皇帝的一意孤行下，强行增加矿税，朝廷与民间两者在征税与抗税之间反复展开斗争，而宫中下派的各种税监使以及地方官吏又经常贪污受贿，对士绅们大宗的商业活动，还有士绅们掌控的海上贸易资本视之不见——大明王朝的统治者仍旧以传统的思路维持统治，其以儒学为纲的培养人才制度依然以文取士，并不重视其他学科领域的人才培养，统治机器没有跟上"时"与"势"的变化。与此同时，税监以及官吏们转而对小工商业和小买卖人课以重税，经常在固定税收之外进行额外搜刮，横行乡里，他们的举动无疑加剧了社会矛盾的激化。

袁宏道隐居柳浪馆。万历三十一年（1603），在给三袁故交、葡萄社旧社员萧云举的信中，袁宏道写尽隐居乡下的同时，总结数年在京历程说："舍弟虽在门墙，亦不敢以一字道谢。不知射堂夕月，西门春柳，犹记往日周旋否？屈指十年之间，故交落落，有若晨星。伯修墓上，白杨几堪作柱，百念哪得不灰冷也？山中莳花种草，颇足自快。独地朴人荒，泉石都无，丝肉绝响，奇士雅客，亦不复过，未免寂寂度日。然泉石以水竹代，丝肉以莺舌蛙吹代，奇士以蠹简代，亦略相当，舍此无可开怀者也。"《致萧允升祭酒》

北京"射堂夕月，西门春柳"之事已如明日黄花，但是事实上，袁宏道始终在关注着时事，尤其是湖广省一带引发的激烈抗税运动。

此前湖广的持续抗税活动一直在延续。与之前在北京只是道听途说荆州百姓抗税不同，万历二十八年（1600），袁宏道回荆州以来亲眼目睹。

湖广的抗税运动在万历二十九年（1601）正月、三月达到顶峰，这年，陈奉的暴行再次引发武昌民变，情势越为严重，声势更为浩大，道学家冯应京被捕，上疏弹劾陈奉的官员被集体免职。

袁宏道更为熟悉的沙市也深受征税之害。沙市本来是长江中游商品经济发达的城市，自从矿监使横征暴敛以来，沙市广大的小工商业和小买卖人受损严重，沙市经济由盛转衰，沙市一片败落之景。此前第一次发生民变之后，万历二十七年（1599）的春天，袁宏道在给家乡负责税务的官员沈朝焕写的信中描绘沙市惨状："荆商之困极矣。弟犹记少年过沙市时，嚣虚如沸，诸大商巨贾，鲜衣怒马，往来平康间，金钱如丘，绨锦如苇。不数年中，居民耗损，市肆寂寥。居者转而南庙，商者化为游客，鬻房典仆之家，十室而九，而当事者时欲取羡于额外，屡盈屡溢，若之何不病且尪也？"《答谢沈伯函》

万历三十年（1602）正月，袁宏道人在沙市，回想沙市的前后，联想到连年发生的反抗税监使陈奉及其党羽横行的抗议活动，非常气愤，当即写作《竹枝词》，其二曰：

雪里山茶取次红，白头孀妇哭春风。自从貂虎横行后，十室金钱九室空。

袁宏道对民众的关怀跃然纸上，他嫌这表达还不够，又先后写下两首诗:《荆州前苦雪引》和《荆州后苦雪引》，两首诗歌都反映小工商业者抗税的艰辛，其中《荆州前苦雪引》曰：

鲛民老困输绡苦，私向龙宫贩云母。百驮夜经瞿唐门，峡鬼骑鱼诉天府。鲛户十窜九囚房，泪不成珠天帝怒。骨白粉焦委黄泥，至今荆州唯白土。

袁宏道回想起自己作为书生一路的人道关怀。早在少年时，去荆州参加童子试，因目睹张居正被抄家后的凄惨现状，感怀写过长诗《古荆篇》；到吴县任上，感慨苛捐杂税的繁多，仿造乐府诗写过《逋赋谣》，揭露"民日难，官日苦"的社会现实。万历二十四年（1596），明朝为了缓解财政危机，增加矿税，派遣宦官充当监税使，一时民间怨声载道，各地频繁民变，袁宏道写过《猛虎行》，揭露万历皇帝亲自发起的这一害民弊政。

可见袁宏道非常关心芸芸众生，也一直关注时局朝政。对于片面以为袁宏道只是吟风弄月、谈禅论道、游览山水的超脱人士的指控，后世的鲁迅有过恰当的评价："中郎正是一个关心世道，佩服方巾气人物的人。赞《金瓶梅》，作小品文，并不是他的全部。"

袁宏道的佛教活动及禅、净研究

袁宏道虽然在柳浪馆隐居，但他似乎就像同时代的另一名士陈继儒一样，成为同时代一种常见的知识分子群体——"山人"。纷乱的时局与亲友们的种种际遇，也造成袁宏道的内心出现新的改变，比起早年，此时，他内心更加趋向深沉和沉稳。

万历三十年（1602），袁宏道生了一个女儿，他给女儿取名为"累儿"，至于取名"累儿"的原因，大有缘由。为人总是要奔波与劳累，女儿出生伊始，袁宏道作为父亲，已经在考虑女儿未来的婚嫁问题了。袁宏道说："闻啼得知雌，一笑慰衰羸。龟策频占凤，家人屡梦丝。瓶花香娈娈，窗外粉离离。从此添婚嫁，因名向累儿。"

袁宏道在故乡乡居期间，潜心诗词创作的同时，参与了老家公安县乃至荆州府非常多的公益活动，其中包括荆州府北城墙和东门护城堤的修复、乡间儒学场所的兴建，袁宏道都给它们写碑记为之纪念。

在这些家乡的公益活动中，袁宏道最为关心的是佛教场所的修建和修复。隐居期间，他从事最多的也是佛教领域的活动事项，从修复玉泉寺开始，一直到后来二圣寺重修天王殿，包括给公安县的各寺庙，他都写疏或写碑记。他也为老家长公里的义堂寺募修佛宫题册，老家这座无比熟悉的寺庙，如今败落不堪，他尤为关心，题册欣然曰：

枳林之南乌泥北，中有灵芳大士国。一迦陵引百鹏雏，怒飞皆作垂天翼。无香不出幽昙林，有水皆涵玻璃色。飞丹流碧遍村庐，即令佛宫长荆棘。银杏熟果堕佛髻，满月无光粉虫蚀。

龙池蛙积藏轮倾，宝阁甍甃走弥勒。谁能过此不唏嘘，筐箱有
缗田有穑。趁时且撒买窗钱，波波城中眼双墨。

（《题义堂寺募修佛宫册》）

　　袁宏道热心佛学，从来都是身体力行，很大原因是受"邑人"智
者大师的影响。袁宏道对待智者大师一生都持有敬意。万历三十二年
（1604），袁宏道在《公安二圣寺重修天王殿疏》曾亲自考证了智者大
师的籍贯："仅仅一智者禅师为邑产，邑人多不知，记者述其所自，或
曰颍川人，不知其先以公封邑而至也。独荆州碑中载有茅穗、油河事，
可为的据。"后来，袁宏道在《普光寺疏》中又说："茅穗，佛所自出，
震旦之法由之以兴。荆州碑所载与《统纪》虽不甚合，然核其名与其故
迹，智者为里人无疑也。"后来，袁中道在《游玉泉记》也认为："盖智
者亦公安人也。智者俗姓陈，父名起祖，梁封益阳侯，居公安。以公安
即旧华容地，故亦曰华容人。有二子，长曰针，次曰道光。道光即智
者。其母夫人釜鬶在公安牛头里，今犹称圣母塔。旁有智者所建报恩
寺，其为邑人无疑。"

　　对于智者大师亲自创办的当阳玉泉寺，袁宏道情有独钟。万历三十
年（1602）的正月，袁宏道在沙市寓居（此前袁宏道久不到沙市），当
阳度门寺的住持无迹和尚募得玉泉寺重修的资金，从北京来到沙市。在
无迹和尚邀请下，正月初七日晚上，袁宏道登舟前去当阳玉泉山，直至
正月十五元宵节，袁宏道都同无迹和尚一起在玉泉寺度过。

　　当阳玉泉山的玉泉寺始建于东汉，人称"老玉泉"，后有智者大师
创办的"新玉泉"。隋朝开皇十二年（592），智顗回到荆楚，为了报答
家乡，"于当阳县玉泉山而立精舍"，因为智顗与隋朝皇室的亲密关系，
玉泉寺一度成为隋朝皇家寺院，也成为智顗后来创办的天台宗祖庭。后
来，禅宗传至五祖弘忍的时候分为南北两派，北派创始人神秀来当阳玉
泉寺讲经弘法，名动京师，时称"两京法主，三帝国师"。神秀圆寂后，
灵柩运回玉泉寺，安葬在同山的度门寺后山，玉泉寺从此成为禅宗北派
的祖庭。

南宋末年，玉泉寺一度毁于宋蒙战争，元代的时候不复存在，明朝正统年间有所复兴，然而到万历时期，玉泉寺是"仅存一殿，敧侧欲颠"，当时的度门寺住持无迹和尚"言及此寺，几欲堕泪"。为了修复当阳玉泉寺，无迹和尚远走北京，募集修复当阳寺的资金，最后，玉泉寺的修复工作得到万历皇帝生母李太后的支持。为了修复重振玉泉寺，李太后赏赐金千两，万历皇帝敕赐"荆楚第一丛林"匾额和《大藏经》一部。

至于袁宏道对玉泉寺的贡献，后来袁中道在《游玉泉记》中记载得清楚确凿，袁宏道在北京的时候，他才与无迹和尚相识，正处于无迹和尚来京为玉泉寺募捐的时候。为了方便，袁宏道曾与黄辉各上过一疏，发动宫廷及朝廷官员一起捐助，一时"金钱麋集。其始终营综，中郎极为苦心。今遂焕然，复还旧观"。①无迹和尚和袁宏道一起回到当阳，玉泉寺的修复工作同步开始，两人共游玉泉山。元宵佳节为了助兴，无迹和尚还向袁宏道展示了皇室赠赐的宫中月饼，袁宏道也为修复玉泉寺作诗《示度门·时新修玉泉寺》：

　　北平曾记写疏时，黄帕亲封下赤墀。三十四年薄宦客，一千七众讲经师。蓝堆山续开皇诏，仙掌茶抽谷雨旗。鬼斧神工仍七日，直教重勒玉泉碑。

当月，袁宏道从当阳玉泉寺回到沙市，好友、御史苏惟霖正好从北京回到老家江陵，本来两人约好要一起上玉泉寺，但这月下雪繁多，"久雪不晴"，而且风雪出奇的大，袁宏道在船上久等，苏惟霖并没有来，随后因为父亲袁士瑜得病，袁宏道才不得不返回公安。

同年的九月，皇太子讲官、公安派重要作家、葡萄社后期盟主黄辉正好来到玉泉，他从京师出发，游历渑池、嵩山、登封等地，到达湖北

---

① 引袁中道《游玉泉记》。玉泉寺这次大修，"工肇于壬寅（1602），成于丁未（1607）"，历经五年，"庄严名刹，巍乎复兴"。关于玉泉寺大雄宝殿的修建，袁中道写得更为明确具体。他在《游居柿录》卷五中写道："依山宝殿雄踞，上有'智者道场'四字，黄平倩太史书。旁联为：'襟江带汉三千里，盖紫堆蓝十万年。'家中郎作也。"

当阳，准备过三峡回老家南充，袁宏道亲自去当阳玉泉寺迎接。

众人一起同游玉泉山，玉泉山又名堆蓝山，这一带山清水秀，景色极为优美。袁宏道和袁中道对玉泉山的紫盖山和青溪终生喜欢。至于袁宏道对玉泉寺的看重和眷念，一为玉泉寺是"邑人"智者大师所开创；二为天台宗祖庭之一，也为禅宗北派神秀的道场，而袁宏道处理佛学一事，从来不持有所谓门派之见；三是玉泉寺一带确实风景优美。袁宏道曾经还一度动过筑居建舍、合家搬迁的念头，其三弟袁中道在袁宏道后来病逝后，更是在玉泉山清修长达三年之久。对于玉泉寺一带的景色，袁宏道在《玉泉寺同黄平倩庶子赋》中有过极佳描写：

> 蓝堆翠扑几千年，银浦何人也覆船？龙伯徙来方辟地，蚕丝缘此遂登天。红霞抹额将军拜，白石横烟幼妇眠。闲与故人池上语，摘将仙掌试清泉。

袁宏道和黄辉诗歌唱和，一起游览美景。黄辉不仅是公安派作家，而且是万历一朝出色的书法家，当时与董其昌书艺齐名，时称"诗书双绝"。黄辉来到当阳，当阳县令闻讯，携带宣纸恭请黄辉留下墨宝，也请袁宏道同书。袁宏道书法流丽，一如他的诗文和佛学修为，无心插柳，无师自通，黄辉赠诗说他，"字类松枝不学成"。

众人在玉泉寺度过了一段愉快的时光，此时正值袁宗道灵柩准备下葬之时，而黄辉作为哥哥袁宗道担任东宫讲官时的同事，又同是文坛挚友，袁宏道自然请黄辉来到老家公安县，请他主持葬礼。十一月六日，袁宗道灵柩入垄穴，葬于袁宏道老家长安里的荷叶山，黄辉为袁宗道作墓志铭，然后逆水回川，袁中道送别黄辉一直到宜昌。第二年，董其昌任湖广学政的时候，"因诸生之请"而上疏，"祠宗道于学官"，袁宗道的后事到此告一段落。

袁宏道作为明代著名的大居士，隐居柳浪馆，很大一部分精力都转为潜心参禅，研究佛学。他在家空闲起来，延续以往一贯的佛学研究罢了。

说来，以袁宏道对佛学的研究，从现有资料来看，在家居士中无人出其右，袁宏道一生创作了大量的佛学著作，二十三岁那年自从写作悟禅之作《金屑编》，先后又作《珊瑚林》（存删节本《德山麈谭》，又名《德山暑谈》）、《坛经删》《西方合论》《宗镜摄录》《八识略说叙》等著作，另有佛教篇章散见于尺牍、游记、碑文、疏文、序文中，这是中国佛教史上的在家居士绝无仅有的。

对于自己佛学的修为，袁宏道曾把历史上的另一个大居士、自己的文学偶像——宋代苏轼苏东坡居士有过比较。袁宏道对苏东坡的诗文推崇之高，这是他创立性灵说发动公安派文学运动的文学思想来源，但是对于苏轼的禅学水平，袁宏道认为不敢苟同。他在《识雪照澄卷末》中说苏东坡："作文如舞女走竿，如市儿弄丸，横心所出，腕无不受者。"又说："其至者如晴空鸟迹，如水面风痕，有天地来，一人而已。"而谈及苏东坡的佛学，却说："而其说禅说道理处，往往以作意失之，所谓吴兴小儿，语语便态出，他文无是也。""前赋（《前赤壁赋》）为禅法道理所障，如老学究着深衣，通体是板。"袁宏道虽然谈及《后赤壁赋》"直平叙去，有无量光景"。总结之处，对东坡的禅学很不以为意："坡公一切杂文，活祖师也，其说禅说道理，世谛流布而已。"

历代在家居士里，袁宏道唯独佩服庞蕴，无论前期论禅，还是到北京后改为持净，袁宏道对庞蕴都尤为推崇，他多次说："白首庞公是我师。"有时，他直接以"庞公"来称代"禅"，如《闲居杂题》其二："酒障诗魔都不减，何曾参得老庞禅。"《述内》里说："陶潜未了乞儿缘，庞公不是治家宝。"《乙巳初度口占》里说："蛮歌社酒时时醉，不学庞家独跳禅。"或者，袁宏道干脆称自己愿意作为"庞公"，他在给舅家龚散木的诗中自负地说："禅锋示妻子，输我作庞公。"（《和散木韵其一》）

至于历代的其他文人，学禅方面，袁宏道就认为不能与他类比了，在给苏州朋友、出版家袁无涯的一封信里，袁宏道对自己的诗文甚少有过满意，但是一谈及佛学，就像在给陶望龄的赠别诗《别石篑》里所说："每笑儒生禅，颠倒若狂醉。除却袁中郎，天下尽儿戏。"可知袁宏道对自己禅学水平的自信。

日常生活中，袁宏道与佛教人士交往之频繁，也可排在历代文人前列。常年，他与大量僧人保持着往来，无论是在乡居佛学气氛浓厚的老家公安县，还是在吴县任县令，或者去北京做官结社，参佛论道都是主要之事，排在诗文前。袁宏道甚至连女儿的名字也取名为"禅那"。禅那于万历十五年（1587）出生，受父亲袁宏道影响，从小闻知佛法，一度企图出家。晚明的时候，只有狂禅派李贽敢于收授女徒，不过付出的代价也极为惨重，张问达正是以"勾引士人妻女，入庵讲法"之由置李贽于死地。在漫长的佛教历史上，佛学正宗都比较排斥女人，与李贽同时代的紫柏大师就曾说过："诸佛菩萨以女身为鸩毒坑，为恶蛇窟，鸩毒坑边，不幸失脚，慧命立断，恶蛇窟中，不幸共宿，毒气入心……女身为天下猜疑之本、毁谤之媒，故名山道场、村墟精舍，或安禅讲，佛子所聚，法雷震天，慧日光耀。"受佛学启发，禅那也是从小厌恶自己的女儿身，后于万历二十八年（1600），禅那不幸夭折。

袁宏道作诗文也经常是以禅理入诗、以禅净入诗、以禅语入诗，甚至，袁宏道文学思想的阐述也多出自于禅学，禅学和文学相辅相成、相互印合。

袁宏道文学革新思想的宗旨——"独抒性灵"，性灵文学一些最基本的理论阐释就出自于佛学典故，如其"一一从自己胸中流出""直从胸襟流出"出自以下：

《五灯会元》卷七《福州雪峰义存禅师》中有记云门宗和法眼宗的"祖庭"雪峰禅师之悟道轶事。雪峰最初悟道，是与岩头禅师出游参学，有天，雪峰对岩头说："后问德山：'从上宗乘中事，学人还有分也无？'德山打一棒曰：'道甚么！'我当时如桶底脱相似。"头喝曰："你不闻道，从门入者不是家珍。"师曰："他后如何即是？"头曰："他后若欲播扬大教，一一从自己胸襟流出，将来与我盖天盖地去。"师于言下大悟，便作礼起。

受李贽影响，袁宏道入禅宗最早，研究禅宗时间最长，形成了一套独特的禅学思想，在对"禅"的理解上不落俗套。袁宏道尚在吴县任职时，在给朋友曹鲁川一封谈佛学的信中，以通俗的语言描述道："禅者定也，又禅代不息之义，如春之禅而为秋，昼之禅而为夜是也。既谓之禅，则迁流无已，变动不常，安有定辙？而学禅者又安有定法可守哉？且夫禅固不必退也，然亦何必于进？固不必寂也，亦何必于闹？是故有脱屣去位者，则亦有现疾毗那者；有终身宰执者，则亦有沉金湘水者。"袁宏道认为禅本为"迁流无已，变动不常"，没有"定法"，否定禅的固定程式，认为学禅要从平实处着手，要花实实在在的功夫，学禅之人得有自由洒脱、随缘认命的修为。

经历南北长达二十余年的颠沛迁徙，与智者大师创建的当阳玉泉寺方面来往频繁，袁宏道对禅宗南北两派都有了比较深入的研究。禅宗自五祖弘忍后形成所谓的"南能北秀"，南宗修禅求"顿悟"，北宗修禅求"渐悟"，然而宋代以后，南宗兴盛，北宗没落，袁宏道不尽以为然，认为南北宗只是开悟的手段不同，并无明显的优劣之分。因不满于《六祖坛经》在流传过程中后人增添的伪作，袁宏道经过多方考证，"略删其赝"，成书《六祖坛经节录》一卷，又作《坛经录引》一文。

晚明时代又因兴起狂禅之风，袁宏道为了挽救禅宗，避免陷入"空谈""狂诞"的迷途，万历二十七年（1599）以后，他又把注意力转向净土法门，以修净为主，反对所谓"禅学之弊"，每天"晨夕礼诵，兼持禁戒"。这时，袁宏道与李贽的狂禅思想发生了分歧，在给李贽的尺牍中，他也表示了依归净业之愿，说"白业之本，戒为津梁"。

不过，袁宏道开始崇尚净土，反对的是当时流行的"禅学之弊"。袁宏道仍然推崇看话禅，贬斥的只是"默照邪禅"。在北京结社期间，袁宏道的学术、文学思想都出现新的变化，这点，他显然参照了精神导师李贽的行为经验。万历二十八年（1600），他在北京的时候，给仍在南京寓居的李贽写过一封信，信中说道："始知古德教人修行持戒，即是向上事。"并劝李贽兼重戒律："净土诀爱看者多，然白业之本戒为津梁，望翁以语言三昧，发明持戒因缘，仆当募刻流布，此救世之良药，利生之首事也。幸勿以仆为下劣而摈弃之。"

袁宏道推崇净土，所以才作《西方合论》，这是为了"寻别路"，至于创作缘起，他在《西方合论引》中有明确的表述："永明为破狂慧之徒，言万善之总是。灭火者水，水过即有沉溺之灾，生物者日，日盛翻为枯焦之本。如来教法，亦复如是。五叶以来，单传斯盛，迨于今日，狂滥遂极，谬引惟心，同无为之外道，执言皆是，趋五欲之魔城。"袁宏道自称"余十年学道，堕此狂病……"，后触机省发，而遂简尘劳，归心净土，由此而撰成《西方合论》。《西方合论》实际上是一本禅净合一的著作，袁宏道自己也有说明，"《西方合论》一书，乃借净土以发明宗乘，因谈宗者，不屑净土，修净土者，不务禅宗，故合而论之"（《西方合论引》）。袁宏道用意是使得"谈宗者"能够接受净土。

《西方合论》五万余字，融净土、禅宗、华严、天台宗义理于一体，无丝毫门户之见，曾收入晚明四大名僧之一、净土宗九祖蕅益大师选定的《净土十要》。蕅益大师在《评点〈西方合论〉序》中的话很具有代表性："袁中郎少年颖悟，坐断一时禅宿舌头，不知者，以为聪慧文人也。后复深入法界，归心乐国，述为《西方合论》十卷，字字从真实悟门流出，故绝无一字蹈袭，又无一字杜撰。虽台宗堂奥，尚未诣极，而透彻禅悟，融贯方山、清凉教理无余矣。"

万历二十七年（1599）以后，袁宏道对佛教以修净为主，而反对所谓"禅学之弊"。首先反对"狂禅之滥"，万历三十一年（1603）前后，袁宏道又转向对"小根魔子"的否定，认为"小根之弊，有百倍于狂禅"（《答陶周望》）。"小根"原本取于默照禅，默照禅的倡导者正觉强调寂然静坐，息虑静缘，处于无思虑的直觉状态之中，大慧宗杲曾攻击其为"闭眉合眼，做死模样"，是"鬼家活计"。当时的"小根魔子"又是"此等比之默照邪禅，尚隔天渊"，完全是目无古宿，"日间挨得两餐饥，夜间打得一回坐，便自高心肆臆"，乃至大慧宗杲、元代中峰禅师等人也受其疑谤。在袁宏道看来，这无异于背弃了禅门宗风，袁宏道重又护卫禅学，与此不无关联。

于是在《西方合论》后，袁宏道又作《珊瑚林》，其中有一段对禅学护卫的记述：

问:"先生往年修净土是何见?"

答:"大凡参禅而寻别路者皆系见未稳故。"

不难看出,袁宏道在作《西方合论》,"寻别路"而推信净土之后,又生"见未稳"的悔悟,"往年修净"其实已经包含当下复归禅学的潜台词。

《珊瑚林》中,几乎看不到袁宏道谈论净土的内容,而一以谈禅为务,至于这一变化的原因,万历三十一年(1603),袁宏道在给陶望龄的信中有所披露,他对"狂禅之滥"偶有所排:"非是妄议宗门诸老宿。"而主要是认为李贽的禅法偏重悟理,尽废修持,不够稳实而已。袁宏道对狂禅的不满,是以救宗门之弊的姿态出现。

袁宏道隐居柳浪湖,悠闲自得,这时,他研习永明延寿所著《宗镜录》,曾以较长时间"于贝叶内研究至理","逐句丹铅,稍汰其烦复,摄其精髓"(袁中道《宗镜摄录序》),成《宗镜摄录》[①]一书。至于《宗镜摄录》的创作原旨,在于认为因修净土,《宗镜录》卷四十三里有说:"近代相承,不看古教,唯专己见,不合圆诠。"袁宏道又生"见未稳"的悔悟而作《宗境摄录》,通过《宗镜摄录》求"稳实"之学。同时,《宗镜摄录》也证明袁宏道修净而不废禅,只是认为将《宗镜》与参禅视为绝然不同的两种参悟方式:"《宗镜》乃顺事,如放下水舟,顺快无量,然示免有障悟门,若参话头乃逆事,如百丈滩,溯流而上,其间高橹笮又不用,故参禅者,才隔丝毫犹属费力,决无快活省力之理。"(《珊瑚林》)不但如此,《宗镜录》还与参禅互碍,云:"《宗镜录》乃参禅之忌,祖师公案及语录乃参禅之药。"也就是隐居这段时间,"往年修净"含有当下复归禅学的意思。

袁宏道对佛学仍然是禅净双修,《宗镜摄录》与《西方合论》的立论基点稍有不同,一是以禅为主,一是以净土为要。两者却都是因为当

① 该书已佚。据《明史·艺文志》载,凡十二卷。袁中道在《宗镜摄录序》中谓之:"词约义该",较之延寿原作"爪甲粗细,血脉自如"。寒灰等人从吴中到柳浪馆,因爱其书,曾手抄一过携去,可见摄录甚精,篇制不宏。

时"专逞聪明，惟寻见解"，"轻狂傲慢，贡高恣睢，口无择言，身无择行"（《西方合论叙》）的禅风而发的，通过《宗镜摄录》求"稳实"之学。袁宏道一生共节录过两部经论：一部是《六祖坛经》、一部是《宗镜录》，所作的目的一是因怀疑有人增伪而删削，一是因烦冗而裁汰，但是，佛教经论中可堪疑问的甚多，袁宏道唯独对这两部禅典用功甚勤，这反映了袁宏道的佛学所尚。

湖广的交游及公益活动

袁宏道完全隐居故里期间，除了前后三次去当阳玉泉寺，万历三十年（1602）曾和老父亲袁士瑜去过一次武当山游览，其余所去的地方不多，纯粹的游玩、交游只有与文人和僧人的几次沙市之行。算起来，这也都是公安县周围的地方。较为长久的出行只有一次，游玩地为湖广的湖南境内，诸如德山、桃源、洞庭等风景名胜地。

回乡期间，袁宏道没有再结任何大型的文社，继北京时期声势浩大的葡萄社后，袁宏道在老家不太热心结文社了。其实，袁宏道的内心一直处于"游"和"社"的状态，在这两种日常生活和社交关系中任逍遥，闲适、散漫、自由的生活状态贯穿于他的出仕、隐居、寓居生活的全部：万历二十六年（1598）的冬天，袁宏道在北京顺天府教授一职期间，因为清闲而作《广庄》，后一年春天又作《瓶史》，为身世坎坷的性灵文学先驱徐文长"吐气"而作《徐文长传》。他品茶，为此走遍京城，品评水质的好坏，提到水以西山碧云寺水、裂帛湖水、龙王堂水为佳，高粱桥一带的水混浊而不宜用。

袁宏道隐居时期，他也处于一种"游"和"社"的状态，"游"和"社"在袁宏道的生活里从来不曾分离。游而社，社而游，二者常常为一体，袁宏道在这两种状态中时常过渡，正如他自己所说："旋开曲社通莲社，痛饮南家又北家。"（《寒香》）游中必有聚，聚而必有宴，宴而必有觞咏之乐，这也是袁宏道后来去德山旅行又作《觞政》的原因，其实，袁宏道不好酒，他饮酒，酒量只有"一蕉叶"，但仍写《觞政》，他把下酒物分为五类，悉数优劣。这样的论述，用闲适、精致的散文写就，无处不透露出袁宏道生活里的雅致、情趣、自由，正是这种"游"和"社"的情趣和自由，深入袁宏道的内心，浸润在他的生活节奏中。

万历三十二年（1604）八月，一同隐居的三弟袁中道等人前往黄山的时候，自八月十四日开始，袁宏道则与和尚寒灰、冷云、雪照及居士张五教等人，开始了其居乡期间最长的一次出游活动。众人从袁宏道老家长安里荷叶山后的孟溪河乘船出发，经洞庭湖水系，前往常德德山消暑。

袁宏道于八月十七日抵达德山，在德山期间，他遇到与李贽在麻城同求禅佛之学的"旧侣"——大智禅师。

常德巧遇大智禅师，让袁宏道感慨万千，他当即作诗两首，一首怀旧，回忆起麻城龙湖的时候："湖上烟峦一抹青，他时亲见望州亭"，一首赏新，继往开来，"好伴青山作主人，门前衲子去如尘"。

袁宏道在武陵县德山的一路上寻访庙宇，与寒灰、冷云、雪照、张五教、谢于楚等人结青莲社，社中皆谈佛学，与诸友寻奇览胜。袁宏道说："余与诸衲遍览诸奇，如三桂林之幽敞可室，青莲舍左崖可亭，法堂之小静室多方竹处可榭可阁，无论幽邃静胜，其间百围之樟，尺围之篁，亦非他处所有也。山后面阳山，有地空阔，河流涨其前，直见雉堞田庐，烟岚叠波而出，葺而庐之，可置丛林。"（《游德山记》）众人结社谈禅"使德山法道再兴"，至于"谈玄之言，由张明教纪录编次"，袁宏道看了后说："此风痕水文也，公乃为之谱邪？然公胸中有活水者，不作印板文也。"于是只拣其"近醇者一卷，付之梓"。这就是现存的《德山麈谭》。

在德山，袁宏道随即拜会了龙襄、龙膺兄弟。袁宏道来德山的一个目的就是拜访龙氏两兄弟。自从万历十九年（1591）公安阳春社结社初始，龙襄、龙膺兄弟赶来参与盛会，到袁宏道隐居故里的时候，大家已经十三年未见。这漫长的时间过后，老友重又会面，此时，袁宗道已经去世，众人身份都已经大有变化，恍如隔世，大家宛若劫后重生，都分外珍惜这相聚的时光。

于是，老友聚谈，分外欢乐，欢聚大醉之际，袁宏道作《醉归》诗曰：

> 十年一瞥意苍茫，话别青山且尽觞。免与泡沤愁起灭，
> 聊从烟水决行藏。闲吹玉笛翻新曲，醉倚天花入道场。试去
> 武陵溪上照，头毛白尽老萧郎。

自从袁宗道去世，对于袁宏道来说，这欢聚场面实在不多。在德山与龙氏兄弟重聚的时候，袁宏道忽然又得到坏消息，袁宗道的遗孀、长嫂曹氏在公安去世，袁宏道不禁又想起长兄的往事来，不由得平添了不少伤感，他不得不提前安排日程，游完提前安排的景点。因此，袁宏道在德山只是与龙氏兄弟短暂地相聚数日。

袁宏道告别龙氏兄弟，众人逆水而上，于重阳节当天登临武陵山（即河洑山），这天晚上赶到常德的桃源县。至于为何一定要去桃源，袁宏道在《由河洑山至桃源县》中记得很清楚："余既谢两龙君，将解维，而君超忽来，盛称花源一带之胜。余曰：'此名迹，不必佳山水，固佳也。'遂命舟，逆而上，君超从陆，是夕会于河洑山。"

据传，桃源正是陶渊明《桃花源记》中所写的地方，它早已成为历代文人的探幽之境，这种远离尘世、宁静和谐的境界，成为文人追慕山水的最佳地方。正是这种仙人生活衍生出"仙人学"。袁宏道对于老庄哲学多有研究，他以《庄子》一书为本，推广其意而作《广庄》，将老庄的"至境"与"化境"视为人间最美妙的一种境界。

而桃源正好吻合了袁宏道心中对美德意境的向往。湖广诸景中，除了当阳玉泉寺外，袁宏道对桃源的印象也最为深刻。

袁宏道到达桃源县城的当夜，不顾舟车劳顿，稍作歇息，便开始欣赏桃源县城的夜景，并当即作《夜入桃源县月中》一诗：

> 深村杞菊香，壁影拂船凉。和月和烟市，全山全水乡。

高云排鹤路，怒沫响鱼梁。若个垂纶客，溪头旧姓黄。

第二天清晨，一行人匆匆出发，直奔桃花源。船行江中，风景奇妙绝伦，刚看见渌萝山的时候，袁宏道忽然想到好友江盈科。江盈科正是常德桃源人，号渌萝山人，此时，江盈科以大理寺庙丞一职，正在四川主持乡试。袁宏道在游览途中，写有《望渌萝山，有怀渌萝年兄》来怀念江盈科，这一趟行程中，袁宏道另外写有游记佳作《由渌萝山至桃源洞》：

> 江上望渌萝山如削成，颓岚峭绿，疑将压焉。从此一带，山皆飞舞生动，映江而出，水缥绿见底。至白马江，山益夹，水益束，云奔石怒，一江皆飞沫，是为浪光之天。山南即避秦处。上桃花溪百步，从间道出后岭，玄武宫其巅。宫甚敞，道士迓于门，指数奥避处曰："某丹台，某瀹鼎池。"余爱恋山色，苦不欲记之，有碑焉，苔鲜剥落不可读，道士闭目庄诵，如快小儿课《鲁论》，不觉失笑。趋而出，见道傍古松，偃蹇有异态，为了却行。又数折，得桃花观，从左腋道入，竹路幽绝。一黄冠，簪笋皮，白须照两颧如红霞，疑其异人。余肃冠裾，将揖之，未数步，趋而前。余笑益不止，偕游者以余为暴得佳山水，会心深也。观周遭，皆层峰，淡冶如绘。观前为驰道，车尘马足，略无歇时。截驰道而南，入桃花洞，无所有，惟石磴百级，苍寒高古，若有人焉，而不可即。余读《瞿童记》有云："偶造佳地，见云气草木屋宇饮食，使人淡然忘情，不乐故处。"此与竹林方广何异？苏子瞻泥于杀鸡一语，遂以为青城菊水之类。至韩退之，洪景庐，益不足道矣。甚矣夫，拘儒之陋也！出洞已昏黑。是夕遂宿水溪，去洞二里许。

袁宏道一路走来，记录了从渌萝山至桃源洞的过程：先至"白马江"，后至浪光天，过避秦处，上桃花溪，一直到玄武宫。游记中，线路交代得很清楚，景色描写得很独特，但白马江的来历、道家的传说、避秦处的由来，袁宏道只字不提，为何？游人过客，皆稔熟，不知道的，是不想知道，何必喋喋不休。道士摇头晃脑地背诵碑文，亦属稚儿小伎，袁宏道之乐在哪里？马上遇见高人，"得桃花观，从左腋道入"，随后出现：一黄冠，簪笋皮，白须照两颧如红霞，当然是不同凡响之人。于是想靠近前去攀谈，"余肃冠裾，将揖之，未数步，趋而前"。可是，人家走了。袁宏道自笑不止，同行者，焉知他之乐？此后还写景吗？没意趣了。入桃花洞，无所有，惟石磴百级，苍寒高古，若有人焉，而不可即。景色不一定不好看，不入眼！看景之人已无趣味。所以苏轼不明白陶渊明《桃花源记》中"杀鸡作食"的话，反而教训陶渊明说：你不懂得，"蜀青城山老人村，有五世孙者。道极险远，生不识盐醯，而溪中多枸杞，根如龙蛇，饮其水，故寿"。历代贬低陶渊明的人还有韩愈、洪迈，这些人都是拘儒之陋也。为什么？韩愈太拘束了，苏轼太拘束了，洪迈也太拘束了，拘陋寡闻。所谓拘束，就是太拘泥于现实，太无意趣。乃知：一人一山水，一人一景致！

袁宏道来湖南桃源游览，直到闰九月才回到公安老家。有德山、桃源一行，袁宏道回公安后又作《觞政》。《〈觞政〉序》中，袁宏道说自己"饮不能一蕉叶，每闻垆声，辄踊跃。遇酒客与留连，饮不竟夜不休。非久相狎者，不知余无酒肠也"。为什么作《觞政》呢？是因为袁宏道认为"社中近饶饮徒，而觞容不习，大觉卤莽。夫提衡糟丘，而酒宪不修，是亦令长之责也"。结社多有所陋习不雅所致，于是，袁宏道"今采古科之简正者，附以新条，名曰《觞政》"[1]。

这趟桃源之行，袁宏道作有数篇游记，包括《游德山记》和《游桃源记》，其中《游桃源记》一共有三篇：由《由河洑山至桃源县》《由渌

---

[1] 万历三十四年（1606）秀水沈氏尚白斋刻本，陈继儒辑《宝颜堂秘笈·觞政跋》："石公见酒盏辄醉，乃欲以白衣领醉乡乎？夫披坚执锐，非将不武；而将将者不然，留侯状貌如女子，未可谓非万人敌也。石公晓畅饮略，深入酒解，糟丘伯业，不得不与吾党共推之。甲辰闰九月荷叶山樵识。"也论及袁宏道写《觞政》原因。

萝山至桃源洞》和《由水溪至水心崖》组成,三篇游记均是佳作,这在袁宏道后期的写景散文中非常难得。除游记之外,袁宏道还作有大量诗歌,凡四十余首,后人结集为《桃花咏》。此时袁中郎的文字造诣,正如沈仲雨在《桃花咏引》里说:"世人耳食中郎不如雷,不如衡山顶上云雾中闻雷,正作婴儿声。又有一种耳食诗者,鼓吹十九首,左建安,右元熙,而以点次中郎,将不比于謦音。"

袁宏道德山之游所作诗文,同代作家认为是他的一个转折点。

这年初冬的时候,袁中道从黄山归来,读到袁宏道的新作,不禁撰文评道:"其游程诗记,倩冶秀媚之极,不惟读之有声,览之有色,而且嗅之有香,较前诸作,更进一格。"(《书雪照存中郎花源诗草册后》)而曹蕃在《桃花咏跋》也指出:"其诗语翩翩欲仙,大脱楚歌厉气习,今愁者读之而快,愤者读之而舒,泣途穷、悲路歧者读之,如履康庄而就平陆,定止愈头痛已邪!"曹蕃认为袁宏道的诗"快"而"舒",读之不愁不愤不悲泣,让人"如履康庄而就平陆",心境豁然如雾开云消。其实,这种诗境也是禅境,正是袁宏道在德山参禅悟道的结果。

至于袁宏道文学作品发生大变的另一个原因,袁中道认为,袁宏道的"游"极大地促使了诗文发生新的改变。袁中道以"声""色""香"来形容袁宏道的新作,说袁宏道的新作比起他的前期作品,开始具有生动的生活场景,捕捉到了自然的声息,描绘了自然的真实色调,写出了对外物的感悟和体验,而且,字字斟酌,苦心经营,非信笔所作,正像袁中道认为的:"盖花源以前诗,间伤俚质;此后,神理粉泽,合并而出,文词亦然。今底稿具存,数数改易,非信笔便成者。良工苦心,未易可测。"(《书雪照存中郎花源诗草册后》)

袁宏道居乡期间,万历三十二年(1604),时任公安县令钱胤选亲自来柳浪馆登门拜访,请求袁宏道出面修撰一部新的《公安县志》。修撰公安县志,前后时间长达三年,这是袁宏道参与的最大的一次公益活动。

据《康熙公安县志跋》,公安县最早县志为明初正统年间公安教谕房陵修撰。袁宏道此次修志,就是在房陵所修县志基础上进行增编,袁宏道接纳请求答应修撰《公安县志》，不仅仅因为他是"邑人"，而且因青睐此时的公安县令钱胤选。钱胤选为举人出生，浙江慈溪人，是一位贤明有为的父母官，曾修浚县城的石浦河，与公安县原杨公堤脉络相贯，钱县令刚一上任就下令修堤治水。

荆州自古以来为长江流域水患最严重地区，晚明时期，公安县城斗湖堤镇常闹水患，为了逃避水患，袁宏道与家人曾经多次搬家，在万历十五年（1587）少年之作的《江涨》中，他说，"滟滪二冬雪，潇湘五月波。疾流翻地转，远势触云过"。特别是万历十九年（1591），袁宏道去麻城拜访李贽归来后，六月己未，江汉平原的公安、钟祥、沔阳、潜江等县发生大水，据《明史·五行志》记载，这年公安大水中"有巨蛇如牛，首赤身黑，修二丈余，所至堤溃"。万历二十一年（1593），袁宏道再次去李贽处访学那年，荆州府再次水患异常。在为钱胤选修堤所作的《新修钱公堤碑记》中，袁宏道把洪水的危害比喻得极为形象，在他眼中，洪水等同于明朝同时期所面临的各种入侵外敌："泽国之有江警，犹西北之有虏警，东南之有倭警也。倭虏之患，至于芟夷我赤子，蹂践我城郭，而水之虐正等。故捍卫之功，比于折冲。"①后面，袁宏道更是描绘了洪水来临的凶猛，百姓逃避洪水之惨状："邑故洼泽，割江身为都，每入夏后，峡水暴涌，云昏天回，几撼地轴，白浪跃雉堞出，居民望之摇摇然，夜则万雷殷枕，甫就席，辄彷徨起。若此者，十余日或五六日，每岁率三四，至以为常。仓皇有警，则扶白负稚，走郭西之斗堤，涕泣之声，闻数十里。"

钱胤选修成江堤之时，袁宏道提笔写下《新修钱公堤碑记》，其中称"幸此堤复，我民倚斗为长城。闻侯又欲疏北江之故道，以分水势，如此则中兴可望也"。对待钱胤选在公安的政绩，袁宏道历来称赞，万历三十三年（1605），钱县令离职，袁宏道曾替他向上面官员推荐，写

① 清乾隆朝后，清廷规定袁宏道集中"内有应行敬避字样，应行敬避"，有标明《监司周公实政录序》《新修钱公堤碑记》"语有偏驳，应请抽毁"（《清代禁书知见录》），概因此碑记中有"泽国之有江警，犹西北之有虏警，东南之有倭警也"辱外族之词。

过《邑钱侯直指疏荐序》。

袁宏道愉快地接受了修撰《公安县志》的任务，历经三年修撰县志完毕，"志三十卷已卒业，生不文，勉为之"。从这封给钱胤选的书信《钱邑侯》可知，袁宏道修撰县志采用了一种全新的修志体例："然诸传非闻见真者，不敢滥入也。传体仿班氏及南、北史，多于小处见大，不欲以方体损韵致也。诸大老传他日国史所取以为据者，邑僻地，志状多不传，故不得不详。《杂俎》一篇，逸事仅有。……"

袁宏修撰的这部公安县志，可惜后来因为水患，公安县城历经数次搬迁而散佚。至于袁宏道修撰县志的内容，在《公安县志书十六卷清康熙九年写刊本》上有所记载："考公安志乘，创修于永乐壬辰知县鲍纶，正统丙辰教谕房陵增续付梓，成化间教谕梁善又增补之，而规模初具，万历间邑人袁宏道仿《襄阳耆传》重纂，搜罗人物颇多，由是邑志大备矣。"

万历三十四年（1606），县志初成，正好公安派重要作家、翰林院检讨雷思霈来公安县拜访。雷思霈坐在中郎的柳浪潇碧馆中，捧卷阅读，对袁宏道新修的县志给予高度评价，为《公安县志》作序一篇，序中称："中郎文章言语，俱妙天下。是志也，抉奇搜奥，辨物核情，绝无老博士一酸语。"绝不拾人牙慧，既延承有序，又绝无酸腐之言，从中可以看出袁宏道即使修志，也是贯穿性灵文学的主张："以写其神韵，表其文采，而垂后世。虽然，陵谷变迁，世界密移，方言市券，皆具妙语；稗官小说，皆成至文。"雷思霈说袁宏道修志"而况以一代才，作一邑志，井庐不改，文献足征，何必卑视时贤，仰资异代也"。其后，雷思霈又将袁宏道与宋代苏东坡进行比较："传闻中郎为子瞻后身，嗟乎！子瞻不敢作三国史，而中郎能为一国志，岂隔世精灵乃更增益耶？"

袁宏道文集刻印及对政治的关注

万历三十四年（1606），当袁宏道修撰《公安县志》到了尾声时候，他的身边发生了两件重要的事情，两件事都发生在万历三十三年

（1605）。袁宏道因为久居乡里，极时得到消息：一为他的朋友、戏剧家屠隆在老家绍兴去世。屠隆生前为晚明文坛"末五子"，是袁宏道的好友，去世前，汤显祖曾写慰问诗十首。二是关于已去四川任职的江盈科，此年袁宏道迎来他一生中最重要朋友的噩耗。

众人在北京结葡萄社之后，万历二十八年（1600）袁宏道离开北京，这年冬，江盈科被派往云贵两省视察刑狱，救了不少蒙冤之人，"不佞审谳两省，解主上之网，死而生之者，凡三百人"（江盈科《与王百谷书》）。万历三十年（1602）秋还朝后，升户部员外郎，第二年七月主持四川省乡试，三十二年（1604）七月擢四川提学副使，万历三十三年（1605）八月，江盈科卒于四川官所。

挚友江盈科的去世，让迟闻消息的袁宏道伤心不已。前一年，袁宏道刚到江盈科故乡湖南桃源游览，突然想到江盈科，他还作诗怀念，万历三十四年（1606），却听到江盈科已经去世，这是袁宏道想象不到的。他一下就作《哭江进之》诗歌十首，并在诗前作长序，序言中说："余时伏枕恸几绝。嗟乎！余与进之之交，岂复在口舌间哉！进之死，世谁复有定中郎文者？已矣。……往弟有《锦帆》《解脱》诸集，皆属进之为序，甚获我心。然彼时诗不遒，而文亦散缓，今弟刻《瓶花》《潇碧》二集，安能使兄快读一过，为弟叙而传也？"此时，袁宏道只是"值有邑乘之役"，因为修撰县志抽不开身，否则，他将亲自前去凭吊亡友。

江盈科作为公安派的重要作家，一直是袁宏道的文学盟友和出版赞助人。袁宏道在苏州吴县任上，江盈科曾经资助袁宏道刻印《敝箧集》《解脱集》两集。万历二十八年（1600）四月，江盈科《雪涛阁集》十四卷编成付梓，袁宏道为之作《〈雪涛阁集〉序》，再次申明反对模拟剽袭，并对江盈科的文学成就给予高度评价："进之才高识远，信腕信口，皆成律度，其言今人之所不能言与其所不敢言者。"以致推江盈科为"一代才人"和"大家"。

也是因有江盈科等好友的帮助和宣传，后来，袁宏道的作品才得到大量刻印。袁宏道也是一直非常注重出版宣传，哪怕乡居故里，他也常年与江南的私人刻书机构保持着频繁的联系。袁宏道去北京重仕之前，都由苏州出版家袁无涯负责刻印诗文，这是袁宏道文集的权威版本。袁宏道对自己归乡隐居时期的作品也非常看重，集成《潇碧堂集》，准备交给袁无涯先行刻印。

当时，袁宏道的著作在江南地区迅速流行，他乡居期间，万历三十一年（1603），袁无涯刻印《锦帆》《解脱》二集，两集称为"清荫堂本"。这两本书在市面上大受欢迎，刻印数量相比较江盈科资助的原刻也是大量增加，卷首录有江盈科原序和钱希言《重刻序》，卷二终落款为"勾吴袁叔度无涯甫重校于法水院之清荫堂"。

万历三十四年（1606），袁宏道将《瓶花斋集》《潇碧堂集》一同在袁无涯处刻印。同是之前的万历三十一年（1603），《锦帆集》《解脱集》重刻的时候，袁宏道已经给袁无涯寄去"《瓶花》集诗"一册了。《瓶花斋集》为在北京时期所作，《瓶花斋集》有曾可前作序，而现在，《潇碧堂集》有雷思霈作序，集子都为曾、雷两位公安派的重要作家来公安时的约稿，两本文集刻成后，袁宏道将它们送给汪可受、黄辉、袁无涯、郭正域等人。

另外同年，袁宏道有几本"时尚"书同时得到畅销书机构刻印和宣传，浙江秀水沈德先、沈孚先兄弟在杭州刻印超级畅销书《宝颜堂秘笈》，由陈眉公主持修订，其中收录有袁宏道的作品，有《新刻陈眉公重订广庄》一卷、《新刻陈眉公重订瓶史》一卷。

这是一套成功的畅销书，沈氏兄弟借重著名"山人"陈继儒巨大的名声推销，取得显赫效果。[1]袁宏道乡居去德山旅行之际所著《觞政》一卷，该书的首刻也是在万历三十四年，袁宏道《与潘景升》一信中言："《觞政》一册寄览。"[2]

---

① 万历三十二年（1604）刻《德山麈谈》，是年，袁宏道与楚僧寒灰、雪照、冷云，诸生张明教入德山消夏；谈玄之言，由张明教记录编次。是年冬，袁宏道"拣其近醇者一卷，付之梓"，是为《德山麈谈》或又名《德山暑谈》，见陈继儒《珊瑚林序》和冯贲《珊瑚林跋》。

② 其序《觞政并序（附酒评）》，后一年也就是万历三十五年（1607）袁宏道在北京期间所作。

《潇碧堂集》共二十卷，诗十卷，共计五百八十四首，刻印的时候，袁无涯的书种堂卷首特别印有《书种堂禁翻豫约》。

卷首为何有此豫约？皆因"牟利之夫，原版未行，翻刻踵布。传之贵广，即翻奚害。第以鱼目混夜光，而使读者掩卷：疏斜其刻划，挂漏其文词，纷如落叶，曾不得十行下。灾及柔翰，而诅楚及余"。明朝晚期，盗书、伪书、改书于市场大行其道，而袁宏道深有所忧，故他认为出此"豫约"变得非常必要和及时，书种堂的"豫约"申明："兹与副墨子约，有能已精益精，远出吾剞劂上者，敢不俯首逊谢，舍旃东家之丘。如使垂涎洛阳纸价，辄以樗材恶札袭取贱售掩之乎？余请从绕朝授策，与决坚白！诸君子有癖若袁生者，不惜佐我旗鼓。"四百年前，袁宏道与出版家袁无涯的合作，偶然地创造了一件出版业重要的事情——开创版权维护先例，而且，类似的"豫约"增加了刻书业宣传和炒作的效果。精通市场图书编辑的冯梦龙对版权问题也有所关注，后来，他编辑《智囊》书中说："吴中镂书多利，而甚苦翻刻。俞羡章刻《唐类函》将成，先出讼牒，谬言新印书若干，载往某处，被盗劫去，乞官为捕之，因出赏格，募盗书贼。由是《类函》盛行，无敢翻者。"

版权申禁，反映了袁宏道成为书市盗版者的目标。袁宏道是可以给出版商带来大量利益回报的作家，经过各大私人书坊的多次刻印，袁宏道著作的读者数量已经非常可观，这是作家和出版机构精心培养的共同结果。在刻印《瓶花斋集》和《潇碧堂集》两本集子时，都为袁宏道自筹资金刻印，为出版两部书稿，袁宏道付出了非常大的金钱代价，花销颇大，他在给同乡好友、后来的亲家苏惟霖的信里所说："近日刻《瓶花》《潇碧》二集，几卖却柳湖庄。"

在袁宏道创作早期，这种鲜活生动的个性正是万历文坛最缺乏的，因而自有其震撼力，正如长兄袁宗道的阅后感："岑寂中，读家弟诸刻，如笼鸲鹆，忽闻林间鸣唤之音，恨不即挈绦裂锁，与之偕飞。"（《陶编修石篑》）然而，到袁宏道公安隐居的前后，他对自己昔日所作诗文多有所反省。

为刻印之事，袁宏道曾两次寄信给袁无涯。前一封写于他隐居的开始，万历三十年（1602）。信中说："不肖诗文多信腕信口，自以为海内无复赏音者，兄丈为之梓行，此何异疮痂之嗜。幸谨藏之奥，为不肖护丑，勿广示人也。至嘱，至嘱。"此信指的就是"万历三十年吴郡袁叔度书种堂刻本"，后一封是时隔四年后，袁宏道隐居的末期，于万历三十四年（1606）所写，信中则说："至于诗文，乖谬尤多，以名家为钝贼，以格式为涕唾，师心横口，自谓于世一大戾而已。"（《袁无涯》）

袁宏道一反前期文学主张的激进，意识到自己早期作品的缺陷，在更加求沉稳和求实的文风之上，做出反思需要以文学实践为体现。这正是袁宏道印刻《潇碧堂集》的原因。如在《哭江进之》十首序中所言，袁宏道借对亡友江盈科的去世表示莫大的遗憾，来表达自己身处公安派作家一员的反省，他说："嘉、隆以来所称大家者，未见其比。但其中尚有矫枉之过，为薄俗所检点者。往时曾欲与进之言，而竟未及，是余之不忠也。然余所病，正与进之同证，亦不意进之之去若是速也！"

明万历三十二年（1604）的闰九月，袁宏道刚从德山、桃源归来，湖广省发生一件史称"楚宗之乱"的大事："武昌宗人蕴钤等作乱，杀巡抚都御史赵可怀。"经巡按御史吴楷告变，万历皇帝命湖北境内严兵戒备，防止击杀大臣的罪犯外逃。湖北地区因有哄传楚宗室"称兵谋逆"，全民惊惶不安，事见《明史·本纪第二十一神宗二》。袁宏道闻知，当即写下《闻省城急报》的诗歌，诗中称："二百年来好纲纪，辰裂星纷委平地。天长阁永叫不闻，健马那堪持朽辔。书生痛哭倚蒿篱，有钱难买青山翠。"对，金钱最难买的是"青山翠"，是"天下和平"，湖广本是僻乡之里，眼观时局纷乱，看来避居庙堂之远，也不得安全了。

"楚宗之乱"一事的发生使袁宏道极为震撼，连连作诗，相当忧虑，他日渐感觉到了时局的紧迫性。此时的袁宏道，作为一名曾深受儒学教育的知识分子，体现出强烈的忧患意识。等到第二年，袁宏道给董其昌的信里说："楚中文体日敝，务为雕镂，神情都失，赖宗匠力挽其颓。"（《答董玄宰太史》）从此信可以看出，袁宏道一反前期的心灰意冷，出仕态度已经非常明显。

袁宏道尚在江南过着声色犬马生活的时候，他在《与吴敦之》中说过："弟尝谓天下有大败兴事三，而破国亡家不与焉。山水朋友不相凑，一败兴也。朋友忙，相聚不久，二败兴也。游非及时，或花落山枯，三败兴也。"这著名的警语道明袁宏道的处事宗旨，山水、朋友、时令都缺一不可，否则都"败兴也"，然而一切都设置有前提："破国亡家不与焉"；何况现在，面临国家危难的形势，与其隐居乡间被动裹挟进潮流，还不如主动投身旋涡，发挥自己的政治才能，改革弊政，或许更能体现人生的价值。

从这一年沙市之游开始，袁宏道的交游逐步渐繁，比起前些年的乡居不动、心灰意冷有明显不同，袁宏道并不太常住公安县城的柳浪馆，而是时常来往沙市等地。万历三十三年（1605）五月，袁宏道和袁中道一起前往沙市，午日，观龙舟竞渡，此次游沙市，看到沙市比以前萧条败落了不少，他又做了反映陈奉及爪牙强行乡里的诗歌《午日沙市观竞渡感赋》，抒发满腹的悲愤之情，将明朝与发生安史之乱的唐朝天宝年间相比：

> 西酋中珰横几载，男不西成女废梭。琵琶卖去了官税，健儿半负播州戈。笙歌沸天尘卷地，光华盛校十年多。耳闻商禁渐弛缓，努力官长蠲烦苛。太平难值时难待，千金莫惜买酒醝。君看至德中兴后，几人重唱天宝歌。

冬天的时候，当阳僧到来，邀袁宏道去当阳玉泉寺，此时玉泉寺快要修葺成功。袁宏道到达当阳玉泉寺，先游紫盖山，这次，袁宏道本来要入玉泉山的青溪，皆因为雨雪未果。继袁宏道游览桃源后，次年，袁中道及友人也一起游览桃源。这年，袁宏道刻印诗歌《桃源咏》一卷，刻成后，即以之寄赠给北京的官员好友李腾芳、顾天埈。

万历甲辰年（1604）以来，袁宏道的《初度》《除夕》诗中渐渐有准备出山之意，他心里越发有了重仕欲望。

　　重仕的原因，有生计艰难的考虑，袁宏道一贯花销巨大，修建柳浪馆、购买画舫，等到后期刻印《瓶花斋集》《潇碧堂集》两文集后，袁宏道在经济上更加捉襟见肘。次年，袁宏道在给旧友吴用先的信中说："弟此时实当出，所以迟回者，实迁懒之故，非真不爱富贵也。孔子曰：'富而可求也，虽执鞭之士吾亦为之。'又曰：'爵禄可辞也，白刃可蹈也。'将知爱富贵如此之急而辞爵禄如此之难！弟亦何人，欲作孔子以上人耶？兄谓弟饥寒所迫，一惭不忍，以此鞭弟，使乐就升斗，则可。"（《答吴本如仪部》）

　　至于看待做官与隐居的心态，袁宏道反对首鼠两端，"既做大官，又讨便宜，又断缘寡欲，便自说世情灰冷，无论他人信之，即自家亦说得过矣"（《答陶周望》）。袁宏道认为，作为名士，要么放浪丘壑，怡心湖山，要么平易沉稳，造福一方，如果为名所累而得陇望蜀，朝三暮四，终非名士所为。后清乾隆《四库全书》中谈及晚明社会风气时说"道学佯谈卓老，务讲禅宗；山人竞述眉公，矫言幽尚"，此时，袁宏道关于"隐逸"和"出仕"的立场却是站在世俗主义的一边，务实为要。同是在《答吴本如仪部》中，袁宏道说："若云趁此色力，勉就勋业，俟功成之后，渐谋绿野、香山故事，须先与阎罗讲明始得，弟不作此痴想也。古人进退，多是水到渠成，愿兄亦勿置此念胸中。居朝市而念山林，与居山林而念朝市者，两等心肠，一般牵挂，一般俗气也，愿兄勿作分别想也。弟明春将从水程北来，秋清或得抵掌。"

　　这年，他一再表示希望重仕。在《与友人》中说："弟明春决意泛舟北行，入西湖遇夏，中秋夜可得共踏射堂佳月。"《刘行素仪部》中说："明春决意北发，或得领大教也。"

　　至于万历三十二年（1604）与朋友书信所写"北上"之事，袁宏道因故并没有出发，只因高层政治尚未发生松动，浙党首领、首辅沈一贯仍在任上，袁宏道虽然心有所动，但只能继续观望。

　　适合袁宏道重仕的政治转机从万历三十三年（1605）开始显现，此年"乙巳京察"①中，沈一贯开始受到兵部武库司主事庞时雍上疏弹劾，弹劾沈一贯欺罔者十，误国者十，请求将其罢免。第二年正月，受到弹劾的沈一贯闭门乞归，六月，南京吏部给事中陈良训、南京福建道御史孙居相再次出手弹劾，群臣的抵制让万历皇帝不得不批准。七月，沈一贯正式去职，朱赓接任。

"为人阴贼"的沈一贯去职，忠于儒家之"道"的东林运动成员全面复出，特别是万历三十五年（1607），作为东林运动成员首领的叶向高入阁，次年，叶向高又任首辅，万历时期终于开始有了一段少有的短暂的政治清明时期。虽然，此前，东林运动成员在迫害李贽致死一事上起了关键作用，但是，东林运动成员至少坚持儒家道统，他们或许是中国最后一批能救国的政治精英，袁宏道的政治立场不偏向于他们，还能偏向于谁呢？

此时，从另一些事上也可以看出袁宏道出仕的决心。

万历三十三年"乙巳京察"后，东林运动成员在北京的政治斗争中全面获胜，此年的十月，陶望龄升为国子监祭酒，而另一好友黄辉自从被劾解官回老家四川后，一时音信全无，袁宏道已经三年没有和他见面。万历三十四年（1606），恰好有出家人从四川来，传言黄辉厌世消沉，袁宏道毫不相信，几天后，恰逢陶望龄的书信到来，陶望龄听说黄辉身体染病，向袁宏道求问消息。对于黄辉久病的事，袁宏道也不确认，他对袁中道说："必无他，诗以志之。"在《黄平倩久无书，有僧自蜀来传其厌世，余不信。数日后，陶周望书来云，闻平倩有疾，且求消息于余，余谓小修曰：必无他。诗以志之》的长标题的诗歌中，袁宏道

① 京察即京官考察，京察的惯例由吏部、都察院主持考察，正德四年六年一察成为定制，在巳、亥年进行。弘、正、嘉、隆年间，官员以挂察典为终生的污点。万历年间，风气为之大变。先是重新启用穆宗年间高拱因私怨而罢斥的张槚、魏时亮等官员，打破了京察的成例，后又因万历皇帝长期实行静摄，对官员的升黜，不免为廷臣言论所左右，或者任情用事，轻易裁处。阁臣包庇被处分官员以阻挠破坏考察，大臣们乘机利用匿名访单徇私毁誉，平时积累的恩怨都在京察中暴露出来，群臣之间势如水火，相互对立的官员则在京察中，结援同党，逐渐形成了东林、三党两大派系。之后相互倾轧争斗，直至明亡。

为黄辉鼓劲，其中说"子瞻定不死，吾以料天公"。后来黄辉果然康复，身体痊愈，袁宏道喜出望外，重出江湖之际，袁宏道给黄辉写信，力劝他一起复出。

党争之后，诸事接连爆发，袁宏道一贯有敏锐的观察力，他已经预感到国家正处于危亡之间。八月，听到沈一贯离职消息后，他不再犹豫。此前，他已经收到同科友人沈演从北京寄来的书信，沈演在袁宏道原来的老单位——礼部仪制司任郎中一职，沈信中说礼部有空缺，力劝袁宏道重仕，盼望袁宏道早日来京，共署理事。

袁宏道的老父亲袁士瑜也在催促，劝他重新出山。在中国古代，孝为治家齐国的至关重要的伦理基础，在袁宏道前后两次去北京任职一事上，他的父亲袁士瑜都扮演了关键角色，此时加之长子袁宗道去世，袁士瑜更是把袁家全部的仕途寄托在袁宏道的身上。在给友人潘茂硕的信中，袁宏道道出了家中实情："家大人迫弟甚，入秋当强颜一行。"

看来真的要离开故乡公安县了，离开柳浪湖，离开朝夕相处数年的柳浪馆，袁宏道心情万分激动，他绝对不会想到这将会是他的最后一次仕途，在即将离别的诗歌《余山居六年矣，丙午秋复北上临发偶成》中，他深情写道：

> 又被闲驱出，冥鸿那可飞。添多新蒜发，典尽旧荷衣。
> 柳密云侵郭，荷长水漫矶。鸥凫争作语，客子几年归？

万历三十四年（1606）秋天，秋高气爽，袁宏道携弟袁中道一起北上。袁中道一直科举不顺，多次乡试下第，万历三十一年（1603）顺天府乡试终于上榜后，随后参加会试又落榜，此时又快到会试的时间，于是和二哥袁宏道一起北行。

亲戚朋友出门相送，寒灰、雪照、冷云等僧人朋友一直将袁宏道和袁中道送到油江渡口。登上舟船，袁宏道回望江岸，不时百感交集，这一路来来往往油江渡口不知多少个来回了。袁宏道怀着复杂的心思，继续思考着此次去北京重新做官，对于"强颜一行"的重新出仕，此时，

他的心理历程只能用"自嘲"来形容了。他不禁作诗《诸衲送至江干自嘲》道:

> 油江渡,二十年中五番去。餐云醉石几经春,毕竟驱上长安路。油江上,柳如云,江若有知应移文。隔溪老衲笑且语,塞耳喧呼如不闻。

船在沙市靠岸,袁宏道改走陆路,换上马匹取道荆门,到达荆门惠泉的时候,看见旧友黄辉的擘窠大字,感慨万千,幸好获悉黄辉已经痊愈,又经宜城到达襄阳,遇到德山好友龙膺。龙膺恰好经过襄阳要去西宁,去往甘肃兵备道任职,两个好友又不免叙旧一番,两人吟诗作赋,依依道别。随后,袁宏道经郑州、邺城抵达北京。过邺城的时候,得朋友黄昭质送一古玩——铜雀败瓦,袁宏道"割而为三",其一送给黄辉。

路过郑州的时候,袁宏道又突然想起十五年前同到此地的事情,当时他进士及第归乡,与兄长袁宗道先后离京,随后兄弟俩又在郑州相遇,两人同宿州署,往事历历在目,青山依旧在,然而物是人非,如今袁宗道去世六年矣,怎不令人掉泪!

第七章

重仕：礼、吏部
任职及典试陕西

天下有大败兴事三，而破国亡家不与焉。山水朋友不相凑，一败兴也。朋友忙，相聚不久，二败兴也。游非及时，或花落山枯，三败兴也。

袁宏道《与吴敦之》（尺牍）

排禅事件后的公安派

袁宏道到达北京不久，在朋友的帮助下，顺利地补上礼部仪制清吏司主事一职。六年前，袁宏道差往河南周藩瑞金王府，掌行丧礼，正是此职位，袁宗道逝世后，袁宏道辞职，这次复出算是官复原职。

据《明史·职官志》载，礼部仪制"分掌诸礼文、宗封、贡举、学校之事。天子即位，天子冠、大婚，册立皇太子、妃嫔、太子妃，上慈宫徽号，朝贺、朝见，大飨、宴飨，大射、宴射，则举诸仪注条上之。若经筵、日讲、耕藉、视学、策士、传胪、巡狩、亲征、进历、进春、献俘、奏捷，若皇太子出阁、监国，亲王读书、之藩，皇子女诞生、命名，以及百官、命妇朝贺皇太子、后妃之礼，与诸王国之礼，皆颁仪式于诸司。凡传制、诰，开读诏、敕、表、笺及上下百官往来移文，皆授以程式焉。凡岁请封宗室王、郡王、将军、中尉、妃、主、君，各以其亲疏为等。百官于宗王，具官称名而不臣。王臣称臣于其王。凡宗室、驸马都尉、内命妇、蕃王之诰命，则会吏部以请。凡诸司之印信，领其制度。……以学校之政育士类，以贡举之法罗贤才，以乡饮酒礼教齿让，以养老尊高年，以制度定等威，以恤贫广仁政，以旌表示劝励，以建言会议悉利病，以禁自宫遏奸民"。

明正统六年（1441）才增设仪制司，袁宏道初入礼部，职位不高，且并非显职，一度十分清闲。袁宏道重新来北京的初期就住在手帕街，此地亦为旧友们雅集的范围之处，因此"出入径由，每为肠痛"（《答刘云峤祭酒》）。袁宏道一生多愁善感，后来即使因政治原因有所不得不为的举措，但是每每想及旧事故友，无不唏叹，"每出西安门顾庶子旧宅，因念梨花影下，谈谐之所，遂为西州回车之地，可感可叹"。

袁宏道刚刚来到北京重仕的初期，一度沉寂了六年的京师社局再次活跃起来。

龙膺、顾天埈、李腾芳、方子公、丘长孺、陶若曾、刘戡之、汤宾尹①等新旧社友重新汇入公安派阵营，袁宏道闲暇之余，与朋友们外出郊游，饮宴为乐，结社唱和，仿佛又回到以前刚来北京的时候。来京初始，万历三十五年（1607）春暮，袁宏道与几位友人相约，一同前去崇国寺旧地重游。

---

① 汤宾尹，字嘉宾，宣城人，万历二十三年（1595）进士第二，授翰林院编修。袁宏道与汤宾尹的交往因顾天埈、李腾芳的介绍，但仅限于万历三十五年（1607年）春夏之间。袁宏道写有与汤宾尹的诗词共四首：《惠安伯园亭同与顾升伯、李长卿、汤嘉宾看牡丹，开至五千余本》《汤嘉宾邀同顾升伯、李长卿、唐君平游草桥别墅》《汤嘉宾以使事入江西，将遍游诸名胜，诗以送之》《早起入朝书册，午间冲暑走城外别汤嘉宾》。此后，汤宾尹因事赴江西，不再见于袁宏道诗词，且后因政见相左，袁宏道与顾天埈、李腾芳、汤宾尹都不再交往。

　　原来葡萄社中的袁宗道、潘士藻、江盈科皆已逝，汤显祖、董其昌隐居，黄辉病居老家南充，刘日升等人尚在，但各自分离。而袁宏道又是一个重感情的人，故地重游，在他看来，这真是一件悲伤的事情。袁宏道写有《游崇国寺，得明字》一诗，诗前有序曰："相去七年，存亡出处，遂如隔世。"朋友们重聚，"泣下不能自止，聊述数语，以志今昔"。

　　其诗一说：

　　　　入寺稀人识，僧雏尽老成。花犹香废苑，石莫话前生。
　　壁上苔栖墨，廊间雨坏楹。春衣能几日，又复过清明。

　　其诗二说：

　　　　只作幽探计，如来与证明。出门皆黛色，入寺有泉声。
　　酒似溪光嫩，身如云影轻。闲官无别侣，头白旧方情。

　　毕竟这里曾经是袁宏道一举成名、名震京华的地方，他对崇国寺怀有深厚的感情。万历三十四年（1606）春后，袁宏道尚在公安柳浪馆，给同窗谢肇淛的那封重新提及《金瓶梅》的信里，提及葡萄园昔日结社，到如今"如云逐海风"，物是人非："今春谢胖来，念仁兄不置，胖落寞甚，而酒肉量不减。持数刺谒贵人，皆不纳，此时想已南。仁兄近况何似？《金瓶梅》料已成诵，何久不见还也？弟山中差乐，今不得已，亦当出，不知佳晤何时？葡萄社光景，便已八年，欢场数人，如云逐海风，倏尔天末，亦有化为异物者，可感也！"（《与谢在杭书》）

　　袁宏道倍感孤独，此信提及"谢胖"袁中道，也是信中一再提及兄弟相聚的心理原因。

　　万历三十五年（1607），除了春暮来过崇国寺，袁宏道又先后在夏天来过两次，一次是与龙膺、陶若曾、丘长孺、李学元、刘元质等人，众人在葡萄园饮酒赋诗，"移席就佳荫，萧散去巾带"。另一次是与曾可前来，单独怀旧。袁宏道在葡萄园里底下徘徊低回，"问我低回何事？十年梦到胸中"，他思及旧梦，大发感慨，"古井已无完栏，石榴依旧烧枝。莫道故人如梦，梦上却有长时"，徘徊良久方才离去。

因为袁宏道的重新回京，公安派重整旗鼓，拉开重新结社的序幕，此时，作家们结社的领导人是袁宏道和刘戡之。

刘戡之，字元定，夷陵人，以荫授郎中，官德州知州，为已故首辅、明朝大政治改革家张居正的女婿，原南京工部尚书刘一儒之子。至于刘一儒的轶事，因儿子刘戡之与张居正女儿结婚的细节而传遍朝野，在《明史》里也有白纸黑字的记载："居正当国，尝贻书规之。居正殁，亲党皆坐斥，一儒独以高洁名。寻拜南京工部尚书。甫半岁，移疾归。初，居正女归一儒子，珠翡纨绮盈箱箧，一儒悉扃之别室。居正死，资产尽入官，一儒乃发向所缄物还之。南京御史李一阳请还一儒于朝，以厉恬让。帝可其奏。"

刘戡之与袁宏道为同乡，又为诗友，刘氏父子素有清名，刘戡之的加入，令袁宏道重新初来京城结社又一次得到了京城里名门望族的支持。袁宏道等人在城西结莲花社，刘戡之都是主要成员。袁宏道在给罗冕（号云连）的信中，评价此时与刘戡之等人交游的情况时说："致声元定诸公，旧雅新知，快晤一堂，人间第一乐也。"（《罗云连》）袁宏道在给《刘元定诗序》中，说其人"有江左风格"、性格"温克"，"生长朱门"而"具丘壑胜情"，"饮量"与"饮才"都"卓然有之"，论他的诗，认为有"诗具"，有"诗料"，有"诗骨"。

袁宏道此时结社另外还有一些主要成员加入：

汤宾尹，前已述，此不赘述。

沈铭缜，一字仲润，乌程人，万历二十年（1592）进士，与袁宏道同年，初授官检讨，后升为南京礼部侍郎。天启时与阉党勾结，升为大学士。①

----

① 时因杨涟、左光斗与汪文言的奔走联络，东林运动集团崛起时，魏忠贤的势力亦崛起，内阁大学士沈铭缜与楚党熊廷弼等合流。

随着袁宏道再次入仕。袁宏道的助手方子公也从老家新安赶来，此时，袁宏道等人活跃的地点在惠安伯园亭、城西藕花庄、刘戢之的行记斋、高梁桥、草桥别墅、崇国寺葡萄园等。

大家一起去惠安园赏花。惠安亭是惠安伯张名善的私家园亭，张名善嘉靖三十四年（1555）袭封惠安伯，其园亭以牡丹、芍药著名，成为京都盛景。刘侗《帝京景物略》卷六记载道："都城牡丹时，无不往观惠安园者。园在嘉兴观西二里。其堂室一大宅，其后牡丹，数百亩一圃也。余时荡然藁畦耳。花之候，晖晖如，目不可极，步不胜也。客多乘竹兜，周行塍间，递而览观，日移晡乃竟。蜂蝶群亦乱相失，有迷归途，暮宿花中者。花名品杂族，有标识之，而色蕊数变。间着芍药一分，以后先之。"其后记载："公安袁宏道惠安伯园亭看牡丹：'古树暗房栊，登楼只辨红。分畦将匝地，合焰欲焚空。蝶醉轻绡日，莺梢暖絮风。主人营一世，身老众香中。'"刘侗记载的正是袁宏道《惠安伯园亭与顾伯升、李长卿、汤嘉客看牡丹，开至五千余本》一诗。另外，袁宏道给惠安园写芍药的诗歌很多，还有如"百千新艳一时开，那遣花妖不下来，""给与扫香十万户，灵芳国里古诸侯"，等等。

又去藕花庄看荷，万历三十五年（1607）的夏天，袁宏道与刘戢之在藕花庄避暑，众人又一起诗歌唱和，结藕花诗社。袁宏道在《夏日城西月张园看荷花，得莲字》里形象地描绘了朋友们观荷的雅集现场："遍呼荷蕙侣，驰与蜡纹笺。任意巾衫去，随身酒盏传。题诗新涤砚，洗茗自浇泉。"

袁宏道又在近乎文字游戏的长题《夏日刘元定邀同顾升伯、沈仲润、李长卿、丘长孺集城西荷亭，是日热甚，得暴雨乃解》描写了这次荷亭雅集。雨中观荷，雨后又复集，景象真是欢乐：

火龙吐焰烧青槐，繁鳞挟日战雌雷。黑云蟠墨湿崔嵬，雨头未展风脚回。羊角直上旋飞灰，鸣阶稀点大如杯。泼天猛溜破枯苔，千荷叶翻净绿颊。跳珠排沫纷喧豗，飞瀑出崖车啮街。翠虹十部影思思，鳞甲铩刃相摩推。匡床抱柱走童孩，舌腭虽张耳不谐。破屏障身肌粟堆，半臂未到声频催。
高堂虚冷无余埃，蝇冻不飞栖梁煤。平头次第陈罍甒，黑岑
车进羯鼓开。胡粉假姬上场来，宫纱浅袖雀头钗，当筵一笑
红玫瑰。莲花过酒香流腮，错觥杳筹迭排诙。余枝滴沥落生
梅，门外青波没马台。

这时，刘戡之的行记斋成为袁宏道的常来之地，袁宏道非常喜欢行
记斋，曾专门写诗记载它。在袁宏道看来，行记斋虽然不是特别宽敞，
但是"布置有态，器具亦精"，至于环境则是"碧茶蟠为几，黄蕉挂作门。
卷中流峡水，屏里识湘源。引月来阳树，邀风入浮轩"。就是在这样喜
人的环境下，袁宏道和文友们一起举行诗酒之会，大家一起觞饮。

万历三十四年（1606），袁宏道尚在公安老家隐居的时候，就在《觞
政》序言中说："余饮不能一蕉叶，每闻垆声，辄踊跃。"袁宏道虽然不擅
喝酒，但诗酒之会，必定在场的。到北京之后，文友众多，袁宏道每天
的应酬非常多。这时，袁宏道参与的觞饮活动，都是挤时间参加，如他
在一首诗歌名字里记录的万历三十五年（1607）春天里的一天所说，那天
早起，袁宏道先入朝书写册文①，中午的时候，从衙署走到城外，与文友
汤宾尹告别，晚上赶赴刘戡之处，此时诸多朋友已经喝得半醉半醒，"公
然去巾屣，奴态亦堪原"（《早起入朝书册，午间冲署走城外别汤嘉宾，
晚赴刘元定饮，时诸公已半酣，赋得原字》）。袁宏道觉得觞饮场面很是
有趣，诗以记之。

来北京的第二年四月末，因为与文友经常觞饮，袁宏道又作《酒评》
一则：

> 丁未夏日，与方子公诸友饮月张园，以饮户相角，论久
> 不定，余为评曰："刘元定如雨后鸣泉，一往可观，苦其易竟。

---

① "书册"为礼部仪制司主事的一项日常工作，为册封藩府等准备册文，袁宏道为
仪制司主事，故司其事。

陶孝若如梭鹰猎兔，击搏有时。方子公如游鱼狎浪，喁喁终
日。丘长孺如吴牛啮草，不大利快，容受颇多。胡仲修如徐
娘风情，当追念其盛时。刘元质如蜀后主思乡，非其本情。
袁平子如五陵少年说舞剑，未识战场。龙君超如德山未遇龙
潭时，自著胜地。袁小修如狄青破昆仑关，以奇服众。

袁宏道饮酒只在"趣味"二字上见出分明，他将喝酒写得如此好玩，
惟妙惟肖，也是一奇！

袁宏道重来北京，也许是受以前葡萄社的经验教训，倒是很少看见
他谈及参禅问道了。经历十七世纪初期北京的排禅事件，"燕中学道寥
寥，纵有一二，亦不过要人奉承，说他悟道而已。与他说真话，似麻城
人听福建乡谈，一字也用不着"（《与无念》）。这时，所写的作品里也很
少涉及佛学，袁宏道作品的艺术风格，也明显看到开始出现写实主义的
倾向，注意刻画和描写，重在表现感官的准确和逼真，利用艺术上的比
喻和夸张手法，充分调动语言的表现力，这是中年袁宏道文学风格上出
现的新变化，与他隐居公安县柳浪馆时，又有所不同。

人生的悲凉和末期

袁宏道再次入京不到一年的时候，中途遭变，万历三十五年（1607）
秋天，结发妻子李氏不幸病故①。袁宏道的生活节奏被打乱，此前公
差之余吟诗作赋、喝酒作乐，这种短暂的闲适心境一时完全消失了，
这简直是提前到来的人生悲凉的末期，袁宏道又一次陷入丧失亲情的
悲伤。

李氏为袁宏道同窗好友李学元的姐姐，自从嫁入袁家，便跟随袁

---

① 万历三十五年（1607年）秋天，李安人去世时，袁宏道另一侧室去世，史料中未
留姓名。

宏道一直四处颠沛流离。李氏去世时只有四十余岁，按照明朝万历时期的平均寿命，李氏也算是英年早逝①。按照中国古代和明朝妻妾制度②，袁宏道与此时一般士人阶层一样，他另娶有妾三人，但对原配李氏的情谊尤深。万历三十六年（1608）四月，在送李氏灵柩归乡安葬后，袁宏道即将离乡返京之际，写有《祭李安人文》表达自己的悼念：

> 嗟乎！二十三年，形影不离。今者远适，卿留乡井。匪云异路，神或我随。简书期迫，草草路歧。二仲尚幼，从我于迈。孤鸿身征，泪眼天外。

同是这年春天，袁宏道又作《告李安人文》，表达自己的思念：

> 遥遥丹旐，万里恬澜。由江入湘，适我长安。冬后水涸，幸非淼漫。帝子北渚，云旆翻翻。向风饮泪，摧我肠肝。

其中，《祭李安人文》中的"二仲"是指袁彭年。自从长子袁开美在仪征寓居期间夭折，袁彭年为袁宏道最大的儿子。万历三十五年（1607）李氏去世的时候，袁彭年只有十五岁，刚步入志学之年不久。李安人去世时连长子都尚未成年，袁宏道怎么不悲伤呢。

任期未满，袁宏道已经感觉到对人生乃至官场的又一次厌倦。李氏去世不久，袁宏道还没来得及悲伤，朝廷交代他一个差事，袁宏道需要

---

① 有关明朝人均寿命无准确数字。男约为四十五岁左右，女为五十岁左右。
② 《大明律》有明文规定："凡男子年满四十而无后嗣者，得纳妾。"后社会通过变通手法，纳妾现象在上等阶层及士人群体中非常多见。但即使士人纳妾，"妻"在家庭中的地位仍然举足轻重。明末清初，李渔在《闲情偶寄》中曾对妻妾在家庭中的地位有形象论述："至于姬妾婢媵，又与正室不同。娶妻如买田庄，非五谷不殖，非桑麻不树，稍涉游观之物，即拔而去之，以其为衣食所出，地力有限，不能旁及其他也。买姬妾如治园圃，结子之花亦种，不结子之花亦种；成荫之树亦栽，不成荫之树亦载，以其原为娱情而设，所重在耳目，则口腹有时而轻，不能顾名兼顾实也。"

奉命出使湖广省的蒲圻，存问世宗老臣、原右都御史谢鹏举。①谢鹏举因抗倭有功，居官期间，清明廉政，且屡受朝廷嘉奖，后因年老退休，归返故里已经二十九年。至于"存问大臣"之礼为中国世代一种延存礼仪，朝廷为彰显皇帝恩宠，对有功老臣举行的慰问仪式。

袁宏道与刘戡之等北京诗友一一告别。这趟公事是一次漫长的水路跋涉过程，袁宏道同时将李安人灵柩护送还乡。

袁宏道和袁中道、方子公、丘长孺等人一同上路。方子公作为幕僚，和袁宏道一起南下，随后回老家新安省亲。至于三弟袁中道，他是再次科举落第，一时心情郁闷，"错料今生事，蹉跎又一春"。在袁中道处于下第的忧愤中时，抗倭名将、万历中晚期的蓟辽总督——蹇达②邀

---

① 谢鹏举（1516－1608），字仲南，号松屏，湖广蒲圻人。嘉靖三十二年（1553）癸丑科二甲第三十四名进士。嘉靖年间，倭寇屡侵沿海各地，谢在嘉靖四十一年（1562）出任江西临江知府，后于嘉靖四十四年（1565）开始屡任浙江职务。据《明世宗肃皇帝实录》卷之五百十四载："嘉靖四十一年（1562）十月辛酉，覆论：江西剿平流贼功罪，升巡抚胡松兵部右侍郎兼右佥都御史，巡抚如故。升副使陈柯、参政谭纶各一级。赏巡按御史段顾言、临江知府谢鹏举等银币。"据《明神宗显皇帝实录》卷之七十载："万历五年（1577）十二月戊戌，浙江海盐修塘工竣，计筑海塘十八里，用银十二万两，乃叙录效劳，各官巡抚徐栻、巡道张子仁、水利道陈诏、同知黄清、知县饶廷锡各升赏有差，照旧管事。原任巡抚谢鹏举、守道朱炳如、舒应龙、知府黄希宪等各赏银有差。"又据《明神宗显皇帝实录》卷之九十八载："万历八年（1580）四月癸未，南京户科给事中王蔚劾奏：户部右侍郎吴执礼轻狡欺肆，南京都察院右都御史谢鹏举因循废事。部覆谓执礼才有可用，宜策励供职，鹏举忠诚素孚，然迟暮之年宜致仕。上从之。"
② 蹇达，字汝上，巴县人，嘉靖四十一年（1562）进士，曾指挥"万历三大征"：宁夏裁乱之役、抗倭援朝之役、播州平叛之役。万历十八年（1590），始任蓟辽总督，万历三十年（1602），蹇达重任，万历三十二年（1604），因功升兵部尚书，仍担任蓟辽总督。万历二十九年（1601），努尔哈赤灭哈达，明人第一次发现努尔哈赤有反明迹象是在万历三十六年（1608）蹇达去世前的一份奏疏中，其中说努尔哈赤对明朝"渐萌反侧之念"。万历三十五年（1607），袁中道去檀州，袁宏道为感谢蹇达回信《答蹇督抚》，信中称赞蹇达"皓首筹边，革华夷长膻腥之势者几万里""挞犬羊于塞外"。清乾隆四十年（1775），清廷公布《抽毁书目》，"三袁"著作均在"抽毁"之列。袁宏道集有这样的标注："查袁中郎集系明袁宏道撰，其卷十九《答蹇督抚》，卷三十六《宋六陵诗》，均有偏谬语，应请抽毁，再次本原缺卷十四至十八，应令各督抚再将全本查送办理。"

请他去檀州出游，于是，袁中道再次"塞游"，兄弟俩一同出京。

袁宏道与袁中道在通州潞河船中分别，潞河为运河的北段，亦为袁宏道南下的起点。如今中秋之时，兄弟将在此分手，酸楚之情，不堪忍受，联想到此前袁宗道猝死北京任上，如今，李氏在北京瞑目，袁宏道内心酸楚，感慨万千，一连作诗《潞河舟中和小修别诗》，其中既怀长兄伯修，又怀原配李氏。

其二云：

> 昔日饥寒伴，凄凉无一存。去花难返榭，好月不留轩。
> 龟手衣犹在，齐眉案尚温。一门新旧鬼，强伴北方魂。

其三云：

> 一怆出云堂，秋高雁影凉。容颜渐朽谢，恩爱日销亡。
> 竹老湘君庙，花深油水阳。解君旧箧笥，拟买白莲庄。

其八云：

> 弟也檀州去，征南尚可依。青油寒夜醉，画戟晓风威。
> 塞草鞲鹰疾，胡天字鸟飞。吾庐行信美，乡社几时归。

此次水路难行，秋后天气渐冷。袁宏道内心孤独，船上既有存问礼品，又有李安人的灵柩，一路人在运河道中，途经卫河、沧州、德州、下邳、宿迁、真州、扬州、镇江，走到河北灵寿县，他又与丘长孺告别，丘长孺是去应顺天府武试。这南下途中，袁宏道与不少旧朋老友、以往老师相遇：瞿汝稷、沈演、毕少参，一路嘘寒问暖，关注人情冷暖，一路与朋友们离离别别，有如客驿相逢。当途中到达淮徐的时候，舟中，袁宏道从毕少参处得知挚友丘长孺武举落第，好友常年落第，袁宏道又大发感慨起来。

后来，袁宏道身边只有方子公陪同了，天气不好，这一路走走停停，行程非常缓慢，北风越发迅猛，不知不觉已经到了冬天。等到镇江时，他和方子公、谢于楚、谢于教、张明教、儿子袁彭年一同游览金山寺。在金山寺，袁宏道竟然看见自己昔日的笔迹，这是十二年前南下出任吴县县令时游览金山寺所写。"壁上苔痕字，回头十二年。方干犹眼底，江令是生前。"

江盈科早已去世，现在昔日好友中无存多少，回望故人，此时身边唯有方子公和次子袁彭年！

因为此行载有已亡人李安人的灵柩，袁宏道到达江南，去镇江前，先到达长江和运河的水路中转中心——扬州仪征。到达仪征，袁宏道不免会上岸去城里看一看。他到了仪征城的三桥庄，三桥庄正是袁宏道与妻子李氏在仪征寓居的时候，曾经常去的地方，现在这里归属于已故旧友潘士藻。旧地重游，一切都是那么熟悉，那么悲凉，袁宏道拜访曾经的熟人，然而俨然是路人耳！

这一路，袁宏道都在想念妻子李氏，也许因为孤寂，也许因为旧事萦怀，也许因为故地重游，令他心情复杂无比。

从仪征、南京水路过来，其间或许稍有停顿，船到南京时，袁宏道与焦竑有过会面。这年十二月十八日，袁宏道终于到了蕲阳，然后从这里弃舟经过兴国到咸宁。等到大冶县的金牛镇时候，山路如同刀脊，天上雪花漫天飞舞，位处深山老林，艰窘几乎不能举步，沿途只能投宿寺庙，但雪落的过程，千峰缀雪，满目风景如画，亦为出差途中的一大快事。

袁宏道一行历经艰辛，于十二月二十三日——万历三十六年（1608）还没到来的时候赶到目的地。谢鹏举闻听朝廷派员来存问，忙率领家人出城迎接。此时，谢鹏举已九十二岁高龄，鹤发丹容，尚能骑马，"真是人中瑞也"。至于他的儿子谢师言也已经七十，虽为古稀之人，在谢鹏举的面前，仍是"有若稚子"。

这一路差事和私事集合的旅行真是一次怀旧之行。

袁宏道把朝廷的存问之礼办完，一行人不顾舟车劳顿，又立即原路回到水路，运送李安人灵柩赶往公安，李安人灵柩经过洞庭湖，由湖入村之际，在赤沙湖，袁宏道又按乡俗，深情作两祭文《告洞庭君主文》《祭洞庭君主文》。

返乡途中，袁宏道经过汉阳，也顺便拜访了在北京结葡萄社期间认识的老友王章甫①，老友们上次相见，还是袁宏道任礼部主事时往河南周藩后裔瑞金王府掌行丧事的时候。八年时间过去，李安人去世，袁宏道又一次来到王章甫的私居葵园，随后两人同登武昌的黄鹤楼，这也是袁宏道多次来过的名胜景点。袁宏道年少时第一去麻城访学和李贽同登黄鹤楼，曾经，袁宏道与王章甫也来过游玩，现在今非昔比，两家的情况已经是："两家稚子共追随，似我与君初上时。松老石欹楼亦换，可容玄鬓不成丝。"（《偕王章甫陈公弼登黄鹤楼》）

此年，袁宏道实际意义上的长子——袁彭年出现在袁宏道的诗文里，这是第一次，以后，袁彭年多次出现。以往，袁宏道像同时代所有文士一样，过着"薄骨肉而重交游"的生活，人到中年，随着李安人的去世，袁宏道终于将一部分精力放在后辈教育上了。

吏部铨选、政事革新和告别信

万历三十六年（1608）二月，春天，袁宏道将李安人的丧事料理完毕，稍作调整，便匆匆返京复命。四月袁宏道到京，由礼部仪制司主事改任吏部验封司主事，并摄选曹事。

吏部为六部之首。据《明史·职官志》载，吏部验封司"掌封爵、袭荫、褒赠、吏算之事，以赞尚书。凡爵非社稷军功不得封，封号非特旨不得与。或世或不世，皆给诰券。衍圣公及戚里恩泽封，不给券。凡

① 王祚，字章甫，汉阳人。贡生。从礼部侍郎郭正域、国子监祭酒萧良有学诗文（郭正域、萧良有均为武汉人，且都为东林运动成员）。王祚在汉阳筑水明楼、葵园，与李贽、潘之恒、袁宏道兄弟游动唱和，参与袁宏道主持的北京葡萄社结社。后官华州县令，迁成都同知。

券，左右各一，左藏内府，右给功臣之家。袭封则征其诰券，稽其功过，核其宗支，以第其世流降除之等。士官则勘其应袭与否，移文选司注拟。宣慰、宣抚、安抚、长官诸司领士兵者，则隶兵部。凡荫叙，明初，自一品至七品，皆得荫一子以世其禄。洪武十六年，定职官子孙荫叙。……父应停给及子为人后者，皆得移封。嫡在不封生母，生母未封不先封其妻。妻之封，止于一嫡一继。其封赠后而以墨败者，则追夺"。

因为时政严峻，因为妻子李氏的去世，袁宏道似乎越发感觉到时间的紧迫性，现在，从礼部改职吏部，袁宏道一时觉得非常高兴。恰好众多朋友和家人一起过来，亲朋们也很是兴奋，来袁宏道狭小的官舍觞饮。袁宏道还特地作诗以记之，诗中说"官舍未容投辖饮，误将尘土换冰衔"（《七夕招黄道元等》）。

入职吏部，是袁宏道政治设想中的第一步，从朝廷中下层官员做起，随后为改革朝政贡献一己之力，这是袁宏道重新出山的目的所在。

袁宏道在吏部任职期间，一直在辅佐吏部左侍郎杨时乔及后来到任的吏部尚书孙丕扬，他与二人都建立了良好的私人关系。

杨时乔，字宜迁，号止庵，信州上饶人，嘉靖四十四年（1565）进士，与沈鲤、温纯同年，万历三十一年（1603）起任吏部左侍郎，由于吏部尚书和右侍郎职位空缺，杨时乔实际上成为吏部的最高长官，他是万历时期清流派官员的代表人物。万历三十三年（1605）的"乙巳京察"，结果是东林运动成员和清流派得胜——这是明朝万历和天启年间少有的情况，即由杨时乔和都御史温纯主持，逼退沈一贯。

袁宏道到吏部时，杨时乔已经是七十七岁的老人，由他主持吏部官员选派。一般来说，五品以下的京官和四品以下的地方官，都由吏部部选出任，而选派官员采用的是掣签法，该法在明初开始偶尔使用，至万历二十九年（1601）正式设立，这是一种由明代后期沿袭至清的吏部选授迁除官吏的铨选制度，由原任吏部尚书孙丕扬力顶宦官压力创建。

这一方法于选派官员执行者来说，直接了当，而且快捷，杜绝了权贵请谒、人为舞弊的可能。但是，掣签法初次建立，而且在千疮百孔的晚明，徇私舞弊现象众多，难免会被掣签法的执行者——吏部本身的官员从中作弊。

袁宏道就任验封司主事后，铨选官员的时候就发现腐败现象，作弊者为吏部的都吏，一个叫朱国梁的人。

这次铨选官员，朱国梁已经涉嫌一起官员腐败案。当前，袁宏道等人主持一名叫郭元的官员考核任免，因郭元已经引起"公论久愤，致令言官形之奏牍"，因此"此番推升，遂拟劣转"，免去他的万全都司经历一职。袁宏道等吏部官员拟职的时候，吏部都吏率领一众候选官员过来，为郭元求情，袁宏道没有答应，朱国梁失望而去。等到官员升降榜出炉，朱国梁令坊间抄写官员升降榜的时候故意隐去"郭元"的名字。在长长的官员升降榜上，多一两人，少一两人，不仔细搜看，极难发现。外人不知内情，只凭一纸刻报狱知官员升降任免情况。郭元之名没有除去，那么郭元仍然是现任官员，除名者才为候补官员。袁宏道深得其道，一两年后，他等离职，若有与郭元现任官职相等的空位，便有可能改派过去。袁宏道调查情况，发现郭元花重金贿赂，伙同朱国梁一起商量此次铨选的对策。因见袁宏道秉公处理，"决意劣转"，朱国梁才出此对策。

"即此一条，已在不赦。"不料，朱国梁作为一名老吏仍旧顶风作案，铨选官员的关键时机，袁宏道与另外三名同僚正在官署为部分官员的选任进行考核、磋商，以便最终确认。这时，朱国梁急忙推门而入，直接地说："每次掣官，都吏例得乞一二名。今有临洺、金斗二缺，有应选驿丞刘邦太与都吏百金，乞与一缺。"①袁宏道等人没有答应，朱国梁悻悻而去。后来朱国梁又来捎话："有渔阳一缺，此不过四十余金，可以赏都吏矣。"袁宏道大惊，急挥朱国梁出门，将刘邦太姓名移于官员选派簿最后。袁宏道静观其变，看此人作何等伎俩。

而此时掣签官员的时候，朱国梁靠在案前，"诡与选人争夺"，故意

---

① 明朝的邮驿系统始于明太祖。最初由富户提供驿马或船只，由贫民出丁充役，私人可以使用该系统，使用权由官府公开出售。各州县设有驿站之地均设驿丞。明天启后，那些被指定的富户纷纷破产，驿站中充役的农民，无以为生，许多人沦落为盗贼和农民起义军。李自成就是驿丞出身。

将签筒弄倒，朱国梁瞅准刘邦太的竹签，放在渔阳这一差事的缺位上。袁宏道当即喝令，制止了朱国梁的舞弊行为。

吏部铨选一事使袁宏道的心里震动很大。此前，袁宏道听说吏部选官时，都吏、该当等职，每人都会接到上面上千两银子的贿赂。他听后一笑置之，朝政不至于如此昏聩。刚才发生的事情，若不是亲眼所见，真是令人难以相信。他说："职等或历推知，或由礼工，徘徊仕路，几二十年，实不见天下有如此凶狡之吏，亦不见天下有如此木偶之官。"

一个小小的部门都吏，何以公开受贿玩弄上司，袁宏道认为病因根源在于部堂小吏缺乏考察。京官六年一察，尚且有"不时之纠举"，唯独这些小吏没有考察，又在京城核心部门，那么每年考察一次，提上议程是非常急需的。

以前每次见到杨时乔，袁宏道都会"动以惩奸为谕"。杨时乔提醒袁宏道，说朱国梁等堂部奸吏，不可不防，"今其奸显露"，果真如杨时乔所言，概因过去吏部"大僚"长期空缺，部堂严重缺员，大权旁落，实权被一些具体操办实情的小吏把持。年长日久，小吏成为老吏，胆大妄为，目中无人，而且，他们之间形成一个庞大的关系网，盘根错节，若想搬动这些小吏，牵一发而动全身，甚为困难。

袁宏道绝不做"木偶之官"，他当即写下《摘发巨奸疏》上疏朝廷："吏部题为摘发巨奸以清宿蠢事。该文选司署员外郎主事某等，案呈某月某日奉圣旨云云，又于某月某日奉圣旨云云。职等两奉明旨，心切冰兢，独幸圣明不即罢斥，使得徐议其后。百年阴翳，一朝可使清明。此真千载一时也。……"看来袁宏道是以长远的构想加以考虑，向皇帝上此疏的。疏中列举朱国梁、郭元等人罪状，要求严惩这些奸臣猾吏，"伏乞参送法司，严加究问"。同时，袁宏道建议吏部小吏官员也进行年终考察，实行统一管理："故岁终有考察之法，可者留之，不可者去之。"

由严惩凶猾老吏一事可见袁宏道具有卓越富有远见的政治才能。万历三十七年（1609），袁宏道升任吏部考功清吏司员外郎，晋升为从五品官员。

《明史·职官志》载，吏部考功司"掌官吏考课、黜陟之事，以赞尚书。凡内外官给由，三年初考，六年再考，并引请，九年通考，奏请综其称职、平常、不称职而陟黜之。陟无过二等，降无过三等，其甚者黜之、罪之。京官六年一察，察以巳、亥年。五品下考察其不职者，降罚有差；四品上自陈，去留取旨。外官三年一朝，朝以辰、戌、丑、未年。前期移抚、按官，各综其属三年内功过状注考，汇送覆核以定黜陟。仓场库官一年考，巡检三年考，教官九年考。府州县官之考，以地之繁简为差。吏之考，三、六年满，移验封司拨用。九年满，又试授官。惟王官及钦天、御用等监官不考。凡内外官弹章，稽其功过，拟去留以请上裁。荐举、保留，则核其政绩旌异焉"。

到吏部一年后升职为副郎，这正是袁宏道重新出山的目的，期待自我的政治理想，袁宏道一时踌躇满志，他又作《初授司功副郎》诗以记之：

　　舍锻来为吏，嵇康也未慵。带犹悬素铸，衔得比青松。案牍心先碎，疏题手自封。何年桂神武，买断紫芝峰。

袁宏道升为副郎后，一直在思考朱国梁一事，根本在于"吏胥之害"。

这是历代政府管理的一大顽疾。吏胥："庶人在官，府史胥徒也。"早在宋金时期，刚刚引入中土制度的金世宗发现："以吏出身者，自幼为吏，习其贪墨。至于为官，习性不能迁改。"（《金史·世宗纪下》）吏胥不能重用，至于为何如此？司马光《论财利疏》说："府吏胥徒之属，居无廪禄，进无荣望，皆以啖民为生者也。上自公府省寺、诸路监司、州县、乡村、仓场、库务之吏，词讼追呼、租税徭役、出纳会计，凡有毫厘之事关其手者，非赂遗则不行。是以百姓破家坏产者，非县官赋役独能使之然也，大半尽于吏家矣。此民之所以重困者也。"万历同朝，董其昌在给"武三袁"中的袁可立所写《节寰袁公行状》中说："府吏胥徒之属善阴阳上官，百相欺也，即座师陆公为公（袁可立）虑之。"

如司马光所言，吏胥无收入，无前途，又握有各部门重大权力，只得各层盘剥，不想腐败都难。那么堂堂吏部，朝廷重权之地，为何会出现如朱国梁如此猾吏，长期目无法纪，将上司玩弄于鼓掌之间呢？袁宏道认为主要是缺乏严格的管理法规，缺乏考功稽查。

据《明会典》记载，官吏考绩分"考满、考察，二者相辅而行"。考满是对官员任职期满总考核。"论一身所历之俸"，根据官员的职掌进行考核，以决定官员升降，三年为初考，六年为再考，九年为通考。除此之外，还有杂考，或一二年考一次，或六年、九年考核一次。考察分京察与外察，外官三年一朝觐，"察典随之"为外察，京官每六年为一次"京察"，考功清吏司职责正是"掌官吏考课，黜陟之事"。

此外，六部当中，其他五部都有荆杖之类的刑具，唯独吏部享有不设刑具的特权。即使小吏犯法，也无从惩戒，吏部记录松弛、小吏肆无忌惮，也就不足为怪了。针对以上情况，袁宏道马上上疏，立岁终考察群吏法，说："外官三岁一察，京官六岁，武官五岁，此曹安得独免？"

告疏上呈，朝廷批复，准此办理。于是，订立法规，年终考核，更立刑具，对堂部小吏进行管制成为一种定制。

袁宏道前后两次的《摘发巨奸疏》和《查参擅去诸臣疏》都得到了及时采纳。袁宏道革除了多年的积弊，这使杨时乔对他非常器重。万历一朝，"时中外缺官多不补。而群臣省亲养病给假，及建言忤误被谴者，充满林下，率不获召"。杨时乔病重期间，袁宏道对杨时乔辗转病榻而又政务缠身的处境怀有强烈的同情，因而上《请点右侍郎疏》，请求朝廷任命礼部右侍郎来减轻杨时乔的压力，以便于他养病。

杨时乔病重的时候，对袁宏道处置奸猾都吏朱国梁一事，深表赞同："此吾所切齿腐心者也，今能如是，吾死瞑目矣！""此中阴气逼人，借公阳明，来此少压邪氛耳。"万历三十七年（1609），杨时乔临终前，对袁宏道说："吾佐铨四年，未见一实心任事君子，每窃叹曰：朝廷之上，如斯而已乎！今得公矣，国家之福也。"（袁中道《吏部验封司郎中中郎先生行状》）

杨时乔病逝后，复起的吏部尚书孙丕扬到京。

孙丕扬于万历二十二年（1594）即官拜吏部尚书，改革铨政的"掣签法"即由他创立，"一时选人盛称无私"，因"时乔数请简用尚书。帝终念丕扬廉直，三十六年九月，召起故官。屡辞，不允。明年四月始入都，年七十有八矣"（《明史·孙丕扬传》）。由于孙丕扬年老体衰，举措有不当处，袁宏道多方予以弥补。"孙公知先生为大用器，甚重之。"

例如有一事，孙丕扬主持吏部铨政，不是非常熟悉最近吏部的铨规。吏部选派教官一职，有南北中三签，准备按惯例抽签选人，孙丕扬见状，对郎中薛芳说："铨法惟公，安得分别远近，随意规避？今后不必拣地方为南北为中，但掣出即是。"薛芳回道："此法已上疏，久行多年，实为稳便。"孙丕扬年迈，"耳微重听"，只是隐约听见"上疏"二字，孙丕扬"推案而起"，大怒："汝与我抗疏争论乎？我历事累朝，但知奉行故事而已。今属官曲意狥情，坏朝廷法，反使堂上官一摇手不得，何其横！"司官一个个错愕不知应对，这时，袁宏道从旁出来，唯恐孙丕扬听不太真切，高声说："郎中谓明公大臣，不当亲细事，芳为明公代劳，非有他意也。"

孙丕扬脸色渐渐开朗，口里念叨"不亲细事"四字，怒气消减，过了一会儿，孙丕扬向旁边的萧云举问道："适言不亲细事者何人，何沉雅也？"萧云举刚从礼部侍郎改任吏部右侍郎，他说："此公安袁宏道，名士也。"

自此后，孙丕扬知道袁宏道为大用器，甚为重之，部中一切事，都要与袁宏道商量，征求并采纳他的意见。

袁宏道更是擅长调停诸事，万历庚戌年（1610）大计外吏中有一事，海内外应录取的官员都留京暂受部衔，以候选取。大概有七十多人在孙丕扬官邸求签名。孙丕扬说："原疏无'行取'等字，何乃不安其官，遽欲逼迫本部，躐取清华耶！"他急命吏部属司拿来原疏。原疏已经丢失，只有原疏稿，上面果然没有"行取"字，只有"听候选取"四个字而已，孙丕扬大怒，说："是以我为耄也！老夫即具疏治此诸人欺罔之罪！"吏部官员都不清楚事情缘由。恰好袁宏道刚好在火房休息，梦见孙丕扬"披褴褛衣，匆忙走出，已挽之"。醒后，袁宏道说："言路之塞久矣，岂可复上此疏，助之否隔？且大招纷纭，甚不宜。"袁宏道非常清楚，急忙草拟一札，送到孙丕扬处说："暂受部衔，乃近日权宜之计，以上久恶言官，得旨甚难，故姑讳行取，以选取代之。今天下事，已如转石拔山，若不委曲通融，事何由济，惟明公念之！"孙丕扬看到札记，才知道为何这样。

在孙丕扬的高度信任下，由袁宏道具体负责的万历三十八年（1610）大计外吏进行得非常成功，"一时清流，多见拔擢"。《明史》也记载："三十八年大计外吏，黜陟咸当。"自党争之势形成后，历次考察，都会引起双方矛盾的激化。万历三十八年虽非京察。但能获得普遍的认可也是非常不容易的，否则《明史》也没有必要特笔记录了。袁宏道在大计外吏事竣后告假回乡，"孙公别时咨叹，几欲泣下，念己年老，后不及与共事也"（袁中道《吏部验封司郎中中郎先生行状》）。可见孙丕扬对袁宏道是非常欣赏和倚重的。

袁宏道与邹元标、郭正域等清流领袖在这时期多有交往。在《寿邹南皋先生六十序》中，他称赞邹元标的人格，说邹元标是"庆、历以来，所称名公卿，未有比者"；称赞邹元标的学问"超一切见闻，不以解悟为知，不以担当为行，不以证人为功。截然如出土之笋，干霄而上，更无迂曲"；而对邹元标废弃不用，表示了深深的惋惜："夫天下固有一人不用，而抑塞数世者，子思、子舆是已；有一人用则存，去则危者，蜀之武乡，唐之梁公、邺侯是已。今先生固所谓间世一人者，而其年已六十矣。如此人者，一日在朝，则获一日之用。而使六十年之景光，半沉于岩峦水石之间，深可惜也。"

袁宏道并不拘泥于一派，全为朝廷政治清明这一宗旨服务。袁宏道在之前与老师焦竑有矛盾的清流派官员郭正域①的交往信中，对郭正域的风节表示了钦仰："翁台高风大节，人望所归，'儿童呼君实，走卒知司马'，宏窃谓翁台今日似之。七庙有灵，老成必用，如此世界，无遽陆沉之理，亦以山中有至人，朝中有清议也。"（《答郭美命》）言辞之

---

① 引《明史·焦竑传》："竑尝采古储君事可为法戒者为养正图说，拟进之，同官郭正域辈恶其不相闻，目为贾誉，竑遂止。"亦引焦竑《玉堂丛语》附录。

中，表现了对郭正域等清流领袖的价值观认同。而对于东林运动的领袖顾宪成，袁宏道说顾宪成不出，"将令世道何所倚赖"（《顾端文公年谱》）。从上述袁宏道的言论中可以看出，他的看法与当时的清议是完全一致的。

袁宏道请求重新起用被废黜的官员，指的就是清流君子或者东林运动的成员，他上《录遗佚疏》道："但观前史所载，危言极谏摘发权贵者，忠邪佞邪？与貂珰为仇执法不回者，正邪邪邪？遁迹长林甘心遗世者，清邪浊邪？此不待辨而知者也。"万历中后期，因立储和矿税二事而直言进谏的贤士大夫都遭到了斥逐甚至廷杖，如顾宪成、邹元标等大儒都被废黜闲居，"海内建言废锢诸臣，咸以东林为归"（《明史·于玉立传》）。袁宏道为之呼吁的官员基本上都是东林运动的成员，召回被斥诸贤臣，一直是朝野的强烈诉求。"中外竞请起废，帝率报寝。久之，乃特起顾宪成，宪成已辞疾，忌者犹惮其进用。"（《明史·洪文衡传》）"里居讲学，从游者日众，名高天下。中外疏荐遗佚，凡数十百上，莫不以元标为首。卒不用。"袁宏道请求录用遗佚，也是对这一诉求的响应。袁宏道认为根本症结在于万历皇帝，在《录遗佚疏》中，更是有直切的批评："皇上临御以来，如天之网。未见扩于先朝，而不时之摧折，殆二百年所未有。是故有以指斥乘舆去者，有以弹劾大臣去者，有以株连去者，有以矿税去者，有叹知己之不逢而去者，有以隐鳞藏羽托逃而去者。再阅数年，不知成何局面，一木之叹，恐复见于今矣。"由于万历皇帝对这一诉求基本上不予理睬，袁宏道上疏的结局也是如此。

万历三十八年（1610）春天，袁宏道在吏部考功司的大计外吏工作完成后，准备告假回乡之际，给吏部尚书孙丕扬写有告别信。这封名为《上孙立亭太宰书》的告别信，充分展现了袁宏道的政治考量及对时局的洞察力，告别信涉及非常重要的政论，现录如下：

> 今正论虽伸，阴机犹伏。崇正之本，在于择人；抑阴之道，在于速断。以职揆之，为当今之急务，在补大僚。而大

僚未可必得，莫若委曲补其小而易下者，如光禄、太仆之类。万一有变，则其人近而其位次亦相宜，犹不至中流乞壶也。所谓变者，一曰内，二曰外。在内非臣子之所忍言，然不可一目不熟虑也。在外则东北之虏是已。为今之计，莫若起一二晓畅军事曾经战阵者，分领蓟辽，毋以寸朽为弃。而又取监司五品以上才望出类者，尽补京卿，以实朝廷。有缺则实补，无缺则添注，无补大僚之名，而有人贤之实，庶几得旨犹易。夫添注非旧制也，然不犹愈于国之空虚乎？处今日之时，正古人所谓权以济事者，似亦不当拘拘矣。目今考选一事，尤为吃紧，询之宜周，而行之宜速。其人当取其心地平而议论正者，若但取赫赫之名，而不论其心，以才济佞，其奸乃毒，是不可不急辨也。所谓择人者此也。今之议论，纷纭已极。除奸之道，在辨其魁而断之独。所言为国家者正也；所言为身家者奸也。论人有实迹，不伤厚道者正也；论人而牵枝带蔓。语幽隐而意倾险者奸也。直言时事，无所依违者，虽偏亦正也；假借题目，预为迎合者，虽正亦奸也。所谓抑阴者此也。又有一种奸邪，本非族类，自知弥天之罪，不容于世；则又强附正论，捏造书札，以恐吓乡曲。其言似忠，其计甚诡，尤当急辨。

袁宏道从大计外吏工作出发，得出对时局的判断是"正论虽伸，阴机犹伏"，对此，袁宏道的信中提出吏部应行之事：一、补大僚；二、重边事；三、择人，辨贤奸。袁宏道的每一步建议都非常可行，而且切中万历中后期的时政之弊。"补大僚"和"择人，辨贤奸"是为朝廷充实正直官员的实力，万历中期后，万历皇帝实行静摄，"帝在位日久，倦勤，朝事多废弛，大僚或空署，士大夫推择迁转之命往往不下，上下乖隔甚"。"自阁臣至九卿台省，曹署皆空，南都九卿，亦止存其二。"（《明史·叶向高传》）故"补大僚"为朝廷的一项急务，袁宏道为此事曾多次上疏，他在告别信里再次重提。

袁宏道上任时期是万历时期少有的一段清流时期，此时的首辅、东林运动成员首领叶向高为"补大僚"，气愤地向万历皇帝提出："今章奏不发，大僚不补，起废不行，臣微诚不能上达，留何益？"叶向高又说及不补的危险："臣进退不置不问，而百僚必不可尽空，台谏必不可废，诸方巡按必不可不代。中外离心，辇毂肘腑间，怨声愤盈，祸机不测。"为"补大僚"，叶向高甚至向万历皇帝提出辞职以抗议，可见此事为朝中共识。

至于边事，为"二日外"——正是袁宏道担忧的，或许为未来必定发生之事！明太祖曾说，日本、朝鲜和安南只是蚊虫而已，北方夷狄才是最危险的心腹之患，从此建立了强大的卫所制度，实行军户世袭。但是从十五世纪后期开始，卫所制度走向衰败，朝廷中的贵族、勋戚、官僚开始驱使军士建造寺庙和宫殿，到十七世纪初，一些卫所的逃亡军士达到其总数的百分之八十，许多边地驻军只剩下兵力的一半。为了弥补兵员的损失，明廷才越来越重视长城的修缮。长城修缮后，其以外的地区被北方蒙古一些部落占领，而东北以努尔哈赤为首领的建州女真部落的崛起，正是这支夷狄彻底葬送了"中国"——导致华夏国体灭亡。袁宏道隐隐感觉到一丝边防的不祥，信中虽然与孙丕扬详尽分析时政，面临时政之弊必须采取的非常手段，但信末，袁宏道还是表示担忧惆怅不已，似乎无力为之，他说："职言止此，临书惆怅，不知所云。"

此时，袁宏道在吏部的改革，甚至付出了不惜得罪昔日朋友的代价。

万历三十七年（1609）二月，袁宏道在《查参擅去诸臣疏》中，弹劾昔日北京诗友顾天埈、李腾芳。袁宏道上此疏，一为考功司职责所在，是对旷官废职的担忧，二来说明他与顾、李的关系已经出现裂痕。袁宏道与两人的友谊大概在万历三十五年（1607）夏天结束，之后顾天埈、李腾芳致仕。两人在袁宏道与友人宴集的诗中，除在同年的《答刘云峤祭酒》信中以怀旧之情提及顾天埈，再有，万历三十七年一首去重游韦公寺的长题怀旧诗中提及，顾天埈、李腾芳二人再没有出现。

此疏弹劾顾天埈，通过攻击朋友而使自己避免嫌疑的做法为清流官员所不齿，以袁宏道的为人，这种行为不会发生在他身上，不可能与旧友交恶，唯一可能就是职责所在，而且暗合政见相左。浙党领袖沈一贯去职后，顾天竣和汤宾尹发展成为东林运动成员的主要政敌，"时汤宾尹为宣党魁，声焰慑天下"。而袁宏道政治立场历来在于清流派和东林运动成员一边，他的弹劾很可能也是出于此考虑的。

吏部尚书孙丕扬后来的行为证明他接纳了袁宏道告别信里的建议。据《明史·孙丕扬传》载："先后推毂林居耆硕，若沈鲤、吕坤、郭正域、丘度、蔡悉、顾宪成、赵南星、邹元标、冯从吾、于玉立、高攀龙、刘元珍、庞时雍、姜士昌、范涞、欧阳东凤辈。帝雅意不用旧人，悉寝不报。""丕扬又请起故御史钱一本等十三人，故给事中钟羽正等十五人，亦报罢。"对于万历皇帝不补大僚，袁宏道的告别信中也是有所考虑，他又提出过权宜之计任命中下级官员。"无补大僚之名，而有入贤之实，庶几得旨犹易"，显示出袁宏道对待政务处理时，处理方法之务实而又灵活。孙丕扬对此建议也是付诸实施："时部所推选既不能即邀上旨。而诸臣候命动淹岁时，曹事尽废乃以便宜使外吏俸深者尽署诸曹，借俸办事，中外称便，上闻亦不罪也。"

袁宏道的告别信里另一个重点是对"考选"情势的分析。考选指"考功"和"文选"，此时大计外吏工作刚完，显然，袁宏道所指是次年也就是万历三十九（1611）年初由考功司具体负责的"辛亥京察"。每六年一次的京察是吏部最为重要的工作，由于万历一朝党争的越发白热化，此次京察更关系到双方力量的消长，所以，袁宏道在告别信里不厌其详地向孙丕扬详解如何择人。这既说明袁宏道对次年"京察"的深思熟虑，也显示出他对年迈的孙丕扬的倾力辅助。他认为对于邪党的抑制，"在辨其魁而断之独"。因此，袁宏道具有敏锐的政治洞察力，而他向孙丕扬提出的在吏部范围内的应对方法也是非常切实可行的。

袁宏道去世后，等到万历三十九年（1611）的"辛亥京察"，孙丕扬作为清流派官员代表，冒着极大的政治风险，以强硬手段将汤宾尹等人罢黜，"汤宾尹、金明时等皆被察"（张鼎《东林列传·汤兆京传》）。此前为京察之事，袁宏道已经在《上孙立亭太宰书》里向孙丕扬提出过重要建议，孙丕扬的京察结果是与袁宏道的建议相符合的。

毋庸置疑，袁宏道的政治立场无疑属于是亲清流派官员和东林运动成员的，"三袁"兄弟如同他们在"性灵文学"思想上保持惊人的一致性，在政治立场上也是，与此时的清流派官员及东林运动成员是一致的。但是在万历和天启一朝，官员和东林运动成员并不太受掌权者的欢迎，因为袁宏道的亲东林运动成员的立场，招致反东林运动者对他忌恨不满也是自然。后来，袁中道在其日记中记载："是夜颇不怿，盖中郎逝后。往时同学号深相知者，皆作白眼按剑之语。"（《游居柿录》）天启时，所指大概就是尚在人世的顾天竣、汤宾尹等人吧。

袁宏道在吏部任上非常繁忙，没有大的出游活动，外出大多因为公务。万历三十六年（1608），袁宏道与众官友去陪祀山陵，作诗《杪秋陪祀山陵，同陶孝若、黄道元、谢响泉入仙人洞，洞奇绝，去驰道二里许》：

> 红叶霜花积几重，青山蜕骨走眠龙。伊祈善卷俱陈迹，各向秋云占一峰。

在北京如高粱桥、韦公寺的游玩，都变成了故地重游。公务繁忙中，短暂的游玩，也总是让袁宏道想起昔日故人。万历三十七年（1609）暮春，袁宏道和友人游玩过两次韦公寺，后面的一次来韦公寺，袁宏道又忆其昔日众文友来韦公寺，以及长兄袁宗道一起来此雅集的往事，当即睹物思情，写下长题诗歌《暮春游韦氏庄，忆十二年前先伯修暨顾升伯、李长卿偕游此地，今伯修去世八年，顾、李二兄新以言去，古人云"未免有情，谁能遣此"，潸然久之》[1]：

---

① 袁宏道指因公事上疏《查参擅去诸臣疏》，疏中提及顾天埈、李腾芳。袁宏道不免自愧，故称古人云"未免有情，谁能遣此"。

> 犹记天街白鼻骒，出门长是踏飞沙。几年夜雨慈恩寺，十
> 度春风柰子花。石火苍茫思驻景，滩流清浅梦移家。东邻法
> 道衰如许，不见栽莲谢永嘉。

这引起袁宏道的无限感慨，当然，对于大明佳景来说，越来越成为"镜里拈花，水中捉月，觑着无由得近伊"。具体在袁宏道本人身上更是如此。前年，袁宏道的门客、最重要的助手，也是他最好的朋友之一方子公在运河沿岸的山东临清县去世了。

万历三十五年（1607）秋，袁宏道奉命出使湖广蒲圻存问老臣谢鹏举，并扶元配李安人灵柩归返乡里，方子公随同南下，行至仪征的时候，两人分手了。翌年四月，袁宏道补吏部铨曹主事一职后，马上书信催他入京。当时，方子公染病在身，接到袁宏道信函，顾不上调理，马上启程北上，行至临清的时候，病情加重，寄居于一家旅店问病就医，不想医治无效，客死临清。

经三弟袁中道介绍，方子公自万历二十三年（1595）从武汉来到吴县。此后只要袁宏道出仕，方子公就一直跟随在袁宏道身边，平常为袁宏道料理笔墨，整理书稿，袁宏道最初的两本集子《敝箧集》《锦帆集》都得益于他的整理。他名义上是袁宏道的幕僚，实际上为袁宏道的朋友，而袁宏道对待朋友门客之道，则如袁中道《吏验封司郎中中郎先生行状》所言："尤重友谊，悯孤寒，如丘坦买武功爵不给，立解腰中银带助之。寒士有觅理天者，即为推挽。""生平不见人过，有过辄为掩盖。客有负者，卒亦善遇之。"何况是方子公呢，袁宏道居官期间，无论是游历、拜友、公差，方子公总是跟随在他身边，两人形影不离。

袁宏道迟到翌年才闻听方子公的死讯，听罢，当即大哭，作诗《方子公自真州入燕客死清源，诗以哭之》，诗曰：

> 贫死何足悲，所悲为贫死。奄奄一息身，奔驰二千里。
> 泣辞钟山云，梦渡吕梁水。百死到清源，闻歌犹蹶起。新诗
> 四五帙，函封寄杨子。蛇蚓不成书，获麟止于此。世相薄屡

空，冥官岂相礼。气类自呼召，往见东野鬼。赢博即故乡，
首丘端可已。肥马轻裘魂，谅非君所喜。

万历文人与传教士的关系

袁宏道从礼部调到吏部后，恰巧传教士利玛窦已经常住北京，对于
袁宏道的晚期来说，他遇到最重要的人物大抵就是西人利玛窦。

利玛窦于万历十一年（1583）和传教士罗明坚从东亚天主教的中
心——澳门进入中国内地，万历二十年（1592），在广东南雄遇到瞿汝
夔——瞿汝夔已经位处士大夫和文人的核心圈，他是李贽、紫柏、焦
竑、管东溟、袁宏道等人的师友。其中，焦竑作为同期江南文人的代
表，与利玛窦交游始于万历二十七年（1599），而徐光启作为焦竑的学
生，秉持了焦竑的学术态度，和利玛窦一起合作翻译西方典籍，传播西
方科技，为中西方文化交流写下不可磨灭的一页。

利玛窦旅居江西南昌的时候，开始逐步向大明的中心区域靠拢，他
在南昌时期编成"用自然推理证明教义为真"的《天主实义》。万历
二十六年（1598），利玛窦到达大明留都南京定居，通过瞿汝夔的帮助，
又结识了叶向高、沈一贯等一干朝廷的高官。

至于利玛窦和李贽认识，大概起于万历二十四年（1596）。当时江
西巡抚陆万垓和宁州知府方沆正好用俸禄为李贽刊印《读孙武子十三篇》
和《读升庵集》两部书稿，而利玛窦在遭道学家徐大任驱逐后，陆万垓
是第一个接见他的高官，两人相见恨晚。利玛窦在南昌时期，与白鹿洞
书院山长章潢结下深厚的友谊，因此利玛窦在白鹿洞书院的论学在江西
和邻近省份都有影响。李贽是听说过西人利玛窦的，后一两年，李贽写
的《鬼神论》明显是读了罗明坚的《天主圣教实录》和利玛窦的《天主
实义》所写。

万历二十七年（1599），李贽从焦竑那里知道这位从"大西洋国"
来的异人，"凡我国书籍无不读，请先辈与订音释，请明于《四书》性

理者解其大义，又请明于六经疏义者通其解说"（《与友人书》）。而且，李贽正在南京，他满怀兴趣，决定登门拜访。于是，在焦竑的南京家中，利玛窦第一次见到才华横溢而又性格古怪的李贽。

当时，中国仍旧以为是"居四海之内"，把国外称为海外，李贽却用自己的亲身经历回应了中国位处世界中央——是一个自大称号："余初仕时，亲见南倭、北虏之乱矣；最后入滇，又熟闻土官、傜、僮之变矣。"（《蜻蛉谣》）依照泰州学派的观点，王畿先生也说过："天体不动，非不动也，旋转不离垣，犹枢之阖辟不离臼，夫尝有所动也。"李贽也早就猜测大地是在运动。而且，李贽对有侠骨义胆的人更有一种同气相求的好感。在李贽及其随行朋友的第一次拜访利玛窦中，利玛窦应付裕如，"今尽能言我此间之言，作此间之文字，行此间之仪礼"，李贽不禁赞叹他是"一极标致人也。中极玲珑，外极朴实。数十人群居嘈杂，雠对各得，傍不得以其间斗之使乱。我所见人，未有其比"。在李贽看来，"我所见人未有其比，非过亢则过谄，非露聪明则太闷闷瞆瞆者，皆让（逊）之矣"（《与友人书》）。这么高的评价，出自李贽之口，足见利玛窦给李贽印象之佳。

利玛窦和李贽的第二次相会是在李贽的住处，利玛窦前往答拜。这一次他们谈得很久，主要关于宗教问题。利玛窦是个忠于职守的传教士，他传播西方知识，只是为了引发人们对天主教的兴趣，这一点利玛窦心里很明确。李贽听利玛窦介绍基督的诞生，讲灵魂的救赎，他不置可否，在还没有考虑得比较成熟之前，李贽没有提出问题进行讨论和辩驳，不过，他为利玛窦的布道热情所感动，礼貌地说："你们的天主教是好的。"并拿出两把折扇，在上面题诗，赠给利玛窦作纪念。其中收入《焚书》卷六的《赠利西泰一首》云：

逍遥下北溟，迤逦向南征。刹利标名姓，仙山纪水程。
回头十万里，举目九重城。观国之光未？中天日正明。

至于利玛窦以朝贡之名来京，与沈一贯、冯琦交往频繁，皆因为站在中国立场认为西方重"礼教"。沈一贯独掌朝政，利玛窦前往拜谒，沈一贯留他进膳，听利玛窦谈述西洋风土人情，谈到天主教教理，当听到天主教信友只许有一妻，不能养妾，也不能休妻，内阁首辅沈一贯说："不必问别的事，只此一件，已足说明你们那边的国家，一定很有礼教，很有秩序。"

冯应京以道学家的形象巡使湖广，迫害袁宏道的老师李贽，在武昌民变中又反抗税监陈奉，万历帝以抗挠凌辱钦使的罪名，先将冯应京降职，进而又将其削职为民，再进而又传旨将冯应京逮捕押送京城治罪，派缇骑直驰武昌捉拿冯应京。冯应京正是在湖广才读到了李贽传抄散发的利玛窦的《交友论》，深为叹服，乃欣然为之作序刊刻，其序言所云"东海西海，心同理同"。冯应京入狱后，利玛窦多次去狱中探视，与他畅叙。万历二十九年（1601）的九月二十三日，冯应京被一路押送到北京，万历皇帝下令将冯应京送镇抚司"着实打问"。直到万历三十二年九月乙丑（也就是1604年10月10日）发生客星之变，皇帝惊恐，数日后下旨释放诸囚，冯应京才被释放。利玛窦又前来看望他，打算为他举行洗礼仪式，让他正式加入天主教，终因皇帝只允许冯应京在京不超过三日，时间仓促未能如愿。冯应京的思想衍变不是孤例——似乎印证儒学、礼教内部的道学系统开始发生叛逆。[1]

冯应京回到如今的江苏洪泽湖畔的盱眙故里，仅过一年多，在万历三十四年（1606）的二月二十六日，冯应京病死，利玛窦痛失知己，深

---

[1] 南明时期，永历帝虽没有接受洗礼正式皈依天主教，但其家属都皈依天主教。引陈舜臣《风云儿郑成功》。1646年，永历帝派遣皈依天主教的太监庞天寿与传教士方济各赴澳门求援。澳门葡萄牙人组建一支三四百人的雇佣军前来支援。1648年，为了缓解危局，永历帝以自己母亲的名义，给远在罗马梵蒂冈的教皇英诺森十世写信求援，派遣传教士卜弥格赴罗马直接面见教皇。在太后致罗马教皇的书信中，南明政权恳求派遣援军，祈求"天主保佑我国中兴太平"，希望教皇"多送耶稣会士来，广传圣教"，书信末落款为"皇太后玛利亚（Maria）""中宫皇后亚纳（Helena）"以及"皇太子当定（Constantine）"。书信历时两年之久方才抵达罗马。当卜弥格携教皇复书抵达至交趾，已是1658年8月，此时南明政权接近瓦解，教皇回信最终亦未能送到永历帝之手。

为悲痛，在其《中国札记》中写道："希望天主看在冯应京给我们所做的好事，又看他为宣传圣教信仰所有的热忱，和他愿信天主的愿望，当他就算是领洗，使他的灵魂得享永生。"

利玛窦因是袁宏道的三位尊师李贽、焦竑、瞿汝夔的故交，那么经过故师引荐，袁宏道认识利玛窦很是可能；同时，利玛窦定居北京，广交明朝朝廷上层官员和文化人士，袁宏道重仕北京的时候，那么，作为吏部实权官员，利玛窦拜访袁宏道也是必然。

据袁中道回忆，袁宏道在自己的个人府邸与利玛窦有过多次见面。作为万历时期最有代表性的作家，袁宏道与西方传教士的见面，无疑具有重大意义，但是非常遗憾的是，直到目前为此，尚未发现袁宏道对当时两人见面情况的诗文记载，而且这种发现的可能性非常小，于是没有确切资料得知袁宏道对待利玛窦及西学一事的具体态度。同时，利玛窦也没有像对待袁宏道的老师李贽一样，专门有过记载与袁宏道交往的事情。

袁宏道和利玛窦双方都没有常见的文章记载和赠诗之举，这是值得后来研究者玩味的事情。对于此时的袁宏道来说，应该有以下几种可能。一、他重仕北京，工作调动非常频繁，特别是来吏部工作后，因朝中缺员严重，他又先后负责朝中考功、文选，非常忙碌，无暇顾及太多文事上的记录；二、袁宏道的后期思想偏于稳重，因利玛窦牵涉进李贽和冯应京等人的纠纷瓜葛，他可能出于一种政治上比较稳重的考虑，至于思想上，大概认为简直如天外来物的西学暂时超出他的理解范围，亦只好保持暂时的观望和缄默吧；三、缄默代表暂时的观望，无声和思考本身就是模糊的尚未明确表态的状态，而这本来都需要一定的时间沉积，不料袁宏道匆忙逝世，让他和利玛窦等人交往的记录没有延续，双方心灵剖析彻底成了没有记录的空白，两人的见面更多的像是礼节上的程序。

利玛窦于万历三十八年（1610）五月十一日去世后，袁中道回忆起在中郎衙舍中数次见过利玛窦，在《游居柿录》卷四中有过专门记录得知讣闻后的感受："看报，得西洋陪臣利玛窦之讣。玛窦从本国航海来，凡四五年始至。初住闽，住吴越，渐通华言及文字。后入都，进所携天主像及自鸣钟于朝，朝廷馆谷之。盖彼国事天，不知佛。行友善，重交道，童真身甚多。玛窦善谈论，工著述，所入甚薄，而常以金赠人。置居第僮仆甚都，人疑其有丹方若王阳也。然窦实多秘术，惜未究。其言天体若鸡子，天为青，地为黄，四方上下皆有世界。如上界与下界人足正相邻，盖下界者，如蝇虫倒行屋梁上也。语甚奇，正与《杂华经》所云'仰世界，俯世界，侧世界'语相合。窦与缙绅往来，中郎衙舍数见之。寿仅六十，闻其人童真身也。"

袁宏道像冯应京一样站在历史的转折点，利玛窦与袁宏道等人的交游，彼此必定带有众多复杂难语的情绪，当时，整个大明文化圈的氛围都是如此。利玛窦生前，万历皇帝对他进呈的自鸣钟颇为赏识，获准利玛窦进宫，利玛窦去世，万历皇帝赐北京西郊"二里沟佛寺，房屋三十八间，地基二十亩，畀葬利子"，"立石为文记之"（艾儒略《大西利先生行迹》）。同期，中国人的心态也值得玩味，关键还是在于尊崇利玛窦的"道德学问"[①]，在文人众多复杂的心态中，仍然有一种常见的传统思绪，如刘侗《帝京景物略》记载的谭元春《过利西泰墓而吊之》一诗云："来从绝域老长安，分得城西土一棺。斫地呼天心自苦，挟山超海事非难。私将礼乐攻人短，别有聪明用物残。行尽松楸中国大，不教奇骨任荒寒。"

袁宏道秦中出差

万历三十七年（1609），袁宏道奉命典试秦中，主持该年度的陕西乡试，与袁宏道一道奉命入秦典试的还有兵部武选司主事朱一冯。

[①] 叶向高的回答很具有代表性。曾有一位太监对于独给利玛窦葬地，曾问叶向高："诸远方来宾者，从古皆无赐葬，何独厚于利子？"叶答："子见从古来宾，其道德学问，有一如利子者乎？姑无论其他事，即译《几何原本》一书，便宜赐葬地矣。"当然，亦可见当时朝中高官重视利玛窦和徐光启翻译的《几何原本》。

袁宏道一直在关注着朝廷的人才建设，多次为朝廷人才匮乏而忧心忡忡。他还在"补验封司主事，摄选曹事"时，到考功司作副郎前，还为之有深感，作《残冬选曹乏人，戴星出入，不觉过春，感而赋此》，诗中说："若问曹中事，但观鬓上丝。经年未见水，初度也无诗。夜月闲怀子，春光恼侍儿。西郊有游骑，唯汝不相宜。"并且，他上疏万历皇帝《录遗佚疏》，疏中深切地感觉到"臣等窥见人才寥落，未有甚于此时者""今大僚边抚，在在乏人"。但因为万历皇帝怠政，"未见扩于先朝，而不时之催折"，此时，朝臣中连内阁首辅的奏折都经常置之不理，袁宏道大概知道自己上疏的命运，非常难以得到落实。现在，有了一个选拔人才的机会，袁宏道觉得自己要认真履行职责，在秦中发现和遴选真正的优秀人才。这是后来袁宏道对给吏部尚书孙丕扬告别信中说"无补大僚之名，而有入贤之实，庶几得旨犹易"的一次行为实践。

此时典试秦中恰好是一个莫大的机会，还可借公事就地游览一番，完成"三袁"心中的凤愿。袁宏道年少时，对待陕西秦中就无比向往，早在蒙学时代，在长安里的杜园读《华山记》时，三袁就对西岳华山渴慕不已，惜乎一直无缘游历，况且此时长兄已逝，那么攀登华山是万万要去的了。启程前夕，袁宏道就作下诗歌《将入秦试士，诸同舍别于西郊郭水亭，得鱼字》，诗中已经遥想来日游览秦中华山等名胜景点："华岳看云唯自语，曲江题壁倩谁书？"

这年八月，袁宏道从北京启程，同行者除了典试官朱一冯外，还有陕西按察使汪可受、陕西提学使段徽之等人。一行人与送别的友人在京城西郊郭水亭分手，往西南方向迤逦而行。他们取道良乡、定州、赵州、柏乡，经苏门山、河阳、北邙、渑池、潼关等地，经直隶、河南两省，一路风尘仆仆，往目的地西安驰骋而去。

去陕西的路上，袁宏道按日常写作习惯，也是一路诗以记之。到达崤山的时候，袁宏道看见崤山壁间题有挚友黄辉的诗歌，怅然有怀，当即写下《崤陵壁间见黄平倩诗，怅然有怀，和韵》：

角声催晓关，云冷梦初还。秋是王维句，月如李白颜。

涸泉长念雨，笼鸟岂忘山。拟把一竿去，相从水石间。

经过潼关就到达陕西了。袁宏道颇为幽默地作《潼关题壁》：

官道上，尘昏昏；邮舍中，气煴煴。夹道如火益膏薪，枯鱼失水唅其唇。华山君，岂不闻？濡笔雨，和墨云。十丈莲焦玉女嗔，乘风自振潇湘裙，夜半浇我洗头。

袁宏道一再地提及华山。当到达渭南华州公署的时候，从官道到达华阴，其实已经路过华山，只是因典试任务在身，时间紧迫，袁宏道来不及登山，只能写下《经太华》诗作两首，其二说：

昔闻华山名，今见华山貌。何时陟微茫，遍偿宿所好。手搴青芙蓉，玉女隔花笑。数尽仙掌文，唤醒希夷觉。少时耽子墨，颇识徐熙妙。幅绢对青山，临崖亲写照。不取色态妍，唯求神骨肖。俗黛与凡霞，无事点幽奥。断岩着孙登，虚空发清啸。

终于抵达西安后，袁宏道马上投入紧张的乡试招考中。袁宏道身为主考官，依照惯例，得拟定一份策问试题，主要涉及经义、朝政等方面的内容。

八股文起源于宋元"经义"，明成化年间，经王鏊、谢迁、章懋等人提倡，八股文逐渐形成以讲究格律、步骤，形成比较严格的程式。成化二十三年（1487），始由"经义"变为开考八股文，考试规定要求格式严格，限定字数，不许违背经注。晚明时期，科举考试的策问招考，与严格的八股文相比，稍有些不同，考生可以较灵活地发挥自己的见解。在明朝乃至万历时期的科举考试上，经常因科举而发生各种案件。其中主考官因出题、对策触犯时政与忌讳而遭到谴责和处罚，所录考生被废黜，此事也亦为常见。万历丁酉二十五年（1597）顺天府会试，会试结束发榜第二天，担任副主考官的焦竑及分考官何崇业等人，便受到给事中项应祥、曹大咸及杨廷兰等人的弹劾。弹劾的主要理由之一即是：此次录取的举子试卷中多险诞语，即曹孟善行述文所提到的"险怪不经"之意。随后焦竑、何崇业上疏力辩，理据颇为充分，但最后仍旧受到了不同程度的责罚。同时被弹劾的举子或被永久取消会试资格，或勒令以后重考。有焦竑的前车之鉴，袁宏道不得不慎重。

袁宏道经过深思熟虑，拟定策问原题，一、三、五问共三问，一问为"情郁而不畅"，第三问为"昔孟子之序好辨也"，第五问是"骞鷔未毕""见蜂而色动""摧橦拆牙"，按《金史·选举志》记载："诏考试词赋，官各作程文一道，示为举人之式。"袁宏道又拟定对策程文三篇。至于发策中有"过劣巢、由"之语，监考官问为何用意，袁宏道说："今吴中大贤亦不出，将令世道何所依赖，故发此感耳。"（《顾端文公年谱》）

袁宏道作为主考官，自始至终地主持、监督整个乡试过程，事必躬亲，生怕出现纰漏，担心真正的人才落选，不敢有半点懈怠。

考试结束进入阅卷阶段。袁宏道发现有些试官为了避嫌，只是挑选部分试卷审阅，袁宏道发现后说："岂可以一己之功名，忽多士之进取！"于是通常皆阅，所取举人大多半为落卷未看的卷子。"及出榜，多名士，其录为天下第一。"

乡试事后刊《陕西乡试录》，袁宏道又欣然为之作序，序中，袁宏道长篇累牍地论及"士"与"文"、"文"与"时艺"、"时艺"与"时事"的辩证关系："臣窃叹昔之士以学为文，而今之士以文为学也""夫文章与时高下，今之时艺，格卑而意近，若于世无损益……臣尝以今日之时艺，与今日之时事相比较，似无不合者。"袁宏道再一次重申自己的性灵文学，序中分析从古至今"文"与"时"的关系，像以前寓居仪征时高举性灵文学大旗一样，此时，他仍然从纵线上看待性灵文学，为它的合理性又进行了一次理论化的阐释。

这篇《陕西乡试录序》中，袁宏道还对秦中之士寄以莫大期待："盖臣之进诸士也以朴，而犹虞诸士之自谓以文也，则又申之以约曰：嗣今以往，第务积学守正以求无悖时王之制，士如是即学问，吏如是即经济，未有二道也。……勉矣多士，慎毋以未纯之质，而轻于试焰也。夫士之有品，犹文之有质，赝售之刺，深于黜落，易操之辱，逾于贫贱。秦士气劲而肠刚，闻斯言必有激也，其于世道也，犹有所济也夫。"等到乙亥日放榜，"榜中多名士，为父子者一，兄弟者三，叔侄者二。不与宴者十有二人"。这年，陕西乡试所录名额之多，居全国首位。

袁宏道主持完了陕西乡试，顺便游览了秦中的山川名胜及河南等地诸景，只是令人万万没有想到的是，除去翌年归家途中的赏景，这将是袁宏道一生中最后的一次远行和游历。

几天来，袁宏道与同试秦中的朱一冯在友人陪同下，游览了西安及其周边地区，主要有曲江、文昌阁、金胜寺、荐福塔、慈恩寺、曲江、牛头寺、兴教寺、玄奘法师及西明、慈恩三大士塔。

万历三十七年（1609）的九月八日，袁宏道与朱一冯一行离开西安返京，西安巡按使杨一桂在东楼，汪可受、段徽之等人在九龙池为他们饯行，众人饮罢，从西门出，刚过灞桥，天色已经昏暗，当晚投宿临潼。

登骊山的时候，天气非常晴朗，万里无云，"骊之山郁然而青，而其水浩浩然鸣九衢也。古柏森森然翳东西岭，故宫遗址，多不可识。山下之民，有雪领而杖者。作而前曰：'民虽氓，犹仿佛忆之'"。袁宏道在这篇《游骊山记》中倒是一反以往常态，并没有专一地记录骊山优美的自然风光。当"山下之民"指其岿然而坟者曰："是举火台，褒女之所笑也。"指其温然而澄澈者曰："是莲花汤，明皇、妃子之所浴也。"问山下之故垒，曰："是尝锢三泉而闻七曜者，始皇帝之地市也。"袁宏道"倚松四顾，苍茫久之。乃披荒榛，踞危石，楚声而歌曰：'涓涓者流，与山俱逝兮。空潭自照，影不至兮。吁嗟乎兹山，祟三世兮'。"袁宏道认为骊山作祟于周幽王、秦始皇、唐明皇这三代帝王，他们所造成的罪孽，骊山也应该负有负责。

登上老氏宫、极于台后，等到东面的石瓮寺，袁宏道一行当夜在此休息，"骊山佳处在此"正是他此时在石瓮寺的石壁上所写。在石瓮寺休息的时候,依《游骊山记》所写,袁宏道的笔意托梦中人对刚才的言论进行反驳,梦中人说:"吾子失言,夫山奚能崇? 使吾幸而遇严、匡诸君子,岂不亦嘉遁之薮? 吾子谓九叠之屏,七里之滩,何遽出吾上耶? 又使吾所遭者为宣城、孤山辈,骚坛之士,艳称久矣,吾岂复戎吾姓也? "意为骊山辩护。认为山是不能作崇于人的,如果骊山遇到严光、匡俗等著名的隐士,岂不成了"嘉遁之薮",难道会在庐山、严陵山之下吗? 如果骊山遇到了谢朓、林逋等杰出的骚人墨客,受到他们的品题,难道还会以戎族的骊氏为姓吗?[1]袁宏道借此大发感慨:"天子之贵,不能与匹夫争荣,而词人墨客之只词,有时为山川之九锡也。异哉! 今之处士,谁能入山而为水石所倚重者,吾当北面事之。"

这无疑非常具有现实含义。袁宏道采用"皮里阳秋"的笔法写下反思帝王行径的《游骊山记》,显然,该篇游记受南齐孔稚珪的名篇《北山移文》启发,但又独具创造性。袁宏道写到此的意图,其实已经很明显直露,是为批判那些荒淫无度的帝王,是他们玷污了名山秀水,也批判了那些沽名钓誉的假隐士,他们只会让名山秀水蒙羞。

反思历史,关照现实,这是袁宏道末期诗文创作里极为重要的一个主题,继游记之后,袁宏道又写下诗歌《骊山怀古》《过华清宫浴汤泉有述》六首。如《骊山怀古》说:

> 薄云浅照玫瑰红,一笑君王三举烽。羯鼓楼头鼓一通,霓裳夜舞玻璃风。赭山梁海老英雄,凿地出天开幽宫。月珠如炬衔两龙,三泉照澈白日同。蓬莱方丈远不逢,方士谈仙如镂空。峨舸满载稚芙蓉,堆珠积玉海波中。千岁老狐穴深丛,阴崖占断石帘栊。飞鸟吐火烧青松,鸣雨鸣风怪哉虫。

"鸣雨鸣风"莫非只能"怪哉虫"吗? 字里行间充满袁宏道对造成此现状的现实的深刻反思,真是太平盛世的繁华过后,何其冷清惨状

---

[1] 骊山,西周时为骊戎国国地,故称骊山。

也，如《过华清宫浴汤泉有述》其二云：

> 十六长汤院，阿谁似玉环？故宫秋草里，小邑水声间。
> 童子驱羊去，村姑赛庙还。教他杨广笑，破国只骊山。

至于"破国"的景象到底是谁引起，到底要谁为此负出历史应有的职责呢，袁宏道与其他广大知识分子的心里一样如明镜——但是在这古老王国，除了强大的政府层面支持的儒学传统，泱泱大国已经寻找不到可以替代的药方，士人们在"幽王"高度集权的政治统治下——现在变得极为腐败和瘫痪，大多放纵自流。其六云：

> 东岭复西岭，秦乡与汉乡。市城云淡淡，今古水汤汤。
> 废址耕斜坂，归樵话夕阳，乱亡犹有等，最劣是幽王。

众人一路向东，很快就到达了渭河边的渭南，袁宏道作《饮渭南郊外水亭，乍离省会，酌此甚快，次非二韵》诗以记之。辛卯日到了渭南华阴，到了华阴就是到了华山的脚下，当地县令拿来《华山志》及其地图来观看。

早在蒙学时代，"三袁"的父亲袁士瑜和舅舅龚惟长从山西蒲坂县①回来，专门绕道华山而回，但是他们只攀到半山腰的青柯坪，因其险峻无比，半途而返。他在公安县隐居的时候，万历三十年（1602），袁宏道曾陪同父亲袁士瑜到武当山，碰到几位从华山来的出家人，出家人说像他这样的身体根本不可能登华山。就是此次，袁宏道预备登上华山："今年以典试入秦，见人辄问三峰险处，而登者绝少；唯汪右辖以虚、曹司理远生、杨长安修龄，曾一至其颠，然面矜而口咈，似未尝以造极见许也。"袁宏道把登华山特别是登华山之巅看得尤重，为攀登华山做了很多准备："余至华阴，与朱武选非二约，索犯死一往。"（《华山别记》）

---

① 龚惟长曾在此县任县令。

　　头一天，袁宏道等人从玉泉院华山入口进山，沿着崎岖的自古华山一条路，到达青柯坪投宿。到这里，离要去的主峰南峰，还不到半程。第二天，山路更为陡峻，他们从青柯坪到达千尺幢，山路猛陡，名为"千尺幢"，是为抬头一望，只见峭壁上一个天然的大裂缝，高近一里，"细枝柴其上，顶如覆铛，天际一隙"，缝隙间凿有数百级石磴，袁宏道沿着石磴攀登上去，不由得胆战心惊。袁宏道忽然想起少年时期学骑马，有人教他如何抓鬃夹镫，更是害怕，只是想到后来有个善骑马的人告诉他："子意在马先，常恨霜蹄之不速，则驰骤如意矣。"袁宏道才大悟，现在要攀登眼前千尺石梯，不也是一样的道理吗？况且今日手里有绳，脚下有铁衔保护，有何惧怕呢？

　　况且袁宏道三十年"置而不去怀者"皆因"慕其崄耳。若平莫如地上矣，安所用之"？于是袁宏道暗定决心，接下来"扪级而登，唯恐崄之不至，或坐或立，与非二道山中旧事，若都不经意者"。他们马上越过千尺幢，跨过百尺峡、老君犁沟，到达了苍龙岭。

　　此时的苍龙岭"千仞一脊，仄仄如蜕龙之骨，四匝峰峦映带，秀不可状"，走完这段险路，就到了南峰脚下，"岭尽至峰足，地稍平衍"，袁宏道也有一些疲倦，开始百步一休，有人问他"何前捷而后涩也"？袁宏道说："蹈危者以气，喜一而怖十，绝在崄也；怖一而喜十，绝在奇也。吾忘吾足矣，去危即夷，以力相角，此舆卒之长，何有于我哉？"

　　这天是癸巳日，袁宏道终于登上了华山南峰之巅！晚上，袁宏道和朱一冯素性坐在山顶待月。"是日也，天无纤翳，青崖红树，夕阳佳月，各毕其能，以娱游客。"袁宏道素性在山顶住了下来，"夜深就枕，月光荡隙如雪，余彷徨不能寐，呼同游樗道人复与至巅"（《华山别记》）。

　　袁宏道尚在峰顶的时候"松影扫石，余意忽动"，又想起此时长兄伯修。袁宗道去世十年矣，舅舅龚惟长也已经去世，而前日好友苏惟霖送信来，信中告知他们的挚友陶望龄也已经去世，袁宏道在华山之巅，不由发出"山侣几何人，何见夺之速也"的感慨，而同游的"樗道人"识得袁宏道的意思，众人在山顶当即朗诵《金刚》六如偈，袁宏道倚靠在松树上和之。

众人一起在华山之巅足足待了两个晚上，第二天甲午日"穷东西峰之胜，欲寄宿玉女祠，不可，仍还峰顶"。第三天，戊戌日，本来打算攀登鼎原，因下雨未果，袁宏道等人才从华山上下来，兴尽而返。

袁宏道游历华山后，接着顺回京的线路，出了陕西到达河南，随后游览了嵩山。

已酉日，袁宏道登嵩山，"观王子晋升仙处。山不甚高，而少室峙其前，左右两山如列眉。古迹皆荒，唯天后碑刻岿然独存"。中午的时候，过轩辕关，袁宏道进入少林寺，"已出寺，西折行"，观看禅宗初祖达摩影石，影石白地，墨绘达摩其上，"酷似应真像"，同行老僧说："洞中自有此石，能为水树云影。"袁宏道说："然，石以影重。达摩之重，不以影，不以石，不以面壁。此中不须蛇足也。"袁宏道还想起前些年发生的佛教与儒教之争，他写作《达摩影石》一诗，诗题中又载："石影酷似人间所绘初祖像，有大儒欲辟异端，刮其影而不能尽，乃止。"

随后，袁宏道从庵后出来，又游历五乳峰的初祖洞。梁朝时期，初祖达摩不远万里，从印度漂洋过海来到中国广州，随后北上到达嵩山，相传达摩在初祖洞面壁修炼长达九年之久，至于"初祖九年默玄处"的初祖洞，"洞中石如波卷，不尽五乳峰者数丈"。

游览少林寺后，袁宏道在嵩山逗留了数日，继续游览嵩山盛景，其中还包括观看禅宗太祖慧可种下的柏树。辛亥日，该地县令傅梅邀请袁宏道游览嵩山各寺，袁宏道随即与众人游玩了嵩山，"东北入卢岩观瀑布，水石俱奇胜，卢鸿旧居也"。壬子日"偕非二晓出西门，道阳城废址，入会善寺，观戒坛石。东过嵩阳宫，观汉三柏，又东至崇福宫，题名启母石"。这天风力稍劲，众人在半山的石枰喝酒，"日沉乃还。甲寅日登太室绝顶，过白鹤观遗址，有古松一株，亭亭如盖，徘徊久之"。下山的时候还没走到一天，天色昏暗，袁宏道策杖走了十五里。

后人有说"华山如立，嵩山如卧"（魏源《衡岳吟》），一番游览后，袁宏道也得出类似的结论，针对华山和嵩山各自的特点，袁宏道形象地比喻道："华山如峨冠道士，振衣天末；嵩则眠龙而癯者也。"

游玩嵩山后继续东行，袁宏道经过河南辉县，又登临苏门山，泛舟山顶的百门泉，写下《登苏门山泛舟百泉》《再泛百泉》，两首诗歌均勒于石碑。

这趟华山、嵩山之游，袁宏道不仅历经奇绝险景，饱览无限风光，而且了却少时夙愿，此趟游玩虽不能穷尽沿线的名山胜水，如他在《与王给事书》说："两过共城（辉县），皆值翁兄远出。百泉、九山之胜，虽一再收，而三湖、自鹿，终落梦想间，未卜何日得遂此道也。"但还是堪称圆满。

袁宏道游玩的过程中更是留下了大量诗文，光是此趟登华山，就写有《华山记》《华山后记》《华山别记》三篇游记，又作《登华》六首，其二云：

> 瀑布声中洗面尘，洞花讪草自然春。欲攀绝壁无根地，且趁孤云未老身。堕险啼厓皆韵事，倚松坐石想幽人。飞仙已蜕茅龙死，留得青山一壑鳞。

在嵩山，袁宏道又创作游记五篇，诗歌十六首。自从登上华山、嵩山，袁中道说袁宏道此时所著游记及诗"浑厚蕴藉，极一唱三叹之致，较前诸作，又一格矣"。[①]袁宏道自己说"我近日始知作诗，如前所作，禅家谓之语忌十成，不足贵也"。袁宏道单独将此次游玩华山、嵩山整理成册，集成《华嵩游草》，另写有一册日记《场屋后记》，时间从乙亥日（八月二十七日）陕西乡试放榜日写起，出西安，游骊山、华山、嵩山，沿途皆有简略记载，一直到己卯日（十一月三日）抵达河北涿州为止。

---

① 引袁中道《吏部验封司郎中中郎先生行状》。袁中道在《蔡不瑕诗序》中有评价："昔吾兄中郎，其诗得唐人之神，新奇似中唐，溪刻处似晚唐；而盛唐之浑含尚未也。自嵩、华归来，始云吾近日稍知作诗，天假以年，盖浸浸乎未有涯也。"《珂雪斋集》卷十《花雪赋引》又说："予兄中郎，操觚即不喜学近代人诗，由浅易而深沉，每岁辄一变。往年自秦中试归，语予曰：'近日始知作诗，如前所作，禅家谓之语忌十成，不足贵也。'故今华嵩游诸诗，浑厚蕴藉，有一唱三叹之趣；盖其进如川之方至，而不幸逝矣。"

此时，袁宏道自知诗歌水平有了新认识，但匆匆而逝，不知他的诗作后续将到底有何新改变、到达何种高度。而且，袁宏道典试陕西前后的诗文，因匆匆而逝，都没有来得及整理成文集！

第八章 万历三十八年：
中郎陨落

> 落花去故条，尚有根可依。妇人失夫心，含情欲告谁？
> 灯光不到明，宠极心还变。只此双蛾眉，供得几回盼。看多
> 自成故，未必真衰老。辟彼数开花，不若初生草。织发为君
> 衣，君看不如纸。割腹为君餐，君咽不如水。旧人百宛顺，
> 不若新人骂。死若可回君，待君以长夜。

袁宏道《妾薄命》

请假归乡后的交游

袁宏道典试秦中尚在西安的时候，公务已毕，夜宿三教寺，见到了李贽的遗稿《枕中十书》，他百感交集，作序云："伊南我北，卯酉相望，不数年，卓吾竟以祸殒，惜哉！"袁宏道再次想起自己和李贽的情分，他不由得"不觉大叫惊起"，急忙叫来寺中老僧，询问稿从何处来，为何束之高阁，老僧回答，"乡者温陵卓吾被逮时寄我物也，嘱以秘之枕

中，毋令人见。今人已亡，书亦安用！"袁宏道说："嘻，奇哉！不意今日复睹卓吾也，卓吾其不死也！"

袁宏道立誓刻印李贽的《枕中十书》，并为之作《〈枕中十书〉序》，序中从文理上肯定了李贽的历史功绩："人有言曰：胸中无万卷书，不得雌黄人物。然书至万卷，不几三十乘乎？除张司空外更几人哉？吾于汉刘向、唐王仆射、宋王介甫、苏子瞻见之①。然自子瞻迄今，又三百余岁矣，吾于杨升庵、李卓吾见之。""或说卓秃翁，孟子之后一人，予疑其太过。又或说为苏子瞻后身，以卓吾生平历履，大约与坡老暗符，而卓老为尤惨。"序中，袁宏道颇为李贽的悲催命运鸣不平。

比起早年，袁宏道的晚期人生已经很少见他提及李贽，但还是能偶尔出现于他的笔端。趁奉朝廷命出差及运送李安人灵柩回老家，他曾上岸拜见过退休在南京的焦竑，第二年，也就是万历三十六年（1608），出差途中在给无念和尚写的《书念公碑文后》中，他借机会顺便提及李贽和焦竑：

余辛丑夏，舟中为念公述此，小修代书于册。彼时龙湖老人犹在通州，谈大乘者，海内相望。自余山居七载，再游南北，一时学道之士，俱落蹊径。至白下，晤焦先生，使人复见汉官威仪。有来者询，余曰："焦先生，洪钟也，试往叩之。"及余归柳浪，而念公适至，老成典型，居然在目。盖余之耳不闻至论，余之舌嗫而不得吐久矣。抚今思昔，泪与之俱。②

登华山之梦时，又见卓吾先生，这大概是袁宏道最后的人生中一件

① 明代人崇尚朱熹的理学思想，文学艺术界反对宋人崇尚意趣，明代中期以后，又开始崇尚宋人，皆以喻为子瞻后身为荣。如钱谦益《陶仲璞遁园集序》说："万历之季，海内皆诋訾王、李，以乐天、子瞻为宗。"而且钱谦益认为："其说唱于公安袁氏，而袁氏中郎、小修皆李卓吾之徒，其指实自卓吾发之。"
② 据考，《书念公碑文后》应写于万历三十六年（1608）二至四月间，万历三十五年（1607），袁宏道由水路途经南京，与焦竑有过见面。

比较意外的事情，或许，也为他人生中注定的事情吧。李贽的遗稿《枕中十书》刚好安排刻印完毕，翌年，袁宏道不幸匆匆去世。

万历三十七年（1609）稍晚，袁宏道从西安回到北京。因为考功一事，非常忙碌，但他还是忙里偷闲有过一些佛教活动，例如在兴德寺题石刻金刚经后、题如贤净社册等，袁宏道在慈因寺、兴德寺、极乐寺等寺也有过讲学。袁中道记录了一次袁宏道在慈因寺的讲学活动："中郎约同学者，讲于慈因寺；来者为江右谢孝廉青莲，名于教；滇中陶孝廉不退，名斑；徽友汪鼎甫，名本钶；苏云浦、梅长公、并僧宝方、云浮；丘长孺后至。斋罢，同饮于中郎宅。"（《游居柿录》）

恰好袁中道已经抵达京城，从十一月开始，两人同居度日。随着官宦生涯的漂浪，随着亲朋逐年的去世，袁宏道经常会感觉到孤独，到此年度达到了顶峰。在袁中道《游居柿录》的记录中，关乎二哥袁宏道的是这样一种记录："中郎以字来云：'今日出署度岁，天涯兄弟，久不同守岁，宜即来。'王先生眼欲穿矣。"袁宏道自从上次送李安人灵柩南归，袁中道约蓟辽总督蹇达之请去檀州出游，随后，袁中道回乡又重游湖南德山、桃源，然后"泛凫"，舟自江陵郝穴入江，作东南游，晤焦弱侯、凌蒙初等。与同窗、江南文人钱谦益、韩敬等在南京聚会结社，为年底冬天进京参加会试作准备。到此，兄弟两人差不多有两年未见，袁宏道说业师王以明望眼欲穿，大概也为袁宏道的内心想法吧，借"王以明眼欲穿"而已，这时袁宏道因为极度忙碌，有准备休息之意，他也似乎冥冥中有所预感，动了南下回家之念。

袁宏道回京后，"匆匆入曹，勉佐计典"，吏部的选派任务非常繁重，此时，连客人都不方便会见了，小修"移行李过中郎官舍，时中郎理考功事，予亦不便会客也"。直到大年三十晚上，袁宏道才得以从衙署回家。袁宏道与等候已久的家人、小修等人围桌而坐，吃过团圆饭，袁宏道和袁中道两人一起守岁。

袁中道记曰："万历三十八年庚戌正月初一日，寓石驸马街中郎兄寓。"①这是袁宏道一生过的最后一个春节。

万历三十八年（1610）开始，第二天清晨，袁宏道冒着凛冽的寒风入朝贺岁。春节过后，考功事竣，史称"三十八年大计外吏，黜陟咸当"，袁宏道政绩突出，升任吏部验封司郎中，不到两年的时间，连升两级，从吏部验封司主事升任考功司员外郎，再迁验封司郎中，成为正五品官员。袁宏道准备请假，回老家公安住上一段时间。

第二年是京察年，因感于铨选的紧迫，又与太宰孙丕扬知遇如此，袁宏道离别之际写有告别信《上孙立亭太宰书》，告别信洋洋大观，论及国家安危及择人之道，无不详尽。至于袁宏道为何此时离京休假，考功一事完成后，皆因官员部署皆已完成，东林运动成员采用最完备的政治手段——通过对官员的铨选和品评来控制文官系统，后一年声势浩大的"辛亥京察"由吏部尚书孙丕扬、左侍郎萧云举、右侍郎王图、左副都御史署都察院事许弘纲主持，从京察结果来看，清流派及东林运动成员大败三党，"天下大势尽趋东林"②，基本符合袁宏道的预期。

袁宏道临行之际，孙丕扬深感惋惜，对袁宏道说："别时咨叹，几欲泣下，念年已老，后不及与共事也。"

同时在即将离京之际，袁宏道也给郭正域等清流派官员写了告别的书信。

在给郭正域的《答郭美命》信中，袁宏道为国之命运极为感慨："方今人才凋落之甚，辟诸秦、陇之山，干霄薄云者，皆已取充栋梁，后来者未及数年，动遭剪伐。其未尽者，不过径寸之株，无复合抱之用，根干未老，斤斧安施？国之空虚，未有甚于此时者也。"袁宏道信中论及

---

① 袁宏道重仕期间住在北京石驸马街。石驸马街为北京城内西南方向的一条老胡同名，明朝属于阜财坊，因驸马石璟宅第在此得名。正统二年（1437），明宣宗女顺德长公主与石璟成婚，《明史》列传第九记载："天顺五年，曹钦反，璟率众杀贼。"1965年，石驸马街改名新文化街。

② 万历皇帝于万历三十九年（1611）五月癸卯下发察疏，北察中三党的秦聚奎革职闲住，汤宾尹、张嘉言、徐大化免职，刘国缙降一级外调，王绍徽、乔应甲、岳和声外转地方。南察中东林党的户科给事中段然、刘时俊以浮躁降一级外调。内阁中叶向高一人独相，暗地支持京察。

党争对人才的湮灭，强烈要求顾宪成、郭正域等清流派官员出山。

朝廷批准了袁宏道请假的要求，"会考功事竣，遂给假南归"。继"上元节过灯市"后，袁宏道已经开始清点行李，故在与郭正域的信末说"束装冗甚，所欲言者，百不既一"。袁宏道也许是准备永远离开京城了，但此年中途后来事发突然，所以也无从知道袁宏道对于未来仕途的打算和决定。

万历三十八年（1610）的二月二十四日，袁宏道、袁中道协同中郎妻弟李学元、中郎长子袁彭年一行终于出春明门，往南进发。

此时，袁中道刚参加完会试，这年会试情况异常复杂，袁中道可能已经感觉情况不妙，他也不待在京城等候放榜，当到涿州时，终于得知放榜消息，他的挚友钱谦益高中探花，自己却又一次下第。当晚，袁中道在《南归日记》中愤懑地写道："意颇不快，久之始定。舆中寒甚，怀抱甚恶，自念已四十余矣，常奔走场屋，劳苦不堪，舍之又不能，真是前生业缘。"又说："形神俱惫，念汛汛一凫，何所不适，而自苦如此。会中郎予告还楚，予遂附之而南。"

对于袁宏道来说，他已经在京城为官四载，又在吏部为官三载，对朝中现状洞若观火，如此政局下，他感觉到深深的乏力。不同于袁宗道去世后的突然归隐，这次，他有了长久的归隐之心。经历前期紧张的典试及考功放外吏一事后，至少，他认为要休息一段时间，再从长计议。此时，再加之三弟袁中道感于对科举的破灭，灰心丧气地对中郎说："今弟年亦四十余，升沉之事，已大可见，将从此隐矣。"见袁中道如此灰心丧气，袁宏道也只能安慰弟弟说："故园青溪紫盖之间，当与汝诛茅而老焉。"

一行人一路南下，同时不忘观赏沿途名胜风景，南下时迂道往河南辉县，苏门山、百泉等地再次留下袁宏道的踪迹。辛卯日，出辉县西门，"桃李芳菲，秀麦盈畴。五里许，至苏门山下百泉"，泉水依傍在山根处像一个湖泊，有百余亩，都是泉水，水面可以乘船泛舟。袁宏道作诗《庚戌春日同李子髯、弟小修、儿子彭年再至百泉》：

几点烟中树，过年雪后看。半山新草绿，一镜古湫寒。
晴日摇幽翠，春风上粉丹。曲楼斜贮水，绕地碧琅轩。

春日阳光尚好，袁宏道与儿子袁彭年一路诗歌唱和。袁彭年已经十八岁，也擅长作诗，袁宏道一向对他寄予希望极大[①]。到辉县九山寺，袁宏道又作诗《辉县九山寺和彭年韵》：

十里崎崖路，春风拨雾登。水邻孙处士，山近佛圆澄。
石隙衔丛吏，孤龛倚病僧。西峰如聚米，行矣信孤藤。

进入湖北，到襄阳的时候，游览了砚石诸景，在以风景清幽而著名的岘石寺，昔日好友再相聚首，袁宏道写下《于野、于林两宗侯邀游岘石诸胜，得从字》一诗：

扫地藤花落，听泉茶具从。水光摇一郡，树色涨千峰。
溪女争寻药，山民自种松。苍苔亟屐齿，应有昔贤踪。

众人还游览了诸葛亮成长与隐居之地——隆中。袁宏道对诸葛亮的文采武略极为推崇，一直想到隆中看看。一行人漫步其中，经过三顾堂、六角井、古柏亭、躬耕田、梁父岩、抱膝亭、老龙洞、小虹桥、半月溪、野云庵等景点，久久不愿离去，等到走出隆中，天色已经黑了下来。此次游历，袁宏道写有《隆中》诗：

云起数峰幽，溪光梦武侯。树深云鸟怪，村静细泉流。
顽石虚龙卧，春花上貉丘。谁将日高睡，易彼鼎分愁。

---

① 袁宏道对事实上的长子袁彭年希望颇大。袁彭年十岁，随中郎过庐山，袁宏道见其和诗，喜曰："此子律度似将来知诗者，中郎儿可不科第，可不诗乎？"

在襄阳的时候，袁宏道又作《隆中偶述》《襄阳山行，用彭年韵》等诗，从"青山如沐带葱林，花气吹风鸟送音"的诗句看来，可知他回乡归隐一路心情不错。面对隐与仕的道路选择，袁宏道更倾向于庞德公般逍遥无拘束的自然生活："始知伊吕萧曹辈，不及餐云卧石人。"接下来回荆州的隐居也是如此："欲把庞公比叔子，云生云灭总无心。"

万历三十八年（1610）三月十五日，历经五十余天的旅程跋涉，这年的闰三月十五号，袁宏道一行抵达沙市，因沙市的居室都没有料理，于是当日，袁宏道赶去了公安县斗湖堤镇。此时的石浦河边"三户萧然"，虽然柳浪馆周围依旧垂柳依依，但被水患所困，周围都是死寂一片，而且公安有盗贼之变，袁中道及眷属仍住筲箕谷，随后，中郎也以盗贼充斥为由让袁中道移居斗湖堤镇的新居，而袁宏道自己也暂时搬至城外一座新居，新居取名为碧酣楼，开始了他的隐居生活。

袁宏道的人生末期，一直住在县城斗湖堤镇，并没有回出生地长安里去看看。在给朋友的信中，他倒是说起发生在老家长安里的情况，说"敝村去县六十里"，这封给梅国桢的侄儿梅之焕的信中说："如炎天重负儿，忽然息影意地，乍得清凉""山中无所可言者"，恰好有亲戚从长安村中来，告知一趣事："正月十七日，有居民许氏，一猪生七子，末一子，人面猴身，五官无所不具，其声甚恶，村民聚而杀之。"对于"二袁"来说，这是一件饶有兴致的事情，袁中道也在他的日记里记载过一笔。

现在有大把的闲适时间，袁宏道给在北京任职的同乡朋友、户部郎中朱玉槎信中，论及深山的隐居："暑中聚首，如在深山，长安中岂有此光景乎？弟归来便杜门，如脱笼鹦鹉，见绿条翠篆，尚以为笼也，入山唯恐不深矣。"同信中，袁宏道对同乡官员朱光祚的隐居很不以为然，"上愚兄方卧稳江皋，自以高云逸翮，不知绦镟遂及"。

到这的时候，袁宏道说他已经数月不见邸报，"不能及朝事一语"。①

---

① "邸报"又称"邸抄"，专门用于朝廷传知朝政的文书和政治情报的新闻文抄。明代设立专门出《邸报》的通政司，管理《邸报》的出版发行。

袁宏道居乡期间"杜门"读书，写有《行素园存稿引》等读书笔记，该引中论及古今与文的辩证关系，再一次强调文学语言风格，阐明语言要接近口语，要"朴质"，要"真"：

> 物之传者必以质。文之不传，非曰不工，质不至也。树之不实，非无花叶也；人之不泽，非无肤发也，文章亦尔。行世者必真，悦俗者必媚，真久必见，媚久必厌，自然之理也。故今之人，所刻画而求肖者，古人皆厌离而思去之。古之为文者，刊华而求质，敛精神而学之，唯恐真之不极也。博学而详说，吾已大其蓄矣，然犹未能会诸心也；久而胸中涣然若有所释焉，如醉之忽醒，而涨水之思决也。虽然，试诸手犹若掣也。一变而去辞，再变而去理，三变而吾为文之意忽尽，如水之极于澹，而芭蕉之极于空，机境偶触，文忽生焉。风高响作，月动影随，天下翕然而文之，而古之人不自以为文也，曰是质之至焉者矣。大都入之愈深，则其言愈质，言之愈质，则其传愈远。夫质犹面也，以为不华而饰之朱粉，妍者必减，媸者必增也。噫，今之文不传矣。嘉、隆以来，所为名工哲匠者，余皆诵其诗读其书，而未有深好也。

此时，袁宏道除给众多朋友写信，浏览古今名家、僧人的书画作品，涉及书艺之论和古玩书画鉴定。龙氏兄弟中的龙襄珍藏有苏、米书法合卷，袁宏道见后，在手卷中题跋道："东坡在扬州，与元章对置两案，各书澄心堂纸，至晚乃相易去。此竹此咏，岂对案时物耶？彭城墨派，在南宋已称希有。颠诗萧飒，有此君意，不独书也。君超珍之。"（《跋苏白合璧卷》）

袁宏道一直都极为喜欢砚台，早在任职吴县县令的时候，便闲余时间遍游吴越，在其游记《灵岩》中，对苏州太湖地区一种叫蠡村砚的石头发出感叹："山下有石可为砚，其色深紫，佳者殆不减歙溪，米氏《砚史》云：'蠡村石理粗，发墨不糁'，即此石也，山之得名盖以此，然在今鬼伐殆尽，石亦无复佳者，嗟乎！"另外，他曾多次把砚台当作礼品，赠送给黄辉，也送给三弟袁中道①。这次回乡，袁宏道自然要好好把玩一番砚台，甚至在砚台上铭刻文字，他在一方绿端砚上铭文："仙人之瞳绿且方，化而为石秋水光。"在一方破损的宋砚上铭文："赖尔不完，吾得与尔周旋。"铭文饶有趣味！

袁宏道"杜门"，实则上并不是简单的闭门读书那么轻松，另外，他作为名人回到老家荆州府，应酬和活动还是非常繁重，如给此时的公安县令孔弘颐祝寿，他还参与了一些佛教方面的活动，如给僧人朋友题册、为湛寂庵碑文题后等等。

袁宏道在公安县城的居住时间不是很长，在其余生短暂的时间里，他主要还是住在沙市。至于公安县城，因为有老父在，他也只是偶尔回来住住，因为此时的公安酷热难熬，袁宏道在《题冷云册》中说："秋后暑甚，与诸衲纳凉碧酣楼下。楼周遭皆水，柳荫甚浓，而热犹不止，令两童子扇，汗出如雨"，但是马上"顷之云泼墨自西来，暴雨如瀑，猛风随之，神思方快"。

也是因为在公安县城实在苦于洪水侵袭，袁宏道移居沙市。

袁宏道平生极喜欢住高楼，便将公安县城宅地卖掉，倾尽囊中所有，在沙市的长江岸边，买了一栋旧楼加以修葺，名为"砚北楼"。之所以称作"砚北"，是因为唐代文学家段成式在荆州居住时，也曾修过一座名为"砚北"的楼房。段成式说："杯宴之余，常居砚北。夫人生闲适之趣，未有过于身在砚北时亲韦编者也。"袁宏道取其用意，也是想购置万卷诗书藏于楼上，并就在此隐居，寄居楼上，尽享"闲适之趣"。

此时，袁宏道对袁中道说："京城为官之时，夜以继日，形瘁心劳；游历山水，跋涉也苦；中年以后，血气渐衰，宜动少静多，以自节啬。"

来沙市，袁宏道在给老友沈朝焕（冰壶）的信中说及京中最后两年事为"无他乐，独司功聚首，日夜剧谈为佳耳"。而现在的隐居"杜门"

---

① 袁中道《游居杮录》卷六，《腊月初六日》："予有佳砚二：一得之胡仲修，一得之中郎。今日梅花渐发蕊，用净砚置几案花下，磨方于鲁磨，用吴笺作十余行字，尽可观。"

是"如逃学小儿，见人便缩"。搬进"砚北楼"隐居，袁宏道极为喜欢，"所居去江无百步，新构一小楼，当其胜处。江水日夜鸣，云奔海立，雪色天际，松滋诸山，如在几案。老杜诗云：'窗含西岭千秋雪，门泊东吴万里船。'此语似为弟设也"。

此时，袁宏道又表示对朝中事仍然十分关注，但因居乡无所知，他一再地向各位朋友书信中表示"不能及朝事一语"。而回到家中哪怕是"杜门"不见客，袁宏道也是选自己所好的顾宪成（东林先生）书读，认为"读东林书，如见宣法师语天下宫事，唯有惊叹而已"（《与沈冰壶》）。

袁宏道住在沙市，袁中道也搬了过来。前期，袁中道给二哥在沙市找房，找了数月没找到，直到听说大士塔下有房出售，地点稍偏，但通往那里的道路修得直平，且房子四周种植花木，屋后有一个开满荷花的池塘，小修一见觉得不错，当即买下。这里树木苍翠，尤以金桂为多，因金桂花果都为橙黄色，袁中道便将新购小楼取名为"金粟园"。

袁宏道住砚北楼，平时喜欢看江，他发现砚北楼前有块空地，又在这里筑修一小楼，楼檐直伸江面。站在这里眺望长江，比砚北楼更为奇妙，袁宏道登梯到楼上望江，大笑道："吾事济矣！"除此尚觉得不够，又在楼前挂上楹联，楹联："承溜而出之，如头上髻，始尽得江势。"袁中道也为此写有《卷雪楼记》一文，状写登临此楼眼中所见之景："举江自蜀趣吴，奔腾颓叠，澄鲜朗耀，震荡大地，淹润河山者，悉归几席之下。凡巴西之远峰，梦南之芳草，九十九洲，乍隐乍现。千帆竞举，惊沙坐飞；棹歌渔唱，接响互答；雾雨旦暮，烟景万状。"

至于为何取名为卷雪楼？袁中道也道明了原由："中郎登而乐之而谓予曰：'宗少文弃衡山而止江陵也，有以也哉。'时暑路方升，九市如炙，而登此楼，则大江如积雪晃耀，冷人心脾。故不待其成，日夕游焉；而字之曰'卷雪'。"

七月七日晚上，正是七夕，几位朋友前来拜会，大家坐在卷雪楼上观景。袁宏道当即口吟《七夕同黄竹石、吴长统、张伯含、毛遗民坐卷雪楼，得天字》一首：

秋在鸣蝉远树边，起看人影落樽前。闲云乍散风留月，小阁初凉水洗天。野衲叩门双袖石，晚樵归艇一帆烟。举头忽见黄姑渚，马上三峰忆去年。

袁宏道站在卷雪楼上，竟然能看到了数十里之外远在公安县南面黄山的"黄姑渚"，此为怪者乎，幻影乎？念乡乎？朋友欢聚一堂，诗歌唱和，袁宏道余兴未阑，稍后，袁宏道作《又得人字》：

庾信罗含作近邻，木奴江上自由身。未容野服称高士，但觉遗形似醉人。清露滴墙梧子熟，长风吹艑稻香新。儿童见说疏慵甚，拟买陶家旧葛巾。

谁也不会想到，这将是袁宏道的绝笔诗！

弥留与后事

袁宏道全然没有预感到死神来临，自己的气数将尽。砚北楼修葺不久，为了祝贺，袁宏道还弄了一条官船，与小修、八舅龚惟静、死心等人一边欣赏长江景色，一边饮酒欢乐。就是这次出游活动中，袁宏道突然染上疾病。

袁宏道一生中得过数次大病，万历十四年（1586），乡试下第是为一次，病期半年；万历二十四年（1596年），吴县县令任上染疟疾是为一次，久病五月才痊愈；其余小病不计其数，但都挺了过来。但是这次人到中年的疾病，发病异常凶猛，袁宏道浑身不适，腹泻不止，最后无法下食，连筷子也不能动了。

　　袁宏道初始得的病是"火病"①，此年荆州境内无论是公安还是沙市都酷热无比，袁宏道突发疾病，或许也与季节有关。《摩诃僧只律》卷十云："病者有四百四病：风病有百一，火病有百一，水病有百一，杂病有百一"，因此在科学极度不发达的明朝，火病无疑为疑难杂症。而且，三袁似乎都有火病的遗传，袁中道隐居筼筜谷的时候，也曾得火病，一病就不轻，几乎殒命。

　　袁宏道曾与朋友谈养生事，他说："四十以后，甘澹泊，屏声色，便是长生消息。四十以后，谋置粉黛，求繁华，便是夭促消息。我亲见前辈早夭人，个个以粉骷髅送死。此后工匠事毕，洒扫楼上，每日坐三炷香，略做胎息工夫。"亲人及同道好友的逐渐凋零，给予袁宏道巨大的打击，他深感纵欲贪色带来的戕害而屡有收敛悔悟之意。袁宏道为自我性命计，出于自我保护，不得不改变了早年放荡不羁的生活方式，转为清净无为，他还说："四十以后，决宜料理养生事，起居饮食，皆有节度，乃为摄生之道。"（袁中道《游居柿录》）

　　直到得此怪病，袁宏道才可能开始预料到自己的命数，前途未卜。袁中道从金粟园来探望，他对袁中道总结说："生死事大，四十年以前作今生事，四十年以后作来生事可也。"

　　半月来，袁宏道自从得病后，时好时坏，身体也愈加虚弱，到八月十五中夜，本是中秋，应是皎月当空如是，天空竟然飘起小雨。袁中道又从金粟园赶了过来，陪袁宏道聊天，袁宏道一时惋惜地说："今日中秋天公悭月，真辜负了也。"又乐观地说："我至重九，体中大康矣，当于砚北楼上作一佳会。"

---

① "火病"一词，最初由明朝中医张介宝提出。明陈士铎《黄帝外经》云："火病必兼土，土病必兼金也。且有金病而木亦病，木病而土亦病，土病而水亦病，水病而火亦病，火病而金亦病也。故六气可分门以论症，五运终难拘岁以分门。"李氏朝鲜时期传入朝鲜半岛。1995年，美国精神医学会的疾病分类表中正式标记了"Hwa-byung"（火病）现代学名为愤怒症候群（anger syndrome）。韩医学中将其表达为："无法消化消极情绪，内心残留的气息的不调和，即火的气息持续增加而产生的现象。"依袁宏道病症情况，病情不明。

然而，对于一生中与月相伴的袁宏道来说，此年最该有月之时却无月，难道不是一语成谶吗？随后，袁宏道的火病开始逐步恶化，接下来，我们可以按照袁中道《游居柿录》里的记录，还原袁宏道得病的全过程，乃至逝世的具体情况：

八月二十二日，移襆被至中郎宅上。中郎火病渐加，迎一老医李姓者，年八十余，切脉曰无病。意稍安。

二十三日，为中郎料理药饵，自云："昨为医者着一分参，遂热不可支，盖我系阳脏，不堪服补药，又不敢服凉药。不若不药为妙。"予曰："不药得中医，但调理饮食为上。"

二十四日，中郎火病不退，心甚皇皇。

二十五日，中郎火病愈甚，遣人迎邑中陈医。

二十六日，陈医至，切脉曰无病。独予私忧之，而人颇有笑予张皇者。

二十七日，中郎服医药无效，予一刻不能离左右。

二十八日，中郎病未见痊，足不能行。日中差可，夜殊不安眠。大便下紫血块，小便初如陈米泔水，后赤如血如浓茶。予私忧之甚。

二十九日，中郎病不见痊，饮食渐少，且食时不欲见人。大小便皆血。予卧不交睫。

三十日，僧宝方等至。

九月初一日，中郎病稍可。予与宝方祷于大士塔下。

宝方为公安十方堂住持。在袁宏道病重的紧要时候，次子袁岳年呱呱落地。然而袁宏道的病情愈加危险，乃至出现最后险情，袁中道的《游居柿录》如下记录：

初四日，中郎第二男生。坐中郎榻前闲话，独大小便血不止，甚忧之。

> 初五日，中郎病不见痊，大小便血不止。强其握笔作报，慰大人。
>
> 初六日，忽中郎室中老妪呼予入内云："夜中便三四次皆血，几昏去，得不便则可望活。"予私自哭泣，安慰之，急呼李医至，切脉曰："脉脱矣！"予顿足仆地。医曰："勿惊，且试人参汤。"已进参，顷之气喘，自云三分生，七分死矣。已起复便，自云："我略睡睡。"此外绝无一语，遂坐脱去，予呼之不醒矣！

没有等到这年的重九，绝命之即，袁宏道自说"三分生七分死""我略睡睡"成了他最后的遗言。

万历三十八年九月初六日（公元 1610 年 10 月 20 日），袁宏道享年四十有三，到此，袁宏道与世长辞！

世间再无袁中郎。

袁宏道的死亡过程，在袁中道的日记《游居柿录》中，被同为文学家的三弟袁中道用文字的镜头——摄了下来，袁中道详细记录袁宏道下世前近十天的病历，简洁的文字中弥散着无限的忧急，后人读来无不催人泪下。

中郎的病逝，从现代医学的角度上看，有很大的意外性。病发期较长，鉴于明代医疗尚属落后，治疗期间，除去庸医诊治，没有详细的病情记录，袁宏道所得的疾病，单纯的"火病"二字，无意中给后人留下了未解的死亡医案。

袁宏道中年遽然而逝，无疑是万历年文坛的重大损失，公安派文学更是遭受灭顶之灾，丧失袁宏道这个主将后，从此，公安派文学、性灵文学进入经验总结阶段。依照袁宏道晚期在京为官的政绩来看，他的去世，同时也是明朝政界的一大损失。

袁宏道自从升任吏部考功司郎中，仕途向好，至于其文学成就，"天假以年，不知为后人拓多少心，豁多少眼目"！然"恐亦造化妒人，不肯发泄太尽耳"，其政治理想惨遭夭折，其文学霸主地位迅速被钟惺等竟陵派作家填占。因此，袁宏道的去世具有政治与文学的多重含义——亦印证明晚期作为一个"月亮时代"厄运的结果。崇祯皇帝自杀，明朝破灭，依照思想家刘宗周在一份给南明弘光帝的疏中认为，导致明王朝衰亡有四大弊政，其中极为重要的一条是"人才消于党论"。朋党相争，使人才流失，得不到重用，就是有如此多"中杆之才"的或意外伤亡或转为"山人"，于是明朝出现这种情况："今日之习俗深有可虑者，……上之情愈见其乖，而下之情日趋于同，宇宙之元气由此渐散矣。"（刘宗周《微臣草莽有怀敢因诹诹所及入告圣明疏》）

一时中郎去世，"海内闻而痛哭者，不可指数"。袁宏道的亲戚、朋友、追随者、读者纷纷投书来悼念，安慰。至于袁宏道去世，身边的亲人是如何反应，如何哀痛呢？

中郎去世，"一七"刚过，袁中道在《寄苏云浦》悲戚至极地回信道："伤哉！伤哉！中郎于九月初六日长逝矣，八月初，微有火疾，时起时灭，投补剂则发火，投清剂则伤胃，不药则症日加，遂至大小便皆血。一夜忽痢五六次，而阳脱竟至不救。初意亦为小小火病，及至后来渐盛，虽医者竟不知其何疾也。老亲七十，闻此一哭几殒。弟走沙市收殓亡者，复走公安安慰生者。人生到此，生理尽矣。中郎迩年以来，极其寡欲。夏三月，止坐楼下读书。常常说静坐养生之旨，精神全从收敛翕聚。不意一病，遂尔化去，岂天下欲留法眼于世耶！天假以年，出世之学愈深，用世之才愈老。次可与阳明、近溪诸老方驾，而今年竟止此矣！弟薄命与卑郎年相若，少即同学。长虽宦游，南北相依，曾无经年之别。一日不相见，则彼此怀想。才得聚首，欢喜无穷，忽尔分袂，神色黯黯。至于今年尤甚，形影不离。暂别去，即令人呼唤，不到不休。弟所以处困穷而不戚戚者，止以知己之兄在耳。今复化去，弟复有何心在世中？肠谁与吐，疑义谁与析，风月谁与共欢，山川谁与共赏？锦绣乾坤，化作凄凉世界，已矣，已矣，恐弟亦不久于世矣！仁兄书到之日，正一七也。发函多悼叹生死之语，弟不胜惊叹。梦中所云登楼，二仲扶之，二仲雨而跣行，此岂非凶兆耶？一席孀妇，弱子幼女，何以度日？逝者已矣，生者之苦未艾也。昨见札中切切思归，甚是，甚是。富贵荣华，真是幻梦。日日波波热忙，送却了好日子。四十以后，阳盛阴衰，日夜奔驰，俱是生火之资。弟意以为决当静坐收摄，早晚念佛，严持十斋杀生之戒，以为去日资粮。若得道驾归来，互相策励，究竟此事，尤可度日，但恐弟无此等福耳。中郎囊中，仅拣得三十金，其清如此，即弟亦不知其清至此也。哭泣中，草率作此，百不既一，统容嗣致。"

随后，袁中道寄丘长孺信中说："兄中郎于九月初六日长逝矣，病起之日，弟即梦兄号哭至舍，口云：'予无所依矣！'相与绝倒在地。质明传中郎有微病，人皆以为无伤，而弟窃忧之，不料其竟不救也！已矣，已矣！弟虽生犹死也。一日不见，犹切怀想；况今长别，宁不断肠！弟所以处贫贱而不戚戚者，赖有此耳。今若此奈何，奈何！兄情均骨肉，闻此痛伤可知。梅长公处俱不及启，想亦不堪悲悼也。人便，哭泣中草率奉字，不次不恭。"（《寄丘长孺》）

由于极度的哀痛，袁中道病重，病中甚至出现二哥袁宏道的幻景，幻景中，袁宏道说："予无所依矣！"这些信件反映了已逝人袁宏道晚年孤独的心理状况，同时也是晚明知识分子的内心写照，现在转移到袁中道身上，成为整个袁家的悲伤！

等到稍微有所平复，袁中道在《答潘景升》中说："今年乃有此大痛楚事，遂至于知己同心之慈兄倏尔见背。天昏地黑，令人无复生理。自弃捐以来，遂得呕血重症，几至不痊。公琰至，方起梳栉，见兄一函，顿增感伤。嗟乎！弟从此如立雪无影人矣！衷肠谁与吐，疑义谁与析，风月谁与共欢，山川谁与共赏？已矣，已矣！惟有皈依如来，究竟乘理，沙劫有同生之愿，莲台觅永晤之期耳。去岁客真州，正抱重疟，甫劳即废，想至秣陵会景升，如来仙都觐群真。神往身滞，实出无奈。弟以病苦不得往，而景升以无病不一来。十二年交情，竟如此哉！诸刻甚有意致，天趣跃然。所徵实归。弟凄凉中，定交木上座，欲焚笔砚，未能效一得，痛定当所有寄。居家意兴索然，来春或买一舟，来揽黄山之胜，得觅良晤，未可知也。公琰回，草率奉答不一。"

信中，袁中道还抱怨同为他和亡兄袁宏道至交的潘景升，问他为何不亲自来凭吊，以致怀疑"十二年交情，竟如此哉"！可见其悲伤至极。

稍后，袁中道又在《寄陶不退》中说："今年乃有此大痛楚事，知己之兄，忽尔见背。苦莫可言，但喜逝者化去之时，从容不乱，寂无一语，起来便遗，即云：'我略假寐。'如入禅定，有同坐化。夫逝者道力深重，生死久暂，夫复何虑。独生者之苦，未易言耳。弟因此益微学道之气分，与人不同，日加参究，决欲到古人大休大歇之地。往时未忘世乐，尚多杂嗜，今一切已矣，独恨无友耳。安得一帆走白下，与兄商确也。"

袁中道在尺牍中反映他和亲人们的情况全是"哭泣中""天昏地黑，令人无复生理""独生者之苦，未易言耳"……从这些距离袁宏道去世时间最早的信函中，可以看到袁家已经天崩地裂，亲人如何的哀伤至极。中郎刚去世的那会儿，重阳节，袁中道说自己"遂得血疾，晨常吐血数口，胀满不支"，"燥极，夜遂不交睫，狂乱甚"（《游居柿录》）。袁中道是如此，其老父袁士瑜亦是如此，"于无人处哭"，见袁中道来探望，"即收泪，盖恐重儿之哭，并有性命之忧也"，袁宏道去世的两年后，三袁的父亲袁士瑜也随即去世。

袁家着手料理袁宏道的后事了。袁宏道病逝时，袁中道帮着一同清理遗物，发现"中郎囊中，仅捡得三十金，其清如此，即弟亦不知其清至此也"。袁宏道清廉到这种程度，甚至连袁中道也是没有料到的。一时也没有任何办法，只能借钱当物，临时买了一口棺材，择吉时良地移柩入穴。

中郎急逝，袁中道过度悲伤，他一段时间内身体都出现了险情，"自中郎去后，弟一病几死，今方有起色。然胸膈常如有物镇压，饮食减少。生平未惯经此爱别离苦也，奈何，奈何"（《答云浦》）。袁中道日记、诗文中仍然常有怀念二兄之举，例如他在《游居柿录》中记道："至柳浪，泛柳巷，密柳遮樾，凉风穿柳中，阴气肃肃。"在中郎诞日，他又在《游居柿录》中写道："归箦笃谷，梅花大开。中郎诞日，痛苦不可忍。时八舅已入郢，往其家宿。夜梦中郎相引至玉泉，与无迹拜于一大殿上。觉而谓八舅曰：'甥频梦中郎在玉泉，岂自在中阴住彼处耶？甥欲作一祠玉泉，以祠中郎，而身老其中。老来不任奔波，似为得计耳。'……"后来，袁中道为了完成二哥袁宏道的遗愿，便"葺智者洞，为禅栖之所；上建一阁，阅藏（注：即阅览佛教经藏）"。三袁挚友、袁宏道以后的亲家、监察御史苏惟霖也曾"分俸"以为"建阁之助"。

　　袁中道极度悲伤之际，在极力谋划和料理二哥袁宏道的后事。万历三十九年（1611），中郎去世一年，八月，袁中道将其灵柩从沙市走水路运回公安，一直运到他的出生之地——长安里长安村，停柩于乡，并未下葬。至于运回过程，袁中道在《游居柿录》中有记："移中郎柩入乡。予舟先至虎渡①，渡口流水甚急，非顺风不得上。柩舟至，无风，觅牵缆小舟不得。予默祷于岸，顷之，风飒飒上，舟行转劲，入口风即止，似有默相者。夜过三穴桥，抵长安村，天明矣。友人马元龙以送葬同入村中。"

　　此时常有朋友来吊唁中郎，袁宏道停柩在长安里是为了择良地安葬。有次，袁中道回长安里，他请来负有盛名、极懂堪舆的风水先生谢响泉，卜得公安县境内距离长安里五十里外的郑公渡②法华寺前的一块吉地，与姐夫毛太初等人来看过阴宅，接下来就是定下移柩入藏的良辰吉日。

　　法华寺与袁宏道素有渊源。据《同治公安县志·寺观》所载："法华庵，在斗湖堤后。始于举人王承光（香光林主人）、居士李承芳、僧真惠，成于袁中郎、小修、僧圆相，黄太史辉题曰'精进林'。"袁中道在《游居柿录》卷一中说："便过五弟天华馆春草堂，时老衲月江来，同至其庵烹茶。此庵名法华，上有黄平倩所题'精进林'三字，笔势飞舞。月江善栽柏，庵前后皆古柏。经年不出户，亦修行僧也。其地与五弟园邻。"法华寺与袁宏道庶弟袁宁道的天华馆春草堂相邻，袁宏道自从袁宗道去世后隐居，曾多次到来。

　　至于为何选择法华寺下葬，大抵有以下几个原因：

　　一、袁宏道终生与佛有缘，崇尚佛教，研究佛学，礼佛年限前后长达二十五年以上，以其佛学功底和著作，为历史上赫然有名的在家大居

---

① 虎渡河为荆江南岸的分流河道之一，亦为袁宏道家乡公安县著名的河流，在黄山脚下，景色优美，袁宏道有赞曰："越三峡而南，千里尽平地，见培楼则喜，何况生姿媚。"虎渡河存在历史久远，后吴三桂反清，进攻荆州受阻，在此与清兵相持不下，便掘开虎渡口，企图阻滞清军的进攻，使"口仅丈许"的虎渡口扩大为数十丈的河口，据《楚北水利堤防纪要》有载："虎渡口，旧两岸皆砌以石，口仅丈许，故江流入者细，自吴逆（吴三桂）蹂躏，石尽毁折，今阔数十丈矣。"

② 袁中道称为"刀环里"。原为郑公渡镇，后撤销郑公渡镇，并入章庄铺镇，今该地为公安县章庄铺镇肖家咀村。

士，以《西方合论》《德山麈谭》等著作成为一代佛学大师，而且，袁宏道即使在重病的时候，也是一心牵挂禅佛之事，曾说："我愈后，敕断家事，即往玉泉修智者洞。"（袁中道《答苏云浦》）袁宏道急逝，连他自己都万万没有料到。二、中郎姐姐嫁至郑公渡，生有三子，家距离此处不远，便于亲友、外甥们常年来祭扫、培土。三、法华寺附近景色优美，这里紧傍洈水河，旁有白鹤山，山清水秀，田畴开阔，幽雅宁静，袁宏道生前，也是极为喜欢来法华寺一带游览。万历二十九年（1601）前后隐居乡里期间，尤其是该年春天，他曾多次到来，这是袁氏家族子弟非常开心的一段闲适时间，袁宏道来法华寺的时候，也是他人生中最为悠闲最为闲适的时候。四、作为袁宏道人生中最为悠闲最为闲适的时间，他多次为与华法寺有关之事作有诗歌，法华寺为他给乡里寺庙留诗最多的地方。仅在《潇碧堂集》中，他关于法华寺的诗作就有《法华庵看月江老衲移柏树》（五首）、《法华庵同诸开士限韵》《又次前韵》《法华庵雨中，诸公以诗相角，限得六韵》《庵中阅经示诸开士，用前韵》。如他在《法华庵看月江老衲移柏树》其二写道：

一番霜雪一番姿，铁干铜肤自小时。和叶和梢才尺五，几年长出杜陵诗。

其五曰：

眉如霜叶骨如峦，破衲何曾畏早寒。夜坐连云春带雨，如今真作画图看。

袁宏道在去迎袁宗道灵柩顺便去庐山的前夕，又一次来过法华寺，其所作诗歌中如《法华庵同诸开士限韵》所曰：

送云归老岫，荷荼量幽潭。古楢连池损，痴禅着谜参。闲胶踏石屐，小立探春骖。竹路编龙子，花时过长男。草侵红版谷，蕉短绿天庵。角焰抽寒穗，垆丝吐睡蚕。农人占九九，童子契三三。溪鸟藏深滟，涧毛露浅鬓。疏经通老衲，书额过精蓝。欲访东林去，陶家借竹篮。

忆起往昔隐居柳浪馆之日，何等闲适也。在袁宏道看来，参的是世俗之佛，颜色之佛，即使来到法华庵也是。春色静雨中，他在《法华庵雨中，诸公以诗相角，限得六韵》写道：

苦发寒垆窌，闲书折股钗。琢云裁月遍，俪白粲红皆。笔娱翻缸落，金清入梵谐。分阄时一赛，驱闷几回俳。古砚文全蚀，废铛耳半埋。毗耶多口老，闲引散花娃。

食色性也。而且，袁宏道谈佛作诗从来不避食色之事，反而禅、色兼得，彰显不碍的"佳趣"，这恰好和万历时期一直到明末清初的风尚相吻合。袁宏道《庵中阅经示诸开士，用前韵》中说：

乘急参淫女，戒急却闻钗。香象截河流，一非划众皆。闻观《百喻经》，奇胜千《奇谐》。八十翁怜儿，庄语间诙俳。我愿作书鱼，死即藏经埋。胜彼火坑子，以身殉粉娃。

回忆起袁宏道往日所作的关于法华寺的诸诗，也成为了美好回忆，亦可见袁宏道生前的音容笑貌。

万历四十年（1612）的十月十八日，宝方等僧人在袁宏道灵柩前举行拜忏仪式，行祭奠之礼。十九日深夜子时收拾丧车，载着袁宏道及其元配李安人的灵柩在乡人的帮助下，于寅时出发，沿小路艰难前行，准备顺水路运至郑公渡的法华寺。

法华寺与长安里长安村，一在公安县西南，一在公安县东南，两地相距二三十公里，陆路不畅，但公安县域之内，沟汊河流密集如蛛网，水路十分方便。棺木十分沉重，恰逢这年公安又得水患，低沉的路面到处是积水，袁中道一路张罗照应，"颇费心力，予声几为之哑"，终将灵柩运到河边，黎明时分上船，从小河口进入之字湖，晚上抵达法华寺岸边。二十日黎明，将袁宏道灵柩移至法华寺前面的坟茔之地，用砖稍稍封固，以备安葬。

袁宏道的葬礼在袁中道的操持下正式举行。袁中道与"六侄商榷葬亡兄事"，看风水的居士谢响泉已经入驻法华寺，"茔破土矣"，袁中道准备祭品酒食。万历四十年（1612）十二月初二卯时许，袁宏道和李安人灵柩入圹，众多亲友一起前来吊唁，此时，袁宏道的长子袁彭年正好二十岁，袁中道"与孤侄相向而哭"，袁彭年又在旁监看墓室筑灰沙。凌晨过后，袁宏道与夫人李安人合葬一处。

中郎去世后，袁家上下事务全部留待在世长子的袁中道操持了。

袁宗道急逝，袁家已经遭受一次打击，这次，中郎去世，袁家遭受灭顶之灾，从此家道中落。年迈体衰的老父袁士瑜遭此打击，万念俱灭，家中之事听之任之，放手不管。袁中道平常对家中事不甚过问，全凭老父打理，又因袁宏道去世，一时茫然。袁家家大业大，难于管理，又因为袁宗道、袁宏道遗属生活贫困，于是袁家商议出来一个办法——分家。至于为何分家、分家的过程，在袁中道的日记《游居柿录》中有详细介绍：

> 丁酉，予痛哭于二兄之前。缘先母龚太安人生予兄弟三人，早丧。长伯修，次中郎，次即予。先母去世，大人未继，庶母刘即掌家政，生二弟安道、宁道。母氏早丧，三孤备尝荼苦，予不忍言之也。天不祚善人，伯修无子，子予子。予又尚未有子。中郎二子，中郎又早世。二兄宦贫，二家孀孤俱不免食贫。予既居长，不料理家政，检点资蓄，则大人数十年辛苦为儿孙者，皆纷纷莫可踪迹矣。诸亲友云："家事任长，今积藏尽去，若不急时分异，尽入他门，亦非前人治家本意。"予曰：凡分异必由父命，今大人已不省家事，何所禀命？诸亲友又曰：凡痰昏之病，安能使之精明如平日。家政既无所主，且将散而为他人，继志述事之孝，不如是也。毕竟

分异是。而庶母刘孺人及二弟，亦倦倦以分异请。予泣而从之，复叩禀大人，大人颔之。

　　袁宏道去世后，袁中道不得不以在世长子的身份主持分家事宜。分家的时候，袁中道"听弟侄辈择取"，袁家本来为公安县数一数二的官宦家庭，有数代人的苦心经营，自然财力不比一般乡间人家。然而在此危难之际，公安县境"盗贼充斥"，袁家分家的时候，有人趁机打起主意，将袁家历年所积累的几千两银子、六七千担稻谷转移一空。事后追查，竟无从查起。恰好老父袁士瑜在重病期间，"扶持病人为重，朦胧不问可也"。经此一变故，袁家只能在田土和宅地上分家。至于分家的具体情况，袁中道说"外人以袁氏分之不均，必致有烦言，而彼此寂无一字，皆叹异焉"。而袁宏道的身后，其孀孤共分得田产银两，折合在一起，约三千两银子，因袁宏道没有什么积蓄，这些银两只能暂时缓解袁宏道遗属的生活困难，袁中道"两侄仅可糊口"！

　　分家期间，三袁老父袁士瑜溘然而逝，享年七十。
　　袁宏道身后尚留有妾三人，子两人，女两人。妾分别为李氏、韩氏、王氏。袁宏道写过一首《妾薄命》，这首新乐府诗中道出了任人摆布的可悲命运，女子虽遭人遗弃而不能割舍对负心男子的感情，表现了失掉爱情的女人的悲哀痛苦。不料，随着袁宏道早逝，从某种意义上来说，亦不失为一种负心之举，一样道出了袁宏道的身后他的女人们悲切的命运，《妾薄命》其诗云：

　　　　落花去故条，尚有根可依。妇人失夫心，含情欲告谁？灯光不到明，宠极心还变。只此双蛾眉，供得几回盼。看多自成故，未必真衰老。辟彼数开花，不若初生草。织发为君衣，君看不如纸。割腹为君餐，君咽不如水。旧人百宛顺，不若新人骂。死若可回君，待君以长夜。

袁宏道的三名妻妾都生活到明朝破灭的时期。

袁宏道三名妻妾及其子嗣情况如下：三名妻妾中的李氏无子，随养子、正妻李安人所生长子袁彭年，生年六十有余，去世时为南明永历时期，袁彭年在永历帝时期的粤东任职，李氏在三名小妾中命运最好，去世时，袁彭年为她披麻戴孝、持服发丧。韩氏孤苦一生，七十余去世。袁宏道妻妾中最悲惨的是小妾王氏。王氏为扬州人，在袁宏道去世前两天，其子袁岳年出生。袁宏道病逝时，她才十七岁。王氏守节抚养遗孤，供养岳年读书，抚养成人。隆武二年（1646）前后，荆州爆发大规模战事，王氏五十岁那年，与儿子袁岳年一同逃往江陵龙湾躲避。贼人闯入，欲将王氏虏去，王氏大骂不止，结果被害。

袁宏道原有四子。第三子虎子于万历二十五年（1597）丁酉夭于仪征，长子开美于万历二十六年（1598）戊戌亦殇于仪征，袁彭年就成为实际上的长子。袁彭年为元配李安人所生，次子岳年为王氏所生。岳年两岁时，为照顾遗孤，三袁挚友苏惟霖将女儿许配给他。中郎的两个女儿，长女嫁苏惟霖的次子，小女嫁苏惟霖弟弟的长子，另外，袁宏道还有一侄儿袁祈年，是为袁中道长子。

袁宏道的次子、事实上的长子袁彭年，字述之，又字介眉，号特丘。于天启四年（1624）举于乡，崇祯七年（1634）成为进士。袁宏道生前呼其为"二仲"，中道时或呼为"二仲"时或"大侄"。袁彭年"少不羁，好狭斜游，常拉酒人服绣衣、阑入青楼酒肆，颇有小杜之风。会小修先生成进士，归，闻而弗善也。语江陵令，扑责之，公大憾，乃发奋下帷"《同治公安县志·袁彭年传》。袁彭年喜欢冶游，袁宏道去世后，一度在沙市放荡不羁。此事袁中道也有记载。他在《游居柿录》卷七壬子年（1612）六月记事云："适侄子有游冶事，决意令其归公安，而予退居于园。盖侄子既归公安，则吾愿遂矣。"①

继袁宏道和袁中道后，三袁后代继续活跃于政坛和文坛，而三袁诸

---

① 壬子为万历四十年（1612），时中道尚未成进士，《公安县志》时间上与中道所记略有出入，应以中道记述为准。

子当中，袁彭年最永，声名最为显著。袁彭年为南明政坛上颇有影响的人物，他的行为颇具争议，尚待多方考证。

袁彭年进士及第后，在崇祯朝初仕淮安推官，他作为名人之后成名颇早，据载，他"以法钩致陈启新，褫衣杖之，启新恚死，由是名动朝列，以卓异征赴考选"。召对陈策，为上所嘉，改授礼部主事。是时"当改垣宜兴（周廷儒），相颇相闻，未几，宜兴事败，下廷议，公（彭年）疏其罪状，并给其党二许人"《同治公安县志·袁彭年传》。周廷儒曾与袁中道有私交，其柄政时，袁彭年曾与他有私交，当周廷儒在朝廷败落，袁彭年攻击周廷儒，此事就正面立言无私，从反面说有投机之嫌。清人徐鼐的《小腆纪年》说袁彭年本是"周廷儒之私人也，延儒败，乃首攻之"。这是一种两面派的表现，从传统士大夫的人格上讲，确乎是有所亏欠，袁彭年一生在此问题上一再遭人攻讦，算是应得之咎。

后来荆州沦陷，袁彭年避居江淮，弘光初期去拜见弘光帝，改任礼科给事中。王夫之在《永历实录·袁彭年传》中说："时楚事方棘，彭年与御史江陵徐养心奏：'恢复大计，根本在楚，乞以前顺天巡抚杨鹗督楚豫军。'诏从之，而马士英方用何腾蛟，中格不行。彭年故以亢直名，既居省中，与陈子龙、吴适、章正宸齐名。"

弘光朝中，袁彭年有二事可显他亢直的性格。一是马士英、阮大铖极力诋毁辅臣姜曰广，欲以从逆之名驱陷东林运动成员时，袁彭年上疏据祖制力争，疏云："中尉有奏请，先令长史司具启，亲王参详可否？然后给批赍奏。若以换授、候考吏部，则与外吏等，应从通政司封进，今何径窦，直达御前？微刺显攻，捕风捉影，陛下宜加禁戢。"袁彭年语多切直，深为马、阮所忌。二是诏复东厂一事上，袁彭年又据理力驳其不可，结果"疏入，马士英票旨责其狂悖沽名，着降三级调外，遂谪浙江按察司照磨"。

弘光朝覆亡，袁彭年远走福建，清兵入福建，袁彭年出降，李成栋荐之，仕清为广东提学副使。袁彭年为广东提学道时，他心灰意冷，曾说出颇有争议的言论："金线垂辫，斯兴朝之雅制；博带峨冠，乃亡国之陋规。"后升为布政使，明永历二年（清顺治五年，1648），李成栋据广东反正，袁彭年曾参与密谋，策反有功。

后来，南明永历帝擢袁彭年为都察院左都御史。袁彭年执掌院事，任上"核资俸，清冒滥、不少宽假"。又与詹事、副都御史刘湘客，吏科给事中丁时魁，兵科给事中金堡，户科给事中蒙正发善，清肃朝政，整顿吏治，被诸多不得志者称为"五虎"，其中以"袁彭年为虎头，丁时魁为虎尾，蒙正发为虎脚，刘湘客为虎皮，金堡为虎牙"。是时外患如潮，党争从万历一朝一直延续到南明永历时期，朝中党争仍频，有楚党吴党之争，时人称："楚党以金堡、刘湘客、丁时魁、蒙正发、袁彭年为主，皆外联瞿式耜、内恃李成栋；吴党以朱天麟、王化澄、吴贞毓、李用楫等为主，皆内援马吉翔，外倚陈邦傅。"

袁彭年一生处于政治旋涡之中，永历三年（1649），他因论事直言忤上。至于原因，盖是因为崇祯帝自杀后，其他皇室组建的政权权威已经荡然无存，众人在行为和言论上不受约束，复杂多变者多。同是南明官员的文学家钱澄之《所知录》评论袁彭年："又每有自恃有同谋反正功，尝争论上前，语不逊。上责以君臣之义，袁彭年曰：'使去年此日惠国（李成栋）以五千铁骑鼓行而西，此日君臣之义安在？'闻者咋舌。"钱为之赋诗："霜严宪府凛难攀，大谏风裁更领班。便殿连朝求召对，赦书昨夜又封还。朝廷纵小名犹在，方镇徒强主未孱。应事髯公辞太戆，五千铁骑动龙颜。"

秋七月，袁宏道大妾、袁彭年养母李氏病故。袁彭年说："吾家受国恩深重，奕世科名，更受天地恩宏大，代产异才。吾今享年远过先人，天正不欲置我于无用之地，胡可苦守制三年，虚度岁月耶？"意欲夺情，不允。后以丁艰去任，寓于佛山。①至于袁彭年后世，《公安县志·袁彭年传》谓袁彭年"六十四，卒于家"，即时年六十四岁。

晚明时期，袁彭年的性格、行事较为复杂，明末清初诸多野史笔记多有诋毁和歪曲。以王夫之《永历实录·袁彭年传》较为允正，王夫之评价道："彭年以伉直鸷击，负时重望；然挟谋数，工揣持，不能淡于权

---

① 袁彭年之事亦参考王夫之《永历实录·袁彭年传》。

势，故生死大节无足取者。"又说："彭年早树声望，弘光中，尤以伉直为天下想慕风采，既而隳节贪荣，遂为士大夫所厌憎。"袁彭年历仕崇祯、弘光、永历三朝，素负直声；然又两度出降清廷，殊乏气节，生死关头不能成仁，故为王夫之所慨叹。

袁彭年主要从事南明政治活动，政局不稳，他无心诗文，所著亦不如先辈，袁彭年著有《史屑》《土风堂遗稿》《省垣奏议》《草闲诗》若干卷。①袁中道评价袁彭年的诗："彭年诗文，大有惊人语。虽微有冶习，无损英特。"《县志本传》说："指事言情，博于故实，不为浮焰，一涤王李叫嚣蹈袭与近时幽冷佻小之音，而中郎潇洒俊逸之风亦少减矣。"竟陵派崛起，袁彭年依附于钟惺、谭元春等人，事实上并没有继承三袁文学的衣钵。

三袁后辈中，诗文较显者，除了袁彭年外，还有袁中道长子袁祈年。袁彭年、袁祈年都和竟陵派作家来往较多。

袁祈年，袁中道长子，后嗣宗道，初字未央，后由其父执钱谦益改为字"田祖"。袁祈年生于万历癸巳（1593），卒于崇祯己卯（1639），终年四十七。祈年少时，"性好施，抉值危困不斬心力，事诸母以孝闻"。"十五入乡校，诗文疏快可喜。为人朗霁轩矗，遇人皆作欢颜好语，各得其意，称袁氏佳弟子也。……天启甲子，中顺天乡试，辛未会试，以犯御讳获而失之。甲戌，复以闺文犯七夬不录，作《七夬》诗，时人传之。既久困公车，又群从中有先售者，大不得意，遂挫情进取，读大慧、碧岩诸书，皈依般若，有《发愿》文。寻卒，友人节其生平，谥曰文孝先生。"祈年一生未仕，但曾加入复社，康熙版《公安县志》节其生平。袁祈年著述，省志、府志、县志皆谓其有《梅花奥集》《南游草》《笃蓐草》《续花源游草》若干卷（诸集今皆已佚），另有县府志未载者如《楚狂之歌》《小袁幼稿》《近游草》《德山杂咏》，附于袁中道《珂雪斋近集》后得以流传。袁祈年为诗，钱谦益评道："诗笔有家风，

---

① 袁彭年诗文多不传。刘侗、于奕正的《帝京景物略》引有袁彭年数诗，可参。李元胤卒，袁彭年有《哭李元胤》诗十二，查继佐《国寿录》录其四，附李元胤传后。

秀而不实，余深痛之。"①

明末时期，东林运动成员的后代都以入复社为荣，袁氏后代中，袁彭年、袁祈年、袁岳年、袁嵩年等都入过复社，吴应箕《复社姓氏录》有列其名。

袁中道对公安派的匡护及竟陵派崛起

袁宏道刚去世那会儿，袁中道满脑子都是亡兄的影子。万历三十八年（1610）稍后，他在日记《林兰阁下》中悲伤地写道："居林兰阁下，料理药饵。体稍平，步至筼筜谷，看张叟治药，及斫竹为箕畚等物。午后过林兰阁下，小女儿牵予裾曰：'我念诗与阿爷听：路逢萧史不回身，风袅芙蓉绣领巾。云里自然标格少，但凭闺艳作仙人。'予不觉泪下，此中郎《游仙诗》也。"同日记中又说："得同参僧如寄书，寄《宗镜摄录》一部。《宗镜摄录》乃中郎所选，袁无涯刻于吴中者也。书付僧怡山来，怡山病甚，卧柳浪，予往视之。"

这是袁宏道去世后，袁中道在日记中第一次提及袁宏道的著作情况。中郎去世的当年，袁中道无法平静心中的感伤，找到了一个最好的解脱办法——前去玉泉山修行。中郎安葬后，袁中道在《沙市至度门记》中说："万历庚戌秋，兄中郎方家居，相约为玉泉游。且欲结庐买田，老于其间，病中犹喃喃不置。至九月中郎逝矣，予忧伤之余，疾病大作，且不堪家冗鞅掌，计惟有逃之山水间，可以息业养神。而老父在堂，又不忍远游，其与故里相近者，无如玉泉。"无迹法师也在盼望袁中道，故人相见，一开口说中郎，潸然泪下。

在二哥袁宏道去世后，袁中道因悲伤过度前去玉泉山修行，在玉泉寺的右边选择了一块空地，修建了一座小亭，因玉泉山又名堆蓝山，故

---

① 袁祈年事迹参见钱谦益《列朝诗集小传》丁集中《袁仪制中道》，及《复社姓氏传略》卷八。

名堆蓝亭。袁中道独自一人居住其中，还写过《堆蓝亭记》。其间，他还将兄长袁宗道、袁宏道及他们生前好友黄辉、雷思霈的灵牌供奉于紫柴庵中，以释思念之怀。

袁中道在玉泉山前后居住长达三年。对于三子袁中道的消极遁世，其老父袁士瑜在临终之际，便叮嘱袁中道说："不辍进取。"早在万历四十一年（1613），袁宏道去世三年后，三袁故友汤宾尹专门给袁中道寄来了一首诗："巳讣公安袁六休，夷陵雷史复难留。楚中才子几销尽，乞与人间一小修。"（《存殁口号》）此时，袁宗道、袁宏道、江盈科、曾可前等楚中才子相继离世，现在只剩下袁中道和梅之焕等人，因此汤宾尹也是有感而发，不计前嫌，对故友勉励一番。

袁中道在万历四十三年（1615）秋天结束在玉泉山的隐居，告别堆蓝亭，走出玉泉山，北上进京，参加于万历四十四年（1616）春天的会试。等到二月十七日，春试放榜，袁中道榜上有名，终于考中进士，得名三甲第二百四十四名。据《明清进士题名碑录》，当年春试共取一甲三名，二甲七十七名，三甲二百七十四名，故袁中道的成绩属下等之列，但毕竟成为了新科进士。袁中道在历经二十七年时间里，先后参与了十次科举方中进士，时年四十七岁。在得知自己高中，从此"得了头巾债"，袁中道甚为欣喜。对此，他在《游居柿录》中写道："得中式捷音。予奔波场屋多年，今岁不堪甚苦，至是始脱经生债，亦甚快。但念及老父及两兄皆不及见，不觉为之泪下。"

袁中道中进士后，于万历四十六年（1618）二月，出京赴徽州府担任府学教授，不久升为国子监博士，万历四十八年（1620），调任南京礼部主事，后官至南京史部郎中。明天启四年（1624），袁中道在南京去世，享年五十五岁，两年后，与长兄袁宗道同葬于公安县长安里荷叶山，居其墓右。

袁中道享年比袁宏道长十二年，皆因二兄先后急逝后，袁中道曾经认真总结过袁宏道和袁宗道早逝的经验。早年袁中道一度是"夜饮朝歌剧可怜，繁华极是伤心处。领略东风快放颠，任骂轻薄恶少年。闲来乞食歌妓院，竿木随身挂水田。沉湎放肆绝可笑，乡里小儿皆相诮"（《放歌赠人》），沉湎于酒色之乐。至于单纯的喝酒，他都认为"委顿了无一日欢，转觉人生行路难"。他说："优游卒岁，唯酒是耽。"到了万历己酉年（1609）的夏天，袁中道对酒色之乐有了深刻的认识和清醒的态度，他说："生平饮酒，不喜昼饮，一饮则终日昏倦，夜饮亦不喜多，多则梦寐不安，次早神思不爽，甚则助发淫嗔。明知其为苦趣，然居人世，以此为礼。见予素有酒名，一席不饮，则主人讶之。不得已强为之饮，饮至渐多，则已先欲饮，又不待主人劝矣，俗所云下坡酒也。予不幸有此病，未能逃世。既不容戒，易流之性又复难节，其实败德伤生，害我之学道者，万万必出于酒无疑也。"（《饮酒说》）中进士的时候亦说："予自病后，不喜夜饮，每赴召，必以午。餐后即戒匕箸。"至于这样的目的，"非独学作清净人，亦老年节啬之道宜尔"。

至于考中进士的当时，袁家"自此月二十三日始，几同酒食地狱"，"两弟四侄等，皆以予归，击鲜过从为欢，微伤华侈"，袁中道却非常清楚现在袁家的状况，他说："昔东京杨、袁，皆为大族。袁氏微汰，为史所讥。我辈当共守素业可也。"（《游居柿录》）

二哥中郎去世后，袁中道承接公安派文学的衣钵，继续举起性灵文学的大旗，匡护公安派。以他为首开展各种结社活动[①]，在乡间及玉

---

① 袁中道在二哥袁宏道生前，除在乡间及葡萄社结社参与，另单独有结社活动。万历三十七年（1609）五月，袁中道有冶城结社（冶城，南京别称），入社者有三十余人，主要为袁中道、金一甫、钟惺、翁承赞、唐宜之、朱无瑕、傅灵修、吴翁晋、张孟奇等人。同年冬，袁中道赴京参加次年会试，与太学同窗、末明文坛领袖钱谦益有结社，参与者有袁中道、钱谦益、韩敬、李流芳、徐田仲、贺中泠等人，地点为极乐寺。两次结社都有关于科举，因结社当年为乡试年，次年为会试年，故目的明显。明代文人在科举考试前，常有举行大型结社的风尚，通常为考前揣摩风气，也是一种抬高身位的手法。于万历三十八年（1610）会试及第的钟惺曾参与两次结社，在谈到冶城结社时，自豪地说："社中先后成进士、举于乡者强半。"至于极乐寺结社，参与者都为名流，在晚明政治和文学中有相当的地位。此年科举为万历期间少有的龙虎榜，韩敬中状元，钱谦益取探花。本次科举，首辅叶向高本意取钱谦益为状元，韩敬第三，结果韩敬取状元，为韩敬密馈金数万打通关节，两人名次对换，翌年事发，爆发历史上有名的"万历三十八年科举案"。此事牵涉到东林与浙党的竞争关系；也影响到袁中道、钱谦益对韩敬、钟惺等人的友谊，此为公安派与竟陵派分道扬镳的起始点。参考明文秉《先拨志始》，清陈梦雷《明伦汇编官常典谏诤部》。

泉山隐居期间，袁中道即已有结社。万历三十九年（1611），中郎去世一年，袁中道便在公安县发起华严会，最初在三圣阁结社，活动地点除三圣阁外，还有二圣寺及青莲庵。参与者四十余人，主要是袁宏道生前好友，有王辂（王以明）、王衸、王吉人及僧人宝方、怡山、本空等人。华严会持续了四年。万历四十一年（1613），袁中道在沙市又结禅社，名为金粟社。因活动场所在袁中道在沙市的居所金粟园而得名，参与成员有王辂、苏惟霖、苏休之、丁仲旸及僧人雪照、宝方、达止等荆州远近好友。金粟社活动持续两年，直到袁中道于万历四十三年（1615）赴京参加会试为止。

　　万历四十四年（1616），袁中道会试后在放榜候选的半年时间，参加京城城西的海淀诗会。海淀诗会成员有龙襄、杨鹤、钟惺、米万钟、马之骐、马之骏、李增华等人。海淀诗会成为袁中道中进士后参与文坛的主要活动，为公安派作家后期的一次主要结社，参与人基本上以湖广及北方文人为主，这些参与的文人构成了公安派后期的主要文人群体。

　　除了继续主持公安派的结社活动，袁中道在整理袁宏道遗稿上发挥了他的重要作用。他代替侄儿袁彭年写有《吏部验封司郎中中郎先生行状》，此文，他就袁宏道一生的经历进行全面详细的概括，洋洋洒洒五千七百余字。袁宏道的集子在生前均有刻印，但没有形成全集，随着袁宏道声名日增，书市上更是出现不少盗本、伪作，个别书商甚至将一些刺激性的文字如《狂言》《续狂言》夹入其中，冒充袁宏道原作刻印，于是编辑一套袁宏道全集非常必要。袁中道晚年的时候，他开始"字栉句比，稍去其少年未定之语，按年分体"，将袁宏道所有诗文编为全集，撰写《袁中郎全集序》，他在序中说："先生诗文，如《锦帆》《解脱》，意在破人执缚，故时有游戏语；亦其才高胆大，无心于世之毁誉，聊以抒其意所欲言耳。"又对袁宏道早期作品进行了肯定的辩护："即少年所作，或快爽之极，浮而不沉，情景大真，近而不远，而出自灵窍，吐于慧舌，写于铦颖。萧萧冷冷，皆足以荡涤尘情，消除热恼。""先生天纵异才，与世人有仙凡之隔。而学问自参悟中来，出其绪余为文学，实真龙一滴之雨。"

　　万历三十八年（1610），袁宏道去世的当年，随着钟惺会试高中进士，以钟惺、谭元春为首的竟陵派粉墨登场，独领风骚，九年后才出生的王夫之在《明诗评选》中对此有过评价："中郎不夭，伯敬（钟惺字）终不敢自矜。"

　　竟陵派在对待袁宏道诗文一事，其实颇为欣赏。两家私交上，不只袁中道与钟惺等人前期交往密切，钟惺与三袁后人中的袁彭年[①]、袁祈年等过从甚密。钟惺学诗之时，时人有称"伯敬入中郎之室，而思别出奇"[②]，袁中道本人也说过："伯敬论诗，极推中郎。其言出而世之推中郎者益众。"（《花雪赋引》）肯定了钟惺在弘扬中郎文学上的贡献。钟惺编过《袁中郎全集》，作有《跋袁中郎书》一文，谭元春为《袁中郎先生续集》作有一篇序言，序中历数袁宏道诗文的变迁，袁宏道总是不断反思，不断地更新、超越，不断地走向"卓大而坚实"，同时"又似为古今人俱下一悔脚也"。对此，谭元春叹道："予益以此叹公之根器识力有大过乎人者焉。"（《袁中郎先生续集序》）

　　钟惺、谭元春等人肯定袁宏道的成绩。不过，万历四十五年（1617），钟惺、谭元春合编的《诗归》出版，这直接导致袁中道与钟惺之间的友谊就此破裂，直到遗世，两人从此再也没有来往。

　　《诗归》共计五十一卷，分《古诗选》十五卷、《唐诗选》三十六卷。[③]编者用意在于乞灵于古人，通过对古诗、唐诗的选评，宣扬自己的诗歌理论和文学主张，"引古人之精神以接后人之心目，使其心目

---

① 谭元春《谭友夏合集·东坡诗选序》中说："斯选也，袁中郎先生有阅本存于家，予得之其子述之。"又谭元春在《袁中郎先生续集序》有云："公安袁述之行其先中郎续集而属予序，其言曰：'先子不可学，学先子者，辱先子者也。子不为先子者，实是先子知己，惟子可以叙先子。'"从这两段话看，袁中郎述之已化为竟陵派了。

② 引钱谦益《列朝诗集》丁十二《谭元春传》，在《钟惺传》里附见《谭元春传》，其有金陵文人张文寺说："伯敬入中郎之室。"

③ 传《诗归》托名钟惺编。朱彝尊说钟之好友钱麟翔传布说："《诗归》本非钟、谭二子评选，乃景陵诸生某假托为之。钟初见之怒，将言于学使除其名。继而家传户习，遂不复言。"引朱彝尊《静志居诗话》卷十八"谭元春"。

有所止焉，如是而已矣"。何谓"古人真诗"？钟惺在《诗归序》中说：
"真诗者，精神所为也。察其幽情单绪，孤行静寄于喧杂之中，而乃
以其虚怀定力，独往冥游于廖廓之外。"

竟陵派认为"公安派"作品俚俗、浮浅，因而倡导一种"幽深孤峭"
风格加以匡救，主张文学创作应抒写"性灵"，反对拟古之风。但竟陵
派所宣扬的"性灵"却和公安派不同，所谓"性灵"是指学习古人诗词
中的"精神"，这种"古人精神"，不过是"幽情单绪"和"孤行静寄"，
所倡导的"幽深孤峭"风格，指文风求新求奇，不同凡响，刻意追求字
意深奥。

至于竟陵派为什么能崛起的原因，钱钟书在《谈艺录》有过阐述：
"观谭友夏《合集》卷八《东坡诗选序》《袁中郎先生续集序》，则中
郎之子述之已化于竟陵；小修《珂雪斋近集》卷二《答须水部日华书》、
卷三《蔡不瑕诗序》《花雪赋引》皆于乃兄几如阳明于朱子之作'晚年
定论'，亦不能谨守家学而坚公安壁垒矣。中郎甚推汤若士，余见陈伯
玑《诗慰》选若士子季云诗一卷，赫然竟陵体也，附录傅占衡序，果言
其'酷嗜钟谭'。中郎又亟称王百谷，《诗慰》选百谷子亦房诗一卷，至
有'非友夏莫辨'之目。盖竟陵'言出'，取公安而代之，'推中郎者'
益寡而非'益众'。后世论明诗，每以公安、竟陵与前后七子为鼎立骖
勒；余浏览明清之交诗家，则竟陵派与七子体两大争雄，公安无足比数。
聊拈当时谈艺语以显真理惑。"概因中郎去世后，文坛已无盟主，故推
竟陵派等人。但钱氏所论似乎又并非全是如此，万历到天启以后的竟陵
派兴起，反而将诗文创作引入死胡同，稍后明末清初的文人对它的批
评，比起万历时期的公安派更为严苛和剧烈。竟陵派自勃兴以来，批评
者中有钱谦益、顾炎武、王夫之、朱彝尊等著名文人，其中批评者以钱
谦益为例。钱氏从诗学本质上探源索流，勾勒竟陵派在学术渊源和诗学
特征上与南宋刘辰翁的承续关系，进而批评竟陵派"幽情单绪""孤怀
孤诣"的美学宗旨，"尖新割剥""势尖径仄"的语言特征，以及评选诗
歌教责古人以从我的标准，最后发展到极端的"以凄声寒魄为致""以
噍音促节为能"云云。总体来说，钱氏的评论亦为公允。

　　明末竟陵派作为明末时期的一种文学现象一出，三袁开创的公安派从此也确实步入总结阶段，详见袁中道《答须水部日华书》。虽有袁中道独力支撑，但此时三袁的文学盟友黄辉、江盈科、陶望龄、曾可前、雷思霈均已去世，公安派作家丧失旺盛时期的文学宣传和鼓动能力，也缺乏相应的政坛地位，袁中道孤掌难鸣。竟陵派在晚明最后时期大行其道的时候，其实，袁中道也在总结中郎之弊，他认为不论一味地模仿，对中郎诗中的缺点视而不见，还是一味地贬损，否定中郎诗文的价值，都是不可取的，他在《蔡不瑕诗序》中说："今人好中郎之诗者，忘其疵；而疵中郎之诗者，掩其美，皆过矣。"又说："不效七子诗，亦不效袁氏少年未定诗，而宛然复传盛唐之神，则善矣。"

　　到了明末清初之际，中郎的文学先行之弊，伴随着性灵文学巨大的文学成就好像成为文坛共识。依朱彝尊看来，他在《静志居诗话》中转述袁中道的话："锦帆、解脱，意在破人执缚，间有率意游戏之语。或快爽之极，浮而能沉，情景太真，近而不远。要出自性灵，足以荡涤尘坌。学者不察，效颦学语，其究为俚俗，为纤巧，为莽荡，乌焉三写，弊有必至，非中郎之本旨也。"

　　面对明末文坛尽归竟陵的现状，袁中道极力维护袁宏道的历史地位。在《袁中郎先生全集序》中，袁中道说："自宋元以来，诗文芜烂，鄙俚杂沓；本朝诸君子出而矫之，文准秦汉，诗则盛唐，人始知有古法。及其后也，剽窃雷同，如赝鼎伪觚，徒取形似，无关神骨。先生出而振之，甫乃以意役法，不以法役意，一洗应酬格套之习，而诗文之精光始出。如名卉为寒氛所勒，索然枯槁，而杲日一照，竟皆鲜敷。如流泉壅闭，日归腐败，而一加疏瀹，波澜掀舞，淋漓秀润。至于今，天下之慧人才士，始知心灵无涯，搜之愈出，相与各呈其奇，而互穷其变，然后人人有一段真面目溢露于楮墨之间，即方圆黑白相反，钝疵错出，而皆各有所长，以垂之不朽，则先生之功于斯为大矣。"中郎天才至此，才破出一方天地。中郎去世，时运到此，袁中道觉得不可能力挽狂澜，而且，他认为自己的才气不及二哥中郎，所以他说："中郎之后，不能复有中郎，亦不可复有中郎也。"（《答须水部日华书》）

性灵文学的评价及汉文化圈的影响

后世对性灵文学的评价几乎集中在中郎一人身上。明清鼎革后，明末清初思想家、遗民王夫之《明诗评选》对明诗三变有过分析评定，认为三变中公安派最上，前后七子派其次，竟陵派最下。

王夫之对性灵文学的评价非常高①，至于袁宏道的文学成就，王夫之高度评价他的"作句"能力，说："三百年来以诗登坛者，皆不能作句，中郎之病，病不能谋篇，至于作句，固其所长，洒落出卸，如白鸥浴水，才一振羽，即丝毫不挂。"王夫之称许袁宏道有卓越的造句能力，三百年来罕见，本身为天才所为，"中郎虽不能谋篇，却能作句，此非如七子、竟陵派之学人而有窠臼者，亦非登坛作将、欲为文学流派以争名利者，其学白居易、苏轼，仅是偶然兴会，与其天姿相近而已"。他将公安派的文学置于明晚期全部文学流派之上。至于袁宏道弘扬性灵文学的历史地位，王夫之认为："王、李笼罩天下，无一好手敢于立异，中郎以天姿迥出，不受其弹压，一时俗目骇所未见，遂推为廓清之主，实则中郎初非创获，往往得佳句，正与袁海客、李怀麓、王百谷相出入耳。钟、谭全不知中郎落处，亦谓中郎为创，遂：'彼可创我亦可创。'创而为腐、为尖、为钝、为贱，亦皆创也，而竟陵成矣。观中郎诗者知此，既不容惊以为异而辟之，亦无可推以为奇而宗之，舍其归于自、苏者，而取其与袁海客、李怀麓、王百谷相出入者，则中郎之自位见，而亦乌可不许之诗人哉！"（《明诗评选》）

对于袁宏道的历史功绩，钱谦益也有过与王夫之类似的评价："中郎之论出，王、李之云雾一扫，天下之文人才士始知疏瀹心灵，搜剔慧性。以荡涤摹拟涂泽之病，其功伟矣。"（《列朝诗集小传·袁稽勋宏道》）

---

① 王夫之将汤显祖、徐渭均列入公安派作家行列，其求诗学渊源，将公安派作为晚明一个系统、代际相传的文学流派的概念呈现。

袁宏道突然死去，打乱了公安派文学的步伐，历史上的公安派文学落幕，但是，性灵文学的思想并没有因为袁宏道的去世和明朝灭亡而销声匿迹，反而，公安派文学的核心——性灵文学思想在后世文学中像浪潮一样，逐渐散发出闪耀的光芒。经历清代早期的文化断层后，乾嘉时期，性灵派文学代表袁枚、赵翼、张问陶等作家强势崛起，袁枚强调诗歌创作要直接抒发诗人的心灵，表现真实情感，其在《随园诗话》中说"诗者，人之性情也""凡诗之传者，都是性灵，不关堆垛"。袁枚虽无一处提及袁宏道，但是可以明显看出，袁枚的性灵文学主张是对袁宏道文学思想的直接承接；民国时期，林语堂、周作人等作家一反潮流，对袁宏道再度发掘，高举"性灵"文学大旗，使得性灵文学再次中兴，成为现代文学史上昙花一现的显学。对此两股文学派别，已有大批作家自身证明，有大量文献和传记作品记录在世，在此不再赘叙。

对于袁宏道文学功绩上的考察，除了从时间轴线上梳理性灵文学的流传、发扬、继承，也应该放置在整个封闭而博大的亚洲——"汉文化圈"加以考察。只有这样，才能得出中郎主导的性灵文学的真正影响力，对于袁宏道文学成就的评价更为客观。

整个"汉文化圈"中，受袁宏道的性灵文学影响最大的国家为日本、朝鲜，海外并没有因为政权更替而出现性灵文学的断层，反而一以贯之，以袁宏道为代表的性灵文学在日本传播和发展的情况如下：

江户初期，渡日晚明学人陈元赟和日本僧人草山元政（1623-1668）对袁宏道的创作与理论均为激赏。

陈元赟（1587-1671），字义都，号既白山人，籍贯杭州。崇祯十一年（1638）移家日本，名古屋尾张藩主毛利义直重其才，聘为顾问。元赟资兼文武，昔年在河南登封县少室山学得少林拳法，定居东瀛，乃以之传授日人；他还向日僧元政进述了公安派文学理论，中郎诗文通过元政名扬日本，《先哲丛谈》记其事云："初，（后西院天皇）万治二年（1659），于名古屋城中，与僧元政始相识，契分尤厚，其平生所唱酬者，汇为《元元唱和集》，刊行于世。元政诗文慕袁中郎，此邦奉中郎，盖以元政为首，而政本因元赟，知有中郎也。"此叙元赟与元政相交，其诗歌唱酬之汇成专集，中郎文论传日由此开始。

元政（1623-1668），俗名石井吉兵卫，二十六岁皈依佛教日莲宗。元赞长元政三十六岁，元政擅长和歌汉诗，两人由文字情分结为忘年交。元政爱中郎著述，他致函元赞曰：“数日前探市，得《袁中郎集》，乐府妙绝，不可复言，《广庄》诸篇识地高，《瓶史》风流，可见其人。又尺牍之中，言佛法者，其见最正，余颇爱之，因足下之赐也。”元政酷嗜中郎的作品，可于《元元唱和集》中有《送元赞老人之尾阳诗》前引见出：“余尝暇日与元赞老人共阅近代文士雷何思、仲伯敬、徐文长集。特爱袁中郎之灵心巧发，不借古人，自为诗为文焉。”元政点出中郎的“为诗为文”纯属“灵心巧发，不借古人”，抓住公安文学认识自我、洒落不羁、不蹈袭、不虚饰的特质，可谓一语破的。可惜，元政尚未来得及系统地整理性灵文学，也未能赶上它去驳斥其后在日本素行李、王理论的复古派文士，便过早去世了。

清初，日本汉学界古文辞派的创立者荻生徂徕（1666-1728）奉李攀龙、王世贞的文学见解为圭臬，荻生徂徕用古汉语写的附于《学则》的《答屈景山书》，表示他要以李、王的一味法古做深研古文辞的准则。李攀龙、王世贞倡导古文取法于古文，称古文辞者，“尚辞也，主叙事，不喜议论，亦矫宋弊也”（《答屈景山书》）。荻生徂徕的创作主张使得日本汉诗第一次有了理论指导，荻生徂徕创立萱元诗派，一批“仿唐诗”门徒出现，后辈信徒以服部南郭为代表的词章派更是使得文学第一次与儒学分离，服部认为时人的诗思早被古人道尽，不按古诗仿作，是无从写诗的。由于他们的倡导，李、王的诗文遂风靡日本，晚清的俞樾《东瀛诗纪》里说：“于是家有沧溟（李攀龙号）之集，人抱弇州（王世贞号）之书，愈唱愈高，洋洋乎盈耳矣。”

十八十九世纪之交，江户后期的山本北山（1753-1812）不满日本汉文界前辈所为，他奉中郎文论力斥复古之谬，对徂徕学派的复古言行给予狠狠抨击。

山本字天禧，号北山，别号奚疑楼、学半堂等。富裕的下级武士家庭出身，幼年失父而得母教，主要靠自学成才。后桃园天皇安永八年

（1779），光格天皇天明三年（1783），他的诗文理论《作文志彀》与《作诗志彀》先后行世，年刚而立。山本一生崇实黜伪，每睹复古诗篇便愤怒地说："咄咄！时文伪诗，晦食世间，迷人目，腐人肠，真恶道也。"

山本北山与荻生徂徕等人的言论水火不容，于诗文推崇袁宏道的清新性灵，公安派又受到了重视。他在天明三年（1783）所撰《作诗志彀》中说："大凡王、李之后，诸豪杰欲放胆张眼成家者，虽不胜枚举，然不能出中郎清新性灵之外超乎其上者，何也？'清新性灵'四字，乃诗道之命脉。若非模拟剿窃，必清新性灵；若非清新性灵，即模拟剿窃。……为中郎之所为，非模拟剿窃中郎之诗，而为中郎之不模拟剿袭也。"北山弟子山田正珍为书所写序道："明李于麟不知诗，自以为得唐正鹄。近时物茂卿眩其形似，称为唐后一人。吠声之徒靡然从之，奉其诗为金科玉条，唯模拟是务，岂不亦伤乎？奚疑夫子著斯编，名以'志彀'，其意在使夫后学不失诗正鹄也。盖得伏兽下鸟之妙亦索于斯，岂难得哉！"作诗之欲达"正鹄"，必得尽脱仿古的陈词滥调而入"清新"之境始可。清新，清丽绝俗之谓，这和中郎的诗学看法相同，中郎曾评好友曾可前诗曰："退如诗清新微婉，不以俊伤其气，不以法挠其才。"（《叙曾太史集》）

诗求清新秀拔，那就一定得独创，中郎标榜"性灵"，如他在《叙小修诗》中说的，"性灵"是从"胸臆流出"的人的真情，诗能写出自己的心中语，能披沥自己的肝胆，吐辞自然，立意纯正，不受古人驱遣，不让格套拘束，这才是"独抒性灵"，具有独创性的好诗。跟在唐人后面转，字字句句学盛唐人样，那已经失去文学创作的灵魂，一代有一代的文学，一人有一人的作品，千篇一律，千人一面，抹杀文学的个性，在公安派理论看来，李、王之学所铸成的错误，是根本上违背诗文创作的规律。山本北山就袁宏道的"见人有一语不相肖者，则共指以为野狐外道"而发挥道："今浅学无识之辈，昧于诗道，为徂徕、南郭所诳，剿窃之恶诗充塞肠胃，一语不耳熟，一字未见惯，便谓之诗中之非，是中郎悲愤之由，宛在今日！"

中国诗歌传统强调含蓄，诗意刻露是为传统诗学者极为诟病，袁宏道却认为含蓄与刻露是两种不同的诗法，各有其长，可以并存，不应厚此而薄彼。其《叙小修诗》中有说："大概情至之语，自能感人，是谓真诗，可传也。而或者犹以太露病之，曾不知情随境变，字逐情生，但恐不达，何露之有？"袁宏道举《离骚》为例，说它"皆明示唾骂"，属"多怨""多露"之作，而《离骚》之在中国文学史的地位是人所共知。山本肯定中郎的诗法灵活说，也认为古往今来的诗篇，含蓄之诗未必皆列上乘，刻露之诗未必皆归下流，重要的在于多种手法的灵活运用，死守一法只会惹人生厌，他说："诗忌拘于一局面，若一一拘之含蓄，则千篇一律，令人厌倦，卒不足观。"

山本北山在其《作诗志彀》阐明"清新性灵"与"模拟剽袭"势不两立，中郎的诗作全是自性灵中流露出的清新辞语和高雅脱俗的境界，绝不依傍古人，恰如其诗所云："莫把古人来比我，同床异梦不相干。"要写出充满生气的"清新性灵"的诗章来，唯有高举中郎的文学大旗，横扫"于麟、南郭之毒"，复循中郎的诗论而行，如此，日本诗坛定会生机盎然，日进千里。

山本北山非难徂徕、南郭之言，其有偏颇之见，然而，他标举的以真情写诗追踪性灵文学的主张却无可厚非，龟田鹏斋于其墓碑铭上说：自山本氏之《作诗志彀》出，"海内靡然一变其面目，今诗宗清新，文学韩柳，实先生倡之也"。这个评价是恰当的、公正的。时人之追随北山，"慕中郎风者"，有井上纯卿、村濑通熙、樫田伯恒等人。山本北山的战斗不是孤独的，其实绩也是客观存在的。日本学者铃木修次的《中国文学与日本文学》亦予道及。

另，袁宏道的《瓶史》在日本影响深远。第五章已有言及，不再赘叙。

至于袁宏道在朝鲜的传播情况，大概如下：

朝鲜李朝中期著名汉文学家许筠（1569—1618）和袁宏道是同时代人，他在庚戌年（1610）夏养病期间撰写《闲情录》，其卷十七的《瓶花引》中抄录了袁宏道的《瓶史》（包括《小引》《觞政》，且在《凡例》中申明抄录目的："余在庚戌夏抱病谢事，杜门捐客，无以消长日……袁石公《瓶花史》《觞政》、陈眉公《书画金汤》俱是适性戏具，而闲情之不可废者，故附于录末以资静玩云。"这说明，袁宏道的作品在光海君三年（1610）即他去世的当年就在朝鲜传播开了。袁宏道的诗文一到朝鲜就受到极大的关注，文人们各抒己见，以各种方式对其诗文和其人展开褒贬不一的批评。

清朝初期，与清朝绝口不谈性灵文学不同，朝鲜文人对袁宏道的诗歌理论和主张进行了辩证的评析，如南克宽（1689—1714）在《谢施子》一文中说："公安谓'诗之气，一代减一代，故古也厚，今也薄。诗之无所不极，一代盛一代，故古有不尽之情，今无不写之景'亦是至论。其诗主发抒而必避恒语，其途反隘于嘉、隆，可笑。然视记得几个烂熟故事，用得几个见成字眼者，观过，斯知仁矣。"这段评论的前一部分引用袁宏道《与丘长孺尺牍》中的观点，即一代有一代的文学，不必贵古贱今，一味模拟古人。南克宽也肯定这是"至论"，但南氏又认为袁宏道的抒写性情、避用恒语的文学主张，反使其创作路径比后七子更加狭隘。后来，实学派思想家李圭景却盛赞中郎的奇，在《诗家点灯·袁石公名句》说："袁中郎石公有诗曰：'好梦因凉得，闲愁到水忘。'《读书》诗曰：'拭却韦编尘，衣冠对古人。着来皆肺腑，道破益精神。把斧樵珠玉，恢纲网凤麟。拟将半尺箒，匝地扫荆榛。'此真个道得读书法也，是非名句乎？世之骂中郎者多，知中郎者少，何也？"

此时正值清代中晚期，清代主流文学对公安派及性灵文学极尽嘲笑，斥其纤佻鄙陋，学无根柢，李圭景丝毫没有受到纷言影响。

附录一 袁宏道年表

隆庆二年戊辰 （1568）

十二月初六日，袁宏道生于桂花台荷叶山房，字中郎。父袁士瑜，秀才，自称七泽渔人。以子贵，封翰林院编修。母龚氏，河南布政使龚大器女。袁宏道小名月。兄长袁宗道九岁，字伯修，是岁已能诗。

隆庆四年庚午 （1570） 三岁

五月初七，袁中道生于公安之长安里，字小修，小名阿宾，又小名阿胖。

隆庆五年辛未 （1571） 四岁

已能属对。一日，穿新鞋，舅父龚仲敏出对曰：足下生云。宏道冲口即对：头上顶天。

万历元年癸酉 （1573） 六岁

母龚太孺人病卒。龚氏生三男一女。女长宏道四岁，后嫁毛太初，有子三。

万历二年甲戌 （1574） 七岁

入塾发蒙。蒙师为万莹。

万历三年乙亥 （1575） 八岁

宗道、宏道、中道读书杜家庄。

万历四年丙子 （1576） 九岁

宗道、宏道、中道读书杜家庄。

万历五年丁丑 （1577） 十岁

是年宗道、宏道、中道仍在杜家庄读书。

万历六年戊寅 （1578） 十一岁

宗道于本年偕曹氏入县城斗湖堤读书。宏道、中道与大姊皆依兄嫂，育于庶祖母詹姑。

万历七年己卯 （1579） 十二岁

是年袁宗道乡试中举，已有文集。

秋天，袁家迁居县城斗湖堤镇，袁宏道与袁中道同居县城读书。

万历八年庚辰 （1580） 十三岁

袁宏道、中道，县城读书。宗道赴京应会试，下第。

是年，三袁舅龚仲敏（字惟学）于县城南结文社，名为阳春社，三袁兄弟与之。

万历九年辛巳 （1581） 十四岁

是年袁宗道抱奇病，后移家长安里中，栽花薙药，不问世事。

袁宏道、袁中道仍留县城读书。

万历十年壬午 （1582） 十五岁

去沙市考校报到。

宗道长安里读书养病。袁宏道、袁中道在县城读书。

万历十一年癸未 （1583） 十六岁

袁宏道入乡校，任阳春社社长，社友三十以下者皆师之。时于举业之外，为声歌古文词，已有集成帙。袁中道读书县城，与李学元（后为宏道妻弟，公安人。万历庚子举人，晋州知州）等入社。

万历十二年甲申 （1584） 十七岁

本年举秀才。是年四月，籍没张居正家，饿死十余人。因目睹张居正被抄家后的惨状，袁宏道作长歌《古荆篇》。

万历十三年乙酉 （1585） 十八岁

袁宏道于本年赴省试，不第。娶李氏（李学元姊）。

袁中道本年举秀才。

万历十四年丙戌 （1586） 十九岁

袁宏道居县城，病寒三月，濒死。

袁宗道举会试第一，抡会元，殿试二甲第一。

万历十五年丁亥 （1587） 二十岁

公安县城斗湖堤镇读书。

万历十六年戊子 （1588） 二十一岁

去武昌参加乡试中举，主试官为冯琦；袁中道本年与袁宏道共居长安里荷叶山旧第。

万历十七年己丑 （1589） 二十二岁

袁宏道赴京上春官，不第。宗道以奉命册封楚府，便道归省，与宏道一同返里。兄弟三人朝夕商证心性之学。

万历十八年庚寅 （1590） 二十三岁

袁宗道告假家居，与宏道、中道商证学问。袁宏道从张子韶（九成）与大慧论格物处受启发，乃知至宝原在家内，何必向外寻求，至是始复读孔孟之书。遂以禅释儒，著《金屑篇》

万历十九年辛卯 （1591） 二十四岁

春末，袁宏道往麻城龙湖，向李贽问学，居停丘长孺家。李贽与宏道大相契合，留三月余，殷殷不舍，送至武昌而别。自是，宏道眼界大开，思想为之一变。
本年二月四日，三袁外祖母赵太夫人逝世。
冬，宏道赴京，准备应明年试。是年宏道得长子开美。

万历二十年壬辰 （1592） 二十五岁

春，捷南宫，殿试取为三甲九十二名。不仕。告假返乡。
秋，袁宏道、袁宗道俱得请，先后离京，至河南郑州相及，同返公安。次子彭年生。

万历二十一年癸巳 （1593） 二十六岁

三月二十日起，袁宏道兄弟与举业师王以明、八舅龚散木等借船发公安，往麻城访李贽。麻城途中，至嘉鱼访李沂。

五月初，抵龙潭芝佛院。与李贽聚谈十余日，甚欢。

离麻城后，袁宏道、袁宗道返公安。

万历二十二年甲午 （1594） 二十七岁

袁宏道兄弟与外祖父及两舅结南平文社。

冬，袁宏道赴京谒选，与袁中道一同启程。后数日，宗道亦往。十二月，袁宏道谒选，得苏州吴县县令。袁宏道、袁中道在京结识汤显祖、董其昌等人。

万历二十三年乙未 （1595） 二十八岁

二月初六，袁宏道离京赴吴县任。三月，到任。

袁宏道同年江盈科上计仍得长洲令，与宏道往还甚密。

八月，中道自大同回京。旋离京由水道赴吴县，九月至吴。随后即往游越、皖，遍览名胜。

本年夏，三袁之父袁士瑜自公安来吴，住四月余，于袁中道至吴前返公安。

万历二十四年丙申 （1596） 二十九岁

吴县任上整顿吏治，清理赋税，吴民大悦，期年，政已成。二月，接家书，闻祖母詹姑病重。

三月三日，遂具文乞归。未久又上一牍，皆未获准。

八月中，病疟，至十月初，病始缓，勉出理事，十二月二十一，病复作。连上三牍乞告养病，不获。

与吴中名士张凤翼、献翼兄弟、王穉登诸人游。为中道诗作序，倡言"独抒性灵、不拘格套"。

岁末，袁宏道令家属收拾打点，做离任准备。友人方子公为其刻《敝箧集》《锦帆集》。江盈科作序，深入阐发性灵说。

袁宏道从董其昌处得半部《金瓶梅》，甚激赏，是为《金瓶梅》问世之最早消息。

袁宏道本年得一子，名虎子。举之朝，张献翼送唐伯虎手书金碧经一，吴匏庵手卷一，遂小名曰虎子，而以匏翁字之。

外祖龚大器卒。

万历二十五年丁酉　（1597）　三十岁

袁宏道去官后，寄居无锡，安顿家小。二月初十日，往杭州，与陶望龄兄弟盘桓数月，遍游西湖、天目、黄山诸名胜。越游时，在望龄处始见徐渭集，大奇之，后作《徐文长传》，遂为鼓吹。六月，寄眷真州（仪征）。本年，袁宏道第三子虎子死。

袁宏道《解脱集》四卷付梓，江盈科作序。吴越诸作，后辑为《广陵集》。

秋冬之际，袁宏道、袁中道同丘长孺、僧无念、潘景升、袁中夫等同游南京栖霞、广陵。

本年冬，袁宏道补得顺天府学教官。

万历二十六年戊戌　（1598）　三十一岁

袁宏道春仍居真州。二月至广陵与小修、潘景升诸人别，三月末至京，四月，任顺天府教授。长子开美死。

本年秋，三袁兄弟在京结社于城西之崇国寺，名曰葡萄社。与之者为黄辉、潘士藻、陶望龄、顾天峻、李腾芳、吴用先诸人。一时公安派名震京华。《瓶花斋集》辑成。

冬，又著《广庄》。

万历二十七年己亥 （1599） 三十二岁

春，袁宏道著《瓶史》。三月，升国子监助教。自春至秋，与中道及诸友遍游京郊名胜。

因结社事，引起当政不满。此时宏道已觉李贽等所见，尚欠稳实，故其学稍变，渐由禅趋净。十月，作《西方合论》，十二月始成。

万历二十八年庚子 （1600） 三十三岁

宗道文集《白苏斋类集》由宏道、中道整理付梓。

本年三月，袁宏道升礼部仪制清吏司主事。七月，往河南周藩瑞金王府掌行丧礼，告假便道归省。八月，返公安。

八月与中道一同返公安。十一月二十六日，得宗道讣音。十一月二十五日，三袁亲生祖母余大姑去世。

冬，袁宏道购得公安县城南下洼地三百亩，络以重堤，种柳万株，名其居曰"柳浪馆"。

万历二十九年辛丑 （1601） 三十四岁

五月端午后，启程远游。自沙市沿江东下，与众僧游庐山，自九江至真州。儿子彭年十岁，已能诗。

七月初，与袁中道在真州相会，同扶袁宗道枢回返。

冬，上《告病疏》，得请。回公安后，弃石浦河旧居，居于新修的柳浪馆。

万历三十年壬寅 （1602） 三十五岁

元月，袁宏道同玉泉山度门寺住持无迹至沙市，拟游当阳玉泉山，迟友人苏惟霖月余不至，闻父士瑜病，遂返公安。

春，侍其老父袁士瑜游武当山诸胜。秋，黄辉辞官自京返蜀，迁道公安，为宗道主葬。宏道至当阳玉泉相迎。

万历三十一年癸卯 （1603） 三十六岁

住柳浪馆。日读《宗镜录》数卷，摄其精髓，成《宗镜摄录》。

万历三十二年甲辰 （1604） 三十七岁

于柳浪湖畔，筑兴酣楼。袁宏道应公安县令钱胤选之请拟编《公安县志》。

春，袁中道在京应会试，不第，返公安。于油水河畔袁宏道宅后购竹园，袁宏道为名曰"箦笃谷"。

五至八月，袁宏道兄弟及诸禅友在故里荷叶山房消夏。

八月十四日，袁宏道发舟孟溪，入洞庭，游德山。与龙襄、龙膺兄弟聚谈。后走桃源。

袁宏道在德山与诸衲论学，后为其弟子张明教辑成《德山麈谭》（或作《德山暑谭》）一卷。袁宏道长嫂、宗道遗孀廖孺人卒。

闰九月从德山、桃园回，武昌宗人作乱，击杀巡抚赵可怀。袁宏道作《闻省城急报》诗。

初冬，袁宏道与袁中道在柳浪馆相聚。

万历三十三年乙巳 （1605） 三十八岁

住柳浪馆。友人曾可前约以清明相见，后过访，定三峡之约。五月，宏道、中道往沙市，泛舟便河。午日，观龙舟竞渡。湖南友人龙膺兄弟来访。当阳僧来，邀游玉泉、紫盖诸胜。将入青溪，值雨雪，未果。

江盈科本年秋卒于四川提学使任上，年五十二。宏道、中道诗以哭之。

万历三十四年丙午 （1606） 三十九岁

春，友人曾可前、雷思霈来访。

夏，宏道刻《瓶花斋集》《潇碧堂集》成。曾可前、雷思霈分别序之。袁宏道《公安县志》三十卷告竣。雷思霈作序。

秋，袁宏道入京补仪曹主事。

本年袁宏道作《觞政》十六篇。《瓶史》《觞政》入选浙江秀水沈氏尚白斋刻印的《宝颜堂秘笈》丛书。

万历三十五年丁未 （1607） 四十岁

在吏部主事任上。清明，与曾可前、刘元定陪祀昌平。四月四日，与诸友赏牡丹。自春至秋，与诸友宴集游览。

秋，袁宏道妻子李安人及侧室逝于京邸。中秋，宏道奉命至蒲圻存问致仕左都御史谢鹏举，顺道送李安人灵柩南归。于中秋前离京，腊月二十三至蒲圻。事毕，至汉阳王章甫处度岁。

万历三十六年戊申 （1608） 四十一岁

春二月，袁宏道自武昌归，葬李安人。

四月，入京补吏部验封司主事，摄选曹事。

万历三十七年己酉 （1609） 四十二岁

春，升吏部考功司员外郎。

宏道连上《请点右侍郎疏》《摘发巨奸疏》《查参擅去诸臣疏》《录遗佚疏》，期整肃吏治。

秋，奉命主陕西乡试，七月间赴长安。所取多名士。

九月，考功事竣，遍游华山、洛阳、嵩山、百泉诸胜。

十一月，始抵京。著有《华嵩游草》《场屋后记》。

宏道《破砚斋集》刻成。

十月中道抵京，居宏道寓中。除夕，与宏道守岁。

万历三十八年庚戌 （1610） 四十三岁

袁宏道考功事竣，遂假南归。行前作《上孙立亭太宰书》。二月二十四日，与袁中道、袁彭年等一同出京，迂道再游百泉，至襄阳。闰三月十五，抵家。因公安大水，宏道移居沙市。市一宅，盖二楼于其中，滨江，名其居曰"砚北""卷雪"。

八月初，宏道患火疾。时起时灭，渐至大小便皆血。医者不知其何病。

九月四日，季子岳年生。岳年小字阿抚。

九月六日，袁宏道逝于沙市。

袁宏道共四男二女。长子开美、三子虎子早殇。存彭年、岳年。彭年崇祯甲戌进士，官礼科给事中，永历朝任御史。岳年为诸生，曾入复社。女儿适苏惟霖、苏惟霈子。

袁宏道集计有《敝箧集》二卷、《锦帆集》四卷、《解脱集》四卷、《广陵集》一卷、《瓶花斋集》十卷、《潇碧堂集》二十卷、《破砚斋集》三卷、《华嵩游草》二卷、《末刻遗稿》两卷；杂著计有《金屑篇》一卷、《广庄》一卷、《瓶史》一卷、《觞政》一卷、《宗镜摄录》十二卷、《西方合论》十卷、《墨畦》一卷。尚有《删定六祖坛经》《批点韩柳欧苏四大家集》《公安县志》（已佚）。另有《狂言》等，皆系伪作。

附录二　主要参考文献

专著

1.《从理学到朴学:中华帝国晚期思想与社会变化面面观》,艾尔曼,南京:江苏人民出版社。

2.《傅山的世界》,白谦慎,北京:生活·读书·新知三联书店。

3.《孤光自照:晚明文士的言说与实践》,曹淑娟,天津:天津教育出版社。

4.《晚明性灵小品研究》,曹淑娟,北京:文津出版社。

5.《明代儒学生员与地方社会》,陈宝良,北京:中国社会科学出版社。

6.《竟陵派研究》,陈广宏,上海:复旦大学出版社。

7.《宝颜堂秘笈·觞政》,陈继儒编,万历秀水沈氏尚白斋刻本。

8.《宝颜堂秘笈·瓶史》,陈继儒编,万历秀水沈氏尚白斋刻本。

9.《朝鲜王朝实录》,春秋馆史官编。

10.《剑桥中国明代史》,崔瑞德、牟复礼编,杨品泉、张书生等译,北京:中国社会科学出版社。

11.《袁宏道与晚明性灵文学思潮研究》,戴红贤,武汉:武汉大学出版社。

12.《明末江南的出版文化》，大木康，上海：上海古籍出版社。

13.《徂徕集》，荻生徂徕，日本早稻田大学柳田文库藏本。

14.《画禅室随笔》，董其昌著、屠友祥校注，上海：上海远东出版社。

15.《容台文集》，董其昌，崇祯庚午刻本。

16.《明朝宫廷与佛教关系研究》，杜常顺，北京：中国社会科学出版社。

17.《紫柏大师生平及其思想研究》，范佳玲，台北：法鼓文化事业股份有限公司。

18.《中西交通史》，方豪，上海：上海人民出版社。

19.《15 至 18 世纪的物质文明、经济和资本主义》（第二卷），费尔南·布罗代尔，北京：生活·读书·新知三联书店。

20.《苏州府志》，傅椿主编，乾隆本刻版。

21.《大正藏》，高楠顺次郎主编。

22.《关于晚明迅速发展的印刷出版业的讨论》，高彦颐。

23.《耿天台文集》，耿定向，《四库存目丛书》集部。

24.《公安县佛教志》，公安县编，方志出版社。

25.《晚明思潮》，龚鹏程，北京：商务印书馆。

26.《明史选举志考论》，郭培贵，北京：中华书局。

27.《康熙荆州府志》，郭茂泰修、胡在恪纂，南京：江苏古籍出版社。

28.《日知录集释》，顾炎武著、黄汝成集释，上海：上海古籍出版社。

29.《顾端文公年谱》，顾与沐编，清康熙三十三年刊本。

30.《公安派结社考论》，何宗美，重庆：重庆出版社。

31.《袁宏道诗文系年考订》，何宗美，上海：上海古籍出版社。

32.《慎轩文集》，黄辉。

33.《黄霖说金瓶梅》，黄霖，北京：中华书局。

34.《明末宗教思想研究：管东溟の生涯とその思想》，荒木见悟，东京：创文社。

35.《十六世纪明代中国之财政与税收》，黄仁宇，北京：生活·读书·新知三联书店。

36.《万历十五年》，黄仁宇，北京：生活·读书·新知三联书店。

37.《赐姓始末》，黄宗羲，台湾文献丛刊。

38.《海外恸哭记》，黄宗羲、黄垕炳等，台湾文献丛刊。

39.《明儒学案》，黄宗羲，北京：中华书局。

40.《论中国近世文学》，胡适、周作人著，海口：海南出版社。

41.《少室山房笔丛》，胡应麟，北京：中华书局。

42.《江盈科集》，江盈科，长沙：岳麓书社。

43.《澹园集》，焦竑，北京：中华书局。

44.《四库全书》，纪昀主编。

45.《江陵志余》，孔自来，南京：江苏古籍出版社。

46.《金瓶梅》，兰陵笑笑生，北京：中华书局。

47.《百衲阁文集》，雷思霈。

48.《〈袁宏道集笺校〉志疑（外二种）》，李健章，武汉：湖北人民出版社。

49.《天主实义今注》，利玛窦，北京：商务印书馆。

50.《中国札记》，利玛窦，北京：中华书局。

51.《利玛窦书信集》，利玛窦，台北，光启出版社。

52.《李卓吾年谱》，铃木虎雄，东京：协和大学书店。

53.《中国文学与日本文学》，铃木修次，东京：东京书籍株式会社，1979。该书后经吉林大学日本研究所文学研究室译，福州：海峡文艺出版社。

54.《味水轩日记》，李日华，上海：上海远东出版社。

55.《三袁笔下的公安》，李寿和编，武汉：长江文艺出版社。

56.《三袁传》，李寿和，北京：知识出版社。

57.《袁中郎全集》二十四卷，梨云馆类定。

58.《初潭集》，李贽，北京：中华书局。

59.《焚书》，李贽，北京：中华书局。

60.《续焚书》，李贽，北京：中华书局。

348

61.《藏书》，李贽，北京：中华书局。

62.《帝京景物略》，刘侗、于奕正著，北京：紫禁城出版社。

63.《道古录》，刘东星，上海：上海古籍出版社。

64.《刘子全书》，刘宗周，台北：华文书局。

65.《明会要》，龙文彬，北京：中华书局。

66.《九芝集》，龙膺，济南：齐鲁书社。

67.《袁中郎年谱》，马学良编，天津：天津古籍出版社。

68.《明代文社的变化》，莫特教授讨论班论文，普林斯顿大学。

69.《光绪荆州府志》，倪文蔚修、顾嘉蘅纂，台北：成文出版社。

70.《净土十要》，蕅益大师选定，福建莆田广化寺印。

71.《智颛评传》，潘桂明，南京：南京大学出版社。

72.《康熙湖广武昌府志》，裴天锡修、罗人龙纂，南京：江苏古籍出版社。

73.《五灯会元》，普济编，苏渊雷校，北京：中华书局。

74.《袁宏道集笺校》，钱伯城，上海：上海古籍出版社。

75.《钱牧斋全集》，钱谦益，上海：上海古籍出版社。

76.《列朝诗集小传》，钱谦益，上海：上海古籍出版社。

77.《谈艺录》，钱钟书，北京：商务印书馆。

78.《祁彪佳日记》，祁彪佳，杭州：浙江古籍出版社。

79.《参禅与念佛：晚明袁宏道的佛学思想》，邱敏捷，台北：商鼎文化出版社。

80.《袁中郎研究》，任访秋，上海：上海古籍出版社。

81.《董其昌系年》，任道斌，北京：文物出版社。

82.《焦竑年谱》，容肇祖，北京：生活·读书·新知三联书店。

83.《万历野获编》，沈德符，北京：中华书局。

84.《晚明二十家小品·附录甲》，施蛰存，上海：上海书店出版社。

85.《李卓吾先生批评忠义水浒传》，施耐庵著、李贽评定，北京：中华书局。

86.《旧京遗事》，史玄，北京：北京古籍出版社。

87.《灵山论禅机·禅与现代佛学》，释惟圣，北京：宗教文化出版社。

88.《温国文正公文集》，司马光，北京：北京图书馆出版社。

89.《清代禁书知见录》，孙殿起、姚觐元编，北京：商务印书馆。

90.《苏轼文集》，苏轼，北京：中华书局。

91.《汤显祖全集》，汤显祖，北京：北京古籍出版社。

92.《国榷》，谈迁，北京：中华书局。

93.《袁中郎文学研究》，田素兰，台北：文史哲出版社。

94.《娑罗馆逸稿》，屠隆，北京：中华书局。

95.《明诗评选》，王夫之，上海：上海古籍出版社。

96.《永历实录》，王夫之，上海：上海古籍出版社。

97.《王心斋先生遗集》，王艮，南京：江苏教育出版社。

98.《弇山堂别集》，王世贞，北京：中华书局。

99.《公安与竟陵：两个"新潮"文学派别》，王恺，南京：江苏古籍出版社。

100.《近代中日文学交流史稿》，王晓平，长沙：湖南文艺出版社。

101.《明史稿》，万斯同，宁波：宁波出版社。

102.《洪业》，魏斐德，南京：江苏人民出版社。

103.《袁中郎学记》，韦仲公，台北：新文丰出版公司。

104.《明清时期的江南社会：以城市的发展为中心》，吴金成，杭州：杭州出版社。

105.《品味奢华：晚明的消费社会与士大夫》，巫仁恕，台北：联经出版事业公司。

106.《优游坊厢：明清江南城市的休闲消费与空间变迁》，巫仁恕，台北："中央研究院"近代史研究所。

107.《明代知识界讲学活动系年：1522—1602》，吴震，上海：学林出版社。

108.《阳明后学研究》，吴震，上海：上海人民出版社。

109.《李贽研究参考资料》，厦门大学历史系编，福州：福建人民出版社。

110.《明清之际党社运动考》，谢国桢，上海：上海书店出版社。

111.《中国政治思想史》，萧公权，北京：商务印书馆。

112.《五杂组》，谢肇淛，北京：中华书局。

113.《公安三袁》，熊礼汇选注，长沙：岳麓书院。

114.《袁中郎小品》，熊礼汇选注，北京：文化艺术出版社。

115.《李卓吾传》，许建平，北京：东方出版社。

116.《书林清话》，叶德辉，北京：中华书局。

117.《公安派的文化精神》，尹恭弘，北京，同心出版社。

118.《中国文学史》，游国恩主编，北京：人民文学出版社。

119.《袁中郎全集》襟霞阁精校本，袁宏道，上海：上海中央书店。

120.《袁氏族谱》，袁嵩年主编，清康熙三十三年刊本。

121.《袁石公遗事录》，袁照，清同治间刊本。

122.《珂雪斋集》，袁中道，上海：上海古籍出版社。

123.《珂雪斋前集》，袁中道，台北：伟文图书出版社。

124.《珂雪斋外集》，袁中道，续修四库全书本。

125.《游居柿录》，袁中道，上海：上海远东出版社。

126.《白苏斋类集》，袁宗道，上海：上海古籍出版社。

127.《中国近世宗教伦理与商人精神》，余英时，北京：九州出版社。

128.《晚明风骨：袁宏道传》，曾纪鑫，西安：陕西人民出版社。

129.《陶庵梦忆·西湖梦寻》，张岱，北京：作家出版社。

130.《明代山人文学研究》，张德建，长沙：湖南人民出版社。

131.《李贽文集》，张建业主编、李贽著，北京：社会科学文献出版社。

132.《明史》，张廷玉主修，北京：中华书局。

133.《从精英文化到大众传播》，张献忠，桂林：广西师范大学出版社。

134.《晚明文学革新派公安三袁研究》，张国光、黄清泉主编，武汉：华中师范大学出版社。

135.《竟陵派与晚明文学革新思潮》，张国光主编，武汉：武汉大学出版社。

136.《中国文学史》，章培恒、骆玉明编，上海：复旦大学出版社。

137.《瓶花谱》，张谦德，北京：中华书局。

138.《徐渭研究》，张孝裕，台北：学海出版社。

139.《玉泉寺》，张羽新、李克彪合著，北京：民主与建设出版社。

140.《董其昌年谱》，郑威，上海：上海书画出版社。

141.《诗归》，钟惺编，武汉：湖北人民出版社。

142.《公安派研究》，钟林斌，沈阳：辽宁大学出版社。

143.《公安县志》，周承弼编，清同治间刊本。

144.《儒释道与晚明文学思潮》，周群，上海：上海书店出版社。

145.《袁宏道评传》，周群，南京：南京大学出版社。

146.《明末清初天主教史资料新编》上册，周岩编，北京：国家图书馆出版社。

147.《公安派的文学批评及其发展：兼论袁宏道的生平及其风格》，周质平，台北：台湾商务印书馆。

148.《紫柏尊者全集》，紫柏真可。

149.《明清进士题名碑录索引》，朱保炯、谢沛霖编，上海：上海古籍出版社。

150.《静志居诗话》，朱彝尊，北京：人民文学出版社。

论文

1.《杂书卷册和晚明文化生活》，《书法丛刊》，白谦慎，2000 年第 3 期。

2.《朝鲜文人论袁宏道》，《南京理工大学学报》，曹春茹，2009 年，第 22 卷 4 期。

3.《袁宏道的园亭观及其柳浪体验》，《唐宋元明学术研讨会论文集》，曹淑娟，台湾大学中国文学所（系）研讨会，2005 年 7 月。

4.《谭元春启、祯间交游考述——兼论竟陵派发展后期影响的进一步拓展》，《南京师范大学文学院学报》，陈广宏，2003 年第 1 期。

5.《袁中道与钟惺断交时间和原因考论》，《长江学术》，戴红贤，2009 年第 1 期。

6.《晚明佛教复兴原因论》，戴继诚，中国佛学院主办《法源》总第 25 期，2007。

7.《"山人"与晚明政局》，《中国社会科学》，方志远，2010 年第 1 期。

8.《中国明代的儒教教育和政治》，《东非自然和人类社会研究报告》，格里姆（Tilemann Grimm），第 35 卷 B，汉堡，1960。

9.《东林党人的思想——近代前期中国思想的发展》，《东洋文化研究所纪要》，沟口雄三，第 75 期。

10.《明代文人结社年表》，郭绍虞，收录于《照隅室古典文学论集》上编。

11.《明代文人集团》，郭绍虞，收录于《照隅室古典文学论集》上编。

12.《袁中郎与晚明人文精神》，《华中师范大学学报》，何大猷，1991 年第 5 期。

13.《明季士大夫对忠与孝之抉择》，《九州学刊》，何冠彪，1993 年第 5 卷第 3 期。

14.《万历年间的"国本"之争》，《山东大学学报》，何孝荣，1997 年 4 期。

15.《文人结社启示我们：需要重读明代文学》，《社会科学报》，何宗美，2010 年 8 月 12 日。

16.《公安派结社的兴衰演变及其影响》，《西南大学学报》，何宗美，2006 年第 32 卷 4 期。

17.《再论〈金瓶梅〉崇祯本系统各本之间的关系》，《上海师范大学学报》，黄霖，2001 年第 5 期。

18.《四百年来对江盈科的接受与批评》，《书屋》，黄仁生，2008 年第 12 期。

19.《麻城刘家和〈金瓶梅〉新考证》，《北京科技大学学报》，凌礼潮，2006 年第 3 期。

20.《论韩国诗人对明诗的接受与批评》，《中州学刊》，李圣华，

2007 年 4 期。

21.《袁宏道著作的印行及其文坛影响》,《北京大学学报》,李瑄,2016 年第 53 卷第 2 期。

22.《管志道研究现状综述及其三教合一观本体论浅探》,《世界宗教研究》,刘守政,2010 年 5 期。

23.《晚明士人生计与士风》,《东北师大学报》,刘晓东,2001 年第 1 期。

24.《试论明代官吏考察制度》,《西北师大学报》,刘志坚、刘杰,2001 年第 38 卷第 3 期。

25.《袁宏道山水游记异文研究——以吴郡本和佩兰居本为代表》,《中南大学学报》,罗庆云、戴红贤,2013 年第 19 卷第 2 期。

26.《17 世纪中国文学中的不问国事》,吉川幸次郎,17 世纪中国思想讨论会论文,1970。

27.《论公安派与竟陵派的分歧》,《复旦学报》,马美信,1985 年第 5 期。

28.《明代僧官制度研究》,马晓菲,山东大学博士论文,2014 年。

29.《徐光启与王学之关系考察》,《哲学动态》,马晓英,2009 年第 2 期。

30.《十七世纪西方耶稣会士眼中的北京——以利玛窦、安文思、李明为中心的讨论》,《历史研究》,欧阳哲生,2011 年 3 期。

31.《〈瓶史〉东传日本考略》,《文献》,欧贻宏,2000 第 4 期。

32.《袁宏道游记探论》,《中国文化大学中文学报》,施宽文,2011 年第 23 期。

33.《曹学佺与万历丁酉科举案关系考论》,《北方论丛》,孙文秀,2014 年第 3 期。

34.《明代后期文学思想演变的一个侧面:从屠隆到竟陵派》,《复旦学报》,谈蓓芳,1989 年第 1 期。

35.《民变、抗租奴变》,《世界の历史》,田中正俊,第 11 期。

36.《紫柏大师晚节与万历间佛教的生存空间》,《世界宗教研究》,

王启元，2015 年第 1 期。

37.《明代白银货币化：中国与世界连接的新视角》,《明清史》，万明，2004 年第 4 期。

38.《明代赏玩及其文化、美学批判》,《南京大学学报》，吴功正，2008 年第 3 期。

39.《〈复焦弱侯〉异文与李贽、焦竑、耿定向关系》,《中华文史论丛》，邬国平，2010 年 4 期。

40.《明清城市〈民变〉的集体行动模式及其影响》，巫仁恕，邢义田、林丽月编，《台湾学者中国史研究论业：社会变迁》，北京：中国大百科全书出版社，第 367—393 页。

41.《晚明的旅游活动与消费文化——以江南为讨论中心》,《"中央研究院"近代史研究所集刊》，巫仁恕，第 34 卷。

42.《泰州学案刍议》,《浙江社会科学》，吴震，2004 年第 2 期。

43.《艾儒略及其〈职方外记〉》,《中国历史博物馆馆刊》，谢方，总 15 期（1991）。

44.《李贽：16 世纪的反正统派》,《天下月刊》，萧公权，第 6 卷 4 期，西雅图，1960。

45.《当阳玉泉寺史迹传说杂考——以关公显圣玉泉的传说为中心、兼谈智顗的出身地》，邢东风，中华佛光网。

46.《明代苏杭织造太监孙隆考略》,《湖南科技学院学报》，许冰彬，2013 年总 34 卷第 1 期。

47.《明朝后期的宗教与社会：16、17 世纪中国的教派和民众思想》，薛（Richard Hon-chun Shek），加州大学博士论文，1980。

48.《从宋明儒学的发展论清代思想史》，余英时，收录于《历史与思想》。

49.《中国书斋：晚明文人的艺术生活》，曾蓝莹，《九州学刊》，1991 年第 4 卷第 3 期。

50.《关于宋代狱讼胥吏之弊及其成因探析》,《四川师范大学学报》，张本顺，2013 年第 40 卷 4 期。

51.《论明代杭州私人刻书的地位》，章宏伟，中国印刷史学术研讨会，2010。

52.《明代杭州私人刻书机构的新考察》，《浙江学刊》，章宏伟，2012年1期。

53.《明代江汉平原水旱灾害的变化与垸田经济的关系》，《中国农史》，张国雄，1987年第4期。

54.《李贽北京行踪与思想考》,《北京科技大学学报》，张建业，2015年3期。

55.《袁宏道文学思想中的辩证因素》，《武汉大学学报》，张良志，1986年第1期。

56.《晚明"狂禅"运动与公安派的兴衰》，《昆明理工大学学报》，张永刚，2008年第4期。

57.《晚明"狂禅"考》，赵伟，《南开学报》，2004年第3期。

58.《袁宗道与晚明禅宗和净土宗》，《东方论坛：青岛大学学报》，赵伟，2006年第2期。

59.《金瓶梅》·汤显祖·利玛窦·王彦泓父子——明季文学史上的文人关系》，《福建论坛》，钟来因，1986年第2期。

60.《明代苏松地区的官田与重赋问题》，《历史研究》，周良霄，1957年第10期。

61.《论袁宏道的佛学思想》，周群，台湾《中华佛学学报》，1993年第6期。

62.《中国近五千年来气候变迁的初步研究》，《考古学报》，竺可桢，1972年。

后记

中郎踪迹何处寻

万历三十八年（1610）夏，袁宏道在湖北荆州沙市遽然而逝，《袁宏道传》应该告之结束，但如书中所载，有关袁宏道的事情其实远没有终结。中郎阳寿虽短，爱好却极为广泛，他的性灵文学开创以来，在整个汉文化圈都没有断流，这也是我如实写下袁宏道的诗文及理论在日本、朝鲜传播情况的原因。

另外，论及袁宏道家族，还有一个课题需要开拓和发掘：在此，我仍需要强调袁宏道的子嗣研究。袁宏道殁后，三袁后代的故事并没有结束，袁宏道的子嗣们从文坛转向南明政坛，除了乡人王夫之著录有《袁彭年传》，黄宗羲也曾多次记载袁宏道次子袁彭年的事迹[①]，然而，后世对袁宏道的子嗣们关注度并不高，亟须深入研究。

袁姓在明代时是一个大姓[②]，袁姓在明朝晚年更是大放异彩，从稍显和平的万历早中期，到后来内乱和边防严峻的天启、崇祯年间，相继

① 详见黄宗羲所著《海外恸哭记》《赐姓始末》等。
② 明朝时，全国袁姓总人口约有 53 万人，位居全国各大姓氏人口数量第 36 位，比宋朝时第 64 位提升 28 个名次，人口也增加了 27 万，增长速度较快。据本人推断，袁姓人口增多，有一部分是像袁宏道家族一样，由元朝国姓"元"改为袁姓。

涌现出"文三袁"和"武三袁"。"文三袁"是指本书的传主袁宏道及其大哥袁宗道、三弟袁中道,"武三袁"分别是指袁可立、袁崇焕、袁应泰。

明末是一个纷争战乱的年代,袁宏道是纯粹的文学家,但绝对不是"空头文学家",本书详细记载了他文学之外对于政治的参与和关注。笔者尤其感兴趣的是袁宏道早年在苏州吴县任县令时说的一句警语:"弟尝谓天下有大败兴事三,而破国亡家不与焉。山水朋友不相凑,一败兴也。朋友忙,相聚不久,二败兴也。游非及时,或花落山枯,三败兴也。"袁宏道把"破国亡家"的考量搁置首位,他的身边并不缺少武职朋友,他也写过赞叹戍边将领的诗文,因此受到清廷封禁。文士尚且如此,武人更无须说了。需要指明的是,"武三袁"都是文进士出身,不同于武举出生的将军们,这验证了晚明文人仍有强烈的报国之心,"武三袁"中除袁可立外,其余二人命运非常惨烈。

我在本书中对中郎先生的描绘,也是将他放入社会综合的"网"中谈及的。本人在书中强调过,无论是纯粹的文学还是政治,任何一面都无法完全还原,只有综合地讲述这些有机部分,才能得出一个全面的袁中郎。

中郎生前文学地位显耀,后世在潮流和落魄中沉浮。清代中期,以袁枚、赵翼、张问陶等为代表,文学创作上主张直报"性情",反对复古模拟风气。袁枚等人承前启后,是对以性灵文学的继承和发展,对于性灵文学的发展起到重要而且及时的作用;民国初期,性灵文学又对现代文学形成很大影响,周作人、胡适之、任访秋、郁达夫等人对中郎的重新发掘,兴起小品文热,一时,公安文学蔚然成风,大批学者名家都在研究袁中郎。当时,这股风气夹杂在政治与社会形态的诸多影响下,赞赏与批判不一,后来随着国家政治形势发生转变,偃旗息鼓。解放后长达三十余年,袁宏道研究成为一片空白,直到新时期后的一九八一年,钱伯城先生出版《袁宏道集笺校》彻底打开局面,钱笺大大促进了袁宏道研究,产生了一大批专门研究袁宏道的学问家。

然而,对于袁中郎应有的文学地位来说,他又明显寂寞,虽然在中国文学史上占有一席之地,但始终没有站到应有的地位和高度。这几乎是性灵文学的命运。自从钟嵘提出"性灵"思想千年来，性灵思想在文学史中始终不温不火，直到袁宏道才有真正的喷发，因为袁宏道疾逝，急剧落幕。但是，性灵文学没有消亡，像波浪一样间接地出现在中国文学和文人中间，待有足够的政治和社会、文化条件支持，必然喷发，放在历史长轴上看确实如此，因此，袁宏道又是幸运的。对于袁宏道来说，他的故乡公安县文风昌盛，文脉不断，而且非常重视"三袁"文化，令人由衷高兴。

我于二〇一三年元月开始《袁宏道传》的写作任务，关注和研究明朝文人始于二〇〇六年。写作袁宏道传的数年间，本人坚持小说创作的同时，书写了一系列与明代文人相关的史学论文，今后将持续研究明代文化、宗教、工艺美术等课题，《袁宏道传》就是这样一部人物传记和文人史方面的著作。此书有幸入选百位历史文化名人专辑丛书，本人作为年轻学子，感觉非常荣幸，诚惶诚恐之际也给自己定了一个目标：站在历史责任感上书写袁宏道和万历时期的文人们，将袁宏道作为文人群像的代表放入时代中去研究和书写；鉴于袁宏道传记已有数部面世，此部书籍务必采用严谨的史学资料考证，以史叙文，以情补史。书写的过程很是漫长，也让我忐忑不已，因此本书付梓，也期待借此抛砖引玉，希望相关专业的研究人员攻瑕指失，对你们的指教和批评，本人先表示感谢。

二〇一四年，袁宏道逝世近四百零四年的那年，我前往袁宏道的故乡公安县考察。那时正值八月，炎炎酷暑，我从湖南出发，从长沙过淼淼洞庭到武汉，然后路经天门、潜江，窗外尽是一派碧绿的农田，广袤的江汉平原极其静谧安详，我被田园风光完全吸引，思考当年袁宏道离家的路线，当到达江北的荆州府，在巍峨的荆州城墙下，我又想起当年他写下的荆州城墙修复记。

那年夏天，我在公安县度过了愉快的十天，查核到大量与袁宏道相关的文史资料，多次和当地热心"三袁"研究的作者展开座谈。当我们和公安县文联一行前往袁宏道的故乡长安里，到达袁宗道、袁中道的合葬陵园，一种历史的沧桑感油然而生，我坚定了信心：用史料之笔完整地"雕塑"袁宏道以及他所处的时代。此前经历数年的资料搜集，回家的那夜，袁中郎的形象在此了然。

本书写作过程中，得到美国、日本及国内部分大学相关专业学者的建议，国内一些著名寺庙亦提供了佛学上的考据资料；袁宏道的故乡，公安县委宣传部鼎力支持，公安县档案馆提供大量的文史材料；考察途中，公安县文联的侯丽老师、吕林鹏老师更是全程陪同；"三袁"研究院的李铭柱老师和本人一起对袁宏道诗文进行创作年代的核实，为写作《袁宏道传》提供了最准确的第一手材料，也让本书有了最真切和厚重的情感怀念。

借此机会，感谢该书的审稿者，故宫研究院院长郑欣淼老师、作家出版社总编辑张陵老师，两位专家百忙之际提出过严谨的修改意见，感谢作家出版社的原文竹老师，她在本人书稿写作中提供多次咨询与帮助。本书写作完毕，以下师长和挚友相继提供了宝贵意见：吴洪森、曹宝麟、刘颜涛、何华、翁家若、张霖、宋展云等，在此一并致谢！

谨以此书献给永远的中郎。

2016 年 12 月作于杭州

图书在版编目（CIP）数据

性灵山月：袁宏道传 / 叶临之著 . -- 北京：作家出版社，
2018.6

（中国历史文化名人传丛书）

ISBN 978-7-5063-9783-4

Ⅰ. ①性… Ⅱ. ①叶… Ⅲ. ①袁宏道（1568-1610）- 传记
Ⅳ. ①K825.6

中国版本图书馆CIP数据核字（2017）第280997号

性灵山月：袁宏道传

作　　者：叶临之
责任编辑：冯京丽　赵　超
书籍设计：刘晓翔＋韩湛宁
责任印制：李卫东　李大庆
出版发行：作家出版社
社　　址：北京农展馆南里10号　　　邮　　编：100125
电话传真：86-10-65930756（出版发行部）
　　　　　86-10-65004079（总编室）
　　　　　86-10-65015116（邮购部）
E-mail:zuojia@zuojia.net.cn
http://www.haozuojia.com（作家在线）
印　　刷：北京汇林印务有限公司
成品尺寸：152×230
字　　数：325千
印　　张：23
版　　次：2018年6月第1版
印　　次：2018年6月第1次印刷
ISBN 978-7-5063-9783-4
定　　价：45.00元